U0516610

中國古代地理總志叢刊

輿地紀勝

八 〔宋〕王象之 撰

中華書局

卷一百六十四　懷安軍

軍沿革

爲謹者避孝宗諱後凡改愼靚王爲謹靚王者仿

又通鑑周謹靚王六年　謹靚王即愼靚王改愼

此

若長孫無忌等作監書時唐已復爲金水矣何不直

曰金水而猶曰泉　按上文引隋志云西魏置金

泉縣及金泉郡此處監字乃隋字之誤或疑監書

當作監修然上文未言隋書則監修之語無所指

當作隋書方與上文劉昫作舊唐書之語一例

縣沿革

金堂縣　咸通二年蜀郡長李崇義析雒縣新都及

簡州金水三縣置　按下文敘此事通作亨今考

新舊唐志寰宇記七十　方輿紀要七十　皆作亨此

處通字亦當作亨　又按元和志三十　作通亦亨

字之誤蓋咸亨乃唐高宗年號咸通乃唐懿宗年

號元和志作於咸亨之後咸通之前自應作亨不

得作通也

風俗形勝

土瘠而無它產民椎而無它技　柳溪羇公汝　明永惠記　按方

輿勝覽六十　惠下有院字是也

景物上

神燈　常黑月夜分　張氏鑑云黑當在月下○唐

薛能詩云莾莾空中稍稍登　張氏鑑云登似當

作燈

三江　寰宇記云曰彌牟水曰洛水曰眂橋等三水

按寰宇記無三曰字牟下無

會金堂合為一江　水字洛作雒金室作本軍金堂縣○自是東於金

峽之口南逕資瀘復合大江　張氏鑑云東疑當

作東

七泉　在金水縣二里　張氏鑑云縣下有脫字

洛水　今漢州雒因名焉　按雒下似當有水字

　　　景物下

歲寒堂　在郡堂　按上文淳簡堂深遠堂就日堂

下文　禾堂凝翠堂各注云在郡治此處堂字亦

當作治

鸚鵡塔　循養者爲擊磬　按改馴養爲循養者避

理宗嫌名

三學山　瘧痢苦侵　張氏鑑云瘧當作薛　按方

興勝覽正作蘇張說是也

三節鎮　在金堂縣七十里里父老相傳　張氏鑑

云縣下有脫字下里字疑衍

昌利山　山有虹橋仙寶與棲賢三學士二山相接

祥符寺　降到磨納裟裟　張氏鑑云納當作衲

按棲賢山見下文三學山見上文士字疑衍

古迹

鄧太尉廟　卽蜀鄧艾也　按蜀當作魏

官吏

張天祺　按自天祺以下皆宋人張上當補國朝二

字

孫道夫　自館閣出守有朝士送行詩什門

按下文詩門有羅大全送孫太冲守懷安詩又有

句景山及勾龍行父送孫太冲詩太冲郎道夫也

紀勝全書之例有詩門無詩什門此處什字當是

衍文

陳澄　置贍學田七千餘緡　張氏鑑云七上疑脫

費字

人物

段熲　按熲及王忳皆漢人段上當補漢字

張正　按自正以下皆宋人張上當補國朝二字

謝湜　字待正　按以方輿勝覽考之待乃持之誤

蓋皇甫湜字持正此用其名兼用其字也

樊棗　金堂人開禧丁卯渠州逆曦之變僞詔至郡

改稱元年會葺郡廳落成公卿令大書屋脊記板

係開禧三年三月上似當有三年二字

云開禧三月初三日　按卿當作郎　又按丁卯

古泡直　公居其一詔獄徙淮陽二歲而歸　按詔

上似當有下字。紹興二年一御札搜訪　按一

疑當作下

仙釋

真多化妙應真人　張氏鑑云真多化當作章真多

按注云姓章名真多張氏蓋據此而言

王頭陀　今寺靜照大師塔　按寺下似當有有字

碑記

唐昌利觀記　開元中金堂尉沛國武犍撰　碑目

犍作捷作犍
抄本

如舜禪師碑銘　唐節度使杜琮撰　按以新舊唐

書及通鑑考之琮乃悰之誤

鸚鵡塔利塔記　張氏鑑云上塔字似當作舍　按

碑目上塔字正作舍 抄本塔利塔 作塔舍利 上文景物下鸕

鸕塔注云有舍利十粒僧爲之建塔作舍者是也

爲八戒和尚謝復三學山精舍表 李商隱譔 碑

目譔作撰

放生記誓文 太和二年 碑目太作大 抄本太作大

楊浦壽昌寺記 在郾中山 碑目中山作山中 抄本

輿紀勝同 按上文景物下有郾中山無郾山碑目非

是

段翳故宅舊碑 抄本碑目翳作繄 按上文古迹

門有漢處士段翳宅人物門段翳注云今天慶觀

五

即嶷故宅作𡻪者非也○有舊碑字畫磨滅不可

辨　碑目無有字辨作辯　抄本與　紀勝同

詩

字疑誤

卷一百六十五　廣安軍

軍沿革

萬松擢秀五弟柏千𡹬樓賢三學山　張氏鑑云弟

晉志巴郡有墊江縣巴西郡有宕縣及安漢郡　按

據晉志宕下當有渠字郡當作縣

于是廢渠之洞濃合之新明兩鎮　按下文云遂以

合州洄濃渠州新明二鎮以爲軍注云據寰宇記

今考寰宇記一百三　所述州名鎮名與下文正同

此處渠合二字當上下互易

及分陝川爲四川　張氏鑑云陝當作兩

　　縣沿革

渠江縣　倚郭　按依他卷之例倚郭二字當在下

一行元和郡縣志云之上。元和郡縣志云木漢

岩渠縣地　按元和志此卷久闕以漢志考之岩

當作宕

岳池縣　立南宕渠郡　按據上文此係寰宇記之

語今考寰宇記岩作宕是也

和溪縣　按此縣未注緊望等字蓋因此縣開禧三

年始置故元豐九域志七輿地廣記二十皆未載〔卷 輿地廣記一〕

而紀勝亦無所據以注耳〇在軍西南□十里

一統志二百四十一　在上有縣字□作九此句在下文

壓爲縣之下〇秦乞陞爲縣　一統志陞下有鎮〔一〕

字縣下有屬廣安軍四字

　風俗形勝

政和中何行中撰岩渠廣安駐泊記　按方輿勝覽

六十岩作宕是也

五十

景物上

清迥　縈回而爲潭　一統志回而作迥

濃水　出於龍扶速山故縣鎮　一統志作在安岳

縣東北出龍扶速山

篆水　在渠江縣五里　一統志作去縣五里　〇如

蟠跧伏　一統志作如伏蟠　〇專受流觴　一統

志專作可　〇木落石出　按木當作水　〇官吏士

庶來賞者不勝計　一統志作人多遊焉

渠江　入渠州流江縣東流經軍漑下　張氏鑑云

漑疑當作治

羊山　山下十許里　一統志里在許上○張諫議

廷堅諸公讀書于此山之麓　一統志作張廷堅

讀書其中　按廷當作庭詳下文古迹門諫坡山

石龍　初石江刻就龍形自爾龍口水滴涓涓　按

江疑工之誤

姜山　雲山鎮之外相距五里許　一統志無之字

及相距二字○山神極爲靈　一統志無爲字

景物下

集芳亭　在渠江縣北二十里姚平有姚氏名子望

者　一統志無姚平二字及名字○奇花異菓

一統志菓作卉○有熙宁中黎倣爲之記有張天

覺詩東坡帖　一統志張上無有字

晶然山　　舊在渠州境皇朝創置廣安軍后則此山

今在廣安新明　　按后當作後

龍穴山　在岳池之封山去縣北五里　一統志作

封山在岳池縣北五里○山峰高秀　一統志作

山秀峰高○一名——穴在山半巖石中一

統志作有龍穴在山半巖石中一名　穴山

水印石　在軍漑下南埧灘中　張氏　云漑亦當

作治

戲仙亭　在渠江縣北十里　一統志作在廣安軍

東北十里

望子山　舊傳馮將軍之子　一統志舊作相○將
軍登此山以望之　一統志無山以二字○故得
名　一統志作因名

清溪水　流入渠江　一統志流上有西字

子仙觀　如蟬蛻而輕舉　按蟬當作蟬

古迹

諫坡山　在渠江縣北五里　一統志渠江縣作廣
安軍○舊名車婆崖　一統志崖作涯○正言張

公庭堅故居　一統志正上有有字庭作廷居下

有因名二字　按下文人物門有張庭堅方輿勝

覽及東都事略亦作庭

當作埡埡小障也

老君山　有道士騎馬至觀之西埡　張氏鑑云埡

唐何少卿讀書堂　一統志堂作臺

晶然山神　至漢侍西王母至漢庭堅東方朔欒巴

之輩　張氏鑑云堅疑挈之誤

張東之　按東之唐人張上當補唐字

朱昂　按自昂以下皆宋人朱上當補國朝二字○

時人以北二疏　張氏鑑云北當作比　按據上

文此係東都事略之語今考事略朱昂傳北作比

二上有漢字張說是也

人物

漢馮緄　七遷爲廣漢屬國　按據後漢書馮緄傳

國下當有都尉二字○土人謂馮將軍之子也記

之孝失其名而不書　張氏鑑云孝當作者

張庭堅　按自庭堅以下皆宋人張上當補國朝二

字○元祐擢第　張氏鑑云祐下有脫字

黎錞　與公俱客京師僦居北鄰　按北乃比之誤

安堯臣　今者中外之人或謂貫深結蔡京　按據

東都事略安惇傳或當作咸貫上當有童字

仙釋

道士塞道先　集眾講道經至元牝之門是謂天地

根　張氏鑑云牝當作牝　按道德經作牝張說

是也

谷隱靜覺禪師宗顯　貼號靜覺禪師　張氏鑑云

貼似當作賜

碑記

上

鶴樓山古碑　抄本碑目自此句至勅賜字惠靈公

廟碑凡四條皆脫去。唐貞元十年　碑目貞作

正

故縣鎮顏魯公碑　魯公之刺湖州也過道因有碑

銘　張氏鑑云也過道疑當作道過此。今碑磨

滅存十二字曰命除湖州刺史顏眞卿勤銘于道

院　張氏鑑云二似當作四勤當作勒

詩

引人鄉淚盡夜夜竹枝歌　鄭谷渠　張氏鑑云依當

江依思

作旅

人物宜旌表蟲魚不足箋候郡守雍詩 張氏鑑云候當

作侯

6827

輿地紀勝校勘記卷四十二終

卷一百六十六　長甯軍

軍沿革

又漢書地理志云漢陽縣犍爲都尉治所山闕谷漢
水所出東至鼈　按漢志無所字闕作闞鼈作鱉
是也紀勝下文作鱉又下文長甯續志門所引亦
作闕作鱉
字之誤

則是江陽與江安是爲一邑之地　按下是字疑寰

自儀鳳二年開山獠置納州藘州　按據唐志寰字

記八十　薩乃薩之誤
八

今羅氏所收告牒尤存　按尤當作猶

政和四年本路運使趙適奏請乞將本監陞為軍

張氏鑑云適似當作遹　按下文云皇朝郡縣志

據趙遹奏張說是也

以地邊夷落無復租稅割瀘州江安縣之井溪者以

助經費　張氏鑑云耆字疑誤　按下文風俗形

勝門云割瀘州江安縣之井溪者祥州慶符縣之

清平寨隸焉字亦作耆與此條同俟考

縣沿革

一

安𡩋縣　按此縣未注緊望等字蓋因嘉定二年始

置故元豐九域志卷七輿地廣記二十皆不載而紀

勝亦無所據以注耳○令領一堡五寨四　張氏

鑑云領一下似有誤　按據方輿勝覽六十令當

作今領下當有縣字

風俗形勝

於瀘叙兩間入夷地一百二十里臣叙蘭建置本軍勅牒跋　張

氏鑑云兩下似當有州字臣字疑誤

轉運使冠城中請峽路鈐轄司　按據方輿紀要十七

城當作城據方輿勝覽中當作申○發禁軍五十

人屯瀘川清井監成兵分番以往　按成當作戍

烏蠻鬼主道所山入夷獠出入無警則已　張氏鑑

云山似當作出

慶元鹽官記李搜孫撰　張氏鑑云搜字疑誤

兵廚之酒冠於東州　按長甯軍本瀘州之地瀘州

自唐時即屬東川此處州字乃川字之誤

出漢武所謂節竹筍醬今出羅　張氏鑑云筍當作

蒟曰生疑誤　按史記西南夷傳筍作枸本或作

蒟左思蜀都賦及華陽國志皆作蒟張說是也

募士力爲之免其力役　按上力字疑戶字之誤

義軍　自大中祥符以來每有邊事則屯集名夷□□義軍爲用　按名疑各之誤

自政和畏降以來俗稍循擾戶遇邊警屢嘗効力　張氏鑑云畏疑服之誤戶疑凡之誤　按改馴擾為循擾者避理宗嫌名

景物上

西溪　發源越王與桃源溪合　按據方輿勝覽方興紀要王下當有山字

清溪　中多水族如蛟鼉之類　按爾雅釋魚云鼉小魚與蛟絕不相類當是鱓字之誤

景物下

環山閣　在倅廳渝白麟有記　張氏鑑云渝白麟

疑有脫誤

雰注亦云在嘉魚泉所述之地名全同惟彼無堂

字此有堂字耳其為複見無疑

風雩堂　按注云在嘉魚泉今考上文景物上有風

小桃源　在軍城西冷水溪之上　一統志二百四

軍上有長窗二字無之字〇嘉定已巳　一統志

己作乙　按嘉定共十七年有己巳無乙巳己巳

係嘉定二年方輿勝覽亦作己巳〇太守張公

一統志太作郡〇堂曰詒然　張氏鑑云詒然疑

6834

貽燕之誤○又掘地得銅牌曰▯▯▯云　一統

志銅上有一字曰上有鐫字無云字

萬松嶺　趙君有詩　按下文詩門載趙史君萬松

嶺詩此處君上有脫字

嘉魚泉、在城一里馬鞍山之趾　按方輿勝覽在

作去是也

報恩寺　在軍城外東北頂高阜上　按頂疑隅之

誤

樓神洞　在清平寨三里　張氏鑑云寨下有脫字

古迹

忠祐廟　云可於城西角立砲官吏如神言一發中

夷賊砲稍損壞　按下砲字似當在中字上

域王墓　按注云故老傳爲粵王葬此去軍三十里

與粵王山之名相應據此則域乃越之誤越與粵

同

官吏

劉堯年　按自堯年以下皆宋人劉上當補國朝二

字

人物

單演之　按自演之以下皆宋人單上當補國朝二

字

道釋

、

道人羅天祐　嘗隱語書解榜封以寄人後撤棘無

不驗後之成都見司戶薛紱　按上後字當作及

僧表祥　瀘帥馮公槩喜禪學聞表祥招致之令說

法　張氏鑑云聞表祥下疑脫名字

記錄文

五代僞蜀勑牒　牒清井鎮　抄本碑目清作清下

同　按上文軍沿革風俗形勝等門言清井監者

甚多輿地廣記方輿勝覽方輿紀要並作清抄本

碑目非是○羈縻十州五團土都虞候　碑目州

作洲抄本候·作候誤　按上文軍沿革風俗形勝等門屢

言羈縻十州風俗形勝門又引十州五團記作洲

者非也

國朝所給誥劄　國朝所給誥劄甚多今始錄其一

按始字當是姑字之誤○或補以官資則告上

帶曰每年添鹽若千斤綵若千正更不依祿令支

給請受　碑目帶作帝祿作律　按帝字顯係傳

寫之誤祿令與支給請受語義正合亦不必改祿

為律也

祥符平夷本末　按以下四條脫去注語

元豐平乞弟本末　碑目弟下有子字無抄本　按以

東都事畧及宋史紀事本末考之子字係衍文

范中書百祿誓夷文　碑目誓下有平字文下有表

字無　按下文有范榮公進誓平夷文表碑目

刪去下條而於此條增入二字不知此係誓平夷

文彼乃進誓平夷文之表也此條可增平字不可

增表字碑目所增非是　○熙寗七年平五囤蠻作

文以誓之碑在今報恩寺　碑目脫去此十九字

抄本囮作國報上有之字餘與紀勝同　按宋元以來紀蠻人所居

卷四十三

七

地多謂之囥作國者非是

范榮公進誓平夷文表　碑目無此條　按說詳上

文

趙招討平晏夷賀捷表　碑目脫去此條

梅聖俞春雪詩　歸田錄載子瞻嘗於清井監得夷

人所賣蠻弓衣　碑目子上有蘇字抄本○蓋其

名重傳落夷狄　抄本碑目作蓋其名重也

詩

仙源萬木春　一統志木作樹○按改樹爲木者避

英宗嫌名○要知竊桃客定是會稽人　一統志

會作滑　按滑稽人指東方朔而言若會稽人則

無所指也當以滑字爲是

門前碧醮一溪斜　按醮當作醮

趙史君萬松嶺　張氏鑑云史當作使

　　長𡨄續志

兩隋志朱提郡始廢而漢陽一縣始無可攷　張氏

鑑云上而字似當作至

曰堂瑗　張氏鑑云瑗下文作狼須校　按據上文

此係漢志之語今考漢志正作瑗下文作狼者非

也

隋志又失漢陽郁鄡朱提堂狼　按狼當作琅說詳

上文

故其遺跡亦難盡考姑拓其大畧若此　按拓疑撫

之誤

卷一百六十七　富順監

富順監　張氏鑑云依他卷之例此下當注舊名及

屬縣此有脫文

監沿革

俗呼五女泉　按據上文此係舊唐志之語今考舊

唐志五作玉是也紀勝下文景物下有玉女泉亦

其明證

縣沿革

富順縣　按此縣未注緊望等字蓋因熙寧元年已

廢故元豐九域志九卷輿地廣記二十皆未載而紀

勝亦無所據以注耳　又按據下文注中所言紹

熙三年士民乞復置縣而未果紀勝特錄於縣沿

革以備考上文監沿革云不領縣是其證也

風俗形勝

華陽國志江陽有富義彊井　張氏鑑云彊似當作

疆　按華陽國志作鹽紀勝上文兩言鹽井是其

明證張氏以爲當作彊蓋因下文古迹門富義并

注引華陽國志作彊故有此說然彼處彊字亦鹽

字之誤未可以彼易此也

漸陶旣久習俗知有禮遜獠見後玉獠下　按下文景物下

土獠注云今漸陶旣久習俗亦知有禮遜矣此處

玉字乃土字之誤　又按改讓爲遜者避濮王諱

景物上

西疇　由城之南　方輿紀要七無之字。西行凡

六七里　方輿紀要無几字。嘉樹離立李氏西

疇　方輿紀要李上有爲字是也

6844

東山　監治門云左控東山　張氏鑑云監上似當

有郡志二字　按下文碑記門富順志注云郡守

楊汝爲序張氏蓋據此而言

梅洞　傍有石穴上穴下廣　按下穴字疑狹字之

誤

土獠　近後服青布刺繡紋　按方輿勝覽六十後

作始是也

　　　景物下

湖山堂　在西湖龜頭曰挹清　張氏鑑云疑有脫

誤

十聖廟　乃瀘州富義縣人冠氏兄弟五人　張氏

鑑云五當作三　按上文云初有三聖將軍下文

云又益以彭州之七聖爲一一一一云以三合七正

符十數此句五字必三字之誤張說是也

白鹿山　舊名一一寺因名　張氏鑑云上名字當

作有

東山寺　在監東江對　張氏鑑云當作與監東山

對　按上文景物下東山注云在監治之東張氏

蓋據此而言

西湖洞　西湖之東　一統志二百二十四作西湖周圍

三里○有洞坳邃　一統志坳作窈○人往見二

女櫛髮竇間　一統志作昔有入洞者見二女櫛

髮於竇間○遺石鏡　一統志遺下有以字○而

其人遂富百倍　一統志無而字遂作致

古迹

富義井　華陽國志云江陽有富義疆井　按疆當

作鹽說詳上文風俗形勝門

呂光廟　按合江縣登天大王廟記載本後梁王光

按以晉書載記考之梁當作涼王當作主

官吏

張宗誨　按自宗誨以下皆宋人張上當補國朝二

字

楊黼　郡始以監茅病民　張氏鑑云監茅疑有誤

郭知達　歲爲鑼計八十萬省　張氏鑑云省疑當

作餘

字

人物

丁處榮　按自處榮以下皆宋人丁上當補國朝二

李夔　有白兔白烏循擾　按改馴擾爲循擾者避

理宗嫌名○□□思量到此間　張氏鑑云□□

似當作日月

仙釋

中巖大悲應驗記　監學教授呂奧　張氏鑑云奧

當作桌

碑記

磨崖碑　高聳數丈　抄本碑目數丈作敷丈誤

中巖普覺院　碑目院下有碑字是也無　抄本

石燈臺讚　刻｜｜｜｜　一首　抄本碑目刻作客

誤○進士元銳撰元和中莊伯良能書富義縣令

孟公才　碑目無元和以下十五字有　抄本　按能

上

似當作隷元和中三字似當在進字上　又按上

文云公用燈臺似卽縣令所製才下疑有脫字

以上潼川府路卷一百五十三瀘州至
　　　　　　　卷一百六十七富順監

輿地紀勝校勘記卷四十三終

輿地紀勝校勘記卷四十四

夔州路

州沿革

元和郡縣志云州城本秦枳縣城也自李雄據蜀北

地爲戰場　按元和志三北作此爲上有積字是

也

縣沿革

涪陵縣　晉改曰漢平縣　按以晉志隋志考之事

乃平之誤○元和郡縣志云漢時保甲軍多取此

縣人矣　按元和志保作赤無矣字是也紀勝下

文風俗形勝門云漢赤甲軍多聚於此注引元和

志亦其明證

風俗形勝

會川蜀之衆水控瞿唐之上流口地有龜山鶴水之

奇境有鐵篦鑑湖之勝 寵陵志序 按以句法文義核

之地上不當有空格

人多禳蜑 按據上文此係華陽國志之語今考華

陽國志作人多戀勇多獿蜑之民是也紀勝下文

引華陽國志云人多戀勇亦其明證

涪州出扇為時貴之 段氏蜀記士 見寰宇記云 按據寰宇記百一

十二士當作云記下云字係衍文

景物上

石魚 一銜蓂草一銜蓮花 按下文云劉忠順有

詩今考詩門載劉忠順詩云一銜萱草一銜蓮此

二

處莫字必萱字之誤方輿勝覽六十正作萱是其

明證

石門　周地記涪陵三里有二　按據寰宇記當

作周地圖記云涪陵均堤東十三里有石門〇門

東有石鼓清臺扣之聲遠　按據寰宇記臺〇晨

之誤

黔江　方至黔州溉自黔州溉與施州江合流九十

里　張氏鑑云兩溉字皆當作治

北巖　伊川先生來涪　一統志二百三十八　無先生二

字〇元符庚辰徙涪陵會太史黃公自涪移戎過

其堂因榜曰鈎深　　　　　　　一統志作元符中黃山谷過

此榜其堂曰鈎深

松屏　出石山間　一統志無石字

松石　爾朱先生種松於此山　一統志爾上有相

傳二字無山字

關池　元和郡縣志云出剛鐵土人以爲交刀　按

元和志關作開剛作鋼交作文

鑑池　在州漑下　張氏鑑云漑當作治

鹹泉　在武龍縣距白馬津東三十餘里　一統志

龍作隆無距字〇是時兩邊山水相接薪蒸贍足

三

按下文云由是兩山林木芟薙此處水字亦當
作木方與薪蒸之語相應○乃於忠州遷井竈戶
十餘家　一統志作遷忠州竈戶　○未已有四百
餘竈　一統志作至四百餘竈
龜山　本黔江東岸之山今州治據一小山　一統
志作在黔江東岸州治據其上○龜陵之稱得非
取此　一統志作故州亦名■陵

景物下

拂雲亭　在對江北岸之上　一統志作在涪州對
江北岸　上○太守率郡寮　一統志寮作僚

鈎深堂　其右爲直閣　公祠　按下文人物門譙

定注云授通直郎直秘閣此處譙字乃譙字之誤

方輿勝覽正作譙是其明證

羅浮山　晏公類要公昔羅浮仙人所居故名之

張氏鑑云公似當作云

鐵櫃山　吳君山一名ーー　一統志作鐵櫃山

一名吳君山〇與涪陵縣相對　一統志涪上有

廢字〇雄壓諸山　一統志山下有石魚占歲稔

鐵櫃鎖晴天郎此十二字　按下文詩門引馬提

幹涪州五十韻詩有此二句鎖作驗

星宿山　在涪陵縣西北五十里　一統志陵縣作

州

風月臺　在樂溫縣之北　一統志無之字○名曰

　風月臺　一統志無曰字

清溪洞　崖穴中有石洞兩處　一統志兩作二○

約一里　一統志里下有許字

黃牛山　在涪陵縣東南　一統志陵縣作州○泝

黔江四十里　一統志無黔字

白馬津　在武龍縣北三十五里　一統志龍作隆

○有監官　一統志監作鹽

白鶴灘　在州之上流妃子園下　一統志無之字

雞鳴峽　昔蜀先主時涪陵人反蜀將鄧芝討焉

按據上文此係元和郡縣志之語今考元和志無

昔蜀二字

玉帽石　張氏鑑云玉似當作王　按注中有王帽

仙之語下文仙釋門王帽仙注云爲人修敝冠號

王帽子張說是也○在天慶觀之門昔王帽仙遇

於此　按下文仙釋門王帽仙注云暮則卧于天

慶觀此處遇字疑卧字之誤

遊蘭山　一統志遊作游○高松鄉有｜｜｜｜

統志作在涪陵縣高松鄉○遙見豐都西見重慶

張氏鑑云遙當作北○蘭眞人修煉之處一

統志無之字○望見丹竈眞人題字　一統志眞

上有有字

七龕山　在武龍縣北二十五里　一統志無一字

古迹

古涪陵郡城　九域志又晉地理志云漢涪陵在今

涪州東南三百三十里黔州是其故里　張氏鑑

云以寰宇記考之又當作據地理志當作太康地

理記故里之里當作理

鄧芝射援處　手自射猨牛之　按據上文此係華
陽國志之語今考華陽國志援當作猨牛當作中

寬孃清臺　史記------兄得丹穴　按以史記
貨殖傳考之寬當作竇末一-當作其兄當作先

妃子園　在州之西去城十五里　一統志作在涪
州西十五里其地多荔枝○百餘株顆肥丙肥
按內疑肉之誤○唐楊妃所喜　一統志唐作昔

好作嗜

官吏

蜀劉威名　按注云爲涪陵太守見寰宇記今考寰

宇記引蜀志劉威石爲涪陵太守又考蜀志劉

傳云字威碩先生定益州以 玹爲固陵太守碩當 玹

作石方與其名相應蜀漢時益州無固陵郡固當

作涪紀勝名字係石字之誤　又按上文有漢巂

肱肱卽士元之子亦係蜀漢時人此處蜀字疑衍

南承嗣　扞蜀道就寇　按據上文此係柳集送南

涪州量移灃州序今考柳集就作勍是也○曰我

忠烈死此期死待敵亦曰彼忠烈死　按據柳集 尢　尢

敵下仍當有敵字○以空書校計贏縮　按據柳

集贏當作贏

程頤　按自此以下皆宋人程上當補國朝二字

尹焞　尹焞在涪州千福院獨處口室　張氏鑑云

本空一字　按據方輿勝覽所空之格係一字

譙定　自號爲涪陵居士易學徙居涪陵　按以方

輿勝覽考之易上當有深於二字〇伊川魯直相

繼謫居于涪聞其名未之識遂率伊川往訪之

張氏鑑云遂率似當作魯直遂約〇維陽從駕

按方輿勝覽陽作揚是也

楊載　涪陪人　張氏鑑云陪當作陵〇載十士皆

行　按載下似當有與字○行反間而阿

劉豫　張氏鑑云上文言劉豫并阿鼇不　脫不

字○而十大者已亡其八矣　張氏鑑云大似當

作士　按上文有十士之語張說是也○知遠州

永睦縣事　按宋時永睦縣屬達州遠字乃達字

之誤

仙釋

北海水仙　昔有蜀士韋昉寶巖夜泊涪陵江　張

氏鑑云下文但有韋昉事無寶巖事疑有脫誤

碑記

涪陵太守闕　此事得之夔路鈐幹馮田　抄本碑

目鈐作鉢誤

唐千福院水泉記　光啟中太守張濬　碑目濬下

有撰字是也　無　抄本

李文定公神道碑　張方平撰、碑目撰下有文字

抄本

無

普淨院記　校書郎傅耆記　抄本碑目傅作傳誤

涪陵紀書錄　紀伊川和靖諸賢語錄　抄本碑目

諸作請誤

花蕊夫人詩序　碑目蕊作蕋下同○臣安國奉詔

抄本碑目臣作呂　按下文云臣謹繕寫入三

館而歸口誦數篇於丞相安石安石卽王安石安

國卽安石之弟也作呂者非是〇偽蜀孟昶侍人

抄本碑目偽作爲誤〇臣安國題　碑目題上

有謹字　抄本無

龜陵志　抄本碑目無龜字　按上文景物上龜山

注云今州治據一小山其形如龜龜陵之稱得非

取此風俗形勝門亦屢引龜陵志脫去此字者非

也　　詩

灘急羣潨沸崖高落馬懸　按方輿勝覽潨作豬是

也

江連白帝浮下山背青城出劒來　王庶題
云浮下有脫字　　　北巖詩　張氏鑑

誤

後漢領城十四 江州宕渠朐忍閬中魚復臨江 枳涪陵墊江安漢平都充國 按

以續漢志考之國下當有宣漢漢昌四字方合十

四城之數

劉璋分墊江已上仍爲巴郡理安漢墊江已下爲永

甯郡理江州　按據注此係寰宇記之語今考寰

字記一百六兩已字皆作以 十二

元和郡縣志云劉璋爲益州牧於是分巴郡自墊江 已上爲巴郡墊江已下爲永甯郡　張氏鑑云兩

已字並常作以　按今本元和志三十脫墊江已

上為巴郡七字

又通鑑曹魏景元四年平蜀二年十二月分益州為

梁州　按以通鑑考之分益州為梁州卽景元二

年十二月事二年當作是年

　　　縣沿革

璧山縣　按注中兩言重璧山下文景物等門亦累

言璧山縣此處璧字乃壁字之誤唐志元和志寰

宇記輿地廣記三十方輿紀要六十皆作壁是其

明證元豐九域志卷八作璧亦傳寫之訛

　　　風俗形勝

其郡東枳有明月峽廣德峽故巴亦有三峽　張氏

鑑云明月廣德止二峽疑有脫文　按據上文此

係華陽國志之語今考華陽國志德下峽字作峽

並復除目所發實人盧朴沓鄂度夕襲七姓不供租

賦　按據上文此係文選蜀都賦註引風俗通之

語今考選註沓作沓是也

景物上

方山　又名凝脂山　一統志二百三　又作一

三巴　自墊江已下為永甯郡　張氏鑑云已當作

以

白崖　在府北三十里　一統志府作巴縣

白水　在州南二百二十里　一統志州上有涪

按重慶府本名渝州涪當作渝

仙池　在江津縣北泯江南岸李贋益州記云州縣

西南有一一　按上文縣沿革江津縣注云本漢

江州縣寰宇記引李贋益州記州上有江字是也

新井　東西一十五步　一統志無一字步作里

按井之廣狹止可以步計不得以里計當以步字

爲是○並在高岡之上　一統志並作縣城○唐

天授年中　一統志無年字○先天年中　一統

志無年字

　　景物下

縉雲山　下有白水東分流　按據寰宇記白當作

泉東下當有西字

溫湯峽　四時騰沸如湯　一統志無四時二字

龜停山　在江津縣西一里岷江中若龜形　一統

志無岷字若上有山字

玉來山　一統志玉作王

白君山　昔有江津縣令白君住此山學道成仙

一統志無縣字山字○因而為名　一統志無而

爲二字

清水穴　在府西三十步　一統志府作巴縣

君井山　在江津縣西四十三里　一統志西下有

隔江二字○有井泉深淺不常　一統志常下有

常以水之盈縮卜牧宰之賢否十二字

古迹

古枳縣城　一統志作故枳城○在巴縣北一百十

五里　一統志北上有東字

己江州縣城　杜預通典云江州縣故城在今巴縣

西　按預當作佑興當作典通典一百七十五　江上有

漢字

古東陽城　一統志無古字

古灘城　周回一百步　一統志無同字○因名焉

巴王冢　一統志王作子

一統志無焉字

　　官吏

唐陳少遊　爲渝洲南平縣令　按洲乃州之誤

　　人物

謁渙　按以華陽國志考之自渙至孟彪皆漢人謁

上當補漢字　又按華陽國志渙作煥

仙釋神

圜明天師　張氏鑑云天似當作大　按注云事承
天院寶大師昭符又云此子他日法中龍象也則
圜明係釋家而非道家張說是也

壁山威烈侯　象之切謂　按切當作竊

碑記

巴郡太守張汭頌德碑　碑目汭作納抄本作汭　按上
文官吏門漢張汭注云為巴郡太守有德政碑中
平五年立作納者非也　○漢靈帝中平五年立
抄本碑目無靈字　按中平係漢靈帝年號無靈

字者非也

白君冢碑　抄本碑目冢作家誤

禹廟碑銘　有禹王祠及塗后祠有碑銘　碑目有

上有亜字　無　抄本

豐年碑　在江岸碑謂之義熙碑　碑目謂上無碑

字有　○人爭墓打　張氏鑑云墓當作摹　按　抄本

碑目正作摹

蜀廣政十五碑　按廣政係後蜀孟昶年號首尾二

十八年此處五字下當有年字

詩

6876

漫言□□塵垢涴僧坊　司空表聖　恭州界詩

張氏鑑云言飄當作贏

興地紀勝校勘記卷四十四終

輿地紀勝校勘記卷四十五　夔州路

卷一百七十六　黔州

州沿革

自晉永嘉巳後　張氏鑑云巳當作以　○至宇文周

田思鶴以地來歸　按據上文此語本於元和志

寰字記今考元和志十三寰字記二百一十方輿勝覽十六

方輿紀要九　六十鶴作鶴紀勝下文引元和志亦作

鶴

周隋之黔中置郡在思費州巳北　張氏鑑云州上

當有等字巳當作以　○往往自晉永嘉之亂　張

6879

氏鑑云下往字似當作者

縣沿革

黔江縣　在州一百八十里　按元豐九域志

下有東字里上有三字是也

卷
八
州

羈縻等州

寰宇記有控臨番種落　提茈　按寰宇記二百茈

作拖○莫搖　按寰宇記搖作徭

風俗形勝

雖在大江之南而東與施溪錦獎四州隔高一嶺

按據上文此係唐正元十道圖之語今考寰宇記

所引一在高上是也

景物上

浪溪　按注引寰宇記今考寰宇記浪作朗○漢縣

名也　按寰宇記無也字○有朗山　一統志二百

五十七作黔州有狼山　按寰宇記作其地有狼山

紀勝原本朗字闕筆作朗蓋避聖祖諱方輿勝覽

十六方輿紀要九六十　皆作狼當以狼字爲是○出野

狐　一統志狐作狼　按寰宇記作山有野狼○

眼在背上　一統志在作生　按寰宇記作在○

能食數獸　一統志數作諸　按寰宇記作能餐

野獸

臨泉　一統志泉作井○元和郡縣志彭水縣有左

右臨官收其課　按元和志□臨下有泉今本道

四字是也○在彭水縣東九十里　一統志作去

縣八十里

景物下

沙井院　自咸平五年巳後　張氏鑑云巳當作以

荷敷山　在黔江縣南一百八十里　一統志南上

有東字○延入澧州三亭縣界　一統志澧作溪

按據新舊唐志通典一百八元和志輿地廣記

三亭縣屬於溪州紀勝辰州古迹門有會溪

城注云本溪州景物下有三亭水此處澧字必溪

字之訛○高一十五里周圍二百五十里　一統

志作周二百五十里高十五里

可通水　源出黔江縣界武陵山縣西四十里　按

寰宇記無界字縣西四十作西流百餘

摩圍山　言此摩天號曰一一　一統志作言此山

摩天故名

黃連大亞山　一統志亞作堨　按方輿紀要同

黃連小亞山　一統志亞作堨　按方輿紀要同

李令一　貶黔州彭水縣見李習之集　按以習之

　　集李府君墓誌銘考之縣當作尉

蘭陵蕭公講　按注云公名犯高宗廟諱又引寰宇

　　記云云今考寰宇記一百四十八所載係蕭遘事高宗

　　諱構遘字乃嫌名也後凡改蕭遘爲蕭講者倣此

○按寰宇記載歸州紫極宮黃魔廟神記云　按

　　據寰宇記神當在廟上○遊三峽次秭歸

　　字記遊作泝秭作秭是也

官吏

碑記

漢故孝廉柳莊敏碑　字迹銷訛　碑目迹作跡本抄

作

迹

崔能神道碑　抄本碑目能作豈誤

黃魯直留題　在州之嘉禾堂　抄本碑目在作有

誤

　　詩

杜甫送王十五判官侍還黔中詩　按據杜集及方

輿勝覽侍上當有扶字

儒風一似扇汙俗心皆平　孟郊贈黔府　張氏鑑云
　　　　　　　　　　王中丞楚

似乃以之誤

事見岳珂桯史　按珂書名桯史桯乃程之誤下條
仿此

風黑馬跪驢瘦嶺日黃人度鬼門關　張氏鑑云跪
字當誤　按跪當作跑

卷一百七十七　萬州

州沿革

隋特因蜀後主劉禪之舊縣名而因之耳　張氏鑑
云下因字似誤　按下因字似當作用

元和郡縣志及寰宇記並以爲後魏置安郡郡　張
氏鑑云安郡之郡當作鄉　按元和志此卷久闕

寰宇記一百四十九　正作鄉張說是也

縣沿革

南浦縣　寰宇記又云魏廢帝元年分朐䏰之地置

魚泉民賴魚罟爲名　按據寰宇記魏上當有後

字泉下當有縣以地土多泉六字

風俗形勝

地接夔門前控歸硤　按方輿勝覽五十硤作峽是

萬州居三峽之上處岷磻之下　唐段文昌公洞記　按方輿

勝覽磻作嶓支下有昌字是也紀勝下文碑記門

也

岑公洞碑注云段交昌記亦其證也

景物上

東津　在州一里　張氏鑑云州下當有東字

景物下

勒封院　張氏鑑云勒封疑彌勒之誤

天生橋　在苧溪上乃一巨石自然為溪　張氏鑑
云為溪之溪當作橋　按方輿勝覽為溪作成橋
張說是也

都歷山　蓋羣之主山　張氏鑑云羣當作郡
方輿勝覽正作郡張說是也

高梁山　尋山源記云一一尾東跨江西首劍閣

按據寰宇記方輿勝覽山當作江

寵女洞　在漁陽西十五里　按上文縣沿革武寧

縣注云後周爲源陽縣此處漁字當是源字之誤

史君灘　按寰宇記史作使是也

眞女山　在州西三　張氏鑑云三字下似落里字

七賢堂　山谷黃廷堅　按廷當作庭

古迹

琴公巖　范蜀公詩云洞居獨巘空壁潈珠玉測

張氏鑑云以後詩門校之巓當作嵌測當作澂

按方輿勝覽居作屋餘與紀勝詩門相同○春光

一夜雨連明　按據下交詩門光當作江

許旌陽舊宅　即今之白鶴寺　一統志二百四十三寺

作觀○宋大章未嘗讀神仙傳疑其不信新都宰

張澤語予曰許遜本潭人曾任嘉之津陽令　張

氏鑑云子當作之潭當作汝津當作旌

官吏

冉仁才　按自仁才至嚴挺之皆唐人冉上當補唐

字

齊革　按自革以下皆宋人齊上當補國朝二字

曲端　萬州安置尋閬州後又自閬州則移於恭州

也　張氏鑑云尋下當有徙字則當作別

人物

甘甯　按甘上當補吳字

李源　按源係唐人李上當補唐字○唐河南尹李

澄祿山之亂死於忠義　按以新舊唐書及通鑑

考之澄乃憕之誤

王珪　按注有紹興辛未之語則此王珪係南宋時

人王上當補國朝二字

仙譯

楊雲外　循擾虎狼　張氏鑑云循當作馴　按此

亦避理宗嫌名

碑記

報恩寺漢碑　硤中漢刻少　張氏鑑云硤當作峽

按抄本碑目硤作跌誤

寶像記　練巖有裝修隋朝――｜　碑目裝作莊

抄本作
壯誤

岑先生銘　嚴挺之撰開元二年立　抄本碑目開

作乾　按以舊唐書嚴挺之傳考之挺之卒於天

寶元年開元在天寶前乾元在天寶後作乾者非

也

聖業院碑　壬子歲十一月　抄本碑目一字係空

格　　　　見沿革門南浦州下　碑目見作在木抄

冉仁才碑　見沿革門南浦州下　碑目見作在木抄

　　　作　見

萬州廟碑　乾德乙丑白廷誨爲刺史重修之距今

二百三十餘年　碑目三作二作三抄本　按紀勝成

於理宗時卽以寶慶元年乙酉計之上距乾德乙

丑二百六十年三字當是六字之誤

白刺史題名記　字皆漫滅獨白刺史名銜在　碑

目無銜字　抄本銜作御誤

靈顯王碑　遺愛碑碣列于廟　碑目列作刊　抄本列作列

南浦志　趙善顥編　抄本碑目趙作題誤

詩

醉歌梅障曉歌壓竹枝秘　張氏鑑云歌壓之歌似

誤

泠泠松風下日暮空倉山　刺史馬冉岑公洞詩既曰馬冉仁才故又謂去馬仁才按思州圖經有招慰使冉安昌則周時有唐時亦有人姓冉不可謂姓馬也　張氏鑑

云此條注似有誤　按上文官吏門冉仁才注云

碑本作冉仁才又云舊碑載仁才與有功碑記門

冉仁才碑注云見泑革門南浦州州沿革云象之

謹按舊碑唐武德二年以冉仁才爲使持節浦州

諸軍事浦州刺史又云今從寰宇記及冉仁才碑

合諸條觀之仁才之姓冉明矣此條言馬冉仁才

疑有複姓馬冉之說又言去馬冉仁才者疑卽單姓

冉之說刺史馬冉之說又有仁才二字周時有

下疑當有人姓冉三字但究無明證姑存此說以

備考

硤中天下最窮處　按據注此係陸游偶憶萬州短

歌今考陸集及方輿勝覽硤當作峽

興地紀勝校勘記卷四十五終

卷一百七十八 思州

州沿革

寰宇記云理務川縣元和郡縣志作務川不同 張

氏鑑云下川字似當作州 按今本寰宇記一百

二十皆作務川並無不同之處至於務川

之名則元和志所無而寰宇記所有然亦係州名

與縣名無涉不知紀勝何以忽指爲異俟考

通鑑周報王二十五年秦昭王使司馬錯發隴西兵

因蜀政楚黔中拔之 按以通鑑考之二乃三之

誤　政乃攻之誤

隋初其地屬清江郡隋於此置務川縣　　隋字

係衍文

武德初年又改郡爲州不應於武德四年尚五郡也

張氏鑑云五字似誤　按五疑曰之誤

縣沿革

務川縣　按此縣及下文卭水安夷兩縣皆未注緊

望等字蓋思州三縣皆置於政和八年元豐九域

志十列思州於夔州路化外州輿地廣記二十一

州路化外州內並不載思州故紀勝無所據以注

耳　又按唐志元和志思州領務川思　土思邛三

縣俱注中下紀勝思州領務川邛水安夷三縣似

亦當注中下俟考

　風俗形勝

漢陳立為牂柯太守阻兵保據思邛水漢將夜郎王

數萬破立於此　按據上文此係元和志之語今

考元和志牂柯作牂牁是也上立字作邛下立字

　作兵非也

　　景物上

暗山　其山嘗雨霧昏瞑故曰—— 按字記瞑

作瞑是也

景物下

巴江水　出西南牂柯界經費州從本州西　按寰

字記牂作牁本作當西下有過字是也

古迹

知思州田祐恭奏祖父母墳塋在黔州　張氏鑑云

依他條之例正文但當有田祐恭祖父母墳七字

知思州云云自見於注中改注中諸一爲本字可

也

□□縉紳馮先生作夏總幹墓誌　碑目縉上無

二

三空格作抄本馮　張氏鑑云原本空三字　車氏

持謙云此條用大字附入與通篇體例不符疑原

本有誤　按以碑目考之此行之前當補碑記一

行蓋墓誌係碑記與古迹無涉也○我邊臣今北

闕見天子　抄本碑目臣作呂誤○拜伏進退不

類遠人太上皇異之問其政　張氏鑑云政似當

作故　按碑目正作故○祐恭對曰臣生邊遠

抄本碑目臣作呂誤○臣之客夏大均書生也實

教臣朝覲之禮　碑目教臣作教以○將拔瞿塘

覬　抄本碑目拔作扳塘作唐○摧賊鋒賊還走

三

保歸州　抄本碑目脫下賊字○誓突入瞿塘關

抄本碑目塘作唐○自田氏破王闢郭守忠

抄本碑目闢作關　按上文云劇賊王闢郭守忠

破歸州作關者非是

卷一百七十九〔梁山軍〕

縣沿革

梁山縣　元和郡縣志云本漢州思縣地　按元和

志此卷久闕據舊唐志寰宇記〔一百四〕輿地廣記

〔三十〕方輿勝覽十六方輿紀要六十州思乃胸胭之

誤

風俗形勝

皆崇複環委　按方輿勝覽複作山是也

景物上

景穴　元和郡縣志云有丨丨嘉魚甚美　按元

志此卷久闕景穴本當作丙穴改丙為景者

避世祖嫌名方輿勝覽正作丙

景物下

端敏堂　在郡圃之東　一統志二百五作在梁山

軍郡圃東

瑞光亭　在仰高堂之側　一統志無之字

仰高堂　舊爲清淨堂　一統志爲作曰○後易今

名　一統志易今作改

翔雲樓　在鼓角樓之左　一統志鼓上有梁山軍

三字○四山環合頗得其要　一統志要作勝

垂雲樓　在子城之北　一統志子上有梁山縣三

字

飛練亭　蟠龍飛瀑去軍東二十里　一統志作在

梁山縣東二十里蟠龍山○水自洞中流出　一

統志水上有山有二字○乃徐凝所謂千古長如

白練飛之句　一統志作取徐凝詩句○乃取歐

公六月飛雪洒石砭之語　一統志無乃字歐下

有陽字

噴霧崖　張丞相無盡游從于此　按據方輿勝覽

游從當作常游

寒泉洞　軍之西龍西鎮十里許有洞曰寒泉　按

方輿勝覽軍上有在字無下西字

多喜山　有雌雄二泉名浴丹井春夏則右盈左竭

按以下文雌雄泉注考之則下當有左盈右竭

秋冬則七字

古迹

舊萬川郡城□□□□　　　　張氏鑑云原闕

仙釋

陳希夷　有浴丹井及陳餘石枕存焉　　張氏鑑云

餘上當有所字

碑記

涼山呂保藏漢篆　碑目涼作涼下同○涼山保有

呂保藏　張氏鑑云山保之保疑誤○在絕巖半

腹　碑目岩作崖　一統志作梁山絕崖半腹○

家資巨萬寶金寶　一統志資作賫賫作齋○紹

熙中　一統志熙作興○有樵夫得一劵於崖側

碑目無一字　抄本　按一統志有一字

浮蘭碑　通川志記梁山軍忠州兩界　抄本碑目

川作州　按通州州沿革云象之謹按唐志有通

州通川郡乃今夔路之達州此處所言之通川志

蓋卽達州志故記梁山軍忠州之界也○舊有漢

刻石著白虎夷王姓名今其上刻漢時官屬及白

虎夷王及夷民等　碑目無漢刻二字及著白以

下十字　抄本白作自夷民作　按據上文舊有至

時民餘與紀勝同　姓名係通川志之語今有以下則作紀勝者之詞

此十二字不可刪碑目非是

梁山驛唐碑　其詞云　抄本碑目詞作祠誤○侵

漁侵廣　張氏鑑云下侵字似當作寢　按碑目

下侵字作浸浸與寢同義○使夫離散莫關其身

抄本碑目關作闕誤○徵諸善理寄爾艮臣

抄本碑目徵作微誤○背僞歸眞　抄本碑目背

作皆誤○惠卹於貧　碑目於作其作于○孰不

攸遵　抄本碑目攸作收誤

舊梁山驛碑　其字漫滅不可復識矣　抄本碑目

字作側誤

詩

深谷下寥廓層巖下欝盤　張氏鑑云廓當作廓巖

下之下似當作中　按據注此係張文琮蜀道難

篇今考文苑英華二廓作廓巖下之下作上是也

梁山菲黃妙天下玉筋金釵盈大杷　按方輿勝覽

把作杷是也

輿地紀勝校勘記卷四十六終

卷一百八十　南平軍

軍沿革

又熊本傳熙寧八年夏渝州南川縣獠人木斗叛

按東都事略熊本傳無縣字獠作獠是也方輿勝

覽十六亦作獠

縣沿革

播川城　廢播州爲播川縣來屬　按上文有南川

縣隆化縣州沿革云又割涪州之隆化縣隸焉尋

復南川縣爲倚郭縣今領縣二所謂二縣卽指南

川隆化而言播川不在二縣之中蓋以城名而非

以縣名也此處縣字當是城字之誤

風俗形勝

在唐南川縣北四百六十里　一統志二百三唐下

有之字

景物上

南山　在瀛山之對　一統志在作與之作相○崗

勢甚遠　一統志崗作岡○有石笋峰　一統志

峰上有數字

瀛山　周回九十里　一統志回作迴○林麓蓊蔚

6912

一統志作林木�{{蔥}}蔚。有類三峽　一統志有

作山。而各不同　一統志各作皆

獠崖　舊有獠居之遂以名　一統志各作皆　張氏鑑云獠有獵獠

之名獠上當有獵字

字攀作扳。洞門有一櫃　一統志洞作其

櫃崖　在軍東南百里　一統志軍上有南平二字

百上有一字。崖有洞不可攀援　一統志無崖

字攀作扳。洞門有一櫃　一統志洞作其

白水　去隆化一十里　一統志一作縣

棘溪　夜郎溪從夜郎境來　一統志上夜字上有

亦名二字。至軍城　一統志作流過南平軍城

二

下

景物下

朝爽堂　觀覽之勝地　一統志無之字

塞樂園　去城一里餘　一統志無餘字○初封太

守名固　一統志作初太守封固○嘉木美卉　初封太

一統志美作名○最致可人　一統志致作爲○

二亭　一統志二上有有字○曰風月日嘗心

一統志嘗作賞是也○士夫留詠甚多　一統志

夫上有大字○溪水漲浸　一統志漲作泛○獨

荔子一株在耳　一統志子作枝

三潮泉　春秋之分必一大潮　一統志無之字○

故老傳謂泉通海　一統志傳上有相字泉上有

其字是也

五弟圳　一統志圳作壩○有任民昆弟五人　張

氏鑑云民疑當作氏　按一統志民正作氏張說

是也

九遞山　在隆化縣東六十五里　一統志無五字

○過晴霽則祥雲覆其上　張氏鑑云過似當作

遇○人視其色之昏明　一統志色作質○有兩

泉溫冷靡常　一統志靡作非○池各蟠石龍一

一統志作池上各蟠石龍

萬山亭　有軍治前西南　一統志作在南平軍治

西南○後易今名　一統志易作改

眞春埡　元係循檢駐劄處　按改巡檢爲循檢者

避理宗嫌名

悟眞洞　在歸正寨　一統志寨作岩○洞有聖泉

一統志洞下有中字○又名白鹿洞　一統志

又作一此句在上文洞有聖泉之上

扶歡山　一統志歡作觀　按注云唐以之名縣下

又扶歡市注亦云唐縣今考新舊唐志通志八十

元和志三十寰宇記一百二元豐九域志十

廣記三十扶歡係溱州屬縣當以歡字爲是○今

謂之寨山　一統志寨作岩

按沂乃沂之誤

牽恩溪　有色如水銀形如白蛇者二沂灘上下

孝感橋　紹興甲戌歲　一統志作宋紹興甲戌○

里婦有王姓者　一統志作有里婦○從其始過

溪　一統志始作姑是也○其姑墮水　一統志

無其字○故名其橋　一統志無其橋二字

白錦堡　去播川三百里　一統志川作州　按以

上文縣沿革考之作紀勝時播州已廢爲播川城

當以川字爲是○子孫承襲守之　一統志承作

世

鳳凰山　山有峰屹然　　一統志無山字○故名

一統志故作因

獅子峰　兩山爲一邑之勝景　一統志無景字

龍㯭灘　渡與龍㯭相近　一統志無渡字○古語

云　一統志語作諺○龍㯭髣髴　一統志髣髴

作彷彿

琵琶山　有東溪之近　張氏鑑云迟疑勝之誤

石筍崖　一統志筍作笋○在軍北百里　一統志

作在南平軍北一百里○徃隆化路　一統志作

路通隆化縣○有石如筍　一統志筍作笋

鑄錢監　自元豐二年吳洪申請後增鑄至六萬貫

一統志洪作淇後作復○紹熙末郡守張鼎

一統志熙作興○以取鐵炭遠鼓鑄不充　一統

志無鐵字

流金水　乃硫黃所出之處　一統志無之字

孝婦泉　去軍南一里　一統志去作在南平

銅佛壩　在今城西門外　一統志今作故南平○

五

地有金銅像　一統志作地有金銅佛像二　按

下文云二佛像後徙置報恩寺二道像置天慶觀

此句之金銅像係統佛像道像而言非專指佛像

也

蘿綠山　山多楠水　張氏鑑云水當作木

四十八渡水　一水彎環其中　一統志彎作灣　〇

涉是溪者凡一一一一　一統志是作足

　　　古迹

溱溪縣　宣和三年廢寨屬南平軍　按寨上疑脫

爲字

三溪縣　三溪合流故爲名縣城甚高險　按據上
文此係元和志之語今考元和志爲上有以字城
上有其字是也

榮懿市　至紹興七年　一統志無至字○兼寨事
一統志寨作砦○後移巡檢司於曲崖險　一
統志無司字險作臨○今空有寨名但爲一市
一統志寨作砦但作止

扶歡市　本唐溱川屬縣　一統志無唐字　按川
當作州說詳上文景物下扶歡山○置爲寨　一
統志作置砦○後移寨官於歸正今止爲市　一

統志寨作砦市上有一字

南川鎮　紹興二十六年准朝旨　按准乃淮之誤

○將本鎮移稅務在大蓁市收稅　一統志在作
於無收稅二字

白鵠寺鍾　清師守眞所作　按清疑講之誤

官吏

本朝茹孝標　卒建軍壘遠人安之　按壘疑當作
壘

人物

尹珍　按珍係漢人下文傅寶尹貢據華陽國志亦

係漢人尹上當補漢字

縈母贊　按贊及張宿係宋人纂上當補國朝二字

　　仙釋

僧福琇　普順寺本播州寺廢　按廢當在寺上

　　碑記

西心坎崖上隸書　抄本碑目上字係空格

吹角壩古磨崖　碑目壩作壩下同〔抄本作壩 下同〕

姜維碑　在吹角壩　碑目壩作壩〔抄本作堤〕

有吹角壩古磨崖作堤者卽壩字之誤　按上文

南州石像頌　南州鎮下三里　抄本碑目無州字

按上文州沿革云唐初置南州治南川縣古迹

門有南川鎮注云舊懷化軍南川縣此處正文南

州不誤注中南州鎮之州當作川○司法參軍員

外郎置同正靳豫撰　　碑目同作司作勒誤　張

氏鑑云郎字疑衍文　按以唐時官制考之員外

郎結銜不必言置同正它官結銜稱員外置同正

者甚多內外官皆有之司法參軍員外置同正者

猶言額外司法參軍耳郎字爲衍文無疑同作司

者亦非是當從張說○乃開元十八年十二月丙

戌　碑曰無乃字有○所造盧舍那石像也

抄本碑目盧作廬　按釋家有盧舍那佛張僧繇

曾畫其像作廬者非是

　詩

夔州太守天下清筆端萬頃無纖塵　張氏鑑云此

詩無撰人俟考

　　　四六

四六　按六下當注闕字

　　卷一百八十一　大寶鑑

　　　監沿革

隋志於大昌縣王書曰後周置永昌郡　張氏鑑云

王字似誤　按王疑當作下

縣沿革

唐志夔州有大昌縣縣有鹽宜　按以唐志考之宜
乃官之誤

議按大寧監與大昌縣自是兩處　按議乃謹之誤

大昌縣　按以元豐九域志卷八輿地廣記三十考之
縣下當注中下二字〇晉宋已前　張氏鑑云已
當作以〇後周於縣東至永昌縣　張氏鑑云至
似當作置　按上文州沿革云後周置永昌郡城
注云九域志云按隋書地理志後周置尋廢據此

則至當作置縣當作郡

風俗形勝

田賦不滿六百碩　張氏鑑云碩當作石

景物上

燈山　唱竹枝等歌三日乃以名曰看□□　按以
似當作己
州踏入卦磧是其證也

踏磧　張氏鑑云磧當作磧蜀人有踏磧之俗如夔

西閣　杜工部有□□三度期大昌嚴明府同宿不
到詩　按下文詩門所引嚴作嚴與杜集合當從

之

　景物下

石鍾山　煙火之跡宛然父老爲爾朱仙丹壚云

張氏鑑云爲似當作謂　按方輿勝覽五十爲上

有以字

觀音巖　郡守張孝芳愛其類相中山水　按方輿

勝覽相作湘是也

峽北道院　在郡　張氏鑑云郡下當有治字　按

紀勝所載某地道院蓋言其清　易治皆在郡治

之中張說是也

官吏　人物

孔長官　按自此以下皆宋人孔上當補國朝二字

○止存攏戶租鹽三色除四色　張氏鑑云三色

四色與上文鹽有九色不同疑有誤　按三似當

作五方與上文九色之語相合○今凡鹽出津四

分官取其一謂之抽分尚－－－三七分之除意

也　按除疑餘之誤

王文義　感夢得泉夢日孝感　張氏鑑云下夢字

疑誤　按以方輿勝覽考之下夢字當作名

碑記

丁晉公謂夔州移城記　碑目無謂字有抄本　車氏

持謙云按已見夔州　按碑目夔州碑記內有移

城記注云丁謂撰蓋大窜監本屬夔州此卷所載

或摹刻本也〇林麓無際　抄本碑目林作村誤

〇由大窜路直趣夔州　碑目趣作趨抄本作趣

卷一百八十二雲安軍

軍沿革

地下濕多朐忍蟲故以爲名十三州志　按寰宇記寰字記載

一百四十七　忍作朒是也紀勝上文云漢朐朒縣也是

其明證

通鑑後唐長興元年割雲安等十三鹽監隸西川以

鹽直贍寨屯兵後唐明帝長興二年陷雲安監

按以通鑑考之下後唐二字及下長興二字皆係

衍文明帝乃明宗之誤當移至上長興之上陷上

當補李仁罕三字

而史樂寰宇記　按樂當在史上○與國朝會要及

寰宇記李宗諤所載不同今不取乎　張氏鑑云

此乎字與前數卷一乎字皆不可用　按敍州古

迹門唐撫夷縣使南詔路注引唐志云詔祠部郎

中袁滋與內給事劉正諒使南詔由此乎張氏云

乎字疑誤今以唐志考之乎字係衍文張氏所謂

前數卷一乎字蓋卽指此而言

　風俗形勝

猶存使名官儀仍備太守之畧而時節得以需章自

達於朝　按需疑當作露

　　景物上

上巖　列千佛建閣粧嚴水濱　按粧當作莊

　　景物下

栖霞觀　巨柏參天皆二仙手植　按據上文云唐

翟法言於此修煉自日仙去是仙者止一人無二

人也此處二字疑有誤

五龍池　在縣十二里栖霞宮內　按上文栖霞觀

注云在縣北二十里殿左有五龍池此處十二當

作北十宮當作觀

象山福地　按此條脫去注語

古迹

漢城山　唐瞿法言楊雲外相繼飛昇于此　按上

文景物下栖霞觀注云唐瞿法言於此修煉下文

仙釋門瞿天師注云天師名法言此處瞿字乃翟

字之誤

仙釋

翟天師　半天鍾罄之聲　按罄當作磬

碑記

周靈王符碑　在棲霞宮　碑目棲作樓作樓 抄本

按

上文景物下栖霞觀注云舊名昇雲宮栖與樓同

作樓者非是

唐雲外尊師碑　在雲昇宮　按據上文景物下栖

霞觀注昇當在雲上〇今多栖霞宮　碑目栖作

棲　 抄本作栖

詩

古寺松欄老 張氏鑑云欄乃檻之誤〇官數荔枝

來 張氏鑑云以前景物門注校之數當作散

按此據景物上下巖注而言

以上夔州路卷一百六十八夔州至卷一百八十二雲安軍

興地紀勝校勘記卷四十七終

卷一百八十三 興元府

利州路

府沿革

唐開元中分天下爲十五道而山南西道統梁洋利

興成文扶集壁已蓬通開闐果渠十七州

元和志二十　考之利下當有鳳字已當作巴○淳

熙二年復分三年又合五年復合紹熙四年再合

按下文州沿革注云淳熙二年復分三年復合

五年復分紹熙五年復合此處復合之合當作分

6937

史記周正王十六年秦厲公城南鄭　按以史記六

國表考之正當作定六當作八

通鑑晉愍帝建興二年梁州人張咸起兵遂楊難敵

張氏鑑云遂似當作逐　按通鑑正作逐張說

是也

符堅敗于淝水晉復取漢　按漢下當有中字

譙縱叛又失漢中縱滅復歸于理　張氏鑑云理乃

晉之誤

通鑑景福元年李茂正按興元以其子繼權知興元

府事　按通鑑正作貞按作攻拔以作表繼下有

密字是也　又按改貞為正者避仁宗諱後凡改

李茂貞為李茂正者仿此

　　縣沿革

南鄭縣　元和郡縣志云故褒之附庸周時鄭亘公

死於犬戎　張氏鑑云亘元和志作桓　按此避

欽宗諱後凡改鄭桓公為鄭亘公者仿此○按史

記周正王之十六年秦厲公城南鄭　按正當作

定六當作八說詳上文利東路

廉水縣　省南鄭縣丞改縣令就南尉兼主簿之職

　按下南字下亦當有鄭字

二

城固縣　續通典云有南地二城　按下文云以有

南城故謂此爲北城固此處南地疑南北之誤　○

城固縣今東六里故北城是也　按以下文古迹

門古北城注考之東六當作縣東南十八○諸葛

亮軍於此固赤坂以待之　按據上文此係通鑑

魏太和四年事今考通鑑軍作次此作成是也

褒城縣　西漢志都尉君此　按以漢志考之君當

作治

監司沿革

按刑司　按注引九朝通略云淳化五年令諸路置

轉運提點刑獄此提刑之始也據此則按字乃提

字之誤

茶馬司　成都利州路買茶秦鳳熙何路博馬　按

宋時有熙河路無熙何路何乃河之誤○秦司置

司與元屬官一員堂之　按堂乃掌之誤○職在

收宕昌峯貼峽文州所買馬　張氏鑑云宋時秦

鳳路有高峯堡峯上疑脫高字

風俗形勝

貢賦所出略倅三蜀華陽國志　按華陽國志倅作倅是

也

其民質直好義士風朴厚有先民之流　華陽國志　按華

陽國志及方輿勝覽六十　士作土　又按華陽國

志朴作敦蓋敦字乃光宗嫌名故宋人改敦爲朴

也

漢之宰相當出坤鄉□州牧郡守冠蓋相繼　華陽國志

按以華陽國志考之空格係其字

華陽黑水近者嘗焉于所百態丕變人風邑屋與山

川俱一郡之會目爲善部矣　劉禹錫新修驛記

焉作爲郡作部驛下有路字是也　按本集

形束壤制逾于京師　權載之集嚴震拜梁州刺史制云皇帝狩于是邦公以漢中形

6942

于京師

作墓誌銘云拜梁州刺史　按以本集考之拜梁州刺史制云當

興地廣記云自公孫述劉備譙縱蜀　按興地廣記

二十譙作李雄譙縱是也

長編守忠晉陽人王師克興元上召安守忠謂曰

按安字當在上守字上

景物上

沔水　接水經云　按接乃按之誤

漢水　華陽國志云漢水有二源東源出武都氏道

漾山　按華陽國志氏作氏是也

漢山　山有池水　一統志一百四　作上有池水郎

天池也

澧水　輿地廣記云——北發武都氏中　按輿地

廣記氏作氏是也

遨水　故宋范柏年對明帝云臣鄉有文山武鄉廉

泉——卽此　按本當作讓水改讓爲遨者避濮

安懿王諱後凡改讓水爲遨水者仿此

聽山　在南鄭縣西北二十八里　一統志八作七

赤崖　昔諸葛亮與兄謹書云　張氏鑑云謹當作

瑾○燒壞赤崖以北門道　按據上文此係元和

郡縣志之語今考元和志門作閣是也

王井　一統志王作玉

寶山　嘗於北中得二珠　一統志作舊傳山中得

寶珠因名○其一隨失其一今藏其寺中　張氏

鑑云下其字疑某字之誤

石鼓　在城固縣北四十里　一統志城固作襄城

街亭　三國志魏張郃與蜀將馬謖戰于此　張氏

鑑云興當作與

皁山　傍有石牛十二頭一云其五頭即秦惠王所

造以詒蜀者　按詒似當作紿

湯泉　一統志湯作溫

斗山　一通長安穴穴山有千載蝦蟇　按以寰字
記一百三十三　考之山乃中之誤

箕山　山有一穴在南　一統志作山內有穴

蓬山　在西縣黃沙谷口　一統志縣下有東北二
字

鳩谷　在南鄭縣南二十里　一統志里下有谷中
有棲眞洞六字

義士　至是仲聞敵有意敗盟欲爲戰守備乃奏復
之　張氏鑑云仲上胱去人姓是時蜀之大將有

景物下

南沮渡　按此條脫去注語

中梁山　在南鄭縣北二十三里　一統志無一字
○漢中郡記云　一統志郡記作紀○鎮梁州之
中故以爲號　一統志作以其鎮梁之中故名

孤雲山　在廉水縣東南百七十里　一統志百上
有一字

兩角山　山絕頂高而兩峰　一統志作山頂高峻
有兩峰

6947

百牢關　在西縣三十里　一統志一百四縣下有

西字是也〇武元衡經百牢關云昔佩兵符去今

持相卽還　張氏鑑云卽似當作印

天臺山　與元坐其崗脉故云　一統志一百四與

元作府治崗作岡無故云二字〇山谷石皆堅潤

一統志潤作潤　按下文云有金星可作硯當

以硯字爲是

石臼嶺　歐陽詹詩云鳥入企蛇盤地半天下窺千仞

到浮煙　張氏鑑云到字疑誤

金華山　左右環繞　一統志繞作遶

仙臺山　在南廉水縣　按南當在縣下〇道家生

經云　按以寰宇記考之生當作開山

籠蓋山　與巴山相接　一統志與上有其南二字

藏劍巖　俗傳漢王——於此　一統志王作高祖

卓筆山　在西縣二十里泥潭谷中　一統志縣下
有南字〇一峰削立　一統志立作出

白崖山　在西縣西北　一統志西北作東北

青鍒山　而山頂一石如鍒　一統志作山頂有一

石如鍒因名

青雲驛　元微之有詩云岧嶤青雲嶺下有千仞谿

謂言ⅠⅠ　綉戶芙蓉閣　張氏鑑云謂當作誰

閣當作閨

源出牛頭山南流入漢水十字

華陽水　在褒城縣西北十五里　一統志里下有

梁州山　在南鄭縣東南百八十里　一統志百上

有一字○與孤雲兩角相接　一統志與上有其

西二字角下有諸山二字　按方輿紀要六

諸字餘與一統志同○其中三十里許甚平

統志平下有曠字

靈壽院　漢時仙人唐公昉之居也　按上文景物

上堳水注云唐公房升仙之日此處昉字亦當作

房

樓眞洞　政和初有捕鼠因轉石得穴而入　張氏

鑑云鼠下當有者字

立石山　東連青鎚西接金華　一統志連與接互

易

張氏鑑云縣下有脫字

神惠泉　在襄城縣十餘里襄德將軍廟前十步

桃溪洞　水自洞中　一統志中作出

蒿堨洞　飛橋入洞中極寬　一統志入上有而字

寬下有廣字

黃塵谷　在南鄭縣三十里　一統志縣下有北字

白馬山　在西縣五里　一統志縣下有西字

龍崗山　一統志崗作岡○龍鬬昇此崗　一統志

作有龍鬬於此

鶴騰山　傳有仙人於此乘——空　一統志作相

傳有仙人於此乘鶴騰去因名

玉谷水　沠流一百八十里　一統志無一字

雪公潭　山崖斬絕　一統志斬作斷

老子水　出米倉山下又合石劍等水　一統志出

上有源字又作流〇號老溪　一統志老下有子

字〇酈道元謂之獠子水　一統志作卽酈道元

所謂獠子水也

將軍石　有石如兜鍪　一統志鍪下有然字

古迹

沔陽故城　方輿記云曹魏末梁州理此蜀先主於

此設壇卽位隋開皇三年廢　張氏鑑云蜀先主

列曹魏後疑有誤　按寰宇記作隋開皇三年廢

曹魏末梁州會理於此蜀先主會於此城設壇卽

王位敘述較爲明析

古漢中郡城　在南鄭縣東二里　一統志一百四

漢中郡城　作在今縣東二里許○輿地志云周正王六年秦　一統志十五

厲公所築漢高祖嘗都之　一統志作卽秦厲公

所築宋嘉定二年始徙今治

蕭何堰　按新安志許司封逖傳云逖知興元　按

自此以下原本闕六頁以他卷之例推之當是古

迹門之後半及官吏人物仙釋碑記等門

　　詩上

李益西城聽梁州詞　按自此以上原本闕六頁並

脫去此門之標題今考下文有詩下一門以他卷

之例推之此門之標題當是詩上

前旌轉谷去後騎踏橋聲　劉禹錫送令狐

相伯公鎮梁　按方輿

勝覽無伯字梁下有州字是也

詩下

江水不流廉節去清名長解勝貪泉　崔覬廉

水度　按度

似當作渡

四六

任子淵宴王師樂語　張氏鑑云王師疑有脫誤

卷一百八十四　利州

州沿革

後主延熙中費禕胡濟張翼董厥並屯漢壽　按王

乃主之誤

元和郡縣志云漢改漢壽為晉壽縣　張氏鑑云漢

改之漢當作晉　按元和志二十　正作晉無縣字

張說是也

蕭思詒破難當　按據上文此係通鑑宋元嘉十一

年事今考通鑑詒作話是也

齊志晉壽郡領晉壽與安邵歡白水四縣　張氏鑑

云與當作與　按齊志正作與邵歡在與安之上

張說是也

詳通鑑之文引之晉壽爲西益州　按上文引通鑑

云合兵圍晉壽魏東益州刺史傳敬和來降此處

西字亦當作東

通鑑承聖三年楊法琛求爲黎州以爲潼州刺史

按通鑑法作瀘刺史二字在黎州之下潼作沙是

也其上文云楊乾運求爲梁州刺史紀以爲潼州

刺史紀勝蓋涉此而誤

縣沿革

嘉川縣　後入于魏至恭帝元帝改興樂爲嘉川縣

張氏鑑云元帝之帝疑當作年　按寰宇記百一

四　正作年張說是也

監司軍帥沿革

宣撫制置兩司　安丙復爲宣撫使司利州　按下

交云其後崔與之以制置使代安丙亦置司利州

此處司字上亦當有置字

轉運司　太平興國三年分西川東道各置轉運副

使　張氏鑑云道當作川○凡十四郡縣　張氏

鑑云郡縣當作州郡

副都統司　利路有三大屯興州興元金州郡統三

司鼎立　按郡乃都之誤

風俗形勝

乃咽喉之要路 蜀志云先主使陳戒絕馬鳴閣魏武
聞之喜曰此閣過漢中之平陰‖‖

‖‖ 按以三國志考之當作魏志徐晃傳云劉
備遣陳式等絕馬鳴閣晃別征破之太祖聞甚喜
曰此閣道漢中之險要喉咽也紀勝蓋沿寰宇記
一百三所引之誤寰宇記戒作式是也紀
十五 勝作戒者傳寫之訛

景物上

雲莊 張氏鑑云莊當作莊

穿山 皮可爲田刀箭所不能入 按據上文此係
元和郡縣志之語今考元和志二十田作甲是也

十二

景物下

光華堂　漕司北廳舊極壯麗其極有八而

不與焉詳見後八詩注　按下文八詠詩注云鮮

于子駿爲利漕有公居－－－－此處其極之極當

作詠

告成寺　一統志四十告成作皇澤○在州城西北

渡二里　一統志作在州西告成門外

朝天嶺　路經紀險　一統志二百三　經紀作徑絕

是屺○遂開此道　一統志遂作後○人甚便之

一統志人甚作行人

東遊水　目斟、元府廉水縣界　一統志自作源出
無界字

黃金塤　一統志二百四十塤作壩○益昌縣東南一
統志無縣字○謂州城基在此卽古晉壽城　一
統志作卽故晉壽故城基

白蓿嶺　歌李嶠眞詩云山川滿目淚沾衣富貴榮
華能幾時　張氏鑑云眞詩眞字似誤　按方輿
勝覽六十　無眞字是也

陽模洞　又作羊模洞在綿谷縣北六七里　一統
志二百三作在縣谷縣北六十里一名羊模洞在

縣北龍洞之西朝天驛七八里

籌筆驛　去州北九十九里　一統志二百四十去作在

利

　　一統志州作縣谷縣○潭下淵岸　一統志作

潭毒關　一統志二百三　關作山○在州北九十里
十九

其下深潭

　　一統志有上有几字○有水自

龍門洞　有三洞　一統志

第三洞發源貫通二洞　一統志無有字二作兩

石欄橋　在綿谷縣北一里　一統志四十無縣字

○共一萬五千三百二十六間　一統志十上無

一字○爲石櫃閣龍洞閣　　一統志作爲石欄龍

洞

本馬山　諸葛亮出祈山　張氏鑑云祈當作祁

羅漢洞　在綿谷縣九十五里　張氏鑑云縣下有

脫字

古迹

天后梳洗樓　在州城西北渡江二里　一統志無

城字

大后故宅　報恩寺在州城北一里即唐

一統志作在利州北一里報恩寺

順聖皇后廟　唐李義山有感孕金輪所詩意卽此

地也　按義山詩注所作處

浮雲觀唐明皇銅像　在葭萌縣一百六十步　張

氏鑑云縣下有脫字

官吏

唐武士彠　按以新舊唐書武士彠傳考之彠乃彠

之誤

何易于　唐循吏傳　按唐下當有書字○益昌人

不征茶不可活　張氏鑑云不可活上似當有尚

字　按唐書循吏傳不上有且字○孫樵爲作傳

久紀其事　張氏鑑云久似當作以

司馬池　其後以公配祀於世德堂　按上文古迹

門有司馬溫公世德堂池乃溫公之父公上當有

溫字

李繁　乞官自置場不馳催不敢贏　按敢乃取之

誤

朱勇　勇道戰于瓦亭寨破之　張氏鑑云道字疑

誤　按道似當作逆

虞允文　薦可爲帥將者三人　按方輿勝覽將在

帥上是也

周嗣武　悉奏撤之俱從請　張氏鑑云請上當有

所字

楊巨源　與論邊事不合　按以宋史考之與下當

有安丙二字

演公　　仙釋

碑記

演公　俗姓白巴州恩■人本土族　按土當作士

唐南池新亭碑　亭已失所在矣　碑目無矣字

唐李義山碑　按注云在籌筆驛下文詩門載李義

山籌筆驛詩此處碑上似當有詩字

棧道銘　車氏持謙云按此碑已見與元府　按注
云歐陽詹文今考與元府有闕頁碑記在闕頁之
內碑目與元府碑記內有棧道銘注云歐陽詹撰
與此正同蓋一交而兩刻也○歐陽詹文有云
碑目無有云二字　有抄本　按有云二字語意未了
疑有脫文

山谷紀行碑　在嘉川縣靈溪寺　碑目嘉上有廢
字　按上文縣沿革有嘉川縣古迹門無廢嘉川
縣不應有廢字

　詩上

朝登戰閣雲隨馬晚渡巴江雨洗兵 岑參嘉州和相公發益昌

按方輿勝覽相上有裴字是也

葭萌氏種迴左擔犬戎屯 杜甫愁坐作 張氏鑑云迴字
似誤　按以杜集及方輿勝覽考之迴字不誤

慷慨康時略　張氏鑑云康當作匡　按改匡為康
者避太祖諱

身依豪傑傾心術目對雲山潢陣圖　按方輿勝覽
潢作演是也

時來天地雖同力運去英雄不自由　張氏鑑云此
羅隱籌筆驛詩本集雖作皆

佗年錦里經初廟梁父吟成恨有餘 李義山 籌筆驛 按初

乃祠之誤

詩下

綠黯宋江細絕磴九隴長 張氏鑑云宋江疑有誤

馬經斷棧危無路風掠柘茅颯有聲 陸游鼓角鋪詩 張氏

云柘字似誤當作枯 按本集及方輿勝覽皆

作枯張說是也

四六

眷言綿谷夙號巨藩旣不遠於鄉紛亦預縈於畫繡 竇武軍 趙雄詔 張氏鑑云軍下當有節度二字

輿地紀勝校勘記卷四十八終

輿地紀勝校勘記卷四十九

卷一百八十五　閬州

州沿革

通鑑後唐明宗長典三年　張　云典似當作興

改安德軍節度〔國朝會安在乾德四年〕　張氏鑑云會安當作

會要

併晉安併岐坪於奉國蒼溪　按據下文縣沿革奉

國縣注西水縣注古迹門故晉安縣注故岐坪縣

注當作併晉安於奉國併岐坪於西水

縣沿革

一

閬中縣　華陽國志周順王五年張儀伐蜀　按華

陽國志順作慎此作順者避孝宗諱後凡改周慎

王為周順王者仿此　○正觀十二年徙于州東　一統

一統志二百四十正作貞二作一　○咸亨二年　一統

志二百三作咸亨末　○徙于蟠龍山之側　一統

志作嘗移縣治於山側他卷二百四十作又徙盤龍山

側　○徙于張儀故城　一統志徙于作又徙　○今

縣治是也　一統志作卽今治也

新井縣　在州七十五里　按據方輿紀要八十州

下當有東字

西水縣　梁天同中　按據上文此係寰宇記之語

今考寰宇記八十天作六是也○水泛漲從治彭

定故宅　一統志水作以水之○熙甯五年盛晉

安縣爲鎮來屬　按下文古迹門故晉安縣注云

熙甯五年廢爲鎮隷西水縣此處盛字乃廢字之

誤

　風俗形勝

唐火山令袁天綱題云　按以唐書袁天綱傳考之

山乃井之誤

今有五城　一統志今作中○宋公德之爲守一

統志無之字○乃甃碧玉樓於衙城之西南隅

一統志乃作又衙作西

謂陳堯叟陳堯咨馬涓也下文人物門馬涓注云

己而馬涓果以六年魁天下　按上文云三人狀元

願君家富貴涓涓不絕及得子名涓此處涓字必

涓字之誤

張浚移軍閬州宰執奏浚令居閬爲水運以給餉軍

張氏鑑云令當作合

景物上

閬苑　唐時魯王靈夔滕王元嬰　一統志時作初

嬰下有相繼鎮是州五字○曲是謂之隆苑　一

統志無由是二字○其後以明皇諱隆基改謂之

——　一統志作後避明皇諱改爲閬苑

閬山　取郡西　按自此以下原本脱去一頁蓋景

物上之後半景物下之前半也

景物下

安隱居之所　按自此以上原本脱去一頁以方輿

勝覽六十　考之此條係南巖之注　又按以他卷

之例推之此條之標目當是景物下

秉釣里　並謂陳堯叟兄弟賜里名也　按並字係

衍文

紫微亭　卽三陳布衣時所子交友之地　張氏鑑

云所子字有誤　按方輿勝覽子作于友作遊是

也〇後諸陳旣晉　按方輿勝覽晉作貴是也〇

鮮于康肅寄詩云當時未識紫微星獨口漁陽燕

此亭　張氏鑑云獨字下本闕一字　按方輿勝

覽獨下有到字

蟠龍山　在閬中縣東北二里　一統志十九

作三〇其勢如龍故名　一統志作以形得名〇

唐太宗朝　一統志作唐貞觀中〇太宗令人入

蜀　一統志蜀下有求之二字○氣色蔥蔥　一

統志上蔥字作鬱○鑿砂山脈　一統志鑿上有

因字

龍爪灘　嘉陵江有｜｜｜生焉　一統志嘉陵江

作江中○元豐以來　一統志以來作中○嘉陵

江又有灘生　一統志嘉陵江作江中○馬清果

擢第一　一統志涓作涓　按涓字是也說詳上

文風俗形勝門

閬中山　在州南三里　一統志州作縣○名寶鞍

一統志作又名寶鞍山

蘭登山　漢嚴君平隱居於此　一統志漢作相傳

柏臺鄉　何澳家于西水玉亭鄉　一統志四十何

上有唐字澳作煥王作不○開元時　一統志時

作中○賜其鄉曰ーーー　一統志作賜其鄉名

曰柏臺

捧硯亭　勾龍膽可乞以ーー名亭　按以方輿勝

覽考之膽乃膽之誤

會經樓　蘇公軾爲題閣額　一統志無公字○范

百祿已下皆有詩　張氏鑑云已當作以

敵萬樓　在郡城張益德雄威廟門之上　一統志

6978

城下有內字益作翼

萬卷堂　新井清風書頗富　按下文人物蒲宗盂

注云新井人家多書敝閣曰清風以藏之此處風

字下當補閣字

思依山　漢朝羅冲霄張道陵隱居所　一統志二百

三十　漢作相傳所作於此○其山東西二水一

九

統志作有東西二觀　按下文云東觀今之元封

也西觀今之延禧也當從一統志

緻子山　中高而四下　一統志無而字

錦屏山　山上有四院馬腦寺羅漢院畫錦院西橋

院　一統志四院下有口字無寺字及三院字○

亦築閬峯亭　一統志亦作叉峯作風

神室洞　在閬中十餘里大龍山下　張氏鑑云中

下有脫字○宋明初　按下文云南齊太守譙靈

超則此宋字必指劉宋而言今考劉宋孝武帝有

大明年號此處明字上似當有大字

　　古迹

故晉安縣　武德復爲晉安縣　按據上文此係元

和郡縣志之語元和志此卷久闕據寰宇記德下

當有元年二字

范目宅　在高祖廟側　一統志二百高上有閬中

縣南十餘里七字

袁天罡宅　一統志罡作綱　○卽蟠龍山前　一統

志作在閬中縣東蟠龍山側

唐道襲故宅　卽今之報恩寺也　一統志無之字

也字

漢高祖廟　一統志祖作帝　在州城南十數里

一統志州城作閬中縣

譙元墓　在奉國之北二十里　一統志之作縣　○

土人相傳云一一壩　一統志作土人稱爲譙元

張飛冢　有雄威廟曾公肇為之記　按方輿勝覽

張侯祠注引曾子固記此處曾字乃會字之誤

金主簿墓　金拯為蒼溪尉　按尉當作簿

鮮于氏墓　在新政縣十里對江報本院　一統志

在作去縣下有東字○其字儼然無剝落處乎

張氏鑑云此乎字亦當去

壩

官吏

蜀張飛　主今為郡土主詔封忠顯英烈王耳　張

氏鑑云主字及耳字皆似誤

文彥博　謂公實南極之靈降而為國申甫公遂自

號南岳極眞子　按方輿勝覽無岳字

人物

任文公　善天官風星祕要　按以後漢書任文公

傳考之星乃角之訛

本朝鮮于侁　方行新法諸路搔動　按方輿勝覽

搔作騷是也

唐峰　按峰係道襲之父道襲仕於王蜀則峰乃唐

末之人當移上文鮮于侁之前○見北窻瑣言

按唐峰事見北夢瑣言二十窻乃夢之訛

蒲宗孟　家多書敝閣曰清風以藏之　按據方輿

勝覽敝當作翔　又按勝覽孟作正今考東都事

畧蒲宗孟傳曾官尚書左丞紀勝勝覽所書官階

相同則勝覽之正字必孟字之譌蓋宗孟字傳正

涉此而譌耳

何求　以傳聞彊記　張氏鑑云傳當作博

三正女　按華陽國志正作貞改正爲貞者避仁宗

嫌名○巴郡有馬妙祈妻義王元義姬趙蔓君妻

華　按華陽國志元下有憤字○同時自沒于西

漢水而死　按華陽國志沒作沈死上有沒字是

也

仙釋

張道陵　投身絕崔以取仙桃　張氏鑑云崔似當
作崖

宣什　武后記爲福先寺固辭不就　張氏鑑云記
似當作詔寺下當有主字

正素　俗姓王秦國人也　按上文縣沿革有奉國
縣此處秦字乃奉字之誤

維揔　眉楊人也　張氏鑑云眉楊疑有誤

碑記

顏魯公磨滅記　在新政縣離堆岩下　碑目新上

有廢字無（抄本）　按上文縣沿革有新政縣古迹門

無廢新政縣有廢字者非是

元稹留題　唐元稹以諫官責通判司馬今達州也

碑目判作州　按以新舊唐書二元稹傳考之當

從碑目

新政縣大□碑　碑傍有佛老孔子像　碑目傍作（旁抄本作傍）

王嶽留題　唐僖宗朝丞相王嶽未第時魯經閬中

張氏鑑云魯似當作會　按碑目正作會

6986

李後主書　模勒於石立之普通院　抄本碑目院
作完誤

崔善德政碑　里人爲德政碑今在衙門之東　碑
目東下有廨字 抄本 無

鮮于氏神道碑　一在二教院崖上　碑目二作三
抄本
作二

裴晉公銘　自撰眞贊墓銘並存焉　抄本碑目自
作白誤

汝南令神道闕　於東面得隸字十有二　碑目二
作三十抄本作二
作三十作中誤〇缺不可識有七　碑目缺下有

而字識下有者字無　抄本

寇萊公詩　喧風花雜滿欄香　碑目喧作春　抄本作喧

○盡日幽吟嘆異常　碑目嘆作歎　作書誤○　抄本盡作晝

笑牡丹虛得地　碑目飜作翻　作飜　抄本

前記　何求文　碑目作永作求　抄本　按下文續記

注云曹無忌文上文物門何求注云乃裏次書

三十卷號閬苑記曹無忌注云嘗續何求閬苑記

作末者非是

　　詩

詩

　按下文有詩下一門依他卷之例此處當是詩

上今本脫去上字

巴童蕩槳欹側過水雞嗁魚來去飛閬州勝事可腸　杜甫閬水歌　按據本集槳當作

斷閬州城南天下稀　水歌

槳嗁當作術

　　詩下

仙聖之所廬著眼盡現傑　喻礪雲臺　汝望鶴亭　張氏鑑云汝

似當在礪字之上　按上交官吏門有喻汝礪張

說是也　又按現疑瑰之誤

葉底深藏紅玳瑁枝邊低綴碧珊瑚　陳公文忠果實　按上

文人物門陳堯叟注云文忠公此處公字當在忠

字下

卷一百八十六　隆慶府

府沿革

通鑑在晉惠帝元康八年又云李侍至劍閣太

　張氏鑑云侍似當作特　按以通鑑考之

是也

通典元和郡縣志云宋於此置南安郡而諸書不

載　張氏鑑云下載字衍

王昭遠爲追騎戶所獲　張氏鑑云戶字當是衍文

乞改軍額或賜府欲以普安軍爲名　張氏鑑云欲

似當作故　按下文云乞用典故陞改府名此處

府字下亦當有名字

比年升劍恭嘉秀英皆為府　按據上文此係容齋

四筆之語今考四筆二十敍述甚詳紀勝蓋隱括其

語惟劍上必當補蜀字方與蜀劍之語相應○而

蜀劍既有崇慶普安軍之額幕職官仍云某府軍

事判官　按據四筆額下當有而恭嘉以下獨未

然故九字官下當有推官二字

　　縣沿革

梓潼縣　移縣復舊治猶以安壽為安　張氏鑑云

爲安之安當作名　按據上文此係寰宇記之語

今考寰宇記八十四正作名張說是也

武連縣　晉末武都爲符堅所敗百姓入蜀　按敗

疑破之誤○沈鈞宋志云本泰州流寓立　按宋

志泰作屬秦是也

風俗形勝

陰平道乃今文州非此陰平縣謂鄧艾所出——

在今文州漢——也地實與江油爲鄰此陰平

自晉宋始置北陰平郡當艾入蜀時固未有云寰

宇記　張氏鑑云出下疑脫按字云當作也

恐誤

景物上

葛山　舊名亮山　一統志二百五　舊作一〇昔諸

會北征嘗營此山　張氏鑑云會當作葛　按一

統志作昔諸葛亮置營於此

秀巖　在普安縣之後　一統志二百四十　無之字

龍巖　在劍門縣西一里　一統志劍上有劍州二

字

聞溪　太守王綱有——十二諫　按諫乃詠之誤

景物下

劍門峽　按此條脫去注語

惠雲寺　寺有一石麒麟兒遇天旱人民諷經取水

洗之　按兑疑凡之誤

凌雲山　有西峰如屏　一統志無有字

小潼水　源出武連縣北七十里經縣城西又經普成

界入閬州　一統志作流經武連城西又經普成

縣入閬州界

停船山　在劒門縣八十里　張氏鑑云縣下有脫

字

揚帆水　泛漲奔騰注瀉　一統志無騰字瀉字

浮滄山　在陰平東十五里　一統志陰平作縣〇

世傳堯遭洪水　一統志世作相遭作時〇澶没

殆盡而此山獨存　一統志無而字

山　在普成縣郭外一里　一統志成作城

按寰宇記元豐九域志卷八作成唐志輿地廣記二十

二方輿勝覽七十六十作城紀勝縣沿革等門皆作成

當以成字為是下文仿此

清虛山　西河朝隱子亭為之記　張氏鑑云朝隱

子亭疑有脫誤

香水泉　一統志二百五十三無水字。在陰平縣二十

里　一統志縣下有南字。其水碧色香聞百步

因以為名　一統志作其水香碧故名

十三

兜率山　在梓潼縣東近十里　張氏鑑云近疑當

作北

白沙渡　杜甫自隴石赴劒南紀行————詩　張

氏鑑云石似當作右

紫霄觀　在普成縣南一里　一統志成作城○倚

駕空山晉張陵駕鶴往來是山　一統志作相傳

張道陵駕鶴往來於此又名駕空山舊置柳溪驛

於此

金孔山　頂上常有金火夜出　火疑光之誤

木馬山　在普城縣　一統志二百四十　作成

臥龍山　寰宇記云其山盤圍州　按寰宇記作盤

圍周布是也

雁門山　東西起兩嶺　一統志二百五作有東西

兩嶺突起如門○故曰一！　一統志作故名

馬跑泉　昔馬經領兵到此　一統志馬上有有字

雙石魚　在普城縣東二十里之石筒溪　按城當

作成說詳上文滴翠山

九龍山　有洞在山腹　一統志二百三作腹有洞

○有九井　一統志有上有中字○大雨隨至

一統志作求雨輒應

百頃堋　一統志二百五堋作壩○地極平衍而膏

腴　一統志地上有其字膏作豐

仙女臺　昔後蜀李特公主　一統志作相傳李特

女○登　遊戲　一統志作遊戲於此

玉女臺　在大劒山絕頂上　一統志二百四十無上字

○峭壁石仭　張氏鑑云石似當作百　按一統

志石作千○行人如蟻許　一統志無許字○世

傳玉女於此煉丹輕舉　一統志作相傳有玉女

煉丹於此

古迹

上亭驛　在梓潼武連二縣之界　一統志二百五

界作間　○唐明皇幸蜀聞鈴聲之地　一統志唐

作卽

鍾會壘　其上有一峰　一統志二百四十無其字○乃

鍾會屯兵之地　一統志作謂會屯兵處

姜維壘　在普安縣東四十八里大劍鎮　一統志

普安縣東作縣東北

鄧將軍廟　相傳魏征西將軍鄧艾爲鍾會所秀没

于綿竹　張氏鑑云秀似當作誘

李杜祠堂　按劍門題詩以太白子美爲重且世未

有並祠之者　按方輿勝覽且作而是也

官吏

王連　按連係漢人王上當補漢字

唐李頻　事見唐紀事詩　按詩當在紀上

張部署　張氏鑑云部署未知何時人俟考

張知白　按知白及董樞皆宋人張上當補國朝二

字

董樞　乾德三年余師雄之黨攻劍州　按以宋史

及東都事略考之余乃全之誤

人物

後漢李業　漢永以明經除議郎　按永乃末之誤

景鸞　後漢儒林傳李業梓潼人　張氏鑑云李業

似當作景鸞　按以後漢書儒林傳考之張說是

也今本蓋涉上文李業而誤

邊孝先　在梓潼縣南五里長卿山舊經云昔——

　開掘神學趙伯玉金毛鼠故山有趙伯玉臺

張氏鑑云邊孝先條似亦有誤　按方輿勝覽在

作居無舊經以下

李逢　張氏鑑云李逢未知何時人俟考

劉悅　按悅及王省皆宋人劉上當補國朝二字

王讚諦　按注有建中九年之語則讚諦係唐人王

上當補唐字移至上文劉悅之前

仙釋

群仙洞　在武連縣洞中無他物　一統志二百三
十九

洞作界。惟石窟數間堂宇　一統志窟作室堂
宇作如堂宇然。有水自西向東不知所來　一
統志作相傳有仙人奏樂於此有水自西而東不
知所來○見洞中聲聲嘹亮數人至洞中見列坐
者如天人狀奏樂者無數　按見字似當作聞上
聲字似當作樂

李業闕　其碑亦漢隷　抄本碑目碑作破誤

後漢趙相國雍墓石闕　抄本碑目國在相上　按

漢代諸侯王之國皆有相後漢時本有趙王故郡

國志亦有趙國當作國相爲是　又按注云其文

曰漢□□□雍府君之墓正文雍字下亦當有府

君二字○前有石闕石麟　抄本碑目石麟作乃

麟誤

西作東　抄本作西

漢沛國范伯友墓石闕　在梓潼縣西六里　碑目

晉張載劍閣銘　作劍閣銘益州刺史張敏見其文

抄本碑目銘在敏下誤○乃表天子　一統志

天作夫

魏太尉鄧公神廟記　唐長慶四年劍州刺史邢冊

題　碑目冊作丹　抄本作冊

悟本寺碑　寺有唐盧照隣所撰碑　碑目無所字

抄本隣　作麟誤

清義何氏古碑　有名暮者　碑目暮作慕　抄本作慕

按墓與暮皆不似人名當以慕字爲是

唐韋表微劍閣銘　按此條脫去注語

劉國均石刻　今有石刻存焉　碑目今作劉國均

璞抄本與
紀勝同

郭朴縣路讖石刻　碑目朴作璞下同紀勝同　按

方輿勝覽正作璞碑目是也○其後青城何君玫　按

宰是邑　碑目無玟字作居　君字抄本　按方輿勝覽無

君字蓋君字乃稱謂之詞非其名也作居者非是

○以詔邦人　碑目邦作郡　抄本作邦

景福院石碑　在梓潼縣二十五里葛山之景福院

碑目里下有許字　按上文葛山注云在梓潼

縣北二十五里此處縣下當補北字里下不必贅

許字

始州碑　抄本碑目脫始字○在劍門縣南二十里許

有一古州基　抄本碑目里作二基作墓誤　按

一統志二百　抄本碑目有古基在劍門縣南二十里許○

一統志四十作有古基　按

自縣至彼　碑目自作由（抄本自作由）　一統志作自縣

西南○攀木緣磴　碑目磴作壁　按一統志攀

上有皆字○有一豐碑　碑目豐作古（抄本作古曹誤）

按一統志無一字○開皇三年　碑目作隋開

皇中立○土人謂之———　碑目———作始

州碑碑字（抄本脫）　按一統志無土字○蓋隋時以此

為始州也　一統志作蓋隋時州治在此

詩

押參歷井抑督息以手撫膺坐長嘆 李白　按據本集

抑當作仰

山連襟帶連秦嶺地控咽喉限蜀城 范百縣　張氏鑑

云上連字 疑誤　按方輿勝覽下連字作通是也 張氏鑑云混

千峰如劒隔虛空曾隔車書混不同　張氏鑑云混

不當作不混

五丁盡力路通泉百貨東來蜀道貧木以糞牛欺遠

俗安知指虎有强臣 前人　張氏鑑云泉字似誤木

七

當作本虎當作鹿　按泉當作秦

鞭山怒氣金鼇伏架塹宏模玉煉攄詩　郭思

云煉當作蛑

琅瑞驛詩　　張氏鑑

方難蜀道郎當日正似輪臺晚悔時亭驛詩　楊汝鴦上　張

氏鑑云難疑知之誤

四六　　四六

四六　按六下當注闕字

輿地紀勝校勘記卷四十九終

卷一百八十七 巴州

　州沿革

東漢志載在後漢永元中立又引巴記云分宕渠之北而置之二　按以續漢書郡國志考之二字係行文

梁武帝時梁州刺史夏侯道遷降魏劍北悉爲　按自此以下脫去一頁以他卷之例推之蓋州沿革之後半縣沿革之前半也

　縣沿革

難江縣　按自此以上脫去一頁並脫去縣沿革之

標目下文各門注語及方輿勝覽八十考之此縣

之前當有化城縣〇上故集州也　按以他卷之

例推之上字自應注於難江縣之下而故集州也

四字當移至下一行在州北之上

恩陽縣　縣城置在義陽山上　一統志二百四十無置

字

通江縣　下故壁州也　按以他卷之例推之下字

自應注於通江縣之下而故壁州也四字當移至

下一行在州東之上　又按據新舊唐志通典百

七十　寰宇記一百四十璧當作壁下文仿此

五　

風俗形勝

匠流杯於西龕植紅藥於南沼　裴褘廳壁記述

唐太守所治三　張

氏鑑云匠字疑誤三字亦疑誤

椅角利閭連衡綿劍　張氏鑑云椅當作犄

輿勝覽作犄　　　　　　　　　　按方

景物上

崑山　在化城縣東四十里　一統志十九化城

縣作巴州

玉山　在化城縣南六十里　一統志化城縣作巴

州○其山多玉石然山深險不可取　一統志然

下無山字

字江　嘗陛對云此地存字江實稱上意　按存疑

有之誤

公山　在難江縣南二里　一統志難作南　按元

以前縣名難江明以後縣名南江故紀勝作難一

統志作南也下文仿此○不與諸山相連　一統

志諸作衆

七盤　按此條脫去注語

方山　在通江縣十五里　一統志縣下有北字

按方輿勝覽方輿紀要六十同　○突出罪山之一

張氏鑑云之一一　疑當作上　按一統志無之

一　○其狀類斗　一統志類斗作如斗

明水　在難江縣北五十餘里　一統志無餘字○

水間出硯屏石　一統志石在硯上○林木山川

之形隱石間　一統志隱下有於字

廉津　類要在化成縣　按新舊唐志通典一百七

寰宇記一百三元豐九域志八輿地廣記二皆

有化城縣無化成縣上文崑山玉山孤山下文北

水等注皆言化城此處成字必城字之誤

雪峯　在曾口縣十里　一統志在作去○眾山間

特出一峯　一統志間特作中突

龍洞　古謂太守景篼以旱禱雨應祈為作靈甘洞

記見存　按析當作祈

北龕　在郡北五里風帽山之下嵓如屋　一統志

無郡字之字嵓上有其字

北江　至州城東南　一統志州上有巴字○而中

間復有小流橫貫勢若巴字江以此名　一統志

作其中有小流橫貫成巴字故以為名

北水　西北自集州難江界流入南注水經云北水

東與難江水相合　按據上文此係寰宇記之語

今考寰宇記注在經下東上有又字無相字是也

　　景物下

折柳亭　巴州柳風懿絕殊　按懿疑委之誤○因

名亭曰一一　一統志二百四十　作因以名亭○取折

以贈行之意　一統志以作柳

擊甌樓　在郡治淥淨亭東　一統志郡作巴州淥

作綠○張署有一一一賦并序　一統志張上有

唐字○署諸父緯從僖宗入蜀　按下文碑記門

有唐張褘題擊甌樓又有七佛龕注云乃唐張褘

戹從億宗入蜀時經此所鐫籠此處緯字乃褘字

之誤

飛霞亭　在南籠路窮絕處　一統志南上有巴州

　一字路上有山字

雲間閣　在南籠山絕頂　一統志南上有巴州二

字○取杜少陵九日寄嚴大夫詩　一統志少陵

作甫○遙知簇鞍馬回首ーーー之句　一統志

ーーー作白雲間　按以杜集考之一統志是也

紀勝上一一當作白

雲峰寺　左有石乳巖有透明巖　按下有字上當

有右字

老君山　山之趾三溪匯為一潭　一統志二百三十九

無之字

觀音井　在南龕路半　張氏鑑云半當作畔

兩角山　在南江縣北九十里　一統志里下有與

孤雲山相連唐賈耽曰與元之南路通巴州中有

孤雲山行者必三日始達於嶺三十二字○王子

韶詩云孤雲兩角去天一握　一統志詩云作所

謂握下有也字○邀淮陰公韓信至此山　一統

志作追韓信至此○真所援引者不過國朝名公

之詩云　按據大安軍官吏人物門注眞當作其

三門山　張氏鑑云三門似當作石門　按注云有

石門山絕高石路犖确五里入土門當作石字爲

是○由金洋而來窮大山深澤　一統志來作南

無窮字

十二峯　難江縣四十里　一統志難上有在字縣

下有北字○有客題詩云　一統志云作日○插

立翠峯屏十二　一統志屏在峯上

登科山　讀書此山中　一統志作皆讀書於此登

科而名

截賢嶺　在難江縣百餘里　一統志百上有北一

二字○相傳蕭何追韓信至此因名　一統志作

亦以韓信得名

逊仙山　在難江縣南二里　一統志難作南○孤

聳特立　一統志聳作峯

廣福寺　始得一石盂於漁人之繪以歸　張氏鑑

云繪當作醫

黃瀯渡　張氏鑑云黃乃黃之誤○若久雨欲晴水

仍自洞中出皆淸流頃久必晴　張氏鑑云下久

字當誤　按下久字似當作之

櫻桃珠　時出小石如櫻桃　一統志無時字〇村

民兒女以爲纓絡之具　一統志無村民二字及

之具二字

石城山　在化城縣三十里　一統志作在巴州東

南三十里〇字水與清水環遶其下　一統志作

巴江亦繞其下

楼真洞　集古今墨蹟於堂中　張氏鑑云蹟當作

蹟

虎頭寨　恩陽縣西三十里有虎頭寨　一統志百二

十恩上有在字無有虎頭寨四字〇蓋言山勢如

虎頭也　一統志作以山勢如虎頭爲名○相傳

云先主在蜀時張飛拒張郃屯兵于此虎頭寨

一統志作相傳張飛拒張郃於此

僭位永平三年麟見于壁山　張氏鑑云壁當作

鳴鹿祠　按五代史前蜀世家王建爲璧州刺史從

壁從當作後

故璧州　按璧當作壁說詳上文縣沿革通江縣注

○有符陽縣寰宇記及輿地廣記熙甯五年併入

通江　按上文云元和志有通江縣寰宇記同又

云有白石縣寰宇記同此處及字亦當作同　又

按輿地廣記併作省○唐朱餘慶送璧州劉使君

詩云　按文苑英華二百七　載此詩慶在餘上是

二百七十八

也

故靜州城　在恩陽縣東五里　一統志東作北

故奇章縣　一統志奇作其　按舊唐志作奇新唐

志通典寰宇記元豐九域志輿地廣記作其

故清化縣　正觀蜀巴州　按以舊唐志考之觀下

當有十七年三字蜀當作屬

故七盤縣　元和郡縣志云□□元年於山側近置

七盤縣　按元和志此卷久闕以新舊唐志寰宇

記輿地廣記考之所空二格當是久視二字

王望山　山高二里許　一統二曰三　無許字○

相傳云王眞人得道此山　一統志云作有此山

作於此○故稱王蒙山　一統志稱作名○唐元

宗控白驥　一統志作唐明皇嘗控白驥○語曰

此去京師不遠　一統志無語字○因改名曰一

｜｜　一統志作故名王望巖

裹景洞　父老相傳漢景昇仙之地　張氏鑑云景

上當有裹字

唐章懷太子墓　在城南一里　一統志二百城作

巴州

　官吏

魏嚴顏　按顏非魏人魏當作漢

楊士諤　按注云出李吉甫之門元和中爲侍御史

以事失吉甫貶巴州刺史今考新舊唐書李吉甫

竇羣呂溫等傳及通鑑楊當作羊

　人物

蜀甘甯　按甯未嘗仕蜀蜀當作吳

梁嚴始興　巴故梁士自夏侯道遷降魏遂陷于戎

按士乃土之誤

本朝羅承芝　國朝平蜀而餘黨重霸文協牽罷攻

巴閬數郡　張氏鑑云重上脫去人姓○太祖任

見　按任疑召之誤○賜感義軍卽權本郡三十

餘年　張氏鑑云賜下疑有脫字

李森　有侍郞鄧之綱侍婢乞假省親入王繡第遂

不復坐　張氏鑑云坐當作出○森以實聞且劾

其罪繡逆知之急自歸于山　張氏鑑云山常作

　上

惠演　文正欲薦之朝　按上文云早與范蜀公同

往太學蜀公係范鎮所封之爵鎮謚忠文

正當是文忠之誤

仙釋

白長老　本習儒性昏鍾　張氏鑑云鍾字似誤

按鍾似當作鈍○一日語其徒曰坐化乎立化乎

且學彌絕坐化休　按絕疑陀之誤

唐古佛龕石刻　有古佛龕舊石〔 〕立百餘伏望特

碑記

賜洪名　碑目伏作佛　抄本作伏　按據上文此係嚴

武奏中之語以文義核之佛字當補伏字亦不必

刪

唐張禕題擊甌樓　尚書右丞相戶部張禕記賦在

樓下　按下文南山記注云唐中和四年尚書右

丞判戶部張禕題此處相字亦當作判方與唐時

官制相合　又按記當作詩說詳下文詩門

南龕題詩石刻　皆刻之于石　碑目無之字 有抄本

唐兜率寺碑　抄本碑目兜作燹誤○碑字不可辯

抄本碑目辯作辨

集州兩角山記　抄本碑目兩作南　按下文云唐

集州刺史楊師謀書上文景物下兩角山注引楊

十一

師謀之石刻與此正合作南者非是〇今在難江

縣　抄本碑目今作本　按下文未言移至他縣

上文景物下兩角山注云今碑在難江縣學與此

正合作本者非是

集州紫極宮記　唐開元二十九年兵部尚書牛仙

客作　抄本碑目二十九年作二年□□　按以

舊唐書元宗紀及通鑑考之仙客爲兵部尚書在

開元二十七年抄本碑目非是〇今在難江縣

抄本碑目無今字

放生潭三字　潭中一石　碑目脫中字〇每水落

石出方見　抄本碑目水作人誤

薛史君布政碑　碑目史作使。唐乾符年間璧州

刺史裴寔辭作石作乾符間立　碑目璧作壁實

作眞石作石在紀勝同〔抄本與〕

璧州神廟石刻　碑目璧作壁　按說詳上文縣沿

革通江縣注下文仿此

龍興寺碑　唐璧州刺史鄭凝績之父鄭畋作　碑

目璧作壁下同〔抄本凝作疑下同〕　按以新舊唐書鄭畋

傳考之當以凝字爲是

璧州山寺記　碑目璧作壁

唐正元石刻　唐正元十四年　碑目無十字　有抄本

○再修此路　抄本碑目再作甫誤

唐韋蘇州詩　｜｜｜｜送令狐岫宰恩陽詩　抄

本碑月陽下有縣字

孫氏圍石刻　在通江縣二十里龍灘之側　張氏

鑑云縣下有脫字。牽壁州刺史辛巢父等　碑

目璧作壁作卒誤（抄本辛）

痤麟銘　魚鬣而龍鱗　抄本碑目鱗作麟誤。四

趾始玉　張氏鑑云始當作如　按碑目玉作生

非是王尤誤。乃痤于縣北十五步楊義仲爲之

銘　碑目瘞作葬之在北上〔抄本與紀勝同〕

城牙樓記　按牙當在城上○其一天聖乙丑之記

碑目乙作巳〔抄本作乙〕　按天聖係宋仁宗年號止

有十年其三年係乙丑並無巳丑當以乙字爲是

七佛龕　名公鉅卿〔碑目鉅作巨抄本作鉅〕○皆刻之

于石　碑目刻作刊〔抄本作刻〕

嚴侍御暮春五言　碑目言下有詩字〔抄本無〕

史俊寄嚴侍御楠木詩　在南龕　碑目作在西龕

寺〔抄本無寺字〕

楊士諤十四詠　碑目楊作羊　按羊字是也說詳

上文官吏門楊士諤　蓋取楊士諤流盃十四詠　碑目楊

流盃十四詠　蓋取楊士諤流盃十四詠　碑目楊

作羊　作恙誤

抄本蓋

　　詩

當作使

地僻昏災瘴山稠隘石泉　州嚴史君　張氏鑑云史

杜甫寄巴

水轉巴文清澗急山連蒙岫翠光涵頭樓　邵叶擊　按以

方輿勝覽考之邵叶乃張禕之誤上文碑記門唐

張禕題擊甌樓注云張禕記賦在樓下記乃詩之

誤卽指此詩而言也

巴峽少田平每苦天宇窄 詩温公 ○張氏鑑云平當

在田上 又云下字字原重 詩

壁州詩

壁州詩 張氏鑑云壁字詩中或作壁須校 按當

以壁字爲是說詳上文縣沿革通江縣

王府登朝後巴鄉典郡新江分入峽路山見採鞭人

唐朱餘慶送 壁州劉史君 按慶當在餘上說詳上文古迹門

故壁州 又按古迹門史作使是也

卷一百八十八 蓬州

州沿革

十三

通鑑唐昭宗乾寧二年蓬州刺史費存降于玉建

按通鑑降于玉作奔王是也

　　縣沿革

蓬池縣　分置大寅縣因大寅縣池以爲名　按據

上文此係元和郡縣志之語元和志此卷久關以

寰宇記一百三考之大寅縣池當作邑西大寅山

營山縣　唐志云武德四年割果州之相如縣地置

浪池縣　按唐志浪作朗此作浪者避聖祖諱後

凡改朗池爲浪池者仿此

艮山縣　實廢省入蓬池大中年復置　按以唐志

考之實當作寶曆下當有元年二字年當作中

風俗形勝

閶闔秋秋文物甚盛　張氏鑑云秋秋似誤

景物上

奕山　山有鳳凰院　一統志二百四山下有頂字

鼇山　水傍突起一山　一統志傍作旁起作出○

嶙岣若鼇狀　一統志無狀字

梅莊　黎夢有刻石　按上文云有養極堂有釣臺

有梨夢有杏壇此處黎字乃黎字之誤○乃趙清

獻酬其高祖何化基透明巖詩　按下文人物門

何造注云其後子緯孫修輔曾孫格非三世俱第

進士獨未載其元孫之名此條所言何化基疑卽

何造之字上文當述其元孫之名傳寫者脫去耳

又按景物下透明巖注載清遠居士之詩清遠

居士疑卽造之別號

耀池　距郡城東南七里　一統志距郡城作在蓬

萊縣

天橋　横駕絶崖曰——　一統志曰上有名字

景物下

靈飛寺　在州城一里據南山之巓　按城下似當

有南字○人月及重陽郡守與僚屬登臨　張氏

鑑云人月疑有誤　按月疑當作日

報恩寺　在州城三里　張氏鑑云城丁有脫字

觀音院　院有鼉觀音記今刻石存焉　按鼉字疑

誤

大蓬山　距州城東南七十里　一統志作在蓬州

城東南七里　按方輿勝覽六十與紀勝同

浴丹堂　蓋異八王鸛浴丹之所云　按鸛與鶴同

然丁文仙釋門有王鶴此處鸛字亦當作鶴方爲

畫一

透明巖　隱隱可數　一統志隱隱作歷歷○按先

大二年卽開元二年　按以新舊唐書及通鑑考

之開元二年之二當作元

鳳凰臺　傳者以鳳曾棲其上　一統志作相傳以

爲鳳嘗棲其上

孔雀洞　有石壁峭絕如削青玉　一統志無青玉

二字

芝蘭莊　州城西一里　一統志州上有在蓬二字

○舊有王先生者　一統志舊作孟蜀時○孟蜀

王召至　一統志無孟字○先生不可　一統志

無先生二字○詔賜所居田數頃　一統志無詔

字○號曰————今子縣皆居焉　張氏鑑云縣

當作孫

晚西疑有誤

東龕院　嚴庚題云晚西寒雨濕黃昏　張氏鑑云

官吏

顏真卿　按顏上當補唐字

裴德容　按自德容以下皆宋人裴上當補國朝二

字　人物

賈嵩　撥自嵩以下皆宋人賈上當補國朝二字

鄭修　年八十七而終于飯牛　按上文云榜曰飯

牛菴又云居于飯牛菴此處牛字下亦當有菴字

仙釋

蓬山十二仙　近世郡守王鎬又張放心童胥童嚴

化仙事附于後　張氏鑑云張放心疑有脫誤

唐姚道眞　從呂洞賓往來傾藥十二元授之　按

元當作九

本朝李俠客　後醉卜於路瘞之州南而人屢過之

於他州　張氏鑑云卜當作仆過當作遇

王鶴　乃爲營山老騾蹶死　按蹶乃�きの誤　張氏鑑

李士寧　而見王荆公曰餘執政時相見　張氏鑑

云餘字似誤　按餘疑除之誤

賈善翔　講度人經三遍盲者聞目明　張氏鑑云

聞下當有之字

有鮮于氏之子張說是也

石門鮮氏于子　張氏鑑云于當在氏上　按注云

聖羅漢　在州城一里靈飛寺　按上文景物下靈

飛寺注云據南山之顛此處城字下似當有南字

○遠近聞之香火改敬　按改疑致之誤

碑記

碑記　抄本碑目誤以蓬州碑記為金州碑記又誤

列於洋州碑記之後

千祿字碑　抄本碑目千作平誤

顏魯公書碑刻　又大書磨崖碑廣數丈今皆在崖

石間　碑目又大書三字在今字下誤

安祿山題　造彌勒佛一龕祈求云　碑目求云作

福云云　抄本作○守珪壯而釋之　抄本壯作社

求云

誤

福緣寺唐碑　敍碑云唐大中七年蓬州刺史吳延

述　張氏鑑云敘字疑誤

賈氏本支碑　蓬之諸賈或祖于此云　按或疑咸
之誤

石佛院碑　蓬州朗池縣石佛院記　抄本碑目朗
作即　按上文縣沿革營山縣注云本漢朗池作
即者非是

大蓬山天寶碑　誰向山陰謾刻鐫　碑目謾作漫
抄本作謾　○雨淋日炙隸文全　抄本碑目雨作兩誤
淋係空格

景福寺碑　有唐昭宗天復八年修寺碑　抄本碑

目廣作度誤

方等院碑　從其縣併入營山　碑目併作并作併 抄本

　　　　　詩

蒼石皴文龍跡在清泉涵詠海源通 同上吳 幾復 按詠

當作泳

興地紀勝校勘記卷五十終

卷一百八十九 金州

州沿革

通鑑建安二十四年蜀命孟建攻上庸 張氏鑑云
建當作達

前蜀王建改雄武軍 一統志十七 一百四 無前字改下
有置字

縣沿革

石泉縣 按據元豐九域志 卷 輿地廣記 卷 八 縣下當
注下字

平利縣　輿地廣記云本漢長利縣屬漢中郡東漢

省晉置上廉縣皇朝郡縣志梁置上廉縣不周

　張氏鑑云不周當作不同

上津縣　紹興十六年和好成割上津縣鶻嶺關外

卓馱平為界　按一統志二百割下無上津縣三

　字卓作韋平作坪是也

　　軍帥沿革

金州都統司　朝野雜記云　按此下一段皆係單

行大字依他卷之例當改爲雙行小字○故又暨

金州爲金房開達四州爲金房開達爲一路而以

郭浩為金房開達安撫使　張氏鑑云此處似有

誤　按上文州沿革云或帶金房開達四郡安撫

此處四州下似當有安撫二字第二爲字當作以

風俗形勝

鳳凰為頭鯉魚為尾州城二十里地名秦校渡月河約二里有山最高者俗呼為鯉

魚山古老相傳謂其漢陰鳳凰山遂以

山其一百二十里抵直河以斷次

張氏鑑云此條之注多有脫誤　按一統志一百四十

七　鯉魚山注云在州西引興地紀勝云州城西三

十里地名秦郊渡月河約二里有山最高俗呼為

鯉魚山相傳與漢陰鳳凰山相連遂以鳳凰為頭

鯉魚爲尾其一百二十里文義頗爲明析可訂今

本之誤

華陽國志云永嘉五年西晉曹光復治漢中　按華

陽國志曹作張紀勝下文亦云自張光後此處曹

字乃張字之誤○北史魏志曰　張氏鑑云志乃

書之誤○自張光後漢中人爲氏楊難當所没

張氏鑑云人當作又○後爲譙縱平復　張氏鑑

云平復當作所没

景物上

金泉　子城東之井也　一統志作卽子城東之井

魏山　其山東西南三面絕險不通者晉吉把爲梁

川督護　按據上文此係元和志之語元和志此

卷久闕以方輿勝覽八十　考之者乃昔之誤以寰

字記十一百四　考之川乃州之誤

心山　山下有殊草有同不偃無風獨搖　張氏鑑

云同當作風　按據上文此係寰宇記之語今考

寰宇記有作多同作風張說是也

龍山　在洵陽縣北一百二十里　一統志北上有

東字

鵲嶺　地極險要　一統志二百十八作極險峻　按方

Column 1 (rightmost): 輿勝覽與紀勝同

興勝覽與紀勝同

牛山　在城北五里　一統志一百四作在州北五

十里　按方輿勝覽與紀勝同○為金州羣山之

冠　一統志金州竹州境○大旱不涸久雨不盈

一統志作不涸不溢○祈禱必應　一統志作

禱雨輒應

景物下

紫荊山　山後有石池傍有石蓮花夢相丞

丞當作承　按一統志池下仍有池字傍作

夢相丞三字

三

衡

　合月河入漢江　一統志作流合月河入漢

梁

　元和郡縣志在漢陰縣東八十里梁將五

神

　拓承境梁門為界之地　按元和志此卷久闕梁時

　張氏鑑云五神

名將有王神念五疑王之誤令疑念之誤然究無

令疑誤承似當作北

明文可證姑存此說以備考

鳳凰山　元和郡縣志在漢陰縣一百五十里　一

統志在作去無一字　按元和志此卷久闕方輿

勝覽在亦作去

馬跡山　註水經云洵陽縣北山上有馬跡五所

按註當在經下據水經注二十山下當有下有石

壇四字

天柱山　縣崖壁立　按方輿勝覽縣作懸據上文

此係寰宇記之語今考寰宇記縣崖作絕巖○有

無名遊仙洞　按寰宇記無作穴仙在遊上

當門山　在洵陽縣東百七十里　一統志百上有

一字○有兩峯相對　一統志無有字

饒風關　撒離合紹興間破與元常從此路　張氏

鑑云常當作嘗　按下文饒風嶺注兩言撒離喝

此處合字亦當作喝

饒風嶺　聲言東歸太原及自於商出漢陰　按方

興勝覽及作反是也　又按商當在於上商於乃

商州之古名卽張儀許賂楚懷王之地也

古迹

西城故城　寰宇記按水經云漢水經月川日　按

寰宇記無按字經下有注字曰作口是也

吉扡城　吉堅守不下　按據上文此係寰宇記之

語今考寰宇記吉作扡是也

黃巢谷金桶水　山今失甚處　張氏鑑甚當作其

○又偽國六齊年號金桶　按黃巢年號係金統

此作金桶者涉正文金桶水下文石桶而誤 ○伏

請奏開蜀京　按開乃聞之誤

官吏

東晉吉挹　吉參軍史穎逃歸　按據上文此係通

鑑晉孝武太元四年之事今考通鑑吉作挹逃作

得是也

賀若弼　按弼爲金州總管在後周時賀上當補後

周二字

崔彥進　按自彥進以下皆宋人崔上當補國朝二

字

人物

漢錫光　今郡廳兩挾繪｜｜｜晉吉把二像　張

氏鑑云挾當作夾

王遜　張氏鑑云王遜未知何時人俟考　按注云

魏與人也魏與之名始於曹魏則遜必魏以後人

李遷哲　按遷哲周人李上當補周字○不能死節

以此愧　按以北史李遷哲傳考之以上當有實

字愧下當有耳字

李襲志　按襲志唐人下文李孝儒上唐字當移至

此句李字之上○蕭銑林志宏屢攻之　按以新

舊唐書李襲志傳考之志當作士

裴瑾　按注云由比部郎中出刺金州則不應在人

物門當移至上文官吏門與姚合姜公輔李翱同

列〇決高弛隳去人水禍渚芡原茅闢成稻梁柳

文　張氏鑑云此處當校　按以柳子厚文集唐

故萬年令裴府君墓偈考之芡乃芟之誤梁乃梁

之誤

季康　按注云爲漢陰令則不應在人物門亦當移

至上文官吏門

胡易簡　張氏鑑云易簡係宋人胡上當補國朝二

字　按注云得唐以來賈浪仙羅江東之風範張

氏蓋據此而言

張仲方　按仲方唐人不應在胡易簡之後　又按

注云爲金州刺史則不應在人物門亦當移至上

文官吏門

　　仙釋

漢陰丈人　莊子云子過漢陰　張氏鑑云過上當

有貢字　按以莊子天地篇考之張說是也

唐仙人　後師以藥飲公公曰可去矣　張氏鑑云

此條亦疑有誤　按上文云字公助下公字似當

作昉

純陽眞人　平利縣北三數十里　張氏鑑云數疑
當作四○過嶺穿雲柱枝飛　按柱乃拄之誤○

城南有昌公堂　按昌乃呂之誤

章阿父　若要求長生到斷五行因　張氏鑑云到
疑割之誤○萬法有心則生無心則滅儻能心死
活何患身之不生也　張氏鑑云心死活疑有脫
誤

碑記

碑記　抄本碑目脫去金州碑記之目誤列於洋州

7058

碑記之後

隋蒙州普光寺碑　碑以仁壽元年建碑無書撰人

名氏　碑目無下碑字是也 有抄本○覩之亡倦

碑目覩作玩亡作忘是也 紀勝同○善開皇仁壽 抄本與

以來碑碣字畫多妙　張氏鑑云善似當作蓋

按碑目正作蓋○惟丁道護所書嘗著之而往往

不著名氏　抄本碑目嘗下有自字是也○率更

與虞世南書妙盛既接於唐遂大顯　抄本碑目

妙作始顯下有矣字是也

周萬歲通天碑　碑陰有段文昌罶題　抄本碑目

段作改誤

唐僖宗碑　今碑子渡有唐僖宗一碑　按洋州碑

記門碑子渡碑注云有唐僖宗時一碑此處正文

碑字上注中一碑上皆當補時字○漢陰縣助修

道施主云云　碑目脫下云字 有 抄本

安康志　郡守家子欽序　抄本碑目欽作飲誤

卷一百九十 洋州

州沿革

禹貢華陽黑水惟梁州 洋川　按自此以下原本脫去

一頁係州沿革之後半

7060

蓬洋州安州安撫使未幾罷　洋川　志　按自此以上原

本脫去一頁半

道　　縣沿革

西鄉縣　天寶已前州理在西鄉天寶已後移理與

道　張氏鑑云兩已字皆當作以

真符縣　按據元豐九域志　卷八輿地廣記三十縣下

當注中字○其年以縣去州偏遠移縣口桑平店

即今縣理　張氏鑑云空處原本汙不可識下數

頁空闕處皆是　按據寰宇記一百八縣下空格

係就字○北至監屋四百四十里　按以寰宇記

考之鼇乃鰲之誤

　風俗形勝

魏太和二年魏延請直從襄中出循秦嶺而東當子
午而比不十日□□長安　按方輿勝覽六十兩
空格係可至二字○又蜀建與八年　卻由子
午政漢中　張氏鑑云政字似誤當　按方
輿勝覽正作攻張說是也

上通荆楚旁出雍奇　張氏鑑云奇疑梁之誤

孟春四日居人口口口江上遇藤葛纏繳草木者解之
謂取解㹠繳咎口口口因而有會謂之解繳　按方

輿勝覽上兩空格係遊字下兩空格係之意二字

取上無謂字〇以祛穰虛耗謂之送耗　張氏鑑

云穰當作禳　按方輿勝覽正作禳張說是也

羅〔蜀自宿兵總領所就／和耀逐州敷謂之一一〕　張氏鑑云敷字疑有誤

於興元府洋州太安軍立義士法　按太乃大之誤

八關　白椒關防東駱谷曰五渡　張氏鑑云曰當

作口〇重陽關防長安經由東義西義石鼈炭谷

按方輿勝覽方輿紀要五十　重陽關後尚有華

陽關紀勝下文景物下亦有華陽關此處顯有脫

文〇巳上八關並總於靑座寨　張氏鑑云巳當

作以　按方輿覽無八關二字方輿紀要座作

鉒云并青鉒寨為入也紀勝上支有白椒關水碓

關桐木關翁嶺關三嶺關重陽關止有六關并華

陽關數之亦止七關必加以青座寨始合八關之

數當從紀要

控蜀衞泰　皇朝郡縣志云唐柳宗元作館驛壁記論
　　　　捍蔽長安之名關有八而華陽居其一蓋

所　　　也　張氏鑑云所字下似落以字　按以
　一而

柳子厚文集考之驛下當有使字　又按子厚記

中所數諸關係潼關蒲津關武關華陽關隴關其

計五關紀勝八字乃五字之誤

聖泉　病者取之卽愈　　一統志一百四　取作飲卽

作多

天池　在西鄉縣東南三十里　一統志在上有一

字　按下文未言另有一天池則此處在字上不

必增一字

洋水　寰宇記云出廢洋川縣東巴嶺又註水經云

按寰宇記註水經作水經注是也

漢水　酈元註水經云　張氏鑑云原落道字

儻水　按注引酈道元水經註云漢水又至儻城南

下文下濤注云上濤在城固灙水此處儻字亦當

作灙方輿紀要作灙是也

青山　在青符縣西北一百八十里　按上文縣沿

革有真符縣此處青字乃真字之誤

赤坂　山色甚赬　一統志赬作赫

塝水　源出扶風縣界秦嶺西二十里出城固縣塝

鄉　一統志無兩縣字二作三下出字上有流字

景物下

玉札院　在興道縣一十三里　張氏鑑云縣下有

脫字

白崖潭　在眞符縣一百三十五里　張氏鑑云縣

下有脫字

白崖山　其山有白崖因以爲名　一統志無其字

及以爲二字

華陽關　唐柳宗元作館驛使壁記論扞蔽長安之

名關有八而ーーー居其一　按八當作五說詳

上文風俗形勝門

清凉川　寰宇記在西鄉縣此　按寰宇記此作北

是也○上心駭謂泚之追兵疾路至此　按寰宇

記疾作截是也

席冒山　一統志蕭冒作席帽是也○在西鄉縣之

平定鄉　一統志之作南○五百餘丈也.　一統

志作深五百餘丈

紵溪水　一統志紵作苧○東流入漢江水　一統

志無江水二字○其溪多野紵　一統志作以溪

多野苧因名

龍涓水　屈曲西流二十五里　一統志西下有南

字無一字

駱谷水　註水經云　按註當在經下

鵝公潭　去興道縣一十三里漢江之南　一統志

7068

作在漢江南去興道縣十三里○有祠田石鵝前

有石鵝一　　按田疑日之誤

馬源水　出巴山　一統志出上有源字○圖經云

元是木馬水　一統志是作名

大龍山　在興道縣三十八里　一統志縣下有東

北二字

小龍溪　即此是溪也　張氏鑑云此是二字似有

一衍　按方輿勝覽無是溪二字

五龍潭　祠下岸頃有龍骨一副至千　　按頃

乃傾之誤

百頃池　可溉田五百頃也　一統志溉作漑無也

字

雲亭山　圖經云連巴嶺五百里　一統志連上有

山字

寒泉山　漢中記云秦唐公昉師事先人李八百

按先當作仙

女冠山　石內有若女仙之狀也　一統志無若字

也字

香積山　在眞符縣南一百三十里　一統志南上

有東字○僥鳳關之南　一統志無之字

太白山　其年於太白山崖下山名壁得玉冊遂改

為眞符縣　按名乃石之誤

醴泉院　在興道院南十里　一統志院作縣是也

資福院　在興道縣一十三里　張氏鑑云縣下有

脫字

古迹

黃金戍鐵城　蕭坦又拔鐵城戍拔之　張氏鑑云

又拔似當作又攻　按據宋書蕭思話傳及水經

注七十　張說是也

秦王洞　多出牡丹花　一統志出作產

漢戚夫人　一統志一百四人下有墓字　按下文

有戚夫人廟此處戚夫人下自當有墓字方合列

於古迹門內

官吏

蔡倫　按倫封龍亭侯後為長樂太守　按以後漢

書蔡倫傳考之守當作僕蓋倫本宦官無為太守

之事若長樂太僕乃宮禁之職故倫得為之也

和凝　按注言凝為掌書記在天成中天成係後唐

明宗年號和上當補後唐二字

于興宗　按據注所引唐詩紀事則興宗係唐人當

移至上文和凝之上

張中庸　按中庸係宋人下文韓億上本朝二字當

移至此句張字之上

文同　題于壁下曰來觀古栢丹淵客丁巳五月二

十三日題共十七字　按自來字至題字計十六

字七當作六

　　人物

李固　按李上當補漢字○今之詳卽古之城固然

則漢史所載成固人物其爲洋人也明矣　張氏

鑑云詳當作洋　按下文鄧先楊王孫張騫三注

皆云成固人漢史所載成固人物即指此數人而

言城當作成方爲上下相應蓋城固之名始於南

齊漢時止有成固無城固也

楊王孫　　贏葬　按以漢書楊王孫傳考之贏當作

贏

雍退翁　　按退翁係宋人注云本朝魏國張公浚本

朝二字當移至此句雍字之上○往別鄉先生楊

用中日公嘗往事梁洋其人士有可與之遊者乎

按往疑從之誤○方元祐大臣變更元祐政事

冲居太學上書數其罪　按上祐字當作符元符

大臣指章惇等人而言也

仙釋

李八百　昉患無酒八百因以杖指望酒泉湧出

按上文景物下寒泉山注云公昉中渴八百以杖指崖出湧泉此處昉字上當有公字望當作崖

唐公昉　酈道元水經註云白箑鄉有━━祠與

碑　張氏鑑云箑當作聾下同　按水經注箑作智校者云六朝堵字皆書作聾此智水智鄉卽聾水聾鄉也後世傳寫誤作智字與張說正合惟水經注無白字當是衍文　又按水經注昉作房蓋

昉與房皆方聲古字通用故神仙傳二作昉寰宇

記作房也

僧法照　嘗南遊得法而歸君北山瀼水岩下　按

君乃居之誤

僧自順　餘侍者相顧錯愕　按愕乃諤之誤　○逆

側煩惱順則菩提　按側乃則之誤

　　碑記

漢永平間石門記　在今與元褒　碑目褒下有縣

字作縣　按碑目與元府碑記永平間石門記

抄本與

注云在今與元褒縣石門有縣字者是也然紀勝

興元府縣沿革有襃城縣無襃縣則縣上仍當有

城字　又按興元府及洋州皆載此碑者蓋興元

府係原刻洋州係重刻耳

唐許敬宗撰桂州都督李襲志墓碑　碑目許敬宗

撰四字在小注永徽五年碑之上〔抄本與紀勝同〕　按以

他條之例推之當從碑目

華陽寨磨崖刻　刻之道傍云　碑目傍作旁○建

中三年造此得意閣迴河鎮同節度副使張大使

記　抄本碑目三字係空格

山南西道節度使南陽張公清德美化之碑　梁國

喬林撰　碑目林作琳　按舊唐書喬琳傳云充

山南節度張獻誠行軍司馬此碑所言張獻恭即

獻誠之弟繼爲節度則爲喬琳所撰無疑碑目是

也〇李公名獻恭與鄴侯李泌實推薦之蓋肅宗

時人也　按以新舊唐書張獻恭傳考之其爲山

南西道節度使在肅宗時李公當改爲張公方與

正文張公之語相合　又按李泌下似當有善字

唐德宗復洋州租賦詔　降詔以復洋州之賦曰

抄本碑目曰作曰誤〇師旅殷會曰費旣廣州閭

杼軸歲計其空　碑月曰作時抄本旅作

旅日作持　按據

7078

下文此制係陸宣公所作今考宣公本集目作日

是也　○東作妨時西成罕望　抄本碑目妨作効

按本集作妨　○而憫悼積中予寔知愧　抄本

碑目予作子誤　○咋者減其租稅　抄本碑目咋

作昔誤　○庶乎有廖汎用小息　碑目庶乎作庭

于誤瘳作廖亦非　○洎駕言旋軫　抄本碑目作

消洎言旋條誤　○躬履畏途　抄本碑目履作復

誤　○絕巘縈迴危棧綿亙　碑目巘作礀　抄本縈

作素　按以本集考之礀字是也礀字素字非也

○工徒造舟　抄本碑目工作上誤　○縣人聳路

碑目葺作菅誤嘗亦非○靡間臺老莫或甯居

抄本碑目間作問老作光 按本集間臺作幼

靡○居人露處以同依宿麥過時而不穫 碑目

同作罔獲作薅紀勝同 按本集與碑目同○申

命長吏明加優諭稱朕意焉 碑目加作如 抄木集亦作加

按本集亦作加

唐德宗升洋州爲望州詔 古公避狄兆永祚於岐

下高帝徙蜀建雄圖於漢中 碑目圖作啚作圖抄本

永作 按據下文此詔係陸宣公所作今考宣公

求 按據下文此詔係陸宣公所作今考宣公

本集與紀勝同○觀遷居之遠阻知致業之艱難

7080

助

作故　按本倍上之字作故█宮○

抄本碑目競作競誤○嘉乃成績

抄本碑目績作續誤○今大憨已除　抄本碑目

已作巴誤○眷于是邦復我興運　抄本碑目我

作職誤

重興營田務並懷昌堰記　碑目並作并○銜內帶

源俤等州處置使　碑目壁作壁（抄本銜誤）　按壁

當作壁說詳巴州縣沿革通江縣注

碑子渡碑　車氏持謙云按此碑疑即金州之唐虒

宗碑　按注云乾祐眞符兩界之間碑子渡有唐

僖宗時一碑金州碑記門唐僖宗碑注云今碑子

渡有唐僖宗一碑二者正相符合車說是也　又

按金洋二州接壤此渡不專屬一地故舊志各載

此碑而紀勝亦兼採之耳〇有唐僖宗時一碑二

首當中云乾符四年四月八日餘題漢陽長安兩

縣施主名字耳　碑目首作者 按碑記猶（抄本作首）

言碑頭碑額蓋兩碑首之中書乾符以下八字其

左右分書兩縣施主之名也不必改作者字　又

按金州碑記門唐僖宗碑注云漢陰縣助修道施

主此處漢陽乃漢陰之誤蓋金州有漢陰無漢陽

明妙菴記　文同與可文也丹淵集中此篇　碑

目闕作無　抄本淵作闕　無字係空格　　　按文與可所引詩文名

丹淵集作闕者非是○今見洋川志　抄本碑目

川作州　按上文州沿革云洋州洋川郡是作川

作州均可然考州沿革縣沿革風俗形勝景物上

下等門引洋川志者不一而足當以川字爲是

洋川志　抄本碑目川作州　　　按說詳上條

方見洋源牧心倅造化工方于涵碧亭　　按于乃千之誤

郡閣清吟夜寒星熟望郎　鄭谷送曹郎守洋州　按文苑英華

二百八十二　熟作識是也

來去皆回首懷深是德鄰　劉禹錫和令狐相公題洋州崔侍郎　按方

興勝覽題作寄郎作御

　　　詩下

生金富里閭　地產金未治者謂之生金　按治乃冶之誤○巖鎞

佛人居　此山有僧云善誦經其傳甚怪然其地絕爲甚勝　張氏鑑云絕

爲甚勝疑有誤

聞道池亭勝兩川應須爛醉答雲烟　東坡十三詠　按據

本集十三當作三十紀勝下文引東坡三十詠及

子由三十詠鮮于侁三十詠亦其明證

興地紀勝校勘記卷五十一終

三

卷一百九十一　大安軍

大安軍

今將大安志編錄如后　按后當作後

　　軍沿革

舊唐書志云武德四年分利州之綿谷縣置南安州

領三泉嘉牟二縣如新唐書之文是三泉縣置於

唐初也　按以新舊唐志考之紀勝所引係舊唐

志新當作舊　又按舊唐志牟作平新唐志則作

牟旣引舊唐志當以平字爲是

又移縣於關城倉陌沙水西郎今縣理　按方輿勝
覽六十　郎作即是也

後唐莊宗同光二年李紹琛等與蜀三招討戰於三
泉　按以通鑑考之二乃三之誤

　縣沿革

三泉縣　按據元豐九域志　卷八　輿地廣記二十縣下
當補中字

　風俗形勝

地輿關表相　圖經風俗門　張氏鑑云關表相疑有誤

今縣南有故漾水開　按據寰宇記一百三　方輿勝

覽閱當作關紀勝下文景物上漾水注引寰宇記

亦作關是其明證

兩檜千幢煙蘿萬綫　文潞公　張氏鑑云此二句當是

文潞公文集中語公下當有集字

　景物上

龍門　唐沈雲卿詩云長竇旦五里宛轉復嵌空伏

湍响潛石瀑水生輪風　按方輿勝覽响作照是

也

金牛　每旦置金於牛　蜀人曰牛糞此尚信之

張氏鑑云蜀上疑脫給字尚當作蜀

二十

三泉　瀨江蒼石上　一統志一百四　無蒼字○爲

泉者三　一統志作有泉三泓○如小車輪一

統志如小作大如○涓涓而注　一統志作泉流

涓涓下注水旱無盈縮

韓溪　因名曰韓溪　一統志無曰字

白崖　有小池　一統志有上有中字○每歲仲春

驚蟄之後　一統志無仲春二字○魚自泉出無

數　一統志出下有者字

橋閣　與利州三泉縣二共一萬玖阡叁百壹拾

八間護險偏欄共四萬七阡一伯三拾四間　按

方輿勝覽州下有至字玖阡叁作九千二無壹字

兩拾字皆作十阡作千伯作百

景物下

南白崖　去軍東八十里　一統志去作在

萬勝平　俗傳諸葛因臘日閱兵於——

鑑云葛下疑脫亮字　　　　　　　張氏

金牛驛　楊雄蜀土本記云　按土乃王之誤記當

作紀

龍泉山　在軍東十餘里溫水溪　一統志無東字

溪下有出此二字

滴水巖　在軍之西七十里　一統志無之字○下

至山垠　一統志至作瀉○激石五花　一統志

五上有成字是也

文

嘉牟水　又有水南溪水　張氏鑑云上水字係衍

壺子臺　潭口卽溢流成溪而去湫下五里　一統

志而去湫下作下流

古迹仙釋

老君祠　明皇幸蜀親見老君降見於崖石之上上

下馬禮謂訖　按謂乃謁之誤

三聖廟　仲師道捌廟於涇渭　張氏鑑云仲疑當

作种　○思立戰于熙河　按據上文此係普慈志

之語今考紀勝行在所宮觀廟宇門旌忠觀注引

普慈志戰下有死字是也

玉簪山威顯廟　有五人坐掌上揖之令坐　按掌

乃堂之誤

　　官吏人物

蕭何韓信　按蕭上當補漢字○英物只徙東向去

區區西走欲何爲○張氏鑑云徙字誤　按巴州

景物下兩角山注引此詩徙作從是也此卷下文

詩門所引亦作從是其朋證○如人道蕭何得信

峕與區區西走欲何爲三句　按三乃二之誤

楊震仲　按自震仲以下皆宋人楊上山補國朝二

字

安丙　二年五月元隨軍轉運　張氏鑑云元乃充

之誤

龔言序　平蜀后詔三泉縣不隷州郡　按上文縣

沿革三泉縣注云平蜀之後詔令三泉縣不隷州

郡此處后字乃後字之誤○————爲縣尉婦江

弟子之簿遊至邑　張氏鑑云弟當在江上簿當

作薄

碑記

九井灘記　九井灘有大石三其名魚梁龜堆芒鞋

觜危參差相望於波間　碑目觜危作嘴尾是也

抄本作　○操舟之人力不勝舟而輒爲石所觸
觜尾

碑目無之字而字有抄本　○誠令絕江爲長隄度其

南別爲河道以分水勢則北流水益減而石出矣

以火煆醯沃金鎚隨擊之宜可去如其言治之

抄本碑目煆作煆　按誠令上當有畫策者姓名

今本傳寫脫去而如其言之語遂若無所指矣

五

龍洞記 其下皆平石爲底水文其上若鋪筦簟

碑目文作交 作文 抄本 ○石墮其間 抄本碑目間作

開誤 ○其兩顏 碑目顏作顄是也 抄本 ○顏 抄本 ○附石

蘿生 碑目蘿作羅 ○木蔓之間 抄本碑目木

作末誤 ○布水十道後先交映若垂晃旒 碑目

十作之誤 ○後先交映 碑目後作后誤 抄本 ○作後 ○

與石相鬭 碑目鬭作門作鬭 抄本

詩

嶓冢去年溥漾水 元微之詩微之嘗奉使東川經嶓冢山下 張氏鑑云

溥當作尋

7096

四六　按六下當注關字

　　卷一百九十二　劍門關

關沿革

蜀先主以霍峻為梓潼太守是時有劍縣縣有閣道

至險乃有閣尉華陽國志　按華陽國志無是時二字

縣縣有三字及乃字

昭遠遁至劍州皆活擒之　張氏鑑云遁上疑脫等

字　縣沿革

劍門縣　按據元豐九域志卷八輿地廣記二十縣下　張氏鑑云廟

當注中下二字○蒲拱辰廟記云　張氏鑑云

上有脫字

風俗形勝

山之駭觀莫駭大劍唐蘇洪聞溪賦　張氏鑑云駭下疑脫

於字

雙劍屹然羣峰鬈崎唐韋表微韋劍銘　按以方輿勝覽十六

七考之韋劍當作劍閣

若併兵守劍門大軍雖來吾無內顧之憂矣通鑑長興九年

趙季艮語孟知祥乞劍門　按以通鑑考之乞當作守

景物下

大劒山　華陽國志載劉先主以霍峻爲梓潼郡太

守是時有劒縣有閣道至險乃有閣尉　按說

見上文關沿革

四賢堂　關有思賢樓居水門之上　按據方輿勝

覽居當作在

玉女臺　峭壁石仭　張氏鑑云前卷亦有此段注

石仭疑當作百仭　按隆慶府景物下亦有玉女

臺注亦云峭壁石仭張氏云石似當作百張說是

也

清虛山　西河朝隱子亭爲之記　張氏鑑云朝隱

子亨疑有脫誤

官吏

李士衡　按士衡宋人李上當補國朝二字○因誤

其本使降　張氏鑑云本疑眾之誤

碑記

唐碑　在劒門山巔　碑目巔作嶺領誤○東坡〔抄本作〕

南行錄題木撼觀詩有云飛簷如劒寺之語　按

以東坡集考之撼乃欐之誤○其下注云　抄本

碑目云作示誤○有一二碑皆磨滅止唐碑也

劍門銘　李文饒集云————注劍門　有一岑

峻嶺橫峙望若蕭屏北一峯最奇而說者未嘗及

也　碑目岑作峯蕭作蕭北作此〔紀勝同〕按文

饒本集蕭作列北作此最上有爲字及上有之字　按文

○地險所會　抄本碑目險作陜　按本集作險

○樹若雄屏　按本集若作茲○以儗王國〔抄〕

本碑目王作生誤

唐权明題劍門　碑目权上有李字〔抄本無〕按注言

正元二年今以新舊唐書李权明傳考之权明爲

東川節度使貞元二年其人猶在碑目所補是也

○正元二年張洗書　抄本碑目沉作允○在關

之棄繻亭之南百步　碑目無下之字　有　抄本

詩上

一夫怒臨關百萬未可傍　唐杜甫詩珠玉走中原岷峨氣

愴然甫　村　按杜集愴然作悽愴是也　又按此係

杜集中劍門詩四句正相聯屬不必分注兩處

及茲險阻盡始嘉原野闊紀行鹿頭山詩　按杜

集嘉作喜是也

逈若迴戈日高疑倚劍天　李德門詩　張氏鑑云德

字當在裕字上

詩下

千尋雙劍截不斷一片開雲飛過來 劉象詩 按開疑

閣之誤

當道雙峰闕麦空萬仞酉於秦置扃鐍與蜀作襟喉 考象

求詩 張氏鑑云酉疑當作遒

天地爐中鑄此山別成 張氏鑑云以下原本殘闕

按所闕者係詩下之後半及四六一門

以上利東路 卷一百八十三興元府至

卷一百九十二劍門關

卷一百九十三沔州關

衢	2121_4
鰻	2325_0
艷	2711_7
蠹	4011_7
攬	5801_6
籠	5871_7
鷥	6732_7
矗	7113_6
鹽	7810_7
鑪	8111_7

二十五畫

羈	1052_7
蠻	2213_6
觀	4621_0
籬	8841_4
籠	9871_7

二十六畫

矚	6671_7

二十七畫

鱷	2131_6
鱸	2131_7
鸛	2722_7
灝	3718_6
鑽	8418_6

二十八畫

鑿	3710_9

鸚	6742_7

二十九畫

鬱	4472_2
鸛	4722_7
鸚	6722_7

三十畫

鸞	2232_7

賓	30806	廬	00241	纍	76393	鑄	84141
寶	30806	顢	01486	鶻	77227	鑑	88117
瀟	34127	護	04647	闥	77241	籠	88211
瀯	36144	露	10164	覽	78216	籜	88541
藻	44194	霸	10527	鐸	81133		
藿	44214	霹	10641	鐵	83150	**二十三畫**	
蘆	44217	礦	11611	饒	84711	驚	03327
勸	44227	醺	11627	爛	97820	麟	09259
蘋	44286	礮	17686	鷥	99327	巖	22248
蘇	44394	頌	21986			欒	22904
蘄	44521	巍	22413	**二十二畫**		纓	26944
攀	44601	鰡	22613	襲	01732	鱏	27346
馨	47609	續	24986	龔	01801	灟	39131
警	48601	鏈	25330	讀	04686	鷰	44327
蟻	53186	酆	27127	鷗	07227	蘸	44631
黥	60396	蠡	27136	霽	10223	蘿	44914
懸	62339	響	27601	聽	14131	欖	44986
嚴	66248	鷂	27727	穰	20932	玃	46247
贍	67861	竈	30711	彎	22207	鷲	48327
朦	74231	灄	31141	龤	22772	曬	61011
覺	77216	顧	31286	鰻	26347	顯	61386
騰	79227	灌	34114	籤	27732	驪	75327
夔	80247	蘭	44227	酈	27827	驛	76341
鐔	81146	櫻	46944	儻	29231	鬭	77121
鐕	84154	鶴	47227	灘	30114	籙	88732
籌	88641	欄	47920	灘	30114		
籍	88961	攝	51044	禳	30232	**二十四畫**	
黨	90331	鷟	58327	權	44914	鷹	00227
糯	91927	繁	58336	疊	60107	贛	07486
耀	97214	躍	67114	躑	67127	靈	10108
		飉	71391	矖	76214	靄	10627
二十一畫		聰	76330	鑒	78109	釀	10632

鄭	1742₇	藉	4496₁	麒	0428₁	羅	6091₄
雙	2040₇	鵝	4742₇	韻	0668₆	獸	6363₄
雞	2041₄	蟲	5013₆	醮	1063₁	蹲	6814₆
豐	2210₈	蟠	5216₉	麗	1121₁	隴	7121₁
鯀	2239₃	轉	5504₃	辭	2024₁	臘	7221₆
斷	2272₁	擺	5601₁	贊	2480₆	鵬	7722₇
繙	2296₉	擲	5702₇	繡	2592₇	鶴	7722₇
織	2395₀	蟮	5816₁	爆	2653₂	關	7777₂
鯉	2631₄	題	6180₈	繹	2694₁	鏡	8011₆
魏	2641₃	瞿	6621₄	蟹	2713₆	鏞	8012₇
龜	2711₇	瞻	6706₁	繩	2791₇	羹	8043₀
歸	2712₇	黟	6732₇	蟻	2845₃	鏷	8219₄
嚮	2722₇	璧	7010₃	瀛	3011₇	鏒	8413₄
鯽	2732₀	鬆	7071₇	瀧	3111₁	鏗	8711₄
鵝	2752₇	騎	7432₁	瀘	3111₇	簫	8822₇
翻	2762₀	騏	7438₁	襦	3122₇	懷	9003₂
鵠	2762₇	闔	7710₇	禱	3424₁		
氋	2871₇	礜	7760₁	襟	3429₁	**二十畫**	
繳	2894₀	鎮	8418₁	邊	3630₂		
叢	3214₇	鵒	8762₇	瀾	3712₀	議	0865₃
濺	3315₃	簡	8822₇	瀚	3812₇	醴	1561₈
瀆	3418₆	鎖	8918₆	難	4051₄	鶍	1712₇
禮	3521₈			韜	4257₇	酆	1762₇
瀑	3613₂	**十九畫**		藤	4423₂	獻	2323₄
櫃	4191₈			攀	4450₂	編	2332₇
獵	4221₆	龐	0021₁	藥	4490₄	鹹	2365₀
檳	4398₆	離	0021₄	藕	4492₇	觸	2622₇
藍	4410₇	廬	0021₇	櫓	4496₀	鰉	2631₄
薩	4421₄	譙	0063₁	獺	4728₆	鱷	2632₇
藏	4425₃	壠	0110₄	鵲	4762₇	釋	2694₁
薰	4433₁	譚	0164₆	蟾	5716₁	蝦	2734₇
舊	4477₇	證	0261₈	繁	5790₃	艦	2841₇
		識	0365₀			瀼	3013₂

字	碼
舉	7750_3
閣	7760_4
鷗	7772_7
閻	7777_7
興	7780_1
甌	8161_7
錢	8315_3
館	8377_7
錦	8612_7
錫	8612_7
録	8713_2
歙	8718_2
篆	8823_2
篔	8880_6
築	8890_4
燋	9083_0
糖	9096_7
燈	9281_8
燃	9383_3
燒	9481_1

十七畫

字	碼
齋	0022_3
應	0023_1
廉	0029_4
襄	0073_2
謝	0460_0
講	0564_7
謙	0863_7
霞	1024_7
黿	1071_7
霜	1096_3
璩	1113_2
彌	1122_7
孺	1142_7
磻	1266_9
融	1523_6
聰	1613_0
環	1613_2
翼	1780_1
鮫	2034_8
氈	2071_1
黏	2116_0
優	2124_7
縹	2199_1
嶽	2223_4
嶺	2238_6
戲	2325_0
縮	2396_1
儲	2426_0
鮚	2436_1
績	2598_6
總	2693_0
禦	2790_1
穉	2795_1
徽	2824_0
鮮	2835_1
聳	2840_1
谿	2846_8
濟	3012_3
濠	3013_2
賽	3080_6
濡	3112_7
濮	3213_4
濛	3413_2
濫	3511_7
濕	3613_3
禪	3625_6
濯	3711_4
鴻	3712_7
澥	3815_1
檀	4091_6
檣	4092_7
樓	4294_7
戴	4385_0
蠶	4413_6
薄	4414_2
薤	4421_1
薦	4422_7
蕭	4422_7
獲	4424_7
薇	4424_8
薔	4426_1
韓	4445_6
薈	4460_1
薛	4474_1
麵	4524_6
聲	4740_1
鞠	4752_0
檞	4795_2
檜	4796_1
擎	4850_2
檜	4896_6
檢	4898_6
擤	5404_1
螺	5619_3
擢	5701_4
擬	5708_1
蟥	5719_4
擊	5750_2
點	6136_0
嬰	6640_4
曖	6803_4
壓	7121_4
隱	7223_7
隰	7623_2
翳	7712_7
颶	7721_8
膽	7726_1
興	7780_1
臨	7876_6
鍾	8211_4
鍊	8519_6
錫	8612_7
鍍	8813_2
篾	8821_1
繁	8890_3
糠	9093_2
燠	9783_4

十八畫

字	碼
雜	0091_4
顏	0128_6
聶	1014_1
霧	1022_7
覆	1024_7
職	1315_0
瓊	1714_7

賦 6384₀	賞 9080₆	穆 2692₂	蕃 4460₉
噴 6408₆	鄰 9722₇	鮑 2731₂	樹 4490₀
嘩 6604₁	瑩 9910₃	駕 2732₇	獨 4622₇
賜 6682₇		鴝 2762₇	磬 4760₁
駐 7031₄	**十六畫**	嶼 2771₇	橘 4792₇
劉 7210₀		餐 2773₂	翰 4842₇
駝 7331₄	瘴 0014₆	緣 2793₂	橖 4894₀
墮 7410₄	塵 0021₄	嶮 2878₆	樽 4894₆
隨 7423₂	磨 0026₁	濂 3013₇	擁 5001₄
駟 7630₀	廩 0029₁	避 3030₄	耨 5194₃
閱 7721₆	廙 0029₄	澧 3511₈	擔 5706₁
膠 7722₂	辨 0044₁	濃 3513₂	賴 5798₆
鴉 7722₇	龍 0121₁	濁 3612₇	整 5810₁
履 7724₇	諶 0461₈	澮 3613₂	聲 5840₁
層 7726₆	諾 0466₄	澤 3614₁	曇 6073₁
閭 7773₂	諫 0569₆	還 3630₃	圜 6073₂
歐 7778₂	謂 0662₇	澹 3716₁	縣 6299₃
賢 7780₆	謁 0662₇	凝 3718₁	默 6333₄
鄧 7782₇	親 0691₀	濱 3718₆	戰 6355₀
墜 7810₄	霍 1021₄	鄴 3792₇	曉 6401₁
馳 7831₂	頭 1118₆	滄 3816₆	嘯 6502₇
滕 7923₂	醒 1661₄	邀 3830₄	罵 6632₇
義 8025₃	豫 1723₂	壇 4011₆	鴨 6752₇
養 8073₂	盧 2121₇	樵 4093₁	黔 6832₇
劍 8280₀	儒 2122₇	橄 4198₂	壁 7010₄
鄭 8742₇	衛 2122₇	蕩 4412₇	雕 7021₄
箭 8822₁	鮎 2136₀	戴 4415₃	駁 7034₈
筋 8822₇	衡 2143₀	橋 4292₇	歷 7121₇
箸 8860₄	縉 2196₁	燕 4433₁	甌 7171₇
餘 8879₄	穎 2198₆	蕉 4433₁	頤 7178₆
箱 8896₃	蛇 2331₁	蕪 4433₁	駱 7736₄
銷 8912₇	牆 2506₆	蕙 4433₃	學 7740₇
	積 2598₆		

聞 77401	霄 10227	窮 30227	蔂 44202
閣 77601	震 10232	寫 30327	蔗 44237
閱 77604	霅 10601	實 30806	蔚 44240
閭 77606	醉 10648	寶 30806	蔣 44242
監 78107	輩 11506	溢 31111	獠 44296
舞 80251	碼 11627	潭 31146	熱 44331
餓 83750	彈 16256	潛 31161	慕 44333
銅 87120	鄧 17127	瀄 31182	蕁 44343
銀 87132	璇 18181	澎 32122	赭 44360
箜 88101	衝 21104	潘 32169	樊 44430
銓 88114	嶠 22727	褊 33227	蔡 44901
管 88777	嶓 22769	濾 35133	樠 44927
箕 88801	樂 22904	遺 35308	橫 44986
精 95927	緩 22947	褐 36227	麩 45260
瞀 99227	編 23427	潮 37120	樓 45944
營 99606	編 23927	潤 37120	駕 46327
繁 99903	稽 23961	潯 37146	歎 47582
榮 99904	德 24231	潺 37147	穀 47947
	魬 24327	選 37308	增 48166
十五畫	憨 24337	澂 38140	樅 48981
	練 25996	澈 38140	播 52069
瘞 00114	畾 26662	澈 38140	慧 55337
麾 00214	緝 26941	遵 38304	輗 57020
廟 00227	稷 26947	導 38343	蝦 57147
慶 00247	盤 27107	賣 40806	輪 58027
廢 00247	黎 27132	樟 40946	撫 58031
摩 00252	儋 27261	樞 41916	撒 58040
褒 00732	魯 27603	櫃 41916	敷 58240
熟 04331	鄱 27627	樗 41927	墨 60104
諸 04660	徹 28240	幞 42234	暴 60132
調 07620	儀 28253	幡 42269	噬 62021
敵 08240	潼 30114	藃 44117	踏 62163
談 09689			

蜚	1113₆	網	2792₀	漁	3713₆	蒼	4460₇
裴	1173₂	鄹	2792₇	潄	3718₂	蓉	4460₈
瑤	1217₂	緑	2793₂	褉	3723₄	暮	4490₃
醉	1264₂	僧	2826₆	漾	3813₂	榷	4491₄
瑰	1611₃	滴	3012₇	潄	3814₀	蒜	4499₁
碧	1660₁	蜜	3013₆	漖	3814₀	幘	4528₆
碑	1664₀	漳	3014₆	濱	3818₆	幔	4624₇
翟	1721₄	漅	3019₄	肇	3850₇	槐	4691₃
聚	1723₂	寧	3020₁	臺	4010₄	鄞	4712₇
翠	1740₈	寬	3021₃	境	4011₆	榴	4796₂
歌	1768₂	寡	3022₇	墈	4013₇	趙	4980₂
磁	1863₂	賓	3080₆	獐	4024₆	摘	5002₇
酴	1869₄	寨	3090₄	奪	4034₁	盡	5010₇
雌	2011₄	馮	3112₇	嘉	4046₁	摽	5109₁
維	2091₇	漂	3119₁	壽	4064₁	誓	5260₁
衡	2110₉	福	3126₆	墟	4111₇	輔	5302₇
僬	2121₂	遷	3130₁	獲	4229₄	蜡	5416₁
熊	2133₁	澄	3211₈	截	4325₀	樊	5580₉
嵽	2172₇	漸	3212₁	榕	4396₈	暢	5602₇
鼎	2222₁	滬	3311₇	墊	4410₄	摺	5706₂
僕	2223₄	演	3318₆	蓋	4410₇	靜	5725₇
種	2291₄	漪	3412₁	蒲	4412₇	團	6034₃
稱	2294₇	滿	3412₇	茵	4412₇	圖	6060₄
綵	2299₄	漆	3413₂	夢	4420₇	鳴	6702₇
臧	2325₀	漢	3413₄	蓆	4422₇	嗽	6708₂
魁	2421₀	漠	3413₄	幕	4422₇	障	7024₆
綺	2492₁	褚	3426₀	蒿	4422₇	暨	7110₆
綾	2494₇	褀	3429₄	蒙	4423₂	熨	7480₉
鼻	2644₆	漕	3516₆	蓮	4430₄	颺	7621₈
綿	2692₇	漫	3614₇	蓬	4430₄	閩	7713₆
疑	2748₁	漻	3712₂	蒸	4433₁	鳳	7721₀
槃	2790₄	漏	3712₇	蒹	4433₇	熙	7733₁

資	3780₆	楚	4480₁	圓	6080₆	鉢	8513₀
塗	3810₄	禁	4490₁	睡	6200₀	鉛	8716₁
激	3814₀	葉	4490₄	暖	6204₇	筋	8812₇
滄	3816₇	楠	4492₇	跳	6211₃	鈴	8813₂
滌	3819₄	椿	4596₃	戢	6315₀	節	8872₇
裕	3826₈	塌	4612₇	睦	6401₄	當	9060₆
遨	3830₄	楊	4692₇	跨	6412₇	煙	9181₄
塘	4016₇	楞	4692₇	盟	6710₇	慎	9408₁
獅	4122₇	榁	4693₀	路	6716₄	煉	9589₆
斬	4252₁	鳩	4702₇	嗣	6722₀	煬	9682₇
載	4355₀	楓	4791₀	照	6733₆		
裘	4373₂	椰	4792₇	歇	6778₂	**十四畫**	
董	4410₄	幹	4844₁	郾	6782₇	瘦	0014₇
勤	4412₇	敬	4864₀	群	7024₁	塵	0021₄
蒟	4414₀	槎	4891₁	匯	7171₁	廖	0022₂
鼓	4414₇	榆	4892₁	馳	7431₂	齊	0022₃
塔	4416₁	楷	4896₁	隗	7621₃	廣	0028₆
落	4416₄	肅	5022₇	殿	7724₇	端	0212₇
填	4418₁	頓	5178₆	鼠	7771₇	彰	0242₂
蕚	4420₇	搖	5207₂	與	7780₁	誕	0264₁
猿	4423₂	蛾	5315₀	隘	7821₇	誌	0463₁
葭	4424₇	感	5320₀	愍	7833₄	辣	0549₆
葆	4429₄	蜈	5613₄	羨	8018₂	鄌	0742₇
葱	4433₂	搗	5702₇	愈	8033₂	韶	0766₂
萬	4442₇	蜂	5715₄	煎	8033₂	旗	0828₁
葦	4450₆	蛻	5811₆	慈	8033₃	說	0861₆
碁	4460₁	蝥	5877₂	雉	8041₄	誨	0865₇
蒼	4460₇	睢	6001₄	義	8055₃	需	1022₇
葫	4462₇	暗	6006₁	會	8060₆	爾	1022₇
斟	4470₀	蜀	6012₇	頌	8178₆	甄	1111₇
葛	4472₇	愚	6033₂	猷	8363₄	翡	1112₇
葰	4473₂	罨	6071₆	鈷	8416₀	瑪	1112₇

揚 56027	鐘 80114	衰 00732	綏 22944
揭 56027	無 80331	話 02664	綣 23911
揖 56041	尊 80346	新 02921	傳 2524
提 56081	掔 80407	試 03640	解 27252
握 57014	傘 80408	誠 03650	詹 27261
蛤 58161	奠 80430	詩 04641	郇 27327
置 60107	着 80601	靖 05127	鄒 27427
最 60147	普 80601	零 10307	粲 27904
黑 60331	善 80605	惡 10331	微 28240
圍 60506	曾 80606	雷 10603	艅 28494
景 60906	智 86600	電 10716	愁 29338
貯 63821	鈞 87120	賈 10806	塞 30104
喝 66027	鈎 87120	瑞 12127	漓 30127
單 66506	欽 87182	聘 15127	準 30401
鄂 67227	翔 87520	瑃 15157	溺 31127
喻 68021	舒 87627	聖 16104	澌 31127
睇 68027	飲 87782	場 16127	溧 31194
雅 70214	筑 88117	琩 16160	澠 32117
雁 71214	鉱 88130	瑯 17127	溪 32134
隋 74227	筒 88227	辜 17501	滔 32177
隍 76214	第 88227	碉 17620	遙 32307
陽 76227	等 88341	碌 17632	遜 32309
閏 77104	筆 88507	群 18651	溥 33142
隆 77214	筌 88507	愛 20247	滇 34181
兜 77217	掌 90502	虞 21234	祺 34281
屠 77247	棠 90904	歲 21253	遠 34303
犀 77253		眥 21601	連 35130
馭 77340	**十三畫**	經 21911	漣 35194
閔 77400		亂 22210	溳 36186
開 77441	亶 00106	催 22214	澀 37111
貫 77806	廎 00211	嵩 22227	溪 37180
勝 79227	廉 00237	嵊 22791	祿 37232
	雍 00714		

集	2090₄	絳	2795₄	運	3730₄	菖	4460₆
統	2091₃	復	2824₇	溢	3811₇	萌	4462₇
絞	2094₈	傖	2826₇	渝	3812₁	萇	4473₂
順	2108₆	嵯	2871₁	湔	3812₁	菌	4477₂
街	2122₁	婺	2971₇	滋	3813₂	焚	4480₉
須	2128₆	渡	3014₇	游	3814₇	萁	4490₄
紫	2190₃	涪	3016₁	遂	3830₃	萊	4490₈
嵒	2222₁	甯	3022₇	遊	3830₄	植	4491₇
嵐	2221₇	寒	3030₃	道	3830₆	菊	4492₇
循	2226₄	寓	3042₇	湫	3918₀	棣	4593₂
絲	2299₃	富	3060₆	壺	4010₇	棲	4594₄
傅	2324₂	竄	3071₇	堯	4021₁	猩	4621₄
然	2333₃	馮	3112₇	喜	4060₁	帽	4626₀
皖	2361₁	滇	3118₆	雄	4071₄	賀	4680₆
嵇	2397₂	割	3260₀	極	4191₄	堵	4712₇
皓	2466₁	湛	3411₈	彭	4212₂	猢	4722₀
稀	2492₇	湳	3412₇	博	4304₂	朝	4742₀
傑	2529₄	渤	3412₇	越	4380₅	報	4744₇
犍	2554₀	達	3430₄	椀	4391₂	媚	4746₇
犇	2555₀	湘	3610₀	棧	4395₃	超	4780₆
粵	2620₇	湟	3611₄	菲	4411₁	期	4782₀
皋	2640₁	溫	3611₇	萍	4414₉	欺	4788₂
嵋	2672₇	渭	3612₇	菁	4422₇	椒	4794₀
程	2691₄	湯	3612₇	貓	4426₀	散	4824₀
御	2722₀	視	3621₀	煮	4433₆	猶	4826₁
翕	2722₇	遏	3630₂	菱	4440₇	畫	5010₆
象	2723₂	遇	3630₂	媧	4442₇	蛟	5014₈
衆	2723₂	湖	3712₀	葵	4443₀	惠	5033₃
貂	2726₂	滑	3712₇	菰	4443₂	貴	5080₆
鄉	2772₇	湧	3712₇	華	4450₄	棗	5090₂
黎	2790₄	淑	3714₀	菩	4460₁	插	5207₇
絕	2791₇	遝	3730₄	著	4460₄	費	5580₆

祥 3825_1	郴 4792_7	冕 6041_6	煥 9783_4
啓 3860_4	救 4814_0	畢 6050_4	烽 9785_4
淡 3918_9	乾 4841_7	異 6080_1	
梁 3990_4	教 4844_0	唳 6303_4	**十二畫**
堆 4011_4	梯 4892_7	晞 6402_7	
麥 4020_7	梅 4895_7	趺 6414_7	童 0010_4
奢 4060_4	梢 4992_7	唱 6606_0	庚 0023_7
梳 4091_3	畫 5010_6	晚 6701_6	詠 0363_2
梓 4094_1	專 5034_3	略 6706_4	就 0391_4
梧 4196_1	婁 5040_4	野 6712_2	覃 1040_6
梔 4291_7	春 5077_7	陪 7026_1	硫 1061_3
桴 4294_7	排 5101_1	區 7171_2	雲 1073_1
域 4315_0	掉 5104_6	區 7171_6	粟 1090_4
莎 4412_9	斬 5202_1	尉 7420_0	斑 1111_4
堵 4416_0	採 5209_4	陸 7421_4	項 1118_6
茨 4418_2	掛 5300_0	陵 7424_7	琴 1120_7
莊 4421_4	盛 5310_7	陳 7529_6	琵 1171_1
梵 4421_7	蛇 5311_1	陶 7722_0	登 1210_8
荷 4422_1	戚 5320_0	問 7760_7	蛋 1213_6
莆 4422_7	掩 5401_6	陰 7823_1	發 1224_7
猪 4426_0	捧 5505_3	貪 8080_6	琮 1319_1
荻 4428_9	捷 5508_1	斜 8490_0	琪 1418_1
執 4441_7	蚰 5514_7	釣 8712_0	疏 1519_6
莫 4443_0	曹 5560_6	欲 8768_2	硯 1661_0
莽 4444_3	捫 5702_0	笛 8810_6	尋 1734_1
勒 4452_7	掘 5707_2	笠 8810_8	婆 1840_4
黃 4480_6	探 5709_4	笫 8812_7	傍 2022_7
茶 4490_4	姐 5711_0	符 8824_3	雋 2022_7
匏 4721_2	郰 5742_7	羚 8853_7	喬 2022_7
猊 4721_7	捲 5901_2	惟 9001_4	舜 2025_2
婦 4742_7	國 6015_3	常 9022_7	焦 2033_1
都 4762_7	曼 6040_7	粘 9196_0	番 2060_9
			毳 2071_4

敖 5824₀	**十一畫**	售 2060₁	移 2792₇
晁 6011₃		虛 2121₂	紹 2796₂
恩 6033₀	鹿 0021₁	偃 2121₄	從 2828₁
晏 6040₄	竟 0021₆	處 2124₁	淮 3011₄
員 6080₆	商 0022₇	舸 2142₀	清 3012₇
啄 6103₂	庸 0022₇	頃 2178₆	淳 3014₇
時 6404₁	康 0023₂	側 2220₀	淬 3014₈
郚 6712₇	庶 0023₇	崖 2221₄	涪 3016₁
陜 7122₁	庼 0024₇	崔 2221₄	涼 3019₆
馬 7132₇	麻 0029₄	崗 2222₇	寇 3021₄
剛 7220₀	率 0040₃	崟 2222₇	宿 3026₁
展 7723₂	章 0040₆	崑 2271₁	進 3030₁
降 7725₄	牽 0050₃	崲 2271₄	寄 3062₁
留 7760₂	望 0710₄	崇 2290₁	密 3077₂
卿 7772₀	翊 0712₀	梨 2290₄	寅 3080₆
巽 7780₁	郭 0742₇	巢 2290₄	寂 3094₇
桑 7790₄	旌 0821₄	參 2320₂	涵 3117₂
翁 8012₇	族 0823₄	控 2371₁	渠 3190₄
羔 8033₁	旋 0828₁	毬 2371₃	梁 3390₄
倉 8060₇	許 0864₀	紵 2392₁	淹 3411₆
朔 8742₀	琉 1011₃	動 2412₇	淩 3414₇
郤 8762₀	雪 1017₇	偽 2422₇	渚 3416₀
笏 8822₇	雰 1020₇	紬 2596₀	婆 3440₄
笑 8843₀	張 1123₂	偶 2622₇	清 3512₇
悟 9106₁	頂 1128₆	得 2624₁	混 3611₁
剡 9280₀	副 1260₀	細 2690₀	溴 3613₄
料 9490₀	琅 1313₂	將 2724₀	盜 3710₇
悮 9603₄	豉 1414₇	鳥 2732₇	淥 3713₂
烟 9680₀	珠 1569₀	魚 2733₆	深 3719₄
悦 9801₆	理 1611₄	船 2746₁	逸 3730₁
粉 9892₇	習 1760₂	蛔 2777₂	過 3730₂
勞 9942₇	停 2022₁	祭 2790₁	淦 3811₉

秘	2390₀	宨	3023₂	逢	3730₄	茶	4490₄
射	2420₀	宰	3040₁	朗	3772₀	茱	4490₄
豺	2420₀	宴	3040₄	冥	3780₆	桂	4491₄
倚	2422₁	容	3060₈	海	3815₇	勑	4492₇
借	2426₁	案	3090₄	浛	3816₇	栲	4492₇
徒	2428₁	涇	3111₁	浴	3816₈	桔	4496₁
特	2454₁	酒	3116₀	祚	3821₁	埋	4611₄
峽	2473₈	浯	3116₁	消	3912₇	埠	4614₁
納	2492₇	涮	3210₀	逍	3930₂	娟	4642₇
健	2524₀	浙	3212₁	逃	3930₈	郗	4722₇
純	2591₇	涔	3212₇	娑	3940₄	郝	4732₇
秣	2599₀	浮	3214₇	袁	4073₂	起	4780₁
鬼	2621₃	祇	3224₀	真	4080₁	郟	4782₇
倪	2621₇	透	3230₂	索	4090₃	桐	4792₀
息	2633₀	浣	3311₁	校	4094₈	根	4793₂
皋	2650₃	浦	3312₇	桓	4191₆	栟	4894₁
峴	2671₀	浪	3313₂	栖	4196₀	桃	4991₁
豹	2722₀	浚	3314₇	荆	4240₀	泰	5013₂
脩	2722₇	浠	3412₇	桃	4291₃	書	5060₁
候	2723₄	凌	3414₇	狼	4323₂	素	5090₃
殷	2724₇	浩	3416₁	狻	4324₇	秦	5090₄
俱	2728₁	祐	3426₀	娥	4345₀	振	5103₂
鳥	2732₇	涑	3519₆	栽	4395₀	軒	5104₀
般	2744₇	凍	3519₆	茯	4423₄	採	5209₄
峰	2775₄	神	3520₆	恭	4433₈	挾	5403₈
倫	2822₇	連	3530₀	草	4440₃	蚌	5510₀
徐	2829₄	速	3530₉	荔	4442₇	耕	5590₀
牂	2855₁	涌	3712₇	茹	4446₀	挹	5601₇
流	3011₃	浸	3714₇	耆	4460₁	捍	5604₁
凉	3019₆	祖	3721₀	莒	4460₆	捉	5608₁
扃	3022₇	祠	3722₀	茗	4460₇	挽	5701₆
家	3023₂	通	3730₂	荀	4462₇	郵	5722₇

防 6002₇	念 8033₂	珊 1714₀	很 2723₂
易 6022₇	舍 8060₄	胥 1722₇	侯 2723₄
昇 6044₀	命 8062₇	負 1780₆	峒 2772₀
昌 6060₀	知 8640₀	柔 1790₄	峥 2775₇
固 6060₄	竺 8810₁	玲 1813₇	紀 2791₇
困 6090₄	笀 8842₇	政 1814₀	郏 2792₇
果 6090₄	尚 9022₇	砂 1962₀	秋 2998₀
旺 6101₄	卷 9071₂	重 2010₄	宣 3010₆
肝 6104₀	炎 9080₉	信 2026₁	穿 3024₁
呼 6204₉	怡 9306₀	禹 2042₇	客 3060₄
味 6509₀	性 9501₀	看 2060₄	宫 3060₆
明 6702₀		香 2060₉	洭 3111₁
阿 7122₀	**九　畫**	衍 2110₃	洮 3211₃
長 7173₂	亭 0020₁	拜 2155₀	活 3216₄
岳 7277₂	帝 0022₇	貞 2180₆	逃 3230₁
附 7420₀	庭 0024₁	紅 2191₀	洣 3313₄
陂 7424₇	度 0024₇	後 2224₇	祕 3320₀
邱 7712₇	計 0460₀	幽 2277₀	為 3402₇
肥 7721₇	郊 0742₇	俊 2324₇	洗 3411₁
周 7722₀	施 0821₂	待 2424₁	洪 3418₁
岡 7722₀	盃 1010₇	牯 2456₀	染 3490₄
朋 7722₀	要 1040₄	帥 2472₇	津 3510₇
服 7724₇	面 1060₀	科 2490₀	洄 3610₀
居 7726₄	韭 1110₁	律 2520₇	洳 3610₀
屈 7727₂	背 1122₇	种 2590₆	迴 3630₀
欣 7728₂	研 1164₀	秭 2592₇	洵 3712₀
邸 7772₇	飛 1241₃	皇 2610₄	洞 3712₀
門 7777₂	癸 1243₀	泉 2623₂	浪 3713₂
具 7780₁	玳 1314₀	促 2628₁	浄 3715₇
卧 7870₀	玻 1414₇	保 2629₄	洛 3716₄
金 8010₉	建 1540₀	兔 2721₇	冠 3721₄
斧 8022₁	耶 1712₇	修 2722₂	退 3730₃

判 9200₀	卓 2140₆	沔 3112₇	狐 4223₀
忻 9202₁	制 2220₀	泝 3212₃	板 4294₇
快 9503₇	㟁 2221₁	祈 3222₁	始 4346₀
	乳 2241₀	泌 3310₀	芷 4410₁
八　畫	狀 2323₄	沱 3311₁	花 4421₄
	咎 2360₄	泳 3313₂	芹 4422₁
育 0022₇	岱 2377₂	治 3316₀	芮 4422₇
府 0024₀	佳 2421₄	泇 3412₇	芳 4422₇
夜 0024₇	侍 2424₁	法 3413₁	姑 4446₀
京 0090₆	使 2520₆	波 3414₇	芙 4453₀
刻 0220₀	佛 2522₇	社 3421₀	芭 4471₇
於 0823₃	帛 2622₇	沸 3512₇	枕 4491₂
放 0824₀	和 2690₀	油 3516₀	枝 4494₇
亞 1010₇	佽 2728₂	沫 3519₀	林 4499₀
孟 1010₇	阜 2740₇	泊 3610₀	坤 4510₆
雨 1022₇	郇 2742₇	泗 3610₁	狌 4625₀
兩 1022₇	物 2752₀	沮 3711₀	弩 4720₇
玩 1111₁	岣 2772₀	泥 3711₁	帑 4722₇
孤 1243₀	岷 2774₇	泂 3712₀	松 4893₂
杳 1260₃	牧 2854₀	沼 3716₂	枚 4894₀
武 1314₀	空 3010₂	祁 3722₇	青 5022₇
建 1540₀	宜 3010₇	泡 3811₂	忠 5033₆
孟 1710₇	注 3011₄	泮 3915₀	奉 5050₃
承 1723₂	沛 3012₂	直 4010₇	表 5073₂
邵 1762₇	穹 3020₇	奔 4044₄	東 5090₆
垂 2010₄	宛 3021₂	奇 4062₁	拙 5207₂
乖 2011₁	房 3022₇	來 4090₈	刺 5290₀
委 2040₄	宕 3060₁	杭 4091₇	拗 5402₇
受 2040₇	官 3077₇	姍 4142₀	披 5404₇
季 2040₇	定 3080₁	枇 4191₀	拂 5502₇
采 2090₄	宗 3090₁	枉 4191₄	抱 5701₂
秉 2090₇	河 3112₀	杯 4199₀	招 5706₂
虎 2121₇			

吒 6201$_4$	秀 2022$_7$	冶 3316$_0$	杞 4791$_7$
吐 6401$_0$	孚 2040$_7$	沈 3411$_2$	狄 4928$_0$
后 7226$_1$	步 2120$_1$	汭 3412$_7$	妙 4942$_0$
同 7722$_0$	何 2122$_0$	汰 3413$_0$	車 5000$_6$
印 7772$_0$	岑 2220$_7$	沐 3419$_0$	束 5090$_6$
卯 7772$_0$	利 2290$_0$	沖 3510$_6$	拒 5101$_7$
艮 7773$_2$	私 2293$_0$	沌 3511$_7$	折 5202$_1$
臼 7777$_0$	壯 2421$_0$	汩 3610$_0$	虹 5211$_0$
全 8010$_4$	佐 2421$_1$	沉 3711$_7$	戒 5340$_0$
羊 8050$_1$	佑 2426$_0$	迎 3730$_2$	抛 5401$_2$
合 8060$_1$	牡 2451$_0$	冷 3813$_7$	扶 5503$_0$
竹 8822$_0$	告 2460$_1$	沙 3912$_0$	投 5704$_7$
光 9021$_1$	岐 2474$_7$	夾 4003$_8$	里 6010$_4$
尖 9043$_0$	佛 2522$_7$	克 4021$_6$	見 6021$_0$
米 9090$_4$	佚 2523$_0$	希 4022$_7$	旱 6040$_1$
	伯 2620$_0$	志 4033$_1$	吳 6043$_0$
七　畫	阜 2640$_0$	赤 4033$_1$	貝 6080$_0$
	皂 2671$_4$	李 4040$_7$	別 6240$_0$
序 0022$_2$	角 2722$_7$	杏 4060$_9$	吸 6704$_7$
忘 0033$_1$	作 2821$_1$	走 4080$_1$	吹 6708$_2$
辛 0040$_1$	汶 3014$_0$	坼 4212$_1$	防 7022$_7$
言 0060$_1$	宏 3043$_2$	杉 4292$_2$	阮 7121$_1$
豆 1010$_8$	牢 3050$_2$	求 4313$_2$	彤 7242$_2$
巫 1010$_8$	良 3073$_2$	芝 4430$_7$	助 7412$_7$
弄 1044$_1$	宋 3090$_4$	芍 4432$_7$	尾 7721$_4$
更 1050$_6$	沚 3111$_0$	芉 4440$_1$	即 7772$_0$
酉 1060$_0$	沅 3111$_1$	孝 4440$_7$	兌 8021$_6$
吾 1060$_1$	汪 3111$_4$	妓 4444$_7$	含 8060$_2$
延 1240$_1$	沔 3112$_7$	杜 4491$_0$	谷 8060$_8$
甬 1722$_7$	沃 3213$_4$	杕 4590$_0$	余 8090$_4$
邢 1742$_7$	泛 3213$_7$	均 4712$_0$	坐 8810$_4$
那 1752$_7$	近 3230$_2$	却 4772$_0$	肖 9022$_7$
君 1760$_7$			

卯	1712₇	末	5090₀	丞	1710₃	冰	3213₀
弗	1752₇	打	5102₀	羽	1712₀	汉	3410₀
召	1760₂	旦	6010₀	邘	1742₇	池	3411₂
司	1762₀	目	6010₁	此	2111₀	汝	3414₀
禾	2090₄	且	6010₁	伍	2121₇	冲	3510₆
占	2160₀	四	6021₀	行	2122₁	汛	3711₀
片	2202₁	田	6040₀	任	2221₄	冷	3813₇
仙	2227₀	甲	6050₀	伏	2323₄	在	4021₄
出	2277₂	叫	6200₀	牟	2350₀	有	4022₇
台	2360₀	叱	6401₀	先	2421₁	寺	4034₁
生	2510₀	叩	6702₀	伎	2424₇	吉	4060₁
白	2600₀	瓜	7223₀	休	2429₀	灰	4080₉
冬	2730₃	氏	7274₀	仲	2520₆	圩	4114₀
句	2762₀	用	7722₀	朱	2590₀	地	4411₂
包	2771₁	民	7744₇	自	2600₀	考	4420₇
永	3023₂	母	7775₀	多	2720₇	老	4471₁
穴	3080₂	令	8030₇	危	2721₂	共	4480₁
汀	3112₀	尔	8090₆	向	2722₀	旭	4601₀
左	4001₁	半	9050₀	仰	2722₀	如	4640₀
布	4022₇			伊	2725₇	妃	4741₇
皮	4024₇	**六畫**		舟	2744₀	好	4744₇
古	4060₀	充	0021₃	争	2750₇	吏	5000₆
右	4060₀	交	0040₈	名	2760₀	曳	5000₆
去	4073₁	衣	0073₂	似	2820₀	夷	5003₀
世	4471₇	至	1010₄	收	2874₀	耒	5090₀
甘	4477₀	亘	1010₆	守	3034₂	戍	5320₀
奴	4744₀	再	1044₇	字	3040₁	成	5320₀
史	5000₆	西	1060₀	安	3040₄	戎	5340₀
申	5000₆	百	1060₀	字	3040₇	曲	5560₀
本	5023₀	列	1220₀	宅	3071₄	早	6040₀
冉	5044₇	刑	1240₀	江	3111₀	回	6060₀
由	5060₀	延	1240₁	州	3200₀	吕	6060₀

筆畫檢字與四角號碼對照表

一 畫

一 1000_0

二 畫

二 1010_0
丁 1020_0
刁 1712_0
了 1720_7
刀 1722_2
卜 2300_0
十 4000_0
九 4001_7
七 4071_0
几 7721_0
八 8000_0
人 8000_0
入 8000_0

三 畫

三 1010_1
万 1022_7
下 1023_0
干 1040_0
于 1040_0
子 1740_7
千 2040_0
上 2110_0
山 2277_0
夕 2720_0
久 2780_0
大 4003_0
士 4010_0
土 4010_0
巾 4022_7
寸 4030_0
女 4040_0
弋 4300_0
丈 5000_0
凡 7721_0
丫 8020_0
乞 8071_7
小 9000_0

四 畫

方 0022_7
卞 0023_0
文 0040_0
六 0080_0
王 1010_4
五 1010_7
元 1021_1
天 1043_0
瓦 1071_7
不 1090_0
引 1220_0
水 1223_0
孔 1241_0
尹 1750_7
毛 2071_4
止 2110_0
仁 2121_0
比 2171_0
什 2420_0
化 2421_0
仇 2421_7
升 2440_0
牛 2500_0
勾 2772_0
幻 2772_0
户 3020_7
心 3300_0
斗 3400_0
太 4003_0
友 4004_7
内 4022_7
支 4040_7
木 4090_0
尤 4301_0
切 4772_2
中 5000_6
井 5500_0
日 6010_0
巨 7171_7
匹 7171_8
月 7722_0
殳 7740_7
丹 7744_0
巴 7771_7
尺 7780_7
介 8022_2
分 8022_7
公 8073_2
少 9020_0
火 9080_0

五 畫

主 0010_4
立 0010_8
市 0022_7
正 1010_1
玉 1010_3
丙 1022_7
平 1040_0
石 1060_0
可 1062_0
北 1111_0
功 1412_7

37 光禄臺碑
128/19 B

9022₇ 常

04 常熟唐古碣
5/28 A

9060₂ 省

80 省倉梁記
補9/6 A

9090₄ 米

40 米南宮帖

補3/2 B

9106₁ 悟

30 悟空禪師行業碑
2/34 A

50 悟本寺碑
186/12 B

9306₀ 怡

00 怡亭記
81/9 B

9592₇ 精

80 精舍四證堂碑
154/16 A

9990₄ 榮

24 榮德山薛刺史磨崖
碑
160/9 A

27 榮黎山古寺碑
160/9 A

32 榮州圖經
160/9 A

72 榮隱山修道觀石碑
160/9 A

補3/6 B

44智者法師碑
　補1/6 B

　智者大師修禪林道
　場碑
　12/26 B

8712₀ 釣

40釣臺寺石幢
　9/13 A

銅

40銅柱銘
　75/8 B

8718₂ 歙

32歙州折絹本末
　20/18 B

8742₇ 鄭

87鄭鋼詩
　157/13 A

8762₇ 舒

32舒州新堂銘
　46/17 A

　舒州丹霞府新泉記
　46/16 B

8811₄ 銓

24銓德觀碑
　55/11 B

8822₇ 簡

30簡寂觀新建石壇記
　25/18 A

　簡寂觀碑改修靈寶
　殿并記
　25/17 B

　簡寂觀重建大殿記
　25/18 A

　簡寂觀修立石路記
　25/17 B

8823₂ 篆

30篆字心經碑
　150/14 B

8834₁ 等

80等慈院釋迦殿記
　11/18 A

8842₇ 竻

88竻竹城記
　97/8 A

8872₇ 節

47節婦碑
　補7/7 B

8879₄ 餘

40餘杭縣令劉允恭德
　政碑
　2/34 A

44餘英志
　4/28 A

8890₄ 築

02築新城碑
　19/18 B

9000₀ 小

00小磨崖
　56/13 B

30小字道經小字德經
　11/18 B

42小桃源銅牌
　166/8 B

9003₂ 懷

10懷一塔碑
　128/19 A

22懷嵩樓記
　42/14 B

30懷安縣天王堂記
　128/19 A

36懷澤志
　111/7 B

38懷道闍黎頌
　128/18 B

50懷忠堂記
　74/12 A

9021₁ 光

14光瑛院瑞像殿記
　9/13 A

普

30 普濟院碑
　27/13 B
　補1/7 A
　普甯志
　104/11 A
37 普淨院記
　174/9 B
80 普慈志
　158/12 A

8060₂ 含

67 含暉巖記
　58/13 A

8060₅ 善

44 善權寺詩
　6/18 B
55 善慧大寺碑
　補1/6 B
81 善頌堂留題
　補6/9 B
80 善知闍黎碑
　補1/7 A

8060₆ 曾

17 曾子開慶歷集
　42/15 A

會

23 會稽山永興公祠堂

碣
　10/32 A
60 會景石
　76/8 B

8060₈ 谷

62 谷昕墓碑
　55/11 B

8073₂ 公

00 公府建置碑
　162/8 B

8080₆ 貪

26 貪泉碑
　89/22 B

8090₄ 余

00 余襄公梁寺丞墓表
　96/11 A
　余襄公神道碑
　90/15 A
　余襄公學記
　110/8 A

8211₄ 鍾

22 鍾山林下集序
　17/37 A

8219₄ 鏶

12 鏶水記
　補7/2 B

8280₀ 劍

77 劍門銘
　192/4 B

8315₀ 鐵

74 鐵騎將軍碑
　150/14 B

8315₃ 錢

10 錢王建興教寺記
　2/34 B
40 錢塘龍王廟碑
　2/34 B

8418₁ 鎮

31 鎮江志
　7/23 A
60 鎮國廟中碑
　133/11 A

8471₁ 饒

32 饒州刺史碑
　23/18 B

8640₀ 知

26 知保順州田承恩誓
　狀
　補7/5 B

8660₀ 智

31 智源禪師塔銘

補3/10 B

人

27 人物碑
182/4 B

8010₄ 全

80 全義縣復北門記
103/16 B

8010₉ 金

22 金山石刻
100/8 A
26 金泉寺唐碑
77/11 A
27 金像寺
12/27 A
32 金淵志
164/10 B
44 金地院孝童孝女碑
155/13 B
72 金剛經碑
83/12 A
金氏墓銘
4/27 B
88 金箱浩
163/11 B
90 金堂尉沛國武捷碑
164/10 B

8011₆ 鏡

16 鏡硯銘

153/13 B

8022₀ 前

62 前縣令李復碑
2/34 A

8022₇ 分

12 分水嶺銘
129/14 B

8024₇ 夔

32 夔州始興寺移鐵像
記
補7/2 B
夔州都督府記
補7/2 B
夔州圖經
補7/3 B

8025₃ 義

26 義和寺額
17/35 B

8033₁ 無

34 無爲洞篆刻
58/12 B
無爲觀鐵磬文
58/12 B
45 無姓和尚碑
69/13 A
86 無錫銘
6/19 A

8033₃ 慈

10 慈雲禪寺碑
70/10 A
44 慈姥磯唐刻
18/17 A

8034₆ 尊

25 尊健閣記
147/15 A

8040₄ 姜

20 姜維碑
180/8 B

8050₁ 羊

30 羊竇道碑
147/15 A

8055₃ 義

00 義帝碑
57/10 A
27 義烏真如寺耶律年
號
補1/8 B
44 義蓮塘石刻
75/8 B

8060₁ 合

31 合江縣安樂山騰清
三觀記
153/13 B

32 鳳州圖經
　補9／5 B

7722₀ 同

30 同安續志
　46／17 A
　同安志
　46／17 A
60 同昌郡驛碑
　補9／5 B

周

00 周文王廟碑
　145／11 A
　周襄州靜真觀碑
　82／19 A
10 周靈王符碑
　182／4 B
24 周先生住山碑
　5／27 B
27 周將軍廟碑
　46／16 B
30 周濂溪跋彭應求詩
　序碑
　175／10 A
38 周洋州司馬李正亮
　墓碑
　190／13 A
44 周萬歲通天碑
　189／12 A
72 周氏墓碑
　3／17 B

陶

00 陶府君大舉德政碑
　18／17 B
49 陶狄碑
　30／22 A
72 陶隱居碑陰
　17／35 B
　陶隱居帖
　17／35 B
　陶隱居墓誌
　17／35 B
　陶隱居墓磚
　17／35 A
　陶隱居墓銘
　17／35 B

7724₇ 殿

40 殿柱記
　補6／2 B

7726₇ 眉

32 眉州新移彭山縣記
　補6／13 A
　眉州古志
　補6／13 B

7727₂ 屈

71 屈原碑
　補7／9 A

7733₁ 熙

30 熙甯經制諸夷本末
　166／8 A

7740₁ 聞

40 聞喜亭詩
　82／20 B

7740₇ 學

83 學館廟堂記
　補6／3 B

7744₁ 開

05 開講詩
　22／13 A
10 開元聖像碑
　補3／2 A
　開元宮梁朝繪七寶
　上帝像
　3／18 A
　開元寺唐賜院額碑
　83／12 A
　開元寺碑
　11／18 B
　開元寺碑陰記
　46／16 B
　開元寺重修中和極
　樂院銘
　186／12 B
　開元寺大殿記
　19／18 B
　開元寺藏經
　26／29 A

17/37 B

6091₄ 羅

00羅彦墓碑
55/11 B
28羅給事墓誌
2/34 B
32羅浮尊者
18/16 B
34羅池廟碑
112/7 B
羅漢讚
23/19 A
羅漢院石判
145/11 A
羅漢閣記
188/12 A
羅漢堂記
128/19 A
50羅泰石城記
18/17 A

6101₀ 毗

39毗沙門王讚
157/13 B

6104₀ 肝

31肝江志
35/16 B

6180₆ 題

10題元宗御書記

22/13 A
34題法華寺詩
10/32 B
40題梓府君廟詩
19/18 A
60題疊嶂樓詩
19/18 A
題疊嶂樓壁
19/18 A
77題陶隱居銘
17/36 A

6401₄ 睦

32睦州大廳記
8/14 A
睦州録事參軍廳壁記
8/14 A

6621₄ 瞿

46瞿柏庭記
75/8 B

6624₈ 嚴

01嚴顔碑
補7/9 A
24嚴侍御暮春五言
187/15 A
44嚴孝子碑
補7/9 A
74嚴陵集
8/14 A

6671₇ 鼉

22鼉山志
98/8 B

6682₇ 賜

40賜李練師詩詔
17/37 B

6702₀ 明

32明州額
11/18 A
48明教院釋迦殿記
9/13 A
49明妙菴記
190/13 B
57明招院壽塔碑
補1/8 A

6706₂ 昭

24昭德觀碑
26/29 A
31昭潭志
107/10 B
50昭惠廟墨粉
22/13 A

6708₂ 吹

27吹角壔古磨崖
180/8 B

6722₇ 鄂

32 曹溪銘
　90/15 A
43 曹娥碑
　10/31 B
50 曹史君廟記
　3/17 B

5602₇ 揚

32 揚州詩
　37/19 B

5706₂ 招

44 招韓辭
　100/8 A
58 招撫蠻人盟誓碑
　補7/5 B
72 招隱院鐘樓記
　9/13 A
77 招屈亭碑
　68/13 B

5722₇ 郖

77 郖閣漢銘
　補9/2 A

5725₇ 靜

40 靜難侯廟碑
　160/9 A

6010₇ 置

50 置丈人觀碑
　補6/15 A

6012₇ 蜀

00 蜀廣政十五碑
　175/10 A
24 蜀先主碑
　補6/9 A
30 蜀安國寺碑
　155/13 B
31 蜀江志
　27/13 B
32 蜀州刺史廳壁記
　補6/10 A
40 蜀嘉王宗壽墨跡
　補6/16 A
67 蜀明德四年碑
　155/13 B

6015₃ 國

00 國慶寺經藏記
　31/20 B
35 國清寺記
　12/26 B
47 國朝所給誥劄
　166/8 A

6021₀ 四

10 四面山大中寺唐碑
　46/17 A
27 四絶碑
　69/13 B
80 四并堂記并箴
　93/8 A

6033₀ 恩

66 恩賜琅琊郡王德政碑
　128/19 A

6040₀ 田

47 田朝奉墓銘
　70/10 B

6043₀ 吳

00 吳文皇帝廟碑
　4/27 A
13 吳武陵墓石刻
　108/8 B
20 吳季子墓碑
　161/10 A
　吳季子銘
　7/22 A
27 吳紀功三段石碑
　17/35 A
40 吳九真谷府君碑
　55/11 B
　吳大帝廟碑
　4/25 B
　吳大帝黃武二年刻字
　2/33 B
　吳太極左仙公葛公碑
　17/35 B
43 吳越王立功碑

東漢學殿歲月記
　補6/3 A
36東禪院法華經記
　19/18 B
38東海襄陽太守胡烈
　碑
　82/18 B
44東坡多心經
　150/15 A
　東坡帖
　82/20 B
　東坡書大愚石臺山
　詩
　27/13 B
　東坡墨蹟
　83/12 A
　東林寺碑
　30/21 B
　東林寺碑銘
　30/21 B
47東都天女寺尼性空
　大師塔銘
　40/11 B
88東筦縣五百羅漢閣
　記
　89/23 A

5202₁ 折

47折柳詩十絕
　187/15 A

5260₁ 誓

21誓虎碑
　174/9 B

5290₀ 刺

50刺史李鋁送行記
　補1/11 B

5302₇ 輔

21輔順廟碑
　31/20 A

5310₇ 盛

22盛山集
　補7/4 B
　盛山宿雲亭記石
　補7/4 A
　盛山十二題詩
　補7/4 A

5320₀ 成

10成王李雄讀書臺石
　碣
　187/14 A
47成都志
　補6/8 A
　成都古今前後記
　補6/8 A

威

13威武廟碑陰記
　118/8 B

咸

10咸平獎諭李處榮勑
　167/7 B
30咸安志
　188/12 A
37咸通中石刻
　188/12 A

5340₀ 戒

15戒珠寺記
　10/32 B

5401₆ 掩

77掩關銘
　43/10 A

5504₃ 轉

58轉輪經藏
　補1/7 A

5533₇ 慧

34慧遠法師碑銘
　30/21 A
91慧悟師沖照寫真讚
　25/18 A

5560₆ 曹

10曹王皋墓
　73/11 A
17曹子建碑
　65/10 B

4460₇ 茗

22茗山平寇録
158/12 A

蒼

41蒼梧集
108/8 B
蒼梧志
108/8 B

4471₁ 老

17老君真容碑
12/26 B

4472₂ 鬱

44鬱林圖誌
121/8 B

4472₇ 葛

22葛仙巖三大字
115/8 B

4474₁ 薛

44薛苹唱和詩
10/33 A
薛老峯碑
128/19 B
50薛史君布政碑
187/14 A
80薛公去思頌
19/18 B

4477₀ 甘

26甘泉寺誓犀碑
154/15 B
90甘棠院記
128/19 B

4477₇ 舊

07舊記
7/23 A
10舊石柱記
26/28 B
16舊碑
58/12 B
26舊魏興郡太守譚義
德政碑
85/9 B
30舊宜春志
28/14 A
40舊志〔隨州〕
83/12 A
60舊圖經〔台州〕
12/27 B
舊圖經〔和州〕
48/13 B
舊圖經〔信陽軍〕
80/8 A
舊圖經〔蘷州〕
補7/4 A

4480₁ 楚

10楚王谷景德觀記
25/17 B
44楚莊王廟記
65/10 B

4480₆ 黃

00黃帝祠宇篆額
補1/11 B
黃帝書陰符經
150/14 B
22黃山谷贈通川令韓
廣叔文
補7/7 B
27黃魯直留題
176/9 A
40黃太史書砥柱銘碑
153/13 A
44黃柑堂碑
112/7 B
47黃鶴樓記
67/4 B
74黃陵廟碑
69/13 B

4490₁ 蔡

17蔡君謨法帖
150/15 A

4490₄ 藥

22藥山牛欄八字古碑
70/10 B

4491₀ 杜

159/12 A

古書山碑

174/9 B

60 古羅漢塔記

10/32 B

4060₁ 吉

32 吉州刺史廳壁記

31/20 B

38 吉祥院記

31/20 B

4064₁ 壽

32 壽州團練廳壁記

補3/11 A

4071₀ 七

25 七佛龕

187/15 A

4073₂ 袁

00 袁高茶山述

4/27 A

32 袁州學記

28/13 B

4080₁ 真

16 真聖觀碑

2/34 A

77 真風觀碑

25/18 A

80 真義侯碑

160/9 A

4092₇ 柿

40 柿木成文太平字

70/10 B

4093₁ 樵

22 樵川集

134/9 B

44 樵桂亭記

69/13 A

4094₁ 梓

00 梓府君神祠記

19/18 A

30 梓潼古今記

154/16 A

梓潼風俗譜

154/16 A

32 梓州官僚磨崖贊

154/15 B

4094₈ 校

30 校官之碑

17/36 B

4196₀ 栖

10 栖霞觀記

26/29 A

4199₀ 杯

30 杯渡禪師

18/16 B

4240₀ 荆

22 荆山郭橋記

84/10 A

40 荆南節度判官廳壁記

65/11 A

4241₃ 姚

22 姚崇立碑紀德

37/19 A

4291₃ 桃

31 桃源石文

68/14 A

桃源行

68/14 A

桃源山界記

68/14 A

44 桃林場記

130/15 A

4294₇ 桴

48 桴槎山水記

45/15 B

4301₀ 尤

32 尤溪縣新學記

133/11 A

4315₀ 城

146/18 A

26 李白天門山銘
18/17 A

李白月下帖
147/15 B

李伯時山莊記
45/15 B

27 李將軍墓經幢
73/11 B

李翺奏田稅表
45/15 B

30 李宗重修碑
48/13 B

31 李禎古書堂記
25/18 A

32 李業闕
186/12 A

36 李渭北巖詩
157/13 A

37 李冢石碑
73/11 A

52 李刺史墓碑
73/11 A

60 李固墓碑
補8/4 A

72 李氏窐樽銘
補1/12 B

76 李陽冰忘歸臺銘
補1/12 A

李陽冰碑
40/11 B

李陽冰修夫子廟記

補1/12 A

李陽冰篆
128/19 A

李陽冰篆倪翁洞三字
補1/12 B

李陽冰篆初暘谷三字
補1/12 B

李陽冰篆鄂州字
67/4 B

80 李義府碑
154/15 B

李公亭記
100/8 A

4046 5 嘉

20 嘉禾王總管守城記
3/17 B

嘉禾志并詩
3/18 A

30 嘉濟廟碑
32/18 A

嘉定府續志
146/19 A

嘉定志
146/19 A

32 嘉州詩
146/19 A

4050 6 韋

26 韋皐寶國寺記

補6/4 A

40 韋南康記工碑
163/11 B

韋南康紀功之碑
145/10 B

韋南康大像碑
146/18 B

71 韋厥碑
115/8 A

80 韋公遺愛碑
26/28 B

4060 0 古

00 古帝寺碑
65/11 A

古文孝經
161/10 A

02 古刻
59/7 A

16 古碑
補1/13 B

30 古瀛集
100/8 A

古寶城碑
162/8 B

40 古大悲堂碑
150/14 B

46 古柏行
補6/4 B

48 古松枝碑
74/11 B

50 古書巖

碑

65/11 B

南平將軍黃慶之碑

79/9 A

南平志

180/9 A

22 南豐曾鞏學記

27/13 B

南巖亭刻記于石壁

95/11 A

南巖古篆

21/13 B

南山記

187/14 B

南山寺題鐘

25/17 B

24 南偈漢盤御室記

95/11 B

30 南宮米公碑

43/10 A

南賓志

補7/11 B

32 南州石像頌

180/8 B

33 南浦新志

177/9 A

南浦志

177/9 A

34 南漢銅佛識

107/10 B

36 南禪院千佛堂轉輪

經石記

5/28 A

37 南澗天王寺石像記

128/19 A

38 南海文集

89/23 A

南海神廟碑

89/22 B

南海志

89/23 A

南海乾和白石秀林

之記

110/8 A

51 南軒先生修學記

118/9 A

67 南明山梁碑

10/31 B

74 南陵修大農陂記

19/18 B

77 南隆州牟縣界碑

187/14 B

80 南龕題詩石刻

187/14 A

4033₁ 赤

22 赤山廟碑

68/13 B

43 赤城志

12/27 B

赤松子銘

2/34 A

赤松巖寺碑

補1/6 A

4040₇ 支

56 支提石塔記

164/10 B

李

00 李庶子泉銘

42/14 B

李文定公神道碑

174/9 B

李文饒題名

96/10 B

17 李丞相祠堂記

134/9 B

李丞相留題

118/8 A

李司空廟碑

26/28 B

李習之題桃榔亭

96/11 A

21 李衛公劍池賦

26/28 B

22 李後主重陽詩

32/18 A

李後主書

185/14 A

李邕書大唐開悟之

寺

補1 /11 A

24 李德裕玉蕊花詩

7/22 A

李德裕石闕

7/22 B

40洞真觀唐明皇夢天
　帝降碑
　補7/9 B

湖

32湖州石記
　4/26 B
　湖州紀功記
　4/27 A
　湖州刺史題名記
　4/26 B

潮

32潮州圖經
　100/8 A

潤

32潤州集
　7/23 A

3714₆ 潯

31潯江志
　110/8 A
76潯陽志
　30/22 A

3715₇ 净

40净土院碑
　161/10 A
67净明院功業碑
　2/34 A

77净居尼元機圓明塔
　碑
　補1/3 B

3722₀ 祠

30祠宇宮白鶴廟記
　17/36 A

3730₂ 迎

38迎祥寺鐘樓刻字
　補6/16 A

通

10通元觀銅鐘銘
　9/12 B
80通義編
　補6/13 B
92通判廳蘭亭記
　補1/6 A

3730₃ 退

80退谷銘
　81/9 B

3730₇ 追

16追魂碑
　補1/8 B

3780₆ 資

16資聖院碑
　3/18 A
31資福院記

補6/5 A
50資中志
　157/13 B

3813₂ 滋

44滋茂池善應廟碑、
　149/9 B

3813₇ 冷

26冷泉亭記
　2/33 B

3814₇ 游

22游仙觀老君碑田真
　人殿記
　154/15 B
24游先生祠堂記
　129/15 A

3815₁ 洋

22洋山廟記
　11/18 A
　洋川志
　190/13 B

3815₇ 海

34海濤志
　補1/4 A
77海門興利記
　41/8 A

3816₂ 洴

漢車騎崖石刻
156/10 B

漢車騎將軍馮緄碑
補7/6 A

漢東海恭王廟碑
補3/1 B

55 漢費鳳碑
4/25 B

60 漢蜀郡太守治道記
147/15 A

漢蜀太守何君造尊
楗閣碑
補6/1 A

77 漢周府君碑
90/14 B

78 漢鹽鐵盆記
補7/2 A

80 漢俞鄉侯季子碑
37/19 A

漢公昉碑
補8/4 B

34140 汝

40 汝南令神道闕
185/14 B

34160 渚

30 渚宮故事
65/11 B

34181 洪

32 洪州圖經

26/29 B

44 洪芻遊洞記
21/14 A

34190 沐

22 沐川古碑
146/18 A

35106 冲

49 冲妙觀斷碑
19/18 B

35127 清

24 清化續志
187/15 A

清化前志
187/15 A

30 清漳集
131/9 A

31 清源集
130/15 A

74 清陵館碑
68/14 A

80 清義何氏古碑
186/12 B

35206 神

12 神水閣記
147/15 B

20 神禹碑
55/11 B

40 神女廟詩

補7/2 B

35300 連

32 連州燕喜亭記
92/9 A

36100 湘

50 湘夫人碑
69/13 A

36111 混

10 混元皇帝像
74/11 B

36256 禪

30 禪定寺通公碑
19/18 A

44 禪林寺智者大師畫
讚
12/26 B

50 禪惠院記
18/17 B

77 禪居寺五百羅漢殿
記
43/10 A

36303 還

15 還珠記碑
補1/7 A

37120 洞

21 洞虛觀記

38/11 B

冶山寺碑

38/12 A

3216₄ 活

22活樂鄉校記

159/12 B

3318₆ 演

48演教院碑

18/17 B

161/10 A

3390₄ 梁

00梁兗州刺史史府君
墓石柱刻

17/36 B

梁廖冲飛昇碑

92/9 A

08梁許長史舊壇碑

17/35 B

18梁改墮淚碑

82/19 A

22梁山驛唐碑

179/6 A

梁山驛碑

179/6 B

40梁大同七年石柱記

補3/7 B

梁太元真人碑

17/35 B

梁太祖文皇帝神道

碑

7/22 A

梁檀溪寺禪房碑

82/19 A

44梁茅君碑

17/37 A

梁蕭懿墓碑

補8/5 B

梁孝敬寺刹下銘并
發願文

38/11 B

57梁招隱刹銘

7/22 A

60梁羅浮山銘

89/23 A

62梁縣定光院金剛經
碑

45/15 B

74梁陵王華容寺碑

81/9 B

80梁公德政碑

45/15 B

86梁智藏法師碑

17/37 A

88梁簡文石像記

2/34 A

梁簡寂觀碑

25/17 B

3402₇ 舄

80舄八戒和尚謝復三
學山精舍表

164/10 B

3411₁ 洗

80洗公石馬塔院記

157/13 A

3411₂ 沈

00沈府君墓銘

4/27 A

27沈約墓碑

78/10 B

80沈公臺碑

68/13 B

池

76池陽後記

22/13 B

池陽續集

22/13 B

池陽前記

22/13 B

池陽前集

22/13 B

3412₇ 渤

38渤海高公神道碑

65/11 B

3413₁ 法

10法正禪師碑

26/29 A

法天寺留題

76江陽譜
　　153/13 B
　江陽志
　　153/13 B

3111₁ 涇

62涇縣廳記
　19/18 B

3111₇ 瀘

31瀘潭院鑄佛記
　　補7/7 B
32瀘州平夷記
　　153/13 B

3112₀ 河

46河相宏農碑
　　157/13 A

3112₇ 馮

26馮緄墓誌銘
　　162/8 B

3116₁ 浯

32浯溪後集
　　56/13 B
　浯溪前集
　　56/13 B

潛

22潛山真君廟左真人
　仙堂記

46/16 B

3117₂ 涵

16涵碧亭碑
　　補1/6 B
67涵暉谷石壁上刻
　　95/11 A

3119₄ 溧

76溧陽瀨水貞義碑
　　17/37 B
　溧陽長潘元卓碑
　　17/36 B

3126₆ 福

27福緣寺唐碑
　　188/11 B
60福田寺經藏記
　　19/18 B
　福田院碑
　　32/18 A

3200₀ 州

16州碑古篆
　　補3/6 B
60州國十詠
　　補6/13 B
62州縣牌額
　　20/18 B
73州院碑
　　160/9 A
77州學廟堂頌

補6/3 B
　州學記
　　89/23 A
　　102/5 B
　　119/7 B
　州學張公余公祠堂
　記
　　90/15 B
　州學濂溪祠堂記
　　90/15 B

3212₁ 浙

50浙東觀察判官廳壁
　記
　　8/14 A

3213₄ 沃

32沃州山禪院記
　　10/33 A

濮

22濮巖銘
　　159/12 B

3214₇ 浮

44浮蘭碑
　　179/6 A
48浮槎寺八紀詩
　　45/15 B

3316₀ 冶

22冶山祇園寺碑

81/9 B

3030₃ 寒

00寒亭記
58/13 A

3040₄ 安

00安康志
189/12 A
37安禄山題
188/11 B
43安城志
115/8 B
50安夷軍詩碑
157/13 B
60安國寺記
32/18 A
安國寺碑
128/19 A

3060₁ 宕

31宕渠志
162/8 B

3060₆ 富

21富順志
167/7 B
22富川志
33/10 B

3073₂ 良

50良吏記

19/18 A

3073₄ 宏

40宏真觀古碑
補9/7 A

3080₁ 定

04定誇湖唐碑
163/11 B

3080₆ 寶

10寶雲寺碑
3/17 B
26/29 A
25寶積寺塔
5/27 B
27寶峰院記
26/29 A
150/15 A
44寶花寺碑
5/27 B
寶花尼寺碑
3/17 B
寶華院記
133/11 A
66寶嚴院石刻
43/10 A
71寶歷寺記
42/14 B

賽

76賽陽山文

68/14 A

3090₄ 宋

13宋武帝受命壇碑陰
補3/10 B
30宋宗愨母夫人墓誌
17/37 A
38宋海陵王墓碑
26/29 B

3111₀ 江

10江西使院小史記
26/29 B
26江總碑
5/27 B
27江鄉志
補6/13 B
32江州司馬廳記
30/22 A
江州南湖隄銘
30/22 A
33江心小石詩
69/13 A
34江淹碑
10/31 B
10/33 A
40江南秦淮石志
17/37 B
71江原君石闕
補7/9 A
74江陵府官石幢記
65/11 A

宜城内史碑
3/17 B

3010₇ 宜

50宜春新志
28/14 A

3011₃ 流

10流盃十四詠
187/15 A

流霞觀記
25/18 A

3011₄ 淮

34淮瀆大字
83/12 A

40淮南都梁山倉記
37/19 A

78淮陰侯廟記
補3/2 B

潼

22潼川舊圖經
154/16 A

3012₇ 滴

12滴水巖結界記
157/13 A

3013₇ 濂

32濂溪祠堂記
90/15 A

3014₆ 漳

32漳州登科記
131/8 B

3016₁ 涪

74涪陵紀書録
174/9 B

涪陵太守闕
174/9 B

澹

37涪澹院留題
133/11 A

3019₆ 涼

22涼山吕保藏漢篆
179/6 A

3021₄ 寇

44寇萊公詩
185/14 B

寇萊公祠堂碑
65/11 B

3022₇ 房

74房陵愍説
86/10 A

甯

40甯賁禪師塔銘
10/32 A

43甯越郡志
119/7 B

3023₂ 永

00永康志
補6/16 B

10永平間石門記
補8/5 A

30永甯編
補1/5 A

永甯院碑
補1/8 A

永安縣記
25/18 A

31永福縣高蓋名山院
碑
128/19 A

永福縣無名篆古號
仙篆
128/18 B

50永春縣記
130/15 A

77永興觀碑
78/11 A

永興節度使王彥超
重建行成思堂石
刻
156/11 A

宂

48宂樽銘
58/13 A

147/15 B

魯直留題

177/9 A

2762₇ 鄱

76 鄱陽志

23/19 A

鄱陽舊志

23/19 A

2771₂ 包

22 包山神景觀林屋洞

碑

5/27 A

2772₇ 鷗

90 鷗雀賦碑

65/10 B

2773₂ 餐

10 餐霞觀碑

78/10 B

饗

37 饗軍堂記

89/22 B

103/16 B

2790₁ 祭

01 祭龍多山題名

159/12 A

48 祭敬亭山文

19/18 A

2791₇ 紀

88 紀符瑞碣

補6/15 B

絶

00 絶塵龕石刻

177/9 A

2792₇ 移

43 移城記

補7/3 A

2793₂ 緣

60 緣果道場塼塔舍利

銘

67/4 A

2824₇ 復

20 復禹衮冕井修廟記

10/32 A

50 復東林寺碑

30/21 B

2826₆ 僧

10 僧元覺神道碑

補1/3 B

64 僧曉微碑

150/14 B

2829₄ 徐

21 徐偃王廟碑

補1/14 B

徐偃王後記

補1/14 B

80 徐鉉石刻

25/18 A

徐鉉蔣帝廟碑

17/35 B

81 徐鍇篆字題名

17/37 B

86 徐知證墓碑

19/18 B

2835₁ 鮮

10 鮮于氏神道碑

185/14 B

2971₇ 鬵

55 鬵井記

補7/3 B

2998₀ 秋

33 秋浦志

22/13 B

3010₆ 宣

07 宣詔亭内碑

186/12 B

43 宣城詩

19/19 A

宣城志

19/19 A

盤石廟記
60/5 B

2711₇ 艷

76艷陽洞石碑
150/14 A

龜

22龜山碑
165/9 B
74龜陵新志
174/10 A
龜陵志
174/10 A

2712₇ 歸

40歸真觀碑
20/18 B

酆

47酆都景德觀唐碑
補7/9 B

2720₇ 多

30多寶佛塔記
19/18 B

2722₂ 修

00修文宣王廟碣
補6/5 B
01修龍宮寺碑
10/32 B

04修諸觀功德記
補6/15 B
38修道碑
補7/9 A
40修大庾嶺奏
93/8 A
修大悲堂碑
150/14 A
修堯舜二祠祭器碑
103/16 A
47修桐柏宮碑
12/26 B
50修丈人殿祝文碣
補6/15 A
67修路記
187/14 B
77修學記
59/7 A
修關石刻
192/4 B

2723₂ 象

10象耳山李白留題
補6/13 A
17象郡志
105/10 B

2723₄ 侯

80侯並寺古碑
42/14 B

2724₂ 將

37將軍祠石刻
159/12 B

2728₁ 俱

72俱胝石幢記
補1/6 A

2732₇ 烏

10烏石宣威感應王廟
碑銘用契丹年號
128/19 B
烏雷廟記
119/7 B
26烏程令韋公德政碑
4/27 A

2732₇ 鳥

30鳥窠禪師塔銘
2/34 A

2742₇ 鄒

38鄒道鄉碑
82/20 B
鄒道卿祠堂記
107/10 B

2760₃ 魯

00魯府君廟碑
19/18 B
40魯直梁甫吟帖
147/15 B
魯直木蘭歌帖

27戲魚堂帖
　34/13 A

2360₀ 台

32台州司馬韓光乘真
　贊
　12/27 A
　台州刺史杜雄墓碑
　12/27 A

2360₁ 皖

22皖山祠碑
　46/16 B

2360₄ 呇

22呇縣碑
　45/15 B

2371₃ 毬

46毬場山亭記
　128/19 A

2374₃ 峻

10峻靈王廟碑
　125/10 A

2420₀ 射

90射堂記
　4/26 A

2421₁ 先

00先主廟碑

補6/4 A

2422₁ 倚

46倚相碑
　65/10 B

2422₇ 偽

60偽蜀誓火碑
　156/11 A
　偽蜀刺史徐光溥詩
　刻
　156/11 A

2423₁ 德

50德本寺碑
　4/26 A

2498₆ 續

07續記〔平江府〕
　5/28 A
13續職方乘〔隆興府〕
　26/29 B
77續學記
　102/5 A

2500₀ 牛

33牛心靈異記
　補9/7 A

2520₇ 律

44律藏院戒壇記
　29/14 A

2522₇ 佛

30佛窟禪師碑
　12/26 B
73佛馱舍利碑
　30/21 B

2524₀ 使

44使者靈驗記
　30/21 A

2590₀ 朱

60朱買臣祠堂記
　8/13 B
68朱晦菴韶州學講堂
　西齋銘
　90/15 B
72朱氏墓碣
　5/27 A
74朱陵觀碑
　31/20 B

2592₇ 繡

22繡巖堂碑
　44/12 B

2599₆ 練

37練湖碑
　7/23 A

2600₀ 白

00白鹿石刻

10/32 B

2060₉ 香

25香積院古碑
70/10 B
43香城寺碣
31/20 A
66香嚴寺碑
10/31 B

2071₄ 毛

18毛玠之墓碑
34/13 A

2090₁ 乘

42乘桴于海賦
124/13 B
77乘風堂記
129/15 A

2090₄ 禾

22禾山大舜二妃廟碑
31/20 B

集

16集聖院記
159/12 A
32集州兩角山記
187/14 A
　集州紫極官記
187/14 A
80集公山石刻

129/15 A

2110₀ 上

25上生院記
128/19 A
35上清閣唐人題梁
12/27 A
40上真觀記
28/13 B
84上饒志
21/14 B

2121₇ 虎

11虎頭巖記
133/11 A

盧

00盧府君碑
補1/6 A
27盧僎碑
82/20 B
80盧并北巖詩
157/13 A
　盧舍那佛二菩薩記
159/12 A

2123₄ 虞

00虞帝廟碑
103/16 B
44虞世南碑
10/31 B

2143₀ 衡

32衡州刺史蘭欽德碑
95/11 A
76衡陽志
55/11 B

2160₁ 罾

30罾家洲亭石記
103/16 B

2176₁ 峿

40峿臺銘
56/13 A

2190₃ 紫

00紫府觀記
7/22 B
28紫微洞唐人詩刻
補3/8 B
　紫微觀隋碑
補3/9 A
41紫極宮碑
22/13 A
　紫極宮仙人留題
39/14 A
76紫陽先生塔銘
83/12 A
　紫陽觀新興佛碑
31/20 B

2191₁ 經

1661₄ 醒

33醒心亭記
42/15 A

1664₀ 碑

17碑子渡碑
190/13 B

1710₇ 孟

00孟亭記
84/10 A

07孟郊張祐留題
5/27 B

86孟知祥修城記
補6/6 A

1712₀ 卭

24卭峽關開路記
147/15 A

1712₇ 鄧

44鄧艾衛聖侯碑
186/12 A

1714₇ 瓊

32瓊州華遠館題壁
126/4 B

瓊州學記
124/14 A

88瓊管志
124/14 A

1722₇ 胥

22胥山碑銘
2/33 B

胥山銘
2/35 A

1723₂ 豫

00豫章記
26/29 B

豫章古今誌
26/29 B

豫章舊志
26/29 B

豫章事實
26/29 B

1740₈ 翠

60翠圍山碑
補6/9 B

1750₇ 尹

40尹吉甫祠堂記
153/13 A

1752₇ 帛

40帛九江驛碑材文
30/16 A

1760₇ 君

22君山神祠堂記
69/13 A

1762₀ 司

30司空相國詩
2/34 A

司空殿記
17/37 B

71司馬公留題
185/14 B

1762₇ 邵

74邵陵類考
59/7 B

76邵陽志
59/7 B

郡

11郡北小千佛院記
158/12 A

30郡守壁記名氏
145/10 B

1840₄ 婺

31婺源縣古縣記
20/18 B

2010₄ 重

00重慶府圖經
175/10 A

重廣松江集
5/28 A

10重元寺法華院石壁
經碑文

33 水心院石幢記
18/17 A

1240_1 延

00 延慶移觀手詔碑
補6/15 B
延慶寺碑
26/28 B
10 延平志
133/11 A

1241_0 孔

17 孔子廟記
19/18 B
孔子尹真人贊皇公
三碑
17/36 A

1241_3 飛

25 飛練亭碑
179/6 B
26 飛泉山碑
150/15 A
飛泉山院碑
150/15 A

1249_3 孫

27 孫权敖碑
65/10 B
72 孫氏園石刻
187/14 B

1260_0 副

10 副元帥廳階記
17/37 B

1313_2 琅

77 琅邪溪記
42/14 B
琅邪溪述
42/14 B

1314_0 武

00 武康土地記
4/28 A
12 武烈帝廟碑
7/22 B
武烈大帝廟碑
9/13 A
27 武侯碑陰記
補6/4 B
53 武威侯廟記
補1/6 A
71 武原志
3/18 A
74 武陵北亭記
68/14 B
76 武陽志
134/9 B
77 武興集
補9/1 B

1315_0 職

00 職方乘〔隆興府〕
26/29 B

1540_0 建

00 建康續志
17/37 B
建康志
17/37 B
13 建武志
106/10 A
30 建安志
129/15 A
40 建南鎮碣記
10/32 A
60 建昌軍圖經
35/16 B
80 建善寺碑
128/19 B

1610_4 聖

24 聖德寺記
補9/4 A
32 聖業院碑
177/9 A
40 聖壽寺碑
補1/7 A
77 聖居院碑
145/11 A

1660_1 碧

44 碧落洞
95/11 B

韶州修衙記
90/15 A

韶州泐溪石室記
90/15 A

韶州湧泉亭記
90/15 A

韶州真水館記
90/15 A

0824₀ 放

25 放生記誓文
164/10 B

放生潭三字
187/14 A

0861₆ 説

25 説佛尊勝陁羅尼咒
2/33 B

1010₀ 二

16 二聖金剛碑
78/11 A

30 二良牧碑
156/11 A

47 二妃廟記
60/5 B

80 二公亭記
130/15 A

1010₁ 三

10 三王城古碑
78/10 B

16 三聖碑
162/8 B

22 三仙磨崖題名
157/13 A

27 三絶碑
38/12 A

37 三祖大師碑陰記
46/16 B

44 三茅山記
17/37 B

60 三星院石塔刻
78/10 B

三吳土地記
4/28 A

77 三學山飛石記
164/10 B

三賢壁記
22/10 A

三賢堂記
102/5 B

80 三公廟碑
65/10 B

正

10 正元題名
10/32 A

正元間李嶠篆
58/12 B

26 正白先生碑
17/36 A

1010₃ 玉

10 玉石碑
補7/10 A

玉石寺記
23/19 A

15 玉融志
114/6 B

16 玉碑
77/11 A

21 玉虛洞碑
74/11 B

玉虛觀唐碑
補7/9 B

26 玉泉二碑
78/10 B

玉泉山大通碑
78/10 B

35 玉清觀碑
30/21 B

60 玉壘關碑
補6/15 B

77 玉白泉石刻
107/10 B

90 玉堂硯銘
150/15 A

1010₄ 王

00 王慶曾思元堂詩碑
104/11 A

王褒墓石表
157/13 A

11 王頭陀塔銘
164/10 B

27新修虞舜廟碣文
90/15 A

新修神光寺碑
128/19 A

新修梓府君廟記
19/18 A

30新潼川志
154/16 A

新安志
20/18 B

新定志〔嚴州〕
8/14 A

32新浮光志
補3/7 B

40新志〔隨州〕
83/12 A

新志〔平江府〕
5/28 A

60新昌集
97/8 A

新昌志
97/8 A

新圖經〔信陽軍〕
80/8 A

新圖經〔和州〕
48/13 B

新圖經〔潮州〕
100/8 A

新圖經〔惠州〕
99/11 A

77新開隱山記
103/16 B

新開肥河記
45/15 A

新興寺新條流勑
19/18 A

新興寺碑
19/18 A

新興寺經閣帖
19/18 A

新興寺藏記
19/18 B

新興寺羅漢碑
19/18 B

新興院講堂碑
42/14 B

80新合肥志
45/16 A

新夔州志
補7/4 A

0365₀ 誠

48誠敬夫人廟碑
117/9 B

0428₁ 麒

09麒麟碑
7/23 A

0460₀ 謝

00謝康樂翻經記
29/13 B

30謝安墓碑
17/35 A

謝寘山靈泉碑
156/11 B

0466₄ 諸

44諸葛武侯新廟碑
補8/5 A

諸葛武侯碑
補6/5 A

諸葛武侯贊
80/20 B

諸葛武侯故宅碣
82/18 B

0512₇ 靖

40靖南志
161/10 B

77靖居寺碑
31/20 A

0742₇ 郭

12郭璞移水記
146/18 B

38郭祥正遊石室記
96/11 A

43郭朴縣路讖石刻
186/12 B

0766₂ 韶

10韶石亭記
90/15 A

32韶州重修東廳壁記
90/15 A

龍山集
97/8 A
27 龍多山鷲臺院記
159/12 B
龍紀道碑
25/17 B
龍紀中雄石鎮請僧
帖
21/14 A
32 龍州續志
補9/7 A
39 龍沙章江院碑
26/29 A
40 龍寺院記
11/18 A
44 龍蓋寺碑
76/8 B
龍華院山門路記
150/14 B
77 龍母廟秦古碑
123/10 B
龍門志
補9/7 A
龍門寺記
46/16 B
龍興寺蘐律和尚碑
號四絶碑
37/19 A
龍興寺碑
5/27 B
147/15 A
187/14 A

補3/2 A
補6/6 A
龍興寺大藏經碑
150/14 B
龍興寺華嚴經社石
記
2/35 A

0128₆ 顏

00 顏府君碑
17/35 A
10 顏王墓碑
38/11 B
27 顏魯公廬陵集
31/21 A
顏魯公磨滅記
185/14 A
顏魯公寶蓋山記
29/14 A
顏魯公祖亭碑
30/22 A
顏魯公真卿題名
31/20 B
顏魯公書碑刻
188/11 A
顏魯公問李太保大
夫乞米帖并范仲
淹題跋石本
7/23 A
40 顏真卿集唐肅宗御
書題碑額
4/26 A

顏真卿虎邱詩刻
5/27 B
顏真卿橫山廟碑
24/8 A
80 顏公大宗碑
17/35 A

0180₁ 襲

32 襲州廳壁記
110/8 A

0212₇ 端

32 端州陞興慶軍詔
96/10 B

0280₀ 刻

13 刻武侯碑陰
補8/6 A
37 刻漏記
22/13 A

0292₁ 新

10 新石柱記
26/28 B
15 新建高郵軍城記
43/10 A
新建圖經
26/29 B
新建學記
補3/2 B
18 新政縣大歷碑
185/14 A

0023₇ 庚

30庚肩吾孟簡禹廟詩
　10/32 A

0024₇ 慶

71慶歷皇祐平夷略
　166/8 A

慶

34慶波陽觀碑
　73/11 A

0026₁ 磨

22磨崖碑
　167/7 B

0026₇ 唐

00唐盧潘四辯
　45/15 A
唐高廟詩碑
　82/20 A
唐高宗安樂山取丹
　經詔碑
　153/13 A
唐高宗賜進經道士
　詔碑
　153/13 A
唐應福寺彌勒佛記
　補3/6 B
唐磨崖金剛經圖
　155/13 B

唐麻姑山壇記
　35/16 A
唐文學儒林碑
　55/11 B
唐率更柘漿帖
　補7/11 A
唐辯石鍾山記
　30/21 A
唐襄州編學禪寺碑
　82/19 B
01唐龍興寺碑
　2/33 B
唐顏魯公書中興頌
　碑
　157/13 A
唐顏真卿題名
　30/21 B
02唐新修後漢荊州劉
　公廟碑
　82/20 B
唐新學記
　82/20 A
04唐護聖寺鐘銘
　154/15 B
唐誥刻
　156/11 A
08唐旌表尹孝子碑
　82/19 B
唐旌表萬敬儒孝行
　狀碑
　45/15 A
唐放生江石柱記

82/20 A
唐許長史丹井銘
　17/36 A
唐許敬宗撰桂州都
　督李襲志墓碑
　190/12 B
10唐正元玉泉廟記
　78/10 B
唐正元石刻
　187/14 B
唐正觀碑
　185/14 A
唐正觀十三年韋作
　觀魚記
　151/17 A
唐正觀中石刻
　129/14 A
唐正晦先生碑
　38/11 B
唐玉清觀四等碑
　17/36 A
唐玉藥詩
　78/11 A
唐丞相李紳墓碑
　4/27 B
唐王諷三平大師碑
　131/8 B
唐王維送楊長史赴
　果州詩
　156/11 A
唐靈居寺碑
　38/11 B

輿地紀勝碑記索引

凡　例

一、本索引收録《輿地紀勝》（包括《輿地紀勝補闕》）的碑記名稱。

二、碑記下的數字，前者爲卷數，後者爲原綫裝書頁碼，前、後半頁
分別以 A、B 表示之。

> 例如：紫府觀記
>
> 　　　7/22 B
>
> 表示紫府觀記見本書第 7 卷第22頁後半頁。

三、有些方乘，原著録"新去""圖經"等，今用六角括號括注其所
屬州府。

> 例如：新志〔隨州〕
>
> 　　　新志〔平江府〕

四、《輿地紀勝補闕》中的碑記，綴以"補"字。

> 例如：春申君碑
>
> 　　　補3/10 B

五、原書碑名有闕文，今用刪節號表示之。

> 例如：唐故鄂……墓銘
>
> 　　　67/4 B

六、本索引按四角號碼排列，後附筆畫檢字與四角號碼對照表，以
便用不同方法查索。

80懷義襌師
22/12 B

9021₁ 光

33光演
187/13 A

9022₇ 常

00常袞
100/6 B
103/14 B
128/15 A
30常安民
42/12 B
　常寂大師
11/16 B
33常泌
161/8 A
77常同
4/22 A

112/7 A
80常曾
21/10 B
83常鐵冠
155/12 B

9050₂ 掌

77掌丹野人
95/10 B

9090₄ 米

44米芾
5/24 B
7/19 B
39/12 A
82/18 A
95/9 A

棠

17棠君尚

38/8 B

9106₁ 悟

30悟空襌師
8/13 B
37悟通襌師
177/8 B

9910₈ 瑩

44瑩老圓悟佛日襌師
105/10 A

9990₄ 榮

61榮顯
32/17 B
72榮隱先生
160/8 B
　榮氏女
38/10 B

72 鄭剛中
 61/5 B
 93/7 A
 94/5 B
77 鄭居中
 48/11 A
80 鄭全福
 20/17 B
 鄭谷
 28/11 B
 28/12 A
 69/12 A
 78/9 B
88 鄭餘慶
 100/6 B

8752₀ 翔

07 翔郭郎
 5/26 B

8762₇ 舒

00 舒亶
 11/15 A
22 舒繼明
 80/7 B
32 舒州童師
 46/16 A
40 舒雄
 130/12 A

8810₁ 竺

31 竺潛

10/30 B

8810₆ 笪

37 笪深
 24/6 B
52 笪揆
 24/6 B

8811₄ 銓

30 銓定法師
 2/31 B

8822₀ 竹

17 竹承講
 19/13 B

8822₇ 第

10 第五琦
 23/15 A
 第五倫
 10/25 A
 62/6 B
 145/9 B
 162/7 A

簡

21 簡師
 101/5 B
30 簡寂先生
 25/16 B

8872₇ 節

47 節婦陳氏
 12/24 B

8877₇ 管

21 管師常
 68/13 A
27 管歸真
 2/30 B

9000₀ 小

20 小香王先生
 158/11 A
26 小釋迦
 28/13 A

9001₄ 惟

26 惟儼禪師
 70/10 A
30 惟良上人
 7/21 B
36 惟湜
 32/17 B
86 惟鐸
 187/13 A

9003₂ 懷

32 懷遜禪師
 189/11 B
38 懷海禪師
 26/28 A
50 懷素
 56/13 A

35知禮
　11/17 B

8660₀ 智

04智詵
　157/12 B
21智顗禪師（智顗師）
　12/25 B
　65/10 A
26智顗師　見智顗禪
　師
　智儼師
　57/9 B
37智通〔唐貞元時人〕
　145/10 A
　智通〔宋宜賓人〕
　163/11 A
44智者禪師
　12/26 A

8718₂ 欽

38欽道禪師
　2/31 B

8742₇ 鄭

00鄭産
　56/12 A
　鄭文寶
　132/8 A
02鄭端義
　96/9 A
06鄭譯

　150/12 A
08鄭敦義
　95/10 A
10鄭元弼
　135/9 A
　鄭元素
　25/15 A
13鄭戩
　2/26 A
21鄭虔
　12/22 B
24鄭俠
　95/9 A
　128/17 A
　130/12 A
　132/7 B
25鄭純
　154/13 B
26鄭總
　95/10 B
27鄭修
　179/5 B
　188/9 B
28鄭徵君
　12/23 B
　鄭復
　154/13 A
30鄭準
　95/10 B
　鄭宏
　39/10 B
37鄭冠卿

　103/16 A
　123/10 A
38鄭滋
　27/10 A
　鄭縈
　45/13 A
40鄭吉
　10/28 A
43鄭戴
　128/15 B
44鄭姑
　20/17 B
47鄭殼
　129/13 B
　鄭獬
　2/26 B
　65/6 A
　77/10 A
50鄭推官
　2/30 A
　鄭夷甫
　94/5 B
　鄭東之
　161/9 A
53鄭甫
　46/13 B
60鄭田
　69/12 A
68鄭畋
　108/7 B
70鄭驤
　21/12 A

26/23 A
27/9 B
31/16 B
32/14 A
89/20 A
90/13 B
95/8 B
103/15 A
119/6 B
10 余元卿
　12/24 A
17 余翼母陳氏
　129/14 A
30 余安行
　21/12 A
34 余洪敬妻鄭氏
　129/14 A

8211₄ 鍾

00 鍾離牧
　68/11 A
　89/18 A
　鍾離濬
　43/8 A
　鍾離松
　135/8 B
27 鍾紹京
　32/15 B
30 鍾騫
　123/8 B
40 鍾士雄母
　123/9 A

8315₀ 鐵

25 鐵佛像
　34/12 A
60 鐵羅漢
　44/12 A

8315₃ 錢

00 錢衮
　164/9 A
21 錢顗
　3/15 B
　6/17 A
28 錢徹
　30/17 A
40 錢堯卿
　10/26 A
44 錢藻
　48/12 A
　錢若水
　153/11 B
46 錢觀復
　24/6 A
　錢勰
　2/29 A
　22/10 B
47 錢起
　4/23 A
50 錢忠道
　5/25 B
60 錢易
　2/29 A

21/11 A
　錢景持
　68/11 B
72 錢氏二女
　21/12 B
77 錢熙
　32/14 A
　130/13 B
　錢卽
　56/12 B
80 錢公輔
　11/14 B
　24/6 A
87 錢鏐
　2/28 B
90 錢惟演
　2/29 A
　83/9 B

8471₁ 饒

12 饒廷直
　35/15 B

8612₇ 錫

90 錫光
　189/10 B

8640₀ 知

27 知幻
　41/7 B
34 知浹
　28/12 B

8022₁ 俞

00俞文俊
　65/8 B
23俞俟
　4/22 A
24俞偉
　133/9 A
25俞仲昌
　111/7 B
34俞汝尚
　4/23 A

8030₇ 令

17令柔
　157/12 B
30令之敬
　88/5 B
42令狐峘
　31/16 A
令狐緒
　83/9 B
令狐綯
　4/21 A
　37/14 B
令狐楚
　19/14 A
　55/9 B
　84/9 A
令狐揆
　77/10 A

8033₁ 無

17無了
　135/11 A
45無姓和尚
　69/13 A
　86/9 B
53無惑師
　23/18 A
61無町畦道人
　28/12 B

8033₃ 慈

10慈雲懺主
　2/32 B

8034₆ 尊

79尊勝和尚
　3/16 B

8040₄ 姜

00姜唐佐
　124/12 B
10姜士元
　158/10 B
80姜公輔
　31/16 A
　130/11 B
　189/10 A

8050₁ 羊

26羊侃
　128/15 A
34羊祐
　82/14 B
40羊士諤
　157/10 A
羊左
　17/33 A
44羊萊
　125/9 A
77羊欣
　20/12 A

8055₃ 義

17義了道人
　45/15 A
34義遠
　185/13 B
77義居
　158/10 B
義門陳氏
　30/19 B
義門金氏
　59/7 A

8060₁ 普

00普交
　11/17 A
24普勳定慧大師
　90/14 A
30普濟大師
　30/20 B
71普愿禪師

歐陽修
　31/17 B
　37/16 A
　42/12 A
　73/9 B
　87/5 B
歐陽詹
　130/13 A
　135/9 A
歐陽澈
　29/12 B
歐陽觀
　40/8 B
歐陽曄
　31/18 B

7790₄ 桑

60桑景舒
　43/10 A
96桑懌
　122/6 A

7810₉ 鑒

10鑒元師
　158/11 A

7823₁ 隂

40隂真人
　85/8 B
71隂辰生
　151/15 B

7876₆ 臨

32臨溪和尚
　84/10 A

7923₂ 滕

00滕膺
　12/22 B
10滕王　見李元嬰
27滕脩
　89/18 A
28滕牧
　81/8 B
30滕宗諒
　4/21 B
　21/10 B
　40/8 B
53滕甫
　5/24 B
　22/10 B
　27/12 A

8000₀ 八

10八百羅漢像
　128/17 B

8010₄ 全

13全琮
　2/25 B
　2/28 A
47全椒山中道士
　42/13 A

8010₉ 金

21金行成
　77/8 B
27金峰山主
　105/10 A
　金峰長老
　158/11 A
30金安節
　8/11 B
44金地藏
　22/12 A
70金臂道者
　44/12 A
72金剛仙
　124/13 B
74金陵牛頭知巖禪師
　46/16 A
77金門羽客
　30/20 A

8012₇ 翁

30翁宏
　123/10 A
44翁蒙之
　129/14 A

8022₀ 介

27介象
　10/30 A
　81/9 A

34 居祐禪師
　　84 / 10 A

7727₂ 屈

21 屈處靜
　　56 / 12 B
26 屈伯庸
　　74 / 10 B
60 屈晃
　　12 / 23 B
71 屈原
　　74 / 10 B

7736₄ 駱

23 駱峻
　　108 / 7 B
30 駱賓王
　　12 / 22 A

7744₇ 段

00 段文昌
　　65 / 5 B
　　65 / 8 B
15 段建中
　　161 / 8 A
44 段世昌
　　63 / 4 B
53 段成式
　　31 / 16 A
55 段拂
　　33 / 9 A
77 段翳

　　145 / 9 B
　　164 / 9 A
90 段少連
　　67 / 2 A

7750₃ 舉

40 舉直禪師
　　43 / 9 B

7760₂ 留

10 留正
　　32 / 15 A
20 留香僧
　　128 / 18 A
28 留從初
　　130 / 13 A

7760₄ 闍

17 闍那
　　128 / 18 A

7760₆ 閭

77 閭邱方遠
　　46 / 15 B

7760₇ 問

71 問長老
　　27 / 12 B

7771₇ 巴

22 巴山四仙
　　29 / 13 A

7775₀ 母

70 母雅
　　174 / 8 A

7777₂ 關

03 關詠
　　41 / 5 B
　　159 / 10 A
17 關羽
　　82 / 14 B
52 關播
　　42 / 12 A

7777₇ 閻

18 閻瑜
　　28 / 10 A
25 閻續
　　156 / 9 B
30 閻濟美
　　7 / 16 A
　　128 / 15 A

7778₂ 歐

76 歐陽袞
　　128 / 16 B
　歐陽廣
　　31 / 17 A
　歐陽詢
　　23 / 16 B
　歐陽珣
　　31 / 18 A

188/10 A
50 周表權　　—
　134/7 A
53 周輔成　　＼
　58/11 B
　123/8 B
54 周勔
　94/5 B
57 周邦彥
　2/29 B
　45/13 A
58 周撫
　30/18 B
　81/8 B
60 周羅睺
　67/1 A
61 周顗
　3/14 A
62 周昕
　61/5 B
67 周嗣武
　184/12 A
71 周愿
　76/7 A
　周匡物
　131/8 A
　周頤（周茂叔）
　25/14 A
　26/22 B
　30/19 A
　36/6 B
　56/11 B

57/8 B
58/11 B
59/6 B
89/20 A
90/13 A
124/12 A
159/10 A
77 周卿
　85/8 A
80 周美成　見周邦彥
86 周知裕
　77/8 B
90 周惟簡
　23/18 A
97 周恪
　40/11 A

陶

00 陶雍
　145/9 A
10 陶正白真人
　11/16 A
14 陶璜
　18/15 B
17 陶弼
　68/11 B
　104/10 A
　106/8 A
　115/7 B
　118/7 A
　119/6 B
22 陶仙

99/10 B
26 陶侃
　23/16 B
　30/17 B
　30/18 B
　45/13 B
　46/13 B
　62/6 B
　65/5 A
　69/11 B
　81/8 B
　82/16 A
　89/18 A
31 陶汪
　19/13 A
　陶潛
　25/14 B
　30/17 B
　30/18 B
34 陶洪景
　10/30 A
　17/33 A
38 陶道人
　147/14 A
40 陶大舉
　18/15 B
44 陶基
　18/15 B
80 陶令
　44/10 B

77264 居

10/27 A

31 邱潛
20/17 B

32 邱浮先生
20/17 B

34 邱為
3/15 A

46 邱旭
63/4 A

7713₆ 閩

35 閩清山行僧
128/18 A

7721₆ 覺

24 覺化大師
90/14 B

34 覺法師
4/25 A

7722₀ 周

00 周彥倫
17/33 B

周文育
89/18 B

周章
83/9 A
83/10 A

周訪
30/17 A
30/18 B

09 周麟之

40/10 A

10 周正實
56/12 B

周霞
129/14 A

12 周延雋
32/14 B

13 周武仲
129/13 A

17 周孟陽
40/10 A

18 周瑜
18/14 B
45/13 B
46/15 A
67/1 A

20 周種
89/20 B

21 周仁浚
124/11 B

周處
6/15 A

周處士
128/16 B

周紫芝
19/17 A
30/19 B
33/9 A

22 周嵩
20/12 A

周仙王
29/13 B

24 周續　　見周續之
周續之（周續）
25/15 A
30/18 B
30/20 A

27 周盤龍
6/15 B

周穜
26/23 A

28 周儀
62/6 B

30 周永徽
146/16 B

周憲之
49/11 A

周宇
161/8 A

33 周必大
31/19 A

36 周渭
107/9 A

40 周大雅
8/12 B

周堯卿
58/11 B

周真君
46/15 B

44 周茂叔　　見周頤
周葵
5/22 B
18/15 A

周葛由真人

127/9 A
陳東
7/20 A
51 陳軒
128/16 A
129/13 B
132/7 B
53 陳軾
49/10 B
55 陳搏
85/9 A
86/9 B
158/10 B
159/11 A
56 陳規
22/10 B
77/9 A
60 陳易
135/11 A
陳圓
25/15 B
62 陳縣尉
131/7 B
64 陳曄
90/13 A
66 陳嬰
38/8 B
44/11 A
72 陳剛中
32/15 A
76 陳陽
68/13 A

77 陳覺民
129/12 A
135/10 A
陳陶
26/24 B
133/9 B
陳鵬飛
99/9 A
陳與義
4/22 A
59/7 A
85/8 A
78 陳臨
108/7 A
80 陳令舉
3/15 B
陳公輔
133/9 A
159/10 A
82 陳劍
132/7 B
陳矯
38/9 B
44/11 A
86 陳知柔
99/9 B
123/8 B
87 陳欽
94/6 A
88 陳敏
39/12 B
43/8 A

陳敏識
26/23 A
90 陳少遊
175/8 A
180/7 B
陳粹
132/7 B
94 陳慥
49/11 B

7621₃ 隗

46 隗相
163/10 B

7622₇ 陽

43 陽城
58/10 B
44 陽孝本
32/15 B

77110₄ 閏

40 閏真
7/21 A

7712₁ 闟

47 闟轂於菟
77/9 B

7712₇ 邱

07 邱郿
48/12 A
25 邱仲孚

160/8 A	128/17 A	、117/9 A
陳永齡	陳道器	陳吉老
119/6 B	82/18 A	132/7 B
陳永錫	40陳大和	陳壽
158/10 B	105/8 B	156/9 B
陳適	陳堯佐	陳七子
125/8 A	45/13 A	190/12 A
陳騫	99/9 A	陳去非
44/11 B	100/6 B	123/9 A
陳容	185/12 A	42陳彭年
·39/13 A	陳堯咨	189/10 A
陳審言	65/6 A	44陳兢
157/12 A	185/12 A	30/19 B
32陳澄	陳堯叟	陳執中
164/8 B	96/9 A	26/24 B
陳漸	103/14 B	32/15 B
185/12 A	185/12 A	108/7 B
34陳祐	陳希亮	陳葵
74/10 B	32/14 B	128/17 A
150/12 B	86/8 B	陳蕃
36陳禪師	陳希穎	26/21 A
91/9 A	156/9 A	陳世卿
37陳渾	陳希伋	89/20 B
2/27 A	100/7 B	133/9 B
陳次升	陳希夷	46陳坦然
38/10 A	65/9 B	11 /8 A
91/8 A	179/5 B	陳恕
135/10 B	陳友直	26/24 B
陳過庭	27/10 B	32/15 B
10/29 B	陳嘉言	65/5 B
49/11 A	76/8 A	50陳中孚
38陳祥道	陳燾	125/8 A

陳元
108/8 A

陳元敬
154/14 A

陳元光
131/7 B

陳可大
25/14 A

11 陳顗
70/8 B

12 陳烈
128/16 B
135/9 B

14 陳耽
28/12 B

陳瓘
4/22 A
12/22 B
25/15 B
28/11 A
39/13 B
40/9 A
120/6 A
133/10 A

陳聽思
118/6 B

陳琳
37/17 A

17 陳承昭
27/9 B

陳子昂
154/14 A

陳君
156/10 A

18 陳致雍
135/9 A

20 陳重
28/11 B

陳喬
17/33 B
31/17 A
34/10 A

陳舜俞
25/15 B

陳孚
124/12 B

陳禾
11/15 B

陳稚升
108/7 A

21 陳順
43/8 A

陳卓
67/3 A

陳師錫
2/27 B
4/22 A
5/22 A
19/14 B
57/8 B
129/13 A

22 陳豐
98/7 B

陳仙女

185/13 A

陳偁
99/9 B
133/9 B

陳崇儀
43/9 A

23 陳俊卿
130/12 B
135/10 B

24 陳化成
27/10 B

陳德林
38/9 A

陳升之
7/19 A
37/16 A
94/5 A
129/13 A

26 陳自仁
31/17 A

陳和叔
35/14 A

陳繹
35/14 B

28 陳從易
31/16 A
89/20 B
130/13 B
134/7 A

30 陳淬
135/10 B

陳甯

118/7 B

陸德明

5/23 A

陸納

4/20 A

4/20 B

25陸績

3/15 A

5/22 B

111/7 A

121/7 B

26陸佃

10/29 B

17/31 B

40/9 A

27陸凱

3/15 A

陸龜蒙（陸魯望）

4/23 A

5/24 A

陸象先

7/16 A

陸魯望　見陸龜蒙

陸絳

121/8 A

32陸遜

2/25 B

3/15 A

5/23 A

73/9 B

81/8 B

37陸鴻漸　見陸羽

陸通

65/7 B

40陸九齡

29/12 B

33/9 A

陸九淵

78/9 B

陸南金

5/23 B

陸希聲

6/16 A

42陸機

3/15 A

5/23 A

44陸贄

3/15 B

5/24 A

47陸均

21/11 A

陸起

95/8 B

50陸抗

3/15 A

5/23 A

71陸長源

5/23 B

21/10 B

129/11 B

7422₇ 隋

86隋智者

78/10 A

7423₂ 隨

10隨王　見劉誕

7424₇ 陵

76陵陽子明

19/17 A

7529₆ 陳

00陳亨伯

56/12 A

陳高祖

4/22 B

陳康伯

21/12 B

130/12 A

陳襄

2/26 B

6/15 A

12/22 B

56/12 B

128/16 B

03陳誠之

130/12 B

05陳靖

17/31 B

陳諫

91/8 A

10陳亞

96/9 A

陳豆豆

40/11 A

74劉隨

　151/13 B

　劉陵

　31/15 A

76劉隗

　17/31 A

　39/11 A

71劉駒騟

　46/13 B

　劉巴

　55/10 B

　56/12 A

80劉義仲

　25/15 B

　27/11 A

　劉弇

　31/18 B

81劉頌

　37/17 A

84劉錡

　65/6 A

87劉邠

　55/10 A

　82/15 B

88劉竺

　31/15 B

　劉攽

　34/10 B

　40/9 A

　45/13 A

0劉光世

　8/11 B

　18/15 A

　22/10 B

　劉焯

　103/16 A

93劉悛

　68/11 A

97劉煇

　21/12 A

98劉悅

　186/11 B

　劉歆

　34/10 B

7277₂岳

00岳諒臣

　42/12 B

10岳霖

　119/7 A

12岳飛

　40/9 A

　41/6 A

　67/2 A

　82/16 A

　84/9 A

　114/6 A

　123/9 B

76岳陽醉仙

　69/12 B

7421₄陸

00陸襄

　23/15 A

04陸詵

　103/14 B

　106/9 A

10陸亘

　10/26 A

　陸元方

　5/23 A

　陸雲

　3/15 A

　5/23 A

　陸賈

　65/8 A

11陸玩

　4/20 A

17陸羽（陸鴻漸）

　4/23 A

　21/11 B

　25/14 B

　76/8 A

　84/9 B

　89/19 B

　陸弼

　153/11 A

　陸子真

　40/7 B

21陸顗

　69/11 B

22陸仙

　122/7 B

23陸傪

　20/13 A

24陸升之

2/27 B

26/27 A

劉道者

182/4 A

劉道規

67/1 A

40劉九經

19/17 B

劉太冲

7/18 B

劉太真

7/18 B

劉士英

4/23 B

劉堯年

166/7 A

劉素

4/23 B

劉女

132/8 B

劉去奢

65/9 B

劉真君

26/27 A

劉真人〔隋文帝時人〕

153/12 B

劉真人〔魏武帝時人〕

163/11 A

43劉武

34/10 B

44劉芮

103/15 B

劉摯

48/11 A

49/10 B

55/10 A

65/7 A

97/6 B

劉賁

112/6 B

劉權〔隋南海太守〕

89/18 B

劉權〔唐乾符間人〕

150/12 A

46劉恕

25/15 B

27/11 A

劉相如

11/15 B

47劉均

45/13 A

48劉翰

10/26 B

26/23 A

128/16 A

129/14 A

50劉奉世

57/8 B

劉表

82/14 B

52劉虬

85/8 B

53劉威名

174/8 A

58劉蛻

65/9 A

60劉晨

12/24 B

劉晟

39/13 B

劉昊

145/9 B

劉昌言

130/13 B

劉昌魯

117/8 B

劉昆

65/6 B

劉景

61/6 A

劉景洪

31/17 B

67劉瞻

57/9 A

71劉原父

37/16 A

劉巨容

82/15 B

劉長卿

69/12 A

72劉隱〔五代南平王〕

94/6 A

劉隱〔唐昭宗時人〕

123/8 B

劉仙姑
32/17 A
劉仙翁
27/12 A
劉幽求
8/11 A
94/5 A
24劉先生
7/21 A
劉休龍（武陵王）
82/15 A
劉贊
20/13 A
劉綺莊
5/22 A
劉緯
95/10 B
26劉穆之
7/18 A
17/31 A
38/8 B
27劉彝
32/14 B
83/10 A
128/17 A
134/7 A
劉綱
10/30 A
劉紹先
120/6 B
28劉從周
19/15 B

劉馥
45/12 B
30劉沆
31/17 B
48/11 A
55/9 B
劉寵
10/25 A
26/21 A
劉之遴
65/5 A
65/8 A
劉安世
36/7 A
55/10 A
73/9 B
80/7 A
95/9 B
102/4 B
117/8 A
劉安雅
102/4 B
劉安節
23/16 A
劉牢之
30/17 A
劉宏
65/5 A
31劉潘
12/22 A
33劉述
4/23 B

30/18 A
34劉湛
48/10 B
劉洪
70/8 B
劉洪道
112/7 A
劉禕之
6/15 B
劉祐
45/12 B
劉逵
83/10 B
35劉遺民
30/18 B
30/20 A
36劉泊
65/8 B
劉溫
159/10 A
劉澤
158/9 B
劉湜
38/10 A
劉昶
80/7 A
37劉渙
25/15 A
27/11 A
38劉滋
133/9 A
劉道真

馬植
　23/15 A
　176/8 A
56 馬摠　見馬總
90 馬懷素
　7/18 B
馬炫
　7/16 A

7171₆ 區

38 區海
　63/4 B
44 區革
　122/7 B
77 區册
　89/21 A

7173₂ 長

10 長耳和尚
　2/31 B
12 長孫無忌
　176/8 A
30 長安僧
　45/14 B
31 長源王
　83/11 B
長源公
　83/11 B
44 長蘆夫襌師
　38/11 B
76 長陽三義婦
　73/10 B

7210₀ 劉

00 劉衷
　163/10 A
02 劉誕(隨王)
　89/18 A
03 劉誼
　4/23 B
06 劉謂
　151/15 A
07 劉望之
　153/12 B
劉諷
　145/9 B
08 劉誨
　2/28 A
10 劉平
　42/11 B
13 劉琮
　31/18 A
14 劉琦
　19/16 B
16 劉琨
　128/14 A
17 劉玘
　77/8 B
劉子羽
　7/16 B
　67/2 A
　121/8 A
　130/12 A
　131/8 A

劉子翼
　6/15 B
　29/11 B
18 劉瑜
　37/17 A
20 劉位
　44/11 B
劉秀之
　4/21 B
劉禹錫
　5/21 A
　48/10 B
　68/11 B
　92/8 B
21 劉仁瞻
　28/10 B
劉行舉
　44/11 B
劉處士
　22/12 A
劉師尹
　132/8 A
劉纏
　39/10 B
劉綽
　11/14 A
22 劉岑
　163/10 A
劉仙
　76/8 A
　93/7 B
　103/16 A

130/14 B

6716₄ 路

00路應（路應求）
　19/14 A
　32/14 A
　45/13 A
　路應求　見路應
25路使君
　150/12 A
42路彬
　107/9 A
51路振
　56/12 A

6802₁ 喻

34喻汝礪
　150/13 A
　155/11 B
　158/8 B
　185/11 A
47喻猛
　108/7 B

7010₄ 壁

22壁山威烈侯
　175/9 A

7024₁ 辟

40辟支佛骨
　2/31 A
54辟蛇行者

30/20 B

7121₁ 阮

37阮逸
　7/17 B
　129/13 A
38阮肇
　12/24 B
73阮駿
　135/10 B
77阮閎
　28/11 A
　57/8 B
80阮美成
　45/14 A

7122₀ 阿

00阿育王大覺禪師
　11/17 A

7132₇ 馬

00馬亮
　2/26 A
　17/31 A
　18/14 B
　23/15 B
　26/22 A
　32/14 A
　45/13 A
　45/14 A
　65/5 B
　89/20 A

15馬融
　65/4 B
　馬臻
　10/25 A
21馬仁裕
　45/13 A
22馬仙埤
　80/7 A
26馬自然
　2/30 B
　4/24 B
　馬總（馬摠）
　32/14 A
　89/19 A
　103/14 B
　130/11 B
28馬從祐
　56/11 A
30馬宮
　30/17 A
　馬良
　82/16 B
36馬涓
　185/12 B
37馬淘
　117/8 A
　馬祖禪師
　81/9 A
38馬遵
　19/14 A
44馬孝友
　185/12 B

呂希純
　8/11 B
　58/11 A
　189/10 A
呂希道
　48/11 A
呂希哲
　18/15 A
　48/11 A
呂嘉問
　34/9 B
44 呂協中
　164/8 B
呂蒙
　46/13 A
呂蒙正
　17/32 A
47 呂好問
　19/14 B
　103/15 A
50 呂夷簡
　40/8 B
　41/5 B
呂撝
　108/7 B
呂本中
　40/9 A
呂由聖
　147/13 A
60 呂景山
　30/15 A
71 呂頤浩

　17/31 B
　22/10 B
　37/16 B
77 呂陶
　55/10 A
　154/13 B
　154/14 B
　155/11 B
　159/10 A
　165/7 B
呂居仁
　123/9 A
呂開
　26/22 B
　154/13 B
　155/11 B
　163/10 A
　184/11 B
80 呂公著
　37/16 B
　80/7 A
　125/8 B
呂令問
　43/8 A
84 呂鎮公
　27/9 B
86 呂錫山
　188/9 A
88 呂餘慶
　65/5 B
90 呂少卿
　38/10 B

昌

80 昌義之
　48/11 B
　82/16 A

6073₁ 曇

00 曇諦
　4/25 A
04 曇詵
　30/20 A
21 曇順
　30/20 A
47 曇超
　2/32 A
90 曇常
　30/20 A

6080₀ 貝

44 貝葉多經
　25/17 A

6080₁ 異

28 異僧
　115/8 B₁

6080₆ 員

14 員琦
　37/16 B
77 員興宗
　150/13 A
90 員半千

吴欣之
　9/11 A

吴丹
　23/15 A

吴羋
　33/9 B

80吴公瑛
　47/10 B

86吴錫
　146/16 B

88吴簡言
　132/8 B

90吴少微
　20/15 B

6050₄ 畢

17畢君卿
　112/7 A

40畢士元
　12/22 B

畢士安
　10/26 A

6060₀ 回

38回道人
　147/14 A

80回公
　28/12 B

呂

00呂譚
　65/5 B

08呂誨
　19/15 B
　30/17 A
　30/18 A
　47/10 A

10呂元膺
　47/9 B
　67/1 B

呂夏卿
　130/13 B

14呂璹
　122/7 A

20呂季重
　20/13 B

21呂仁高
　106/8 A

呂師周
　107/8 A

22呂仙翁石像
　161/9 B

23呂岱
　40/9 B

24呂先生
　41/7 A

呂倚
　32/16 B

31呂祉
　45/13 B
　129/13 B

34呂湛
　127/7 B

35呂溱

　2/26 A
　20/16 A
　22/10 B
　37/18 A
　39/11 B

36呂温
　55/9 B
　58/10 A

37呂洞賓
　2/30 B
　4/24 A
　31/19 B
　67/3 B
　69/12 B
　70/9 B
　151/16 A
　165/8 B

呂祖儉
　12/23 A

呂祖泰
　6/17 A
　119/7 A

40呂大防
　20/14 B
　77/9 A
　83/10 A
　84/9 A
　151/14 A

呂士元
　31/16 A

呂南公
　35/15 A

15 0/13 B

5806₁ 拾

26拾得
　　12/25 B

5824₀ 敖

40敖真君
　　27/12 A

5840₁ 聱

11聱頭和尚
　　164/10 A

6010₀ 日

46日觀禪師
　　2/32 A

6011₃ 晁

03晁詠之
　　37/16 A
　　37/16 B
33晁補之
　　21/11 A
80晁無咎
　　37/16 B
　晁公休
　　189/10 B

6015₃ 國

35國清禪師
　　22/12 B

6021₀ 四

44四世界
　　7/21 A

6022₇ 易

10易元子
　　154/14 B
12易延慶
　　27/11 A
37易退
　　28/12 B

6023₂ 圓

67圓明天師
　　175/9 A

6040₀ 田

13田強
　　68/12 B
24田偉
　　65/9 A
30田淳
　　146/15 B
34田祐恭
　　74/11 A
36田洞
　　160/8 A
　　175/8 B
40田太真
　　154/14 B
77田闢

36/7 B
86田錫
　　8/11 A
　　19/15 B
87田欽祚
　　112/6 B

6040₄ 晏

15晏殊
　　19/14 A
　　27/11 A
　　29/11 B
22晏仙人
　　132/8 B
44晏孝廣女
　　37/18 A

6043₀ 吳

00吳立禮
　　33/9 B
　吳充
　　43/7 B
　　129/12 B
　吳序賓
　　130/12 B
　吳育
　　129/12 B
08吳說
　　44/11 A
10吳元美
　　93/7 A
　　104/10 A

50 慧忠
　　85／9 A
52 慧哲
　　85／9 A
54 慧持禪師
　　30／20 B
56 慧暢
　　4／25 B

5560 0 曲

00 曲庚
　　162／7 A
02 曲端
　　177／8 A

5560 6 曹

05 曹靖
　　57／9 A
　　115／7 B
10 曹王　見李皐
20 曹秉
　　159／11 A
22 曹利用
　　122／6 A
26 曹伯玉
　　28／11 A
27 曹修古
　　20／13 B
　　129／12 B
　　135／8 A
　曹修睦
　　130／12 A

　　134／7 A
32 曹溪令瑫禪師
　　31／19 B
36 曹渭
　　27／10 B
40 曹克明
　　122／6 A
　　147／14 A
46 曹覲
　　94／5 A
　　129／13 A
　曹觀
　　32／14 B
　　35／14 A
48 曹翰
　　30／18 A
　　85／7 B
53 曹輔
　　57／8 B
　　133／10 B
60 曹景宗
　　82／16 A
80 曹無忌
　　185／12 B
90 曹光實
　　90／13 A
　　147／14 A

5580 6 費

00 費庭
　　160／8 A
04 費詩

　　146／16 B
34 費褘
　　80／7 B
37 費冠卿
　　22／11 B
44 費孝先
　　151／16 B
63 費貽
　　120／6 A
　　146／16 B
71 費長房
　　21／13 A
　　129／14 B

5706 2 招

22 招仙觀道士
　　102／5 A

5725 7 静

67 静照禪師
　　17／34 B

5743 0 契

22 契嵩（契嵩律師）
　　2／32 B
　　109／5 B
　契嵩律師　見契嵩
33 契遍
　　41／7 B

5798 6 賴

22 賴仙

東

00東方朔
　81/9 A
22東山寺僧
　6/18 A
　東山懷一
　128/18 A
77東陵聖母
　40/10 B

5109₁ 摽

25摽律師
　2/32 A

5202₁ 折

00折彥質
　57/8 B
　112/7 A
　125/8 B

5209₄ 採

44採茶仙女
　111/7 B
　採茶僧
　147/14 B

5216₉ 蟠

01蟠龍僧
　146/17 B

5310₇ 盛

00盛度
　2/29 A
17盛子充
　33/9 B

5320₀ 成

13成武丁
　81/9 A
22成仙君
　61/6 A
40成存
　153/11 A
80成公子安
　12/22 B

威

10威靈丈人
　5/25 B

戚

28戚綸
　31/16 B
　37/15 B

5340₀ 戒

60戒昱
　56/11 A

戒

36戒禪師
　27/13 A

5404₁ 持

34持遠二難
　30/20 B
56持揭諦呪斬蛟聖僧
　184/12 B

5503₀ 扶

40扶嘉
　182/4 A

5533₇ 慧

10慧元
　100/8 A
20慧集
　2/31 B
27慧嚮
　5/26 A
　慧叡
　30/20 A
30慧永禪師
　30/20 B
　慧進
　4/25 A
34慧遠 法師
　30/20 B
37慧通
　146/17 B
38慧海
　30/21 A
44慧薰
　135/11 A

趙庶明
26/25 A

02趙訓之
31/16 B

03趙誠
74/10 B

08趙旂
157/11 A

10趙正雅
158/10 B

趙元精
188/10 B

趙雲
61/5 B

趙不易
121/8 A

趙霖
48/11 A

12趙登
158/10 A

趙延之
159/10 A

17趙子崧
93/7 A

趙子松
110/7 B

18趙珏
185/12 A

21趙步
補3/9 B

趙師雅
99/10 A

趙師旦
101/5 A

趙師民
27/11 A

22趙鼎
10/26 B

17/31 B

26/23 B

100/6 B

127/7 B

130/12 B

131/8 A

趙岌
8/11 B

23趙佗
91/7 B

24趙德
100/7 A

26趙自然
18/16 B

趙蜩
4/22 A

趙和
9/10 A

27趙絳
126/4 A

30趙守一
158/11 A

趙宗儒
65/5 B

34趙遹
157/11 B

35趙清獻公
149/9 A

37趙次公
146/16 B

150/12 A

趙逢
86/8 B

185/11 A

38趙棨
130/12 A

40趙士懷
129/12 A

趙士崈
30/18 A

趙士陣
155/11 B

趙士壑
3/14 B

趙吉
27/12 A

趙雄
157/11 B

41趙姬
162/7 B

44趙萬妻
162/7 B

趙蕤
154/14 A

趙橫寺僧
84/10 A

50趙抃
2/26 B

胡宏
　55/10 B
胡寅
　8/13 A
　56/11 B
　97/7 B
胡宗愈
　6/16 B
　38/9 A
　48/11 A
44胡垕
　32/16 A
- 胡勃
　26/24 A
60胡旦
　11/14 B
　82/18 A
　110/7 B
胡易簡
　189/11 A
62胡則
　21/10 B
　110/7 B
　128/15 B
79胡騰
　57/9 A
80胡曾
　59/7 A
88胡銓
　31/19 A
　55/10 A
　97/7 A

　107/8 B
　127/8 A
　128/16 A
　131/8 A

4762₇ 都

37都潔
　36/6 B

4772₇ 郤

78郤鑒
　45/12 B

4780₆ 超

21超上人
　12/26 A

4782₇ 郊

38郊道光
　43/9 B

4792₀ 桐

17桐君結廬
　8/13 A

柳

10柳元景
　82/17 B
　83/9 A
柳平
　68/13 A
11柳玭

　89/19 B
　153/11 B
　175/8 A
25柳仲禮
　80/7 B
柳仲郢
　154/13 A
30柳宗元
　56/11 A
　59/6 A
　112/6 B
33柳泌
　12/25 A
36柳禪師
　133/10 B
37柳渾
　21/10 B
　28/10 B
　82/17 B
44柳莊敏
　176/8 B
柳耆卿
　11/14 B
　129/13 A
柳世隆
　83/9 A
54柳拱辰
　68/12 B
60柳晟
　70/9 A
柳冕
　128/15 A

43／7 B

129／12 B

55楊慧

28／12 B

57楊邦乂

17／33 A

31／19 A

60楊異

55／10 A

61楊顒

82／17 A

64楊時

10／27 B

65／7 A

楊勔

59／6 B

71楊巨源

184／12 A

77楊周庭

73／10 A

楊居政

115／7 A

94楊煒

10／29 B

12／23 A

126／4 A

127／8 B

楞

66楞嚴大師

3／16 B

4722₇ 郄

40郄士美

176／8 A

鶴

01鶴語

98／8 A

4732₇ 郝

21郝處俊

77／9 B

25郝仲連

161／8 B

77郝隆

65／6 B

4744₀ 奴

00奴衺

155／12 B

4752₀ 鞠

60鞠杲

116／8 A

4762₀ 胡

00胡廣

65／8 A

69／12 A

02胡端修

6／16 B

12胡璞

18／16 A

133／9 B

胡烈

82／14 B

17胡珦

46／13 B

胡翼之

4／21 B

40／9 B

20胡舜陟

45／13 A

103／15 B

24胡勉

73／10 B

25胡仲容

26／26 A

28胡僧佑

70／8 B

30胡宿

2／26 B

4／21 B

6／16 B

19／15 B

20／14 B

38／9 A

胡安國

41／6 A

55／10 B

56／11 B

65／7 A

78／9 B

129／13 B

10/25 B

10/26 A

17/32 A

25/15 A

57/8 A

89/19 B

10 楊王孫

190/11 B

楊元琰

19/17 B

楊元光

126/4 A

楊震仲

185/11 B

191/7 B

楊天惠

154/14 B

楊百藥

187/12 B

楊雲外

177/8 B

12 楊發

5/20 B

18 楊玠老

44/11 B

楊璇

56/10 B

20 楊億

21/11 A

129/12 B

楊秉

37/16 B

21 楊行密

45/13 B

楊處士

19/16 A

楊衡

25/15 A

22 楊僕

93/6 B

楊仙

84/9 B

24 楊德逢

17/33 B

25 楊仲宏

86/9 A

楊傑

7/16 B

28 楊徽之

25/15 A

129/12 B

146/16 A

楊儀

82/17 A

楊收

96/8 B

楊繪

33/8 B

30 楊適

11/15 A

楊騫

167/6 A

楊察

21/11 B

31 楊憑

123/8 A

37 楊鴻

28/11 B

楊通寶

72/5 A

38 楊澈

32/14 A

楊道真君

133/10 B

40 楊大明

36/7 B

楊士諤

187/12 A

楊克遜

128/15 B

楊友

119/6 B

楊真人

152/7 B

43 楊載

174/9 A

44 楊萬里

31/19 A

50 楊抗

75/7 B

51 楊攝官

123/9 B

52 楊蟠

2/29 B

9/10 A

12/24 A

14 8/5 A

權

11權璩
　185/11 A

24權德輿
　7/18 B

26權皋
　40/9 B

4499₀ 林

21林仁肇
　7/16 A

24林勳
　123/9 B

　林特
　128/16 B

25林積
　91/8 A
　133/9 B

28林從周
　100/7 A

　林牧
　8/11 A

33林遹
　2/29 A

35林沖之
　34/9 B
　135/10 B

37林次齡
　111/7 A

　林通

89/20 B

44林楚材
　123/10 A

　林藻
　130/13 A

　林蘊
　130/13 A
　135/9 A

46林觀
　98/8 A

51林攄
　128/17 A

54林攢
　130/13 A
　135/9 A

77林巽
　100/7 A

80林公權
　5/21 B

88林敏功
　47/10 B

　林敏修
　47/10 B

90林光朝
　135/11 A

4526₀ 麴

20麴信
　46/14 A

4594₄ 樓

77樓异

11/14 B

4622₇ 獨

12獨孤及
　6/14 A
　42/12 A
　46/14 A

13獨琮
　118/8 B

4680₆ 賀

00賀齊
　8/10 B
　20/12 A
　128/15 A

03賀誼
　59/6 A

22賀循
　4/20 B
　5/20 B
　6/14 A
　10/28 B

44賀若弼
　189/10 A

84賀鑄
　5/24 A

86賀知章
　10/29 A
　11/15 A

4692₇ 楊

08楊於陵

44 葉蓋
　　61/6 A
　葉夢得
　　4/23 B
　　7/17 B
　　17/31 B
80 葉畲
　　70/9 A

藥

22 藥山師
　　68/13 B

44910 杜

10 杜正倫
　　113/5 B
　杜亞
　　37/14 B
　杜元穎
　　91/7 B
　杜天師
　　151/16 B
　杜天犖
　　110/7 B
11 杜預
　　82/15 A
12 杜延年
　　74/10 A
15 杜臻
　　34/9 A
17 杜孟
　　158/10 A

杜承志
　　155/11 A
21 杜衍
　　10/29 A
　杜顗
　　7/17 B
　杜穎
　　188/9 A
24 杜佑
　　5/21 A
　　7/17 B
　　23/15 A
　　29/11 A
　　37/15 A　、
　　89/19 A
　　104/10 A
27 杜歸真
　　177/8 B
28 杜牧（杜牧之）
　　4/21 B
　　19/15 A
　　22/10 A
　　37/15 A
　　49/10 A
　杜牧之　見杜牧
30 杜濟
　　162/7 B
　杜守一
　　10/27 A
　杜審言
　　31/15 B
　　65/7 A

　　82/17 B
　杜宗
　　97/6 B
44 杜荀鶴
　　19/15 A
　　22/11 B
47 杜杞
　　38/10 A
　　113/5 B
　　122/6 B
　　124/11 B
58 杜軫
　　146/15 B
60 杜昉
　　68/13 A
71 杜陟
　　155/12 A
80 杜鎬
　　6/16 B
　杜介之
　　117/8 B
　　124/13 A
　杜并
　　82/17 B
90 杜光庭
　　12/25 B
93 杜悰
　　37/14 B
　　70/8 B

44914 桂

90 桂堂

80黄公度
　96/9 A
84黄錯
　175/9 A
87黄舒
　89/21 B
88黄策
　5/24 B

4490₁蔡

00蔡襄
　2/26 B
　9/11 A
　128/15 B
　129/12 A
　130/12 A
　131/7 B
　135/9 B
04蔡謨
　5/20 B
　7/15 B
　17/31 A
12蔡延世
　35/14 B
14蔡確
　18/15 A
21蔡經
　2/29 B
　5/25 A
　蔡經國
　27/10 B
22蔡邕

　74/10 A
25蔡傳
　135/10 A
26蔡伯俙
　128/16 B
27蔡約
　48/10 B
28蔡倫
　190/11 A
36蔡禪師
　133/10 B
37蔡沼
　130/13 A
　蔡冠卿
　23/16 A
38蔡肇
　7/20 A
　8/11 B
40蔡女仙
　82/18 B
44蔡蒙叟
　128/16 B
　蔡薿
　38/10 A
45蔡柟
　35/15 A
46蔡如松
　131/7 B
52蔡挺
　32/14 B
　36/7 B
58蔡搏

　4/21 A
77蔡興宗
　10/25 B
　67/1 A
80蔡尊師
　130/14 B
90蔡少卿
　104/10 A

4490₃蓁

30蓁宗禮
　131/7 B
77蓁母黃
　180/8 A

4490₄葉

00葉齊
　129/12 B
　葉康直
　87/5 B
05葉靖
　107/10 A
21葉虞仲
　21/12 A
22葉仙
　29/13 A
30葉賓
　130/12 B
35葉清臣
　4/23 A
37葉祖洽
　134/8 B

9/11 B

4474₁ 薛

00薛慶
 43/8 A
10薛平
 10/26 A
11薛珏
 39/11 A
 73/9 B
12薛登
 6/14 B
 6/16 A
15薛融
 159/10 B
17薛弼
 128/16 A
21薛仁貴
 105/9 A
 薛能
 146/15 B
26薛伯高
 58/10 A
 薛稷
 20/14 B
37薛逢
 187/12 A
38薛道衡
 82/15 A
40薛奎
 37/15 B
 135/8 A

薛嘉言
 9/10 A
51薛振
 23/15 A
53薛戎
 4/21 A
 6/14 B
 10/26 A
60薛昱
 130/11 B
 薛回
 161/9 A
 薛昂
 2/29 B
 薛景晦
 58/10 B
65薛映
 2/26 A
 17/31 A
77薛居正
 68/11 B
80薛令之
 128/16 A

4477₀ 甘

10甘露大師
 147/14 B
21甘卓
 19/16 A
 48/10 B
30甘甯
 7/8 A

177/8 A
187/12 A
40甘真人
 26/27 A
87甘翔
 112/7 A

4480₁ 楚

31楚江漁者
 65/9 A
41楚狂接輿
 146/16 A

4480₆ 黄

00黄廉
 26/25 A
 黄庭堅
 18/15 A
 26/25 A
 31/16 B
 46/14 B
 67/2 A
 122/7 A
 163/10 A
 174/8 B
 176/8 B
 黄衣道者
 85/9 A
04黄誥
 20/14 A
 69/12 A
10黄亘

77/9 A

40 韓去華

 130/14 A

44 韓世清

 47/10 A

 韓世忠

 39/12 B

 韓贄

 22/10 A

50 韓泰

 131/7 B

58 韓擒虎

 45/12 B

60 韓思復

 42/11 B

77 韓駒

 26/23 A

 49/11 A

 150/13 B

80 韓愈

 28/10 B

 61/5 B

 65/7 A

 92/8 B

 100/6 B

4446₀ 姑

44 姑蘇道人

 6/18 A

茹

44 茹孝標

180/7 B

4460₁ 菩

56 菩提達磨

 17/34 B

4460₄ 苗

25 苗仲先

 41/7 A

57 苗拯

 177/7 B

4460₆ 菖

44 菖蒲澗仙

 89/22 A

4462₇ 苟

23 苟允中

 160/8 B

77 苟與齡

 42/13 B

荀

80 荀羨

 5/20 B

 39/11 A

4471₁ 老

17 老君

 114/6 A

49 老萊子

 65/8 A

4472₇ 葛

10 葛元（葛仙公）

 10/30 A

 17/34 A

 21/13 A

22 葛仙公　見葛元

 葛仙翁　見葛洪

30 葛密

 9/11 A

 130/12 A

34 葛洪（葛仙翁）

 2/29 B

 10/30 A

 17/34 A

 67/3 B

 89/22 A

 93/7 B

 99/10 A

 101/7 B

 104/10 B

 146/17 A

 161/9 B

 184/12 A

 185/13 A

50 葛由

 146/17 A

77 葛閎

 9/10 A

88 葛敏修

 31/18 B

90 葛惟肖

21／13 A

50草書嚴僧

103／16 A

4440₇ 孝

80孝義陳氏

159／10 B

4442₇ 萬

40萬壽寺金佛

65／10 A

48萬敬儒

45／13 B

53萬彧

69／11 B

96萬憬

96／8 B

4443₀ 樊

34樊汝霖

164／9 A

36樊澤

82／15 B

44樊若水（樊若冰）

17／33 B

22／10 B

46／14 A

樊若冰　見樊若水

50樊棗

164／9 B

86樊知古

67／2 A

莫

12莫磻

4／23 B

13莫琮

3／15 B

30莫宣卿

94／6 A

37莫汲

116／7 B

88莫節婦

107／9 A

4445₆ 韓

00韓文達

157／10 A

韓奕

161／9 A

韓京

91／8 B

07韓韶

37／16 A

14韓琦

37／15 B

40／8 A

韓璜

110／7 B

190／11 B

17韓琚

23／16 A

49／10 B

20韓億

190／11 A

韓信

39／12 B

191／7 A

韓維

82／15 B

85／8 A

22韓絅

91／8 B

24韓縝

190／11 B

27韓偓

130／12 B

韓偓遠

58／12 A

韓伙

103／14 B

30韓注

69／11 B

32韓澄

158／8 A

33韓必

4／24 B

35韓洙

21／12 B

36韓洄

8／11 A

韓滉

7／16 A

37韓逈

107／9 B

韓通

50燕肅
　　10/26 A
　　11/14 B
　　82/15 B
　　154/13 B

4433 8 恭

53恭輔
　　110/7 A

4439 4 蘇

00蘇庠
　　7/19 B
　　25/15 B
10蘇瓖
　　20/12 B
　　37/14 A
　　68/11 B
14蘇耽
　　30/20 A
17蘇子元
　　113/6 A
20蘇舜欽
　　5/24 A
21蘇師旦
　　39/13 A
22蘇仙　見蘇仙公
　　蘇仙
　　96/10 A
　　蘇仙公(蘇仙)
　　57/9 A
　　61/6 A

23蘇緘
　　10/27 A
　　29/11 B
　　35/14 A
　　86/8 B
　　89/20 A
　　95/8 B
　　106/9 A
　　120/6 A
　　122/6 B
　　128/15 B
　　130/14 A
　　蘇稽
　　146/16 A
24蘇德充
　　153/11 B
25蘇紳
　　130/13 B
27蘇象先
　　37/16 A
34蘇爲一
　　3/14 A
　　134/7 A
44蘇協
　　150/12 A
53蘇軾
　　2/26 B
　　4/21 B
　　37/16 B
　　49/10 B
　　56/11 B
　　95/8 B

　　99/9 B
　　109/5 A
　　120/6 B
　　124/12 A
　　125/8 A
58蘇轍
　　20/14 B
　　27/9 B
　　56/11 B
　　91/8 A
　　109/5 A
　　118/7 B
60蘇易簡
　　17/32 A
　　154/14 B
65蘇味道
　　187/11 B
77蘇駉
　　130/14 A
81蘇頌
　　2/26 B
　　7/19 A
　　17/32 B
　　37/16 A
　　130/14 A
88蘇簫
　　3/14 A
99蘇榮
　　154/13 A

4440 6 草

00草衣禪師

7/16 A

21/10 B

28/10 B

34蕭渤

93/6 B

蕭汝士

31/18 B

蕭祐

103/14 B

38蕭道成

39/11 A

90/12 B

40蕭赤斧

2/27 B

蕭雄

90/14 A

44蕭楚才

17/32 A

46蕭賀

34/11 A

58蕭敷

83/9 B

60蕭昱

6/14 B

蕭思話

67/1 A

補8/3 B

80蕭公講

176/8 A

88蕭範

45/12 B

95蕭煉師

11/16 B

97蕭憺

65/5 A

蘭

40蘭真人

174/9 A

4423₂ 蒙

12蒙延冰

115/7 A

4424₇ 蔣

10蔣元振

120/6 A

13蔣琬

56/12 A

17蔣子春

48/12 A

蔣司徒

41/6 B

26蔣儼

6/15 B

30蔣之奇

2/27 A

6/16 B

19/15 B

39/11 B

124/12 A

129/12 A

34蔣漳

56/12 B

40蔣人

6/16 A

70蔣防

92/8 B

72蔣氏

9/11 B

77蔣舉

60/5 B

90蔣堂

2/26 A

5/21 B

6/16 B

10/26 A

31/16 A

97蔣耀之

6/18 A

4430₄ 蓮

34蓮社十八賢

30/20 A

蓬

22蓬山十二仙

188/10 A

44蓬萊仙

124/13 B

4433₁ 燕

00燕雍

150/12 A

38燕道人

41/7 B

64范晔
　19/13 A
　108/7 B
77范同
　19/17 A
　27/10 A

4412ₜ 蒲

02蒲端
　185/12 B
30蒲宗孟
　5/22 A
　185/12 A
38蒲道人
　163/11 A

4412₉ 莎

00莎衣道人
　5/25 B

4414₂ 薄

72薄氏
　9/11 B

4416₄ 落

26落魄仙
　147/14 B
　153/12 B

4418₂ 茨

00茨充
　57/8 A

61/5 B

4420ₜ 萼

27萼綠華
　58/12 A

4421₄ 莊

17莊子
　補3/5 B
　莊君平
　128/17 B

薩

80薩公
　189/11 B

4422ₜ 茅

00茅衷
　7/20 A
17茅盈
　7/20 A
　12/24 B
44茅革
　42/13 B
60茅固
　7/20 A

芮

94芮燁
　62/6 B

蕭

00蕭育
　65/4 B
12蕭瑀
　20/15 A
21蕭何
　191/7 A
　蕭穎士
　7/17 A
22蕭幾
　8/10 B
　蕭嶷
　65/5 A
24蕭結
　56/11 A
26蕭儼
　31/17 B
28蕭做
　89/19 A
　蕭復
　6/14 A
　20/13 A
　22/10 A
　蕭僧珍
　39/11 A
　蕭從
　26/23 A
30蕭注
　34/11 A
　89/20 B
　103/15 A
　106/8 A
　蕭定

范

00范彦輝
78/9 B

范廣
38/8 B

范雍
77/9 A
150/12 B

10范正平
105/9 A

范正辭
23/15 B

范靈隱
70/9 B

范元凱
157/11 A

范平
12/21 B

范百禄
23/16 A
154/13 B

范雲
7/17 A
56/11 A
90/12 B

17范柔中
118/7 B

18范致虛
95/10 A

20范僑
65/9 B

21范處厚
93/6 B

22范崇凱
157/11 A

25范仲淹
2/26 A
5/21 B
5/24 A
7/16 B
8/11 A
10/26 A
23/15 B
24/6 A
40/8 B
41/5 B
43/7 B

范傳正
19/14 A
20/13 A

范純正
47/10 A
48/11 A
56/11 B
77/9 A
80/7 A
83/10 A

范純禮
185/11 A

范純粹
21/11 B
67/2 A
85/8 A

189/10 A

27范蠡
5/22 B

30范甯
26/21 A

范宗尹
46/14 B
82/18 A

范寂
151/16 A

37范祖禹
56/11 B
115/7 B
116/7 B
123/8 B
157/10 A

40范直方
110/7 B

范志元
159/11 B

44范世雄
150/13 A

48范增
45/13 B
48/10 B

51范振
36/7 A

53范成大
11/14 B
103/15 B

60范目
185/11 B

30 / 17 A
70 / 8 B

4191₆ 桓

27桓彝
　19 / 13 A
30桓宜
　81 / 8 B
35桓冲
　18 / 14 B
36桓温
　18 / 14 B
　桓温幕府
　65 / 6 B
99桓荣
　48 / 11 B

4191₉ 杯

30杯渡師
　38 / 11 B

4192₀ 柯

25柯仲通
　131 / 7 B

4199₀ 杯

30杯渡
　19 / 17 B

4212₂ 彭

10彭醇
　31 / 18 A

彭雲
　28 / 11 B
20彭伉
　28 / 11 B
彭乘
　77 / 9 A
　78 / 9 A
　79 / 8 B
　158 / 8 B
22彭任
　165 / 8 A
34彭汝方
　23 / 17 A
彭汝礪
　23 / 16 B
　30 / 17 A
　42 / 12 B
37彭祖
　48 / 12 B
40彭友方
　63 / 4 A
60彭思王　見李元則
彭思永
　31 / 18 A
　48 / 12 A
63彭戬
　162 / 7 B
80彭合
　34 / 10 A

4240₀ 荆

37荆罕儒

40 / 8 A

4241₃ 姚

10姚元之
　10 / 25 B
姚平仲
　151 / 15 A
22姚崇
　6 / 14 B
　37 / 14 A
　65 / 5 B
　80 / 7 A
27姚鹄
　12 / 22 A
28姚紾
　4 / 24 B
34姚洪
　185 / 11 A
38姚道源
　121 / 7 B
姚道真
　188 / 10 A
44姚孝資
　111 / 7 A
46姚坦
　110 / 7 A
51姚振
　27 / 10 B
57姚邦基
　165 / 8 A
　181 / 5 B
60姚旦

104/10 A

韋貫之

156/8 B

4060 0 古

37古泡直

164/9 B

44古藏用

·151/16 B

53古成之

99/9 B

102/5 A

4060 1 吉

38吉祥

154/15 A

4064 1 壽

30壽甯寺觀音

115/8 B

4071 0 七

40七女塔

160/8 B

4073 2 袁

00袁高

4/20 B

12袁延度

159/10 B

20袁喬

7/17 A

21袁仁敬

2/25 B

22袁崧

5/20 B

31袁福

28/11 B

34袁湛

4/20 B

40袁十朋

158/10 A

44袁植

22/10 B

46袁恕己

84/9 A

47袁毅

134/7 A

60袁昂

4/21 A

71袁陟

26/25 A

4080 1 真

13真武

85/8 B

27真多化妙應真人

164/9 B

30真寂禪師行思

31/20 A

真寂大師

44/12 A -

46真觀法師

2/31 B

80真公

65/10 A

91真悟大師

46/16 A

4080 6 賣

44賣薑翁

55/11 A

60賣墨客

6/17 B

4080 9 灰

47灰奴子

164/10 A

4090 0 木

24木先生

185/13 A

4090 8 來

04來護兒

37/17 A

130/11 B

30來濟

12/22 A

37/17 A

87來歙

80/7 B

4091 6 檀

38檀道濟

7/18 A

李義山　見李商隱

李善
19／15 A
37／17 B
67／2 B

李公麟
45／14 A

84李錡
128／15 A

86李鍔
3／14 A

87李愬
82／15 B

李翔
33／9 B

李郃
123／8 A

88李繁〔唐隨州刺史〕
83／9 B
85／7 B

李繁〔宋崇慶府人〕
150／12 B
184／11 B

90李光
19／14 B
26／23 B
57／8 B
103／15 A
109／5 A
124／12 B
125／8 B
132／7 B

李尚隱
89／19 A

李常
19／15 B
25／16 A

94李愷
165／8 A

99李燮
103／15 B

4050₆ 韋

00韋庇
65／7 A

韋應物
5／21 A
25／13 B
30／17 A
42／11 B

02韋端父子
65／4 B

08韋放
76／7 A

韋許
18／16 A

10韋夏卿
6／14 A

17韋承慶
4／21 A

韋君靖
161／8 A

26韋保衡
123／8 A

韋皋
73／9 B

27韋叡
67／1 A
82／16 A

30韋宙
26／21 B
56／11 A

44韋藏鋒
159／10 A

韋執誼
127／6 B

52韋挺
105／9 A

56韋損
7／15 B

60韋思明
91／8 B

韋旻
115／8 A

韋景駿
86／8 B

67韋曜
5／23 A

韋昭
7／18 A

71韋陟
107／8 A

韋厥
115／8 A

77韋丹
26／21 B

50 李中
　　150/12 B
　李泰(濮王)
　　85/7 B
　李泰伯
　　35/15 A
　李夷庚
　　11/14 B
　李惠登
　　83/9 B
　李東之
　　30/19 A
52 李揆
　　8/11 A
54 李拱
　　114/6 A
56 李抱
　　189/10 A
58 李敷元真人
　　164/10 A
60 李昉
　　55/9 B
　　184/11 A
　李國正
　　86/8 B
　李見
　　167/6 B
　李易
　　37/18 A
　李思廣
　　31/19 B
　李思元

　　27/10 B
　李回
　　123/8 A
　李固
　　65/4 B
　　190/11 B
　李景威
　　73/10 A
　　74/11 A
61 李顒
　　159/10 B
64 李時亮
　　124/12 A
　李時叔
　　17/32 B
66 李晛
　　158/10 A
　李嚴
　　74/10 A
67 李昭德
　　119/6 B
71 李阿
　　146/17 A
　　157/11 B
　李愿
　　83/9 B
　李巨
　　155/11 A
　李長倩
　　176/8 B
72 李氏
　　58/11 B

74 李陵
　　68/11 A
76 李陽冰
　　18/14 B
　　19/14 B
77 李堅
　　19/15 B
　　156/8 B
　李聞之
　　36/6 B
　李周士
　　117/9 A
　李熙靖
　　6/17 A
　李丹
　　116/7 A
　李巽〔唐常州刺史〕
　　6/14 B
　李巽〔宋邵武人〕
　　134/8 A
80 李八百
　　26/26 B
　　27/11 B
　　145/10 A
　　190/12 A
　李夔
　　167/6 B
　李令一
　　176/8 A
　李兼
　　67/1 B
　　185/11 A

李綱	18/15 B	10/26 A
3/14 B	李安	李業
26/23 B	115/8 A	186/11 A
35/14 B	李安仁	33李泌
37/16 B	4/21 A	2/25 B
61/5 B	李安國	47/9 A
67/2 A	59/7 A	70/8 B
124/12 B	李良臣	34李湛
126/4 A	147/13 B	154/14 A
133/9 A	李密	156/8 B
134/8 B	146/16 B	李渤
李絳	李寶	25/15 A
154/13 A	9/10 A	30/17 A
28李復	41/6 B	30/17 B
124/12 A	115/8 A	32/14 A
李儀	李宗孟	103/14 B
33/9 A	67/3 A	李遠
李從周	李宗閔	2/27 A
167/6 A	94/5 A	35李清臣
李綸	31李涉	5/22 A
98/7 B	73/9 B	李遵
30李宜	101/5 A	29/12 B
39/11 B	李潛	李迪
李宜之	34/9 B	46/14 B
33/8 B	李源	55/9 B
李寬中	177/8 A	36李涓
55/10 B	李遹哲	67/2 A
李適	189/10 B	李渭
41/5 B	32李冰	157/10 A
李之邵	151/13 A	李遜〔南宋清江人
34/9 B	李遜	34/11 B
李之儀	10/25 B	李遜〔三國蜀郫縣

26 / 25 A	67 / 3 A	96 / 8 B
55 / 9 B	119 / 6 B	李積中
160 / 8 A	李嶠	96 / 9 B
李偃	7 / 17 A	26 李白
2 / 27 A	李崇矩	25 / 14 B
李虎仙	124 / 11 B	30 / 19 A
187 / 13 A	李繼隆	46 / 15 A
李行中	59 / 6 A	77 / 8 B
153 / 12 A	24 李先	79 / 8 B
李處耘	29 / 11 A	李皋（曹王）
37 / 15 B	李德裕	55 / 9 A
李頻	7 / 16 A	62 / 6 B
69 / 12 A	23 / 15 B	65 / 5 B
129 / 11 B	28 / 10 B	82 / 15 B
186 / 11 A	37 / 15 A	100 / 6 B
李衡	42 / 12 A	李鼻涕
82 / 17 B	65 / 5 B	3 / 16 A
李師中	100 / 6 B	李峴
48 / 11 A	127 / 6 B	56 / 11 A
103 / 15 A	李俠客	李和甫
李師愈	188 / 10 A	22 / 10 B
28 / 12 A	李勉	27 李將順
李秬	26 / 21 A	28 / 10 B
35 / 14 A	89 / 19 A	李翱
李穎士	李幼卿	19 / 15 A
10 / 27 B	42 / 11 B	46 / 14 A
22 李鼎祚〔宋盤石人〕	25 李傑	68 / 11 B
157 / 11 A	59 / 6 B	91 / 7 B
李鼎祚〔唐資州人〕	李紳	106 / 8 A
161 / 8 A	7 / 17 B	189 / 10 A
李邕	37 / 14 B	李絢
37 / 17 B	42 / 12 A	70 / 8 B

李齊物
　76/7 A
李商隱(李義山)
　91/7 B
　154/13 A
　186/11 A
李度
　20/13 B
李廣
　58/10 A
李文淵
　167/6 B
李文素
　159/10 B
01李襲志〔唐桂州都
　督〕
　103/14 B
李襲志〔隋安康人〕
　189/10 B
李襲譽
　37/15 A
02李新
　150/13 A
　157/10 B
　158/9 A
05李竦
　65/9 A
06李諤
　124/12 A
07李鄘
　37/14 B
　67/3 A

07李諮
　26/21 B
08李謙
　187/12 A
10李靈夔(魯王)
　185/10 B
李元紘
　7/16 A
李元則(彭思王)
　70/8 A
李元嬰(滕王)
　185/10 B
李平西
　69/12 A
李石
　157/11 B
11李珏
　37/14 B
　37/18 B
　107/8 A
12李廷臣
　124/12 B
李延智
　161/9 A
13李琯
　56/11 A
14李聰
　39/11 A
　77/8 B
李琪
　32/16 B
15李建

65/8 B
　70/9 A
17李孟堅
　73/10 A
李承
　29/11 A
李承約
　176/8 B
李及
　2/26 A
　188/9 A
李君郃
　58/11 B
李邵
　93/7 B
李羣玉
　70/9 A
20李垂
　85/8 A
李喬
　9/11 A
李受
　30/19 A
李季秀
　58/11 B
李維
　20/13 B
21李上座
　108/8 B
李虛己
　22/10 B
　26/22 A

3810₄ 鋛

30鋛定辭
　188/10 A

3814₀ 澈

21澈上人
　68/13 A

3814₇ 游

18游酢
　46/14 B
　48/11 A
　79/8 B
　129/13 B
　130/12 A

3815₇ 海

32海淵
　83/11 A

3830₃ 遂

02遂端
　11/17 B

3830₆ 道

00道亨
　10/31 A
10道一禪師
　32/17 A
　道元
　5/27 A

13道琮
　74/11 B
20道信禪師
　47/11 B
25道生
　30/20 A
30道宜
　4/25 A
　道安
　65/10 A
　82/18 B
31道潛
　2/32 A
　5/26 A
32道澄
　188/11 A
40道士影
　160/8 B
48道敬
　30/20 A
60道昺
　30/20 A
87道欽
　5/26 A
88道範
　145/10 B
90道光
　107/10 A
99道榮
　150/14 A

3930₈ 巡

34巡遠
　29/11 A

3940₄ 娑

06娑竭羅龍
　149/9 A

4001₇ 九

10九天採訪應元保運
　真君
　30/20 A
22九仙女
　79/8 B

4003₀ 大

24大德大師
　30/20 A
37大通禪師神秀
　78/10 A
41大顛
　100/8 A
55大慧禪師惠真
　78/10 A
60大愚禪師
　27/12 B
77大覺禪師
　32/17 B
　大同禪師
　46/16 A
80大義禪師
　21/13 B

83/9 B

22温嶠

　17/31 A

　30/17 B

34温造

　65/7 A

　68/11 B

　75/7 B

44温革

　32/15 B

3612₇ 湯

21湯衡

　4/23 A

60湯景仁

　24/6 B

77湯鷺

　126/4 A

3625₆ 禪

30禪客道標

　42/14 A

50禪惠大師

　147/14 B

77禪月大師

　2/32 A

　禪月羅漢

　3/16 A

88禪鑑

　132/9 A

3630₂ 遇

77遇賢

　5/26 A

邊

17邊玨

　37/15 B

44邊孝先

　186/11 B

3630₃ 還

27還鄉和尚

　2/33 A

3712₀ 瀾

40瀾大德

　20/17 B

3714₆ 潯

76潯陽三隱

　30/18 B

3715₇ 净

32净業

　159/11 B

3716₄ 洛

10洛下閑

　185/11 B

　187/12 A

3721₀ 祖

39祖逖

　7/18 A

　39/11 A

50祖泰

　96/10 B

80祖無大師

　160/9 A

　祖無擇

　2/26 B

　25/14 A

　28/11 A

　67/2 A

　90/13 A

3722₀ 祠

22祠山神

　24/7 A

3730₁ 逸

21逸師

　77/10 B

77逸民雍存

　42/14 A

3730₂ 通

28通微處士

　6/18 A

55通慧大師

　2/32 B

3772₀ 朗

34朗法禪師

　9/5 B

19/16 B

3416₁ 浩

60浩昇和尚
165/9 A

3418₁ 洪

00洪文撫
25/16 A
21洪師民
26/25 B
22洪崖先生
26/27 A
　洪山兩將軍立化
83/11 A
24洪皓
3/14 B
23/17 A
95/9 B
50洪中孚
20/16 A
77洪駒父
49/10 B

3424₁ 檮

10檮雨僧
128/18 A

3426₀ 褚

00褚亮
2/28 B
　褚彥回

4/20 B
　褚哀
30/17 B
26褚伯玉
128/17 B
38褚遂良
2/28 B
103/14 B
77褚陶
2/28 B
80褚無量
2/28 B

3430₄ 達

00達磨　見達磨禪師
　達磨禪師(達磨)
38/11 A
89/22 A
40達九
163/10 A

3510₀ 冲

40冲古
185/14 A

3512₇ 清

00清辯
3/16 B
31清源五老
130/14 A
50清晝
4/25 A

清素
20/18 A

3520₆ 神

15神建
38/11 A
38神遊洞道士
33/10 A
77神堅
38/11 A

3530₀ 連

20連舜賓
77/9 B
83/10 B
40連南夫
89/20 B

3610₀ 泗

32泗州大聖僧伽
39/14 B

洞

32洞溪翁
58/11 B

湘

50湘中老人
69/12 B

3611₇ 温

00温庭筠

30沈憲
　　4/21 B
33沈演之
　　3/14 A
42沈彬
　　27/10 B
　　28/12 A
44沈林子
　　4/22 B
47沈起
　　11/15 B
　　41/6 A
52沈括
　　2/29 B
　　4/23 A
　　7/19 B
　　19/14 A
　　83/10 A
60沈田子
　　4/22 B
68沈晦
　　2/29 B
71沈長源
　　184/11 A
　　沈長卿
　　116/7 B
80沈義
　　4/24 B
　　5/25 B
　　沈令
　　10/27 A
90沈常

　　4/22 B

3413₁ 法

00法廣
　　95/11 A
　　法章禪師
　　22/12 B
15法融師
　　7/21 B
17法琛
　　42/14 A
30法濟大師
　　2/32 B
32法淵
　　11/16 B
38法海禪師
　　90/14 A
44法權
　　128/17 B
50法忠
　　11/17 A
66法嚴大師
　　67/4 A
67法眼禪師
　　17/34 B
　　法照
　　190/12 B
　　法照律師
　　2/32 B
　　法照禪師
　　79/9 A
97法輝

　　163/11 A

3413₄ 漢

76漢陽宰王公
　　79/8 B
78漢陰丈人
　　189/11 A
　　漢陰叟
　　65/8 A

3414₀ 汝

01汝顏
　　158/9 A
22汝利侯
　　158/10 A

3414₇ 凌

00凌唐佐
　　20/16 B
20凌統
　　2/28 A
24凌皓
　　93/6 B
26凌泉夏
　　85/8 A
30凌準
　　2/28 B
60凌景夏
　　68/12 A
　　凌景陽
　　135/8 A
88凌策

180/8 A

3128₆ 顧

00顧彦暉
154/13 B
顧雍
5/23 A
7/17 A
10/25 A
45/12 B
10顧雲
22/11 B
11顧非熊
44/10 B
27顧凱之
10/27 A
30顧憲之
17/32 B
55/9 A
40顧希甫
93/7 B
47顧歡
2/28 A
12/23 B
67顧野王
3/15 A
5/23 A
129/12 A
90顧少連
5/24 A
92顧愷之
6/15 B

99顧榮
5/23 A

3211₈ 澄

34澄遠
151/17 A

3213₄ 濮

10濮王　見李泰
76濮陽興
10/25 A

3213₇ 泛

38泛海石佛
9/12 A
泛海觀音
2/31 A
9/12 B

3214₇ 浮

77浮邱子
70/10 A
浮邱丈人
89/22 A
浮屠弘
49/11 B

3216₉ 潘

17潘丞祐
135/9 A
30潘淳
26/25 B

潘良貴
8/11 B
11/14 B
31潘濬
65/8 A
68/12 B
81/8 B
40潘大觀
49/11 A
潘大臨
49/11 A
44潘茂古
117/9 A
50潘中
128/16 A
129/13 B
潘盎
108/8 A
51潘振
17/32 B
77潘閬
2/29 A
37/17 B
46/15 A
潘興嗣
26/26 A
80潘美
40/8 A
82/15 B
89/20 A
123/8 B

馮應之
　　93/7 B
馮康國
　　155/12 A
馮京
　　37/15 B
　　45/13 A
　　65/7 A
　　67/3 A
　　122/7 B
10馮正符
　　155/12 A
馮元
　　9/10 A
　　37/15 B
　　89/21 B
馮震武
　　158/10 B
馮百藥
　　158/10 A
14馮瓚
　　46/14 A
17馮子脩
　　156/9 B
馮翼宗
　　158/10 A
20馮信
　　146/16 A
　　154/14 A
22馮山
　　158/10 A
24馮休

　　156/9 B
26馮絪
　　162/7 A
　　165/7 B
　　188/9 B
30馮宿
　　20/13 A
　　154/13 A
馮安上
　　95/10 A
馮宋
　　158/10 A
31馮灝
　　154/14 A
34馮湛
　　162/7 A
36馮涓
　　155/11 B
37馮澥
　　158/10 A
　　165/7 B
40馮大亮
　　151/17 A
43馮檝
　　153/11 B
　　155/12 A
44馮蓋羅
　　159/11 A
46馮觀國
　　134/9 A
馮如晦
　　158/9 B

50馮益
　　117/8 B
馮忠恕
　　187/12 A
57馮拯
　　96/9 A
　　101/5 B
64馮時
　　150/12 B
馮時行
　　175/9 A
　　177/8 A
　　188/9 A
67馮昭裔
　　67/1 B
71馮辰
　　158/10 B
72馮氏
　　158/9 B
77馮閌
　　158/10 B
90馮光戩
　　158/10 A
97馮煥
　　162/7 A

沔

32沔州杜公
　　79/8 B

3126₆ 福

12福琇

18／14 B
91 宋炳
　30／17 B
　30／20 A

30947 寂

23 寂然頭陀
　10／31 A
36 寂禪師
　135／11 A
37 寂通證誓大師
　90／14 B
67 寂照
　5／26 A

31110 江

00 江文蔚
　129／12 A
14 江瑞
　132／8 A
20 江秉之
　4／21 B
　8／10 B
　12／22 A
　江統
　10／27 A
21 江上文人
　65／7 B
24 江休復
　21／11 A
34 江爲
　129／12 B

江淹
　7／17 A
　7／18 B
　19／13 B
　31／15 B
　129／11 B
44 江夢孫
　44／10 B
　江華長老
　58／12 A
　江革
　10／25 B
　30／17 A
　31／15 B
　82／16 A
80 江鎬
　35／13 B
　江公望
　8／12 B
　36／7 A
　130／12 A
　江公著
　31／16 B

31114 汪

00 汪齊
　107／8 B
　汪應辰
　21／12 B
　89／21 A
　103／15 B
　129／12 A

10 汪不惑
　86／9 A
12 汪廷美
　20／16 B
13 汪武
　20／14 B
24 汪待舉
　135／8 B
38 汪澈
　71／6 B
　汪遵
　19／16 B
40 汪大猷
　11／15 B
　25／16 A
44 汪藻
　19／14 B
　20／14 A
　23／17 A
　130／12 A
　汪華
　20／15 B
71 汪長源
　71／6 B

31127 馮

00 馮立
　89／18 B
　馮彥高
　158／10 B
　馮方
　158／9 B

賓

17 賓子明

22/12 A

賓翠

10/26 A

28 賓儀

42/12 A

37 賓澠

22/10 A

90 賓懷正

10/26 A

3090₁ 宗

15 宗璲

159/11 B

30 宗室彥室

167/7 A

36 宗澤

82/16 B

47 宗殼

83/9 A

60 宗杲

2/33 A

19/17 B

102/5 B

宗果

55/11 A

宗景

11/17 B

3090₄ 宋

00 宋齊邱

7/16 A

22/12 A

28/12 A

宋庫

77/10 A

宋京

157/10 A

07 宋郊

82/16 A

08 宋旅

10/27 B

宋誨

146/15 B

10 宋玉

74/11 A

82/16 B

84/9 B

13 宋武陵王　見劉休

龍

16 宋璟

2/25 B

8/11 A

39/11 A

89/18 B

22 宋任

95/8 B

宋山隱者

73/11 A

宋綬

83/10 A

25 宋練

27/10 B

26 宋白

146/16 A

宋自然

155/12 B

30 宋守之

124/12 A

34 宋汝為

151/15 A

37 宋祁

2/26 A

77/10 A

40 宋士堯

112/7 A

宋南強

147/13 B

47 宋均

30/17 A

75/7 B

50 宋史君

47/11 A

53 宋咸

134/7 A

55 宋耕

11/16 A

185/11 A

185/13 B

60 宋昌祚

48/11 A

67 宋昭年

3/14 A

88 宋敏求

3030₃ 寒

22寒山
　12/25 B

3034₂ 守

18守珍
　83/11 B
30守密
　48/12 B
50守忠
　124/13 B

3040₁ 宇

00宇文千之
　165/7 B
宇文虛中
　90/13 A

準

00準高僧
　3/17 A

3040₄ 安

00安文頭陀
　128/18 A
10安丙
　165/8 B
　191/7 B
38安道士
　32/17 A
40安堯臣

156/10 A
165/8 A
安友規
　42/12 A
47安期先生
　11/16 A
安期生
　89/22 A
　151/15 B
60安昌期
　107/10 A
　113/6 A
　124/13 A
74安陸城隍廟神
　77/10 B

3060₆ 富

60富國王捷
　132/8 B
富國鎮新羅僧
　154/15 B

3071₇ 謇

38謇道先
　165/8 B

3073₂ 良

28良价禪師
　27/13 A

宏

25宏律師

29/13 B
67宏明
　10/30 B
86宏智禪師
　11/16 B

3080₁ 定

00定應大師
　132/8 B
12定水佛
　106/9 B
28定僧
　47/11 B
　161/9 B
　187/13 A
90定光
　132/9 A

3080₆ 寶

00寶摩
　49/12 A
04寶誌
　17/34 B
27寶峰
　181/3 B
30寶安禪師
　3/16 B
44寶華真人
　2/30 A
77寶覺圓明大師 德洪
　27/12 B

20/12 B

54 徐勣
19/16 B

72 徐氏
2/24 A

74 徐騎省
46/14 A

77 徐堅
4/23 A

徐履道
58/10 A

80 徐鉉
10/29 A
37/17 B

徐公
12/24 B

81 徐鍇
37/17 B

28351 鮮

10 鮮于充
161/9 A

鮮于璽
164/8 B

鮮于侁
20/14 B
65/7 A
184/11 A
185/12 A

鮮于仲通
185/12 A

28540 牧

53 牧蛇禪師慶顯
165/8 B

30106 宣

24 宣什
185/13 B

26 宣和尚
9/12 B

30114 淮

40 淮南三善士
38/10 B

淮南王子
58/11 B

潼

26 潼泉獨孤標和尚
84/10 A

30137 濂

32 濂溪先生
36/8 A

30214 寇

13 寇瑊
154/13 B

30 寇準
55/9 B
58/10 B
74/10 A

77/9 A
118/6 B

30227 房

11 房孺復
2/25 B

13 房琯（房绾）
2/27 B
8/11 A
11/14 A
28/10 A

23 房绾　見房琯

甯

24 甯先生
151/15 B

38 甯道者
20/18 A

98 甯悌原
119/7 A

甯□宣
120/6 A

30232 永

04 永謹上人
2/32 B

67 永明壽禪師
2/32 A

家

30 家定國
149/9 A

2791₇ 紀

27紀將軍
　156/9 A
67紀瞻
　10/25 B
　17/33 A
　23/15 A
　48/11 B
71紀騭
　19/16 A

2796₂ 紹

21紹師
　153/13 A

2826₆ 僧

04僧護
　10/30 B
08僧詮
　128/18 A
26僧伽
　99/10 B
52僧哲
　70/10 A
88僧籍
　130/14 B

2828₁ 從

08從謙
　131/8 B

2829₄ 徐

00徐廣
　7/18 B
10徐二公
　40/10 B
　徐靈府
　12/25 A
　徐靈符
　2/30 B
12徐登
　128/17 B
15徐聃
　4/22 B
　47/9 B
20徐俯
　26/25 A
　31/16 B
　45/15 A
　107/9 A
　徐舜俞
　159/10 A
　徐秉哲
　102/4 B
22徐仙
　49/11 B
23徐岱
　3/15 A
　5/23 B
25徐仲山
　134/9 A
　徐積□

　39/13 A
27徐的
　40/8 B
　徐稺
　26/24 A
28徐徹
　42/13 B
　徐復
　2/29 A
　135/9 B
34徐湛之
　37/14 A
　徐浩
　10/29 A
　徐禧
　26/25 B
35徐神翁
　40/11 A
37徐逿
　129/13 B
38徐裕
　12/22 A
40徐壽
　134/7 A
　徐真人
　24/7 A
　32/17 A
50徐申
　90/12 B
　159/10 A
　106/8 A
　徐摛

2726₁ 詹

10 詹丕遠
　　21/12 A
17 詹君澤
　　130/13 A
30 詹良臣
　　8/13 A
50 詹惠明
　　20/16 B
72 詹氏
　　18/16 A
88 詹範
　　99/9 B

2728₁ 俱

72 俱胝和尚
　　27/12 B

2731₂ 鮑

17 鮑琚
　　67/2 B
44 鮑姑
　　89/22 A
51 鮑軻
　　93/6 B

2732₇ 鳥

30 鳥窠禪師
　　2/31 B
　　128/18 A

烏

10 烏石弟子
　　11/17 A

2733₆ 魚

34 魚洪
　　44/10 B
40 魚肉道人
　　99/10 B

2742₇ 鄒

11 鄒非熊
　　90/12 B
26 鄒和尚
　　155/13 A
34 鄒浩
　　2/27 A
　　6/16 B
　　28/11 A
　　37/16 B
　　56/11 B
　　97/7 A
　　107/8 B
　　118/7 B

2746₁ 船

17 船子和尚
　　3/17 A

2760₃ 魯

10 魯王　見李靈夔

30 魯宗道
　　3/14 A
　　20/14 B
40 魯有開
　　25/14 A
　　177/7 B
　　189/10 A
49 魯妙典
　　58/12 A
50 魯肅
　　69/11 B
60 魯景
　　82/15 A

2771₂ 包

53 包咸
　　7/18 A
57 包拯
　　17/31 B
　　22/10 B
　　44/11 A
　　45/13 A
　　45/14 A
　　96/9 A

2772₀ 勾

00 勾度
　　146/17 B
23 勾台符
　　151/16 B
47 勾聲
　　157/11 A

2712₇ 歸

22歸崇敬
5/23 B

2713₂ 黎

00黎彥明
105/10 A

34黎達
155/12 B

48黎幹
163/10 B

80黎錞
165/7 B

2722₀ 向

17向子忞
38/9 B

向子諲
34/12 A

向子韶
21/11 B

向子琪
176/8 A

向子襃
21/12 B

22向崇班
71/6 B

35向油筒
74/11 B

72向氏女
73/10 B

88向敏中
31/16 A
89/20 A
124/12 A

仰

22仰山禪師
28/13 B

2722₂ 修

33修演
26/28 A

2722₇ 角

60角里先生
5/22 B

2723₄ 侯

28侯馥
153/11 A

30侯安都
7/15 B
90/13 B

侯宏實
176/8 A

40侯真人
157/12 A

44侯莫陳穎
103/14 A

86侯鐸
157/11 B

2724₇ 殷

00殷康
4/20 B

10殷不害
65/8 B

25殷仲堪
30/18 B
31/15 B

37殷通
10/24 B

40殷七七
7/20 B

47殷均州
85/7 B

80殷羨
26/21 B

87殷鈞
29/11 A

2725₂ 解

31解潛
36/7 A
73/10 A

78解脫禪師
38/11 A

2725₇ 伊

30伊宥
77/8 B

伊寡悔
92/8 B

152/7 A

26魏伯陽

10/30 A

45/14 B

30魏安行

42/12 B

魏良臣

22/11 A

34魏法師

7/20 B

44魏罃

7/17 B

21/10 B

50魏夫人

29/13 A

31/19 B

魏泰

82/18 A

60魏景南

43/9 A

79魏勝

39/12 B

2666₂ 晶

23晶然山神

165/9 A

2690₀ 和

37和凝

190/11 A

2691₄ 程

10程靈洗

20/12 B

20/15 A

17程珦

7/17 B

110/7 B

20程敊

102/5 A

程千秋

65/7 B

119/6 B

21程師孟

26/22 A

程師德

33/10 A

22程仙師

156/10 A

30程之元

39/11 B

37程逾

49/11 A

40程大昌

20/17 A

程貴

188/9 A

43程博文

36/7 A

133/9 A

51程振

23/17 A

60程昌禹

68/11 B

61程顥

17/32 B

71程頤

73/9 B

174/8 B

72程氏女〔宋代歙人〕

20/17 A

程氏〔唐代樂平人〕

23/17 B

80程普

67/1 A

86程知節

101/5 A

158/8 A

90程堂

150/12 A

2692₂ 穆

17穆珣

10/26 A

24穆贊

6/14 B

30穆甯

48/10 B

2710₇ 盤

26盤和尚

128/17 B

2711₇ 龜

37龜湖惟亮

128/18 A

2590₆ 种

21种师道
145/9 A

36种温、
150/12 A

2591₇ 纯

76纯陽真人
189/11 B

2598₆ 積

36積禪師
76/8 A

2600₀ 白

06白諤
126/4 A

10白石道者
26/28 B

17白君
175/9 A

22白乳高僧
84/10 A

28白犖
112/7 A

71白長老
187/13 B

77白居易
2/25 B
5/21 A
30/17 B

80白善將軍
70/9 A

自

21自順
190/12 B

2610₄ 皇

26皇侃
5/23 A

27皇象
37/17 A

53皇甫湜
8/12 B

皇甫真人
30/20 A

皇甫坦
146/17 B

皇甫冉
7/18 B

皇甫黑
82/18 A

皇甫暉
40/8 A

皇甫尊師
4/25 A

皇甫曾
7/18 B

皇甫鎮
70/9 A

2621₈ 鬼

80鬼谷子
11/16 A
73/11 A
146/17 A

2621₇ 倪

34倪濤
24/7 A

38倪啓
9/9 B

2622₇ 帛

77帛尸黎密
17/34 B

2629₄ 保

26保和真人
154/15 A

2633₀ 息

51息軒楊道士
125/9 B

2641₃ 魏

11魏矼
48/12 A

12魏延
80/7 B

14魏瓘
20/15 B
89/20 A

24魏僖

10/26 B
67傅昭
31/15 B
72傅彤
80/7 B
80傅介子
77/8 A
97傅鄰
185/12 B

2325_0 臧

22臧制
95/8 B
34臧洪
39/13 A
40臧喜
12/22 A
71臧厥
130/11 B
72臧質
30/17 A

2333_3 然

36然温
175/9 A

2350_0 牟

00牟袞
158/9 A
17牟承鈺
150/12 A
21牟上仙

177/8 B
50年惠展羅漢
154/15 A

2360_4 咎

94咎慎交
130/11 B

2361_1 皖

26皖伯
46/13 B

2397_2 嵇

00嵇康
10/28 A
21嵇處士
69/12 A

2421_0 化

24化鶴仙
29/13 B

2421_1 先

31先汪
153/12 A
83先鐵
163/10 A

2421_7 仇

80仇念
11/14 B

2423_1 德

10德一禪師
28/13 A
30德之
115/8 B

2424_1 侍

44侍其淵
89/20 B
90/13 A

2429_0 休

23休咎大師
89/22 B

2480_6 贊

10贊元禪師
17/35 A
16贊聖大師
97/8 A
30贊甯
37/19 A

2500_0 牛

28牛僧孺
67/1 B
82/15 B
91/7 B

2520_6 仲

15仲殊

40仙女〔江陰軍仙女〕

9/12 A

仙女〔通州仙女〕

41/7 B

2255₃ 羛

77羛眉木中定僧

146/17 B

2272₁ 斷

70斷臂禪師

73/11 A

2277₀ 山

44山世遠

85/8 B

78山陰道人

10/30 B

88山簡

82/15 A

2290₁ 崇

33崇演

135/11 A

2290₄ 巢

80巢谷

91/8 A

97/7 B

樂

00樂京

65/9 B

17樂子長

40/10 B

44樂薦

68/11 B

50樂史

29/11 B

150/12 A

樂

77樂巴

26/21 A

29/13 A

61/5 B

2294₀ 紙

00紙衣和尚

2/31 A

2323₄ 伏

10伏元曜

20/12 A

21伏虎師法嚮

40/11 A

伏虎禪師〔宋時饒

州仙釋〕

23/18 A

伏虎禪師〔宋時鄂

州仙釋〕

67/4 A

伏虎禪師〔晉人〕

30/20 B

伏虎禪師〔唐人〕

150/14 A

伏虎大師

132/9 A

61伏啗

8/10 B

獻

21獻上人

25/17 A

2324₂ 傅

10傅雯

34/12 A

19傅琰

10/26 B

22傅仙宗

157/12 A

26傅自得

114/6 A

30傅寶

180/8 A

傅察

130/14 A

40傅大士

93/7 B

傅大士骨

2/31 A

傅堯俞

11/14 B

48/11 A

64傅晞

88 / 6 A

岑公

177 / 8 B

2221₄ 任

00任文公

185 / 11 B

08任敦

128 / 17 B

10任百之

161 / 9 A

12任延

5 / 20 B

18任孜

145 / 9 B

21任處華

159 / 11 B

26任伯雨

41 / 6 A

125 / 8 B

30任永

146 / 16 A

163 / 10 B

34任濤

27 / 10 B

37任次龍

12 / 23 B

60任昉

8 / 10 B

20 / 12 B

崔

00崔彥融

118 / 6 B

崔彥進

189 / 10 A

崔方實

104 / 10 A

崔應

160 / 8 A

01崔訂

76 / 7 A

08崔放生

41 / 7 A

10崔元亮

20 / 13 A

156 / 8 B

14崔珙

89 / 19 B

崔瓘

70 / 8 B

18崔羣

6 / 15 B

19 / 15 A

21崔仁師

145 / 9 A

崔能

176 / 8 A

22崔倕

28 / 10 B

崔仙翁

46 / 15 B

24崔佹

39 / 11 A

28崔從

37 / 14 A

30崔適

6 / 14 B

23 / 15 B

32崔遜

56 / 11 A

33崔淙

20 / 13 A

崔述

86 / 8 B

40崔希甫

43 / 8 B

47崔䮫

96 / 9 A

60崔圓

37 / 14 B

77崔鄖

67 / 1 B

崔鷗

20 / 14 B

27 / 9 B

崔閑

25 / 16 A

88崔敏

56 / 11 A

2222₇ 嵩

22嵩嶽慧安國師

65 / 10 A

2227₂ 仙

07 衞颯
　　57/8 A
　　61/5 B
　　95/8 B
43 衞朴
　　39/13 B

2123₄ 虞

23 虞允文
　　147/13 B
　　150/13 A
　　159/10 B
　　162/7 B
　　184/11 B
27 虞翻
　　2/27 B
　　10/28 A
　　23/14 B
30 虞寄
　　128/16 A
33 虞溥
　　23/15 A
44 虞世南
　　10/29 A
71 虞愿
　　130/11 B
　 虞騤
　　4/20 B
80 虞翁生
　　10/30 A
90 虞當
　　79/8 B

2124₁ 處

34 處洪
　　85/9 A

2133₁ 熊

00 熊彦詩
　　23/17 B
　 熊彦明
　　31/16 B
21 熊仁瞻
　　25/15 A
　 熊能
　　27/10 B
50 熊本
　　22/10 B
　　23/16 B
　　103/15 A
　　122/6 B

2172₇ 師

10 師一上人
　　2/33 A
　 師夏氏
　　3/16 B
17 師譽
　　11/17 B
77 師丹
　　80/7 A
88 師簡
　　95/10 B

2190₃ 紫

46 紫帽隱者
　　130/14 B
76 紫陽先生
　　83/10 B

2210₈ 豐

10 豐干
　　12/25 B
26 豐稷
　　5/22 A
　　6/17 A
　　8/11 B
　　11/15 A
　　12/23 A
　　38/9 A
　　82/16 B

2220₇ 岑

00 岑文本
　　65/8 B
　　88/5 B
23 岑參
　　146/15 B
24 岑先生
　　65/9 B
42 岑彭
　　88/5 A
77 岑熙
　　88/5 A
80 岑羲

何槖
　150/13 A
22何仙
　89/22 A
　何仙姑
　55/11 A
　56/13 A
23何參
　73/10 A
24何偉
　116/7 B
26何息
　160/7 A
27何侯
　58/11 B
28何徹
　129/11 B
30何宋英
　48/12 B
34何湛
　153/11 B
　何洪範
　155/12 B
　何造
　188/9 B
36何澤
　89/21 A
37何退
　145/9 A
　何逢原
　146/15 B
40何大正

　36/7 B
何大受
　147/14 A
何大圭
　24/7 A
何去非
　129/13 A
41何頡之
　49/11 B
43何求
　185/12 B
44何蕃
　48/11 B
46何如愚
　165/8 A
47何慤
　157/11 B
48何敬容
　5/20 B
55何耕
　146/15 B
58何掄
　146/15 B
　151/15 A
60何旦
　122/7 B
何易于
　25/14 A
　184/11 A
何昌寓
　29/11 A
67何昭翰

　151/14 A
　176/9 A
72何氏九仙
　135/11 A
　何氏女〔五代末赴
　水死〕
　9/11 B
　何氏女〔增城人有
　仙術〕
　89/22 A
74何隨
　153/11 A
76何陽
　26/24 A
77何堅
　58/11 A
80何兌
　95/10 A
　何無忌
　30/17 A
90何尚之
　46/15 A
97何鄰
　106/9 B

2122₁ 行

10行雲
　130/14 B
60行圓
　92/9 A

2122₇ 衛

25/17 A

2110₀ 上

30 上官侍御
176/8 A
上官凝
134/8 A
上官道人
133/10 B
上官均
24/6 A
82/16 A
134/7 B
134/8 B

2110₃ 衍

30 衍客
133/10 B

2120₁ 步

71 步騭
23/14 B
39/13 A

2121₁ 能

44 能萬卷
2/33 A

2121₂ 虛

50 虛中
28/13 A

2121₇ 伍

10 伍正己
132/8 A
30 伍安貧
68/12 B

盧

14 盧耽
108/8 B
21 盧虔
76/7 A
22 盧仙
115/8 B
23 盧獻
190/11 A
27 盧多遜
127/7 A
盧奐
6/14 B
89/18 B
32 盧潘
45/12 B
34 盧邁
42/12 A
38 盧道者
105/9 B
盧肇
20/13 B
27/10 B
28/11 B
31/16 A

44 盧植
46/13 B
46 盧坦
19/13 B
154/13 A
71 盧臣中
20/16 B
39/12 A
80 盧并
157/10 A
87 盧鈞
89/18 B

2122₀ 何

00 何充
10/25 B
17/31 A
46/15 A
何庚
118/7 B
11 何麗天
156/9 B
13 何武
37/14 A
17 何承天
7/18 B
何羣
156/9 B
20 何季高
10/28 B
21 何比干
20/12 A

40 耿南仲
 93 / 7 A

2022 7 秀

36 秀禪師
 12 / 26 A
83 秀鐵面
 38 / 11 B

喬

00 喬康舜
 43 / 8 B
20 喬維岳
 39 / 11 B
 130 / 12 A
44 喬執中
 43 / 9 A
63 喬琬
 160 / 7 B

2026 1 信

21 信行禪師
 18 / 17 A
32 信業
 61 / 6 B

2033 1 焦

00 焦度
 67 / 1 A

2040 0 千

21 千歲和尚

10 / 30 B

2040 7 季

00 季康
 189 / 11 A
33 季梁
 83 / 10 A
40 季布
 65 / 8 A
42 季札
 5 / 22 B
79 季勝
 26 / 28 A

雙

21 雙師
 58 / 12 A

2041 4 雞

77 雞骨禪師

2043 0 奚

12 奚廷玨
 89 / 19 B
20 奚采
 163 / 10 A

2060 1 售

88 售筆生
 43 / 9 B

2060 9 香

25 香積喜師
 45 / 14 B

2071 5 毛

20 毛維瞻
 27 / 9 B
21 毛槧
 20 / 15 A
 毛經
 123 / 9 B
22 毛仙翁
 67 / 3 B
24 毛德祖
 80 / 7 A
30 毛滂
 2 / 28 A
 4 / 22 A
36 毛溫
 119 / 6 B
 123 / 9 A
40 毛士毅
 116 / 7 B
 123 / 9 A
46 毛塙
 123 / 9 B

2091 4 維

26 維總
 185 / 13 B

2108 6 順

44 順菩提

1750₇ 尹

10 尹天民
 32 / 16 B
 尹貢
 180 / 8 A
18 尹珍
 180 / 8 A
21 尹師魯
 136 / 7 B
22 尹崇珂
 123 / 8 B
35 尹洙
 82 / 16 A
 83 / 10 A
 84 / 9 A
 85 / 8 A
40 尹吉甫
 86 / 9 A
 153 / 12 A
 尹真人
 85 / 8 B
 146 / 17 A
67 尹瞻
 56 / 11 B
72 尹氏
 82 / 18 A
90 尹焞
 174 / 8 B

1060₂ 召

10 召平

 37 / 17 A
20 召信臣
 56 / 10 B
 58 / 10 A

習

18 習珍
 82 / 17 A
37 習鑿齒
 55 / 9 A
 65 / 6 B
 82 / 17 B

1762₀ 司

30 司空圖
 19 / 15 A
71 司馬承禎
 12 / 25 A
 司馬宣
 185 / 11 A
 司馬池
 2 / 26 A
 155 / 11 A
 184 / 11 A
 司馬相如
 156 / 9 A
 司馬光
 184 / 11 A
 司馬光玉
 78 / 10 A

1762₇ 邵

00 邵亢
 7 / 19 A
26 邵伯溫
 156 / 9 A
33 邵必
 43 / 7 B
38 邵道士
 104 / 10 B
40 邵大受
 116 / 7 B
43 邵博
 157 / 10 B
52 邵拙
 19 / 16 A
 46 / 15 A
53 邵成章
 26 / 23 B
 31 / 17 A
 93 / 7 A
64 邵曄
 89 / 20 B
 92 / 9 A
 188 / 9 A
77 邵隆
 75 / 8 A
 163 / 10 A
97 邵煥
 8 / 12 B

1918₀ 耿

07 耿望
 82 / 15 B

7/19 A

羽

00羽衣仙
133/10 B

1712₇ 耶

80耶舍禪師
30/20 A

鄧

00鄧文進
90/13 B
10鄧元伯
128/17 B
12鄧璠
27/10 B
28/10 B
20鄧禹
80/7 B
21鄧盧叔
12/23 B
　鄧處訥
62/6 B
22鄧仙〔隱於撫州崇
仁縣〕
29/13 A
　鄧仙〔桂嶺人〕
123/10 A
23鄧綰
153/11 B
24鄧先

190/11 B
　鄧佑
34/10 A
28鄧攸
5/20 B
30鄧宗古
145/10 A
36鄧溫伯
35/15 B
37鄧退
82/14 B
40鄧吉
34/10 A
　鄧真人
78/10 A
43鄧戩
90/14 A
44鄧考甫
29/12 B
　鄧芝
80/7 B
　鄧艾
80/7 B
88/5 B
50鄧肅
133/10 A
53鄧戒
93/7 A
77鄧關
93/7 A

1720₇ 了

30了空
129/14 B
31了源禪師
7/21 B

1721₄ 翟

10翟天師
182/4 B
34翟汝文
7/19 B
10/26 B
38翟道
25/14 A
40翟士彥
180/8 A

1723₂ 承

67承嗣瑩老
105/10 A

1740₀ 子

09子麟
11/17 B
20子舜禪師
25/17 A

1742₇ 邢

00邢文偉
42/13 A
22邢巒
187/11 B

孫覺
　4/21 B
　7/16 B
　10/27 B
　19/15 B
　24/6 A
　43/8 B
　45/13 A
　128/16 A
78孫覽
　43/8 B
80孫鏞
　78/9 A
84孫鈜
　163/10 B
86孫錫
　38/10 A
88孫敏行
　149/9 A
90孫光憲
　150/12 B
91孫焯
　10/28 B

1314₀ 武

03武就
　57/9 B
10武丁岡
　57/9 B
　武平一
　7/17 A
31武涉

　44/11 A
40武士韄
　65/5 A
　184/11 A
　武志士
　105/10 A
74武陵王　見劉休範
77武興宗
　92/8 B

1519₀ 珠

22珠山佛現
　162/8 A

1610₄ 聖

44聖英祠
　9/12 A
46聖觀音
　157/12 B
60聖羅漢〔雅州仙釋〕
　147/14 B
　聖羅漢〔蓬州仙釋〕
　188/11 A

1710₇ 孟

07孟郊
　4/23 A
　17/32 A
　19/15 A
10孟震
　49/10 B
13孟琯

　57/9 A
22孟彪
　175/9 A
30孟宗
　67/2 B
34孟浩然
　65/7 A
　78/9 B
　82/17 B
40孟嘉
　31/15 B
　65/6 B
　67/2 B
　80/7 B
　81/8 B
57孟静素
　77/10 B
71孟陋
　81/8 B
88孟簡
　6/14 B
　10/25 B
　31/16 A
　82/15 B
90孟懷玉
　30/17 A
　孟嘗
　10/28 A
　120/6 A

1712₀ 刁

27刁約

106/8 B

38 孔道輔
40/8 A

46 孔坦
4/20 B

57 孔静
4/20 B

60 孔思齊
156/8 B

66 孔嚴
4/20 B

71 孔長官
181/5 B

97 孔恂
34/10 A

98 孔愉
10/28 B

1241₃ 飛

43 飛赴山僧
151/17 A

1249₃ 孫

00 孫立節
7/17 B
32/15 B

06 孫諤
24/6 A

07 孫韶
8/10 B

08 孫謙
56/11 A

孫誨
158/10 B

10 孫正臣
43/8 B

20 孫航
31/16 A

21 孫綽
12/21 B

23 孫傅
24/6 A
47/10 A

24 孫僅
46/14 B

孫偉
65/9 A

30 孫之微
46/14 B

孫安國
180/8 A

31 孫沔
2/26 A
10/29 A
39/11 B
55/10 A

32 孫近
131/8 A

35 孫洙
2/27 B
37/18 A
38/10 A

38 孫道夫
164/8 B

40 孫奇妻范姬
5/24 B

孫賣魚
39/14 B

孫樵
155/11 B

44 孫莘老
43/8 B

孫楚
37/15 A

46 孫覿
105/9 A

48 孫松壽
146/15 B

53 孫成
21/10 B

孫甫
77/9 A

54 孫拱
115/7 B

60 孫晁
5/21 B
34/10 A

67 孫明復
150/12 A

71 孫愿
22/10 A

77 孫堅
2/28 A
5/23 A
39/11 A
44/10 B

98張悌

　12/23 B

　82/17 A

　張敵

　39/10 B

99張榮

　40/9 A

1128₆ 頂

86頂知和尚

　167/7 A

1173₂ 裴

00裴度

　22/10 A

　82/15 B

14裴瑾

　189/11 A

17裴璩

　125/8 A

　127/8 B

　裴子野

　4/22 B

　10/27 A

24裴德容

　188/9 A

　裴休

　20/13 A

25裴倩

　21/10 B

　23/15 B

27裴紹

　127/6 B

30裴寬

　7/17 A

32裴業

　109/5 A

52裴虬

　58/10 A

67裴明

　103/14 A

72裴氏姥

　2/30 A

77裴聞義

　125/8 A

90裴光庭

　12/22 B

97裴耀卿

　19/13 B

1210₈ 登

40登真觀道人

　184/12 B

1212₇ 瑞

10瑞靈山

　98/8 B

1223₀ 水

77水邱秀才

　39/14 B

1240₁ 延

74延陵季子

　9/10 B

1241₀ 孔

00孔文仲

　34/11 A

10孔平仲

　23/16 A

　34/11 A

　55/10 A

　90/13 A

　95/9 A

12孔璿之

　4/21 B

　12/22 A

　孔延之

　34/10 B

　孔延世

　94/5 A

13孔武仲

　19/14 B

　21/11 A

　26/22 B

　34/11 A

　孔戣

　89/19 A

20孔稚珪

　10/28 B

22孔巢父

　11/14 A

27孔旲

　6/14 A

30孔宗旦

張遜
　10/27 A
33 張浚
　17/32 A
　23/17 B
　43/7 B
　56/11 B
　92/9 A
　128/16 A
　175/8 B
　185/11 A
張述
　155/12 A
34 張汭
　175/8 A
張漢卿
　33/9 A
　46/15 A
張遼
　45/12 B
35 張沖
　44/10 B
張禮正
　58/12 A
36 張洎
　42/13 A
37 張次元
　41/6 A
張次山
　40/8 A
　41/6 B
38 張裕〔張天師十二

代孫〕
　5/25 B
張裕〔劉宋廣州刺
　史〕
　89/18 B
張道宮
　65/9 B
張道古
　149/8 B
　151/13 B
張道陵（張天師）
　21/13 A
　23/17 B
　123/10 A
　150/13 B
　151/11 B
　185/11 B
張道人
　33/10 A
40 張九齡
　26/21 A
　65/5 B
　90/13 B
　93/7 A
　103/14 B
張九宗
　155/11 B
　163/10 A
張九成
　2/29 B
　36/7 A
　59/6 B

張士遜
　82/18 A
　85/8 B
　87/6 A
　134/7 A
　154/13 B
　154/15 A
張希顏
　28/11 A
張志和
　4/24 B
　33/10 A
　81/9 A
張壽
　128/17 B
　133/10 B
41 張楷
　84/9 B
42 張彬
　163/10 B
43 張城
　131/7 B
張栻
　8/11 B
　28/11 B
44 張孝祥
　48/12 A
張萬福
　46/13 B
　48/10 B
張華
　129/11 B

張罢　—
　134/7 B
20張舜民
　57/9 A
　67/2 A
　86/9 A
21張上行
　152/7 A
　張行
　155/12 A
　張穎
　11/14 B
22張仙翁
　154/15 A
　張蜒
　4/21 A
23張俊
　44/11 A
　張岱
　4/20 B
24張休
　26/21 B
　張岐
　124/11 B
　張勳
　57/8 B
　張紘〔三國吳廣陵
　人〕
　37/17 A
　張紘〔宋廣漢人〕
　118/7 A
　張纘

4/21 A
25張仲方
　155/11 A
　189/11 A
26張自牧
　38/10 A
　張伯麟
　127/8 B
　張伯玉
　129/13 A
　張伯威
　191/7 B
　張皐
　161/9 A
27張絢
　21/11 B
　張綱〔宋人〕
　7/19 B
　張綱〔劉宋廣陵太
　守〕
　37/14 A
　張叔夜
　18/15 A
　19/14 B
　21/12 A
　40/9 A
　46/14 B
28張微
　23/18 A
　張徹
　76/8 A
　張徹

76/8 A
　張僧
　46/16 A
　張牧
　26/22 B
　張綸
　40/8 A
　75/7 B
30張汶
　76/8 A
　張宿
　180/8 A
　張騫
　190/11 B
　張憲
　21/12 B
　張守
　6/17 A
　張守真
　21/13 A
　張宏靖
　31/16 A
　張宗誨
　167/6 A
　張宋卿
　99/10 A
31張濬
　174/8 A
32張淵
　187/12 A
　張淵道
　103/15 B

72雷隱翁
　　60 / 5 B
80雷義
　　28 / 11 B
88雷簡夫
　　147 / 13 A
97雷煥
　　26 / 21 A

1062 0 可

28可俗
　　70 / 10 A
36可遏
　　180 / 8 A
60可因
　　158 / 11 B

1073 2 雲

27雲峰義存
　　128 / 18 A

1080 6 賈

10賈至
　　69 / 11 B
14賈耽
　　82 / 15 B
15賈璉
　　150 / 12 A
22賈嵩
　　188 / 9 B
　　賈循州
　　91 / 7 B

25賈使君
　　176 / 8 B
27賈島
　　155 / 11 A
　　158 / 8 B
34賈逸
　　60 / 5 A
40賈真人
　　187 / 13 A
44賈黃中
　　17 / 31 A
　　19 / 14 A
47賈郁
　　135 / 8 B
60賈易
　　19 / 14 A
　　24 / 6 A
　　42 / 12 B
　　賈黯
　　82 / 16 B
80賈善翔
　　188 / 10 B
　　賈公望
　　5 / 22 A

1090 0 不

62不睡長老
　　8 / 13 B

1090 4 粟

40粟大用
　　105 / 9 B

1111 0 北

35北神烈婦
　　39 / 14 A
38北海水仙
　　174 / 9 A

1111 4 班

25班生
　　37 / 14 B
47班超
　　190 / 11 A
60班景倩
　　19 / 13 B

1111 7 甄

52甄援
　　166 / 7 A

1118 6 項

42項斯
　　12 / 24 A

1120 7 琴

00琴高
　　19 / 17 A

1123 2 張

00張亢
　　27 / 9 B
　　張彥卿
　　39 / 11 B

77 于興宗
190/11 A

1040₆ 覃

35 覃冲
107/9 B

1040₉ 平

76 平陽洞仙人
146/17 A

1043₀ 天

00 天童太白禪師
11/17 A

天慶觀丹
34/12 B

88 天竺觀音
2/31 A

1060₀ 石

11 石頭和尚
96/10 A

24 石待問
18/15 B

石偉
65/8 A

30 石守信
83/9 B

34 石汝礪
95/10 A

石洪
49/10 A

37 石𤂍
87/6 B

40 石大悲
179/6 A

44 石塔長老
37/18 B

石老君像
179/5 B

46 石恕
180/7 B

50 石中立
134/7 A

77 石門鮮于氏子
188/11 A

石門老人
25/16 B

80 石介
146/16 A

石普
86/8 B

石公弼
10/29 B
12/22 B

88 石鑑
106/9 A

西

10 西天大師
12/26 A

27 西峰和尚
22/12 A

西峰神慧禪師

23/18 A

西峰禪師
19/17 B

西峰第六代圓淨大
師
31/19 B

40 西土智積菩薩像
5/26 A

60 西蜀隱者
130/14 B

88 西竺寺聖佛
122/7 B

1060₁ 吾

00 吾彦
74/10 A

晉

10 晉三真人
28/12 B

71 晉鷔
86/9 A

1060₃ 雷

20 雷孚
32/15 A

37 雷次宗
26/24 A
30/18 B
30/20 A

40 雷有終
45/14 A

30元寂大師隱微
　　31/20 A
44元黃子
　　154/14 B
46元賀
　　162/7 A
50元素
　　7/21 A
64元曉上人
　　10/31 A
77元丹邱
　　83/10 B
88元簡上人
　　10/31 A

1021₄ 霍

00霍童
　　128/17 B
23霍峻
　　65/8 A

1022₇ 万

23万俟卨
　　71/7 A
　　74/11 A
万俟湜
　　76/7 B

雨

44雨花和尚
　　156/10 B

兩

01兩龔
　　65/8 A

爾

25爾朱先生〔洞在興
山縣〕
　　74/11 B
爾朱先生　見爾朱
白石
爾朱先生（爾朱真
人）
　　156/10 B
　　174/9 A
　　188/10 A
爾朱白石（爾朱先
生）
　　150/13 B
　　159/11 A
爾朱道士
　　145/10 A
爾朱真人　見爾朱
先生

1024₇ 夏

00夏方
　　10/28 A
05夏竦
　　7/16 B
　　26/22 A
　　30/19 A

23夏俊
　　44/11 A
27夏侯亶
　　4/21 A
　　45/12 B
　　77/8 A
夏魯奇
　　155/11 A

1040₀ 干

30干寶
　　10/27 A
40干大
　　26/28 A
干大妻
　　26/27 B

于

10于瑩
　　59/6 A
于至
　　155/12 A
12于延陵
　　129/11 B
17于邵
　　187/12 A
22于仙
　　105/9 B
51于頔
　　4/20 B
　　4/21 A
　　5/20 B

1010₆ 亘

00亘彥範
 7/18 B
35亘冲
 30/17 A

1010₇ 五

37五祖洪忍禪師
 47/11 B
77五賢堂
 25/16 A

盃

30盃渡禪師
 89/22 A

1010₈ 靈

03靈鷲院僧
 145/10 B
10靈一禪師
 10/30 B
30靈濟大師
 77/10 B
 靈濟大師神足
 83/11 A
38靈澈上人
 10/30 B
46靈坦
 9/12 A
67靈照
 32/17 B

1014₁ 聶

18聶致堯
 59/6 B
21聶師道
 20/17 B
60聶昌
 29/12 B

1017₇ 雪

30雪竇禪師
 11/17 A

1020₀ 丁

06丁謂
 118/7 A
 127/7 A
21丁行者
 23/18 A
 丁處榮
 167/6 B
24丁德裕
 7/16 A
44丁蘭
 82/16 B
60丁固
 10/28 B
80丁令威
 5/25 B
 18/16 B

1021₁ 元

02元證君
 22/11 B
21元仁惠
 91/8 A
 元處士
 19/16 A
24元先生
 43/9 B
 元結
 30/19 A
 58/10 B
 65/5 B
 65/7 A
 67/3 A
 81/9 A
 82/16 A
 104/9 B
 元積
 10/25 B
 10/26 A
 65/7 A
 67/1 B
25元積中
 32/14 B
 39/11 B
27元絳
 2/29 B
 12/22 B
 35/15 A
 41/5 B
 65/6 A
 128/15 B

67王明
　26／22 A
　90／12 B
　王瞻
　6／14 A
　王嗣
　157／10 B
　王嗣宗
　37／15 B
　40／8 B
　113／5 B
　132／7 B
71王長文
　154／14 A
　王長史
　34／12 B
72王質〔唐人〕
　19／14 A
　王質〔晉人〕
　96／9 B
74王勵
　6／14 A
　王隨
　7／16 B
　41／5 B
77王陶〔宋仁宗時御
　　史中丞〕
　31／16 A
　王陶〔宋韶州人〕
　90／13 B
　王陶〔宋福州人〕
　128／15 B

王陶〔宋太宗時道
　　州刺史〕
　158／9 A
　王履
　97／6 B
　王履道
　123／8 B
　王居正
　20／15 A
　王犖
　115／7 B
80王八百
　6／17 B
　王全斌
　83／9 B
　王益
　34／9 B
　90／13 A
　王羲之
　4／20 A
　10／25 B
　10／28 B
　29／11 A
　30／17 B
　王令
　37／18 A
　王無咎
　35／15 A
　王愈
　21／10 B
　王公袞
　10／29 B

王公輔
　125／9 A
84王鎮惡
　70／8 B
　王鎮之
　89／18 A
　115／7 A
86王鍔
　62／6 B
87王欽若
　34／10 B
　67／3 A
88王纂
　7／20 A
90王惟熙
　40／10 A
　王堂
　154／14 A
　王少卿
　65／9 A
　王光謙
　39／11 A
　王省
　186／11 B
95王忳
　164／9 A
97王煥
　85／8 A

至

03至誠禪師
　31／20 A

22二仙
 107/10 A
26二程先生
 36/8 A
40二李
 30/19 A
72二劉山人
 69/12 A

10101 三

10三正女
 185/12 B
 三平大師義中
 131/8 B
28三僧詩
 5/26 B
44三花仙
 86/9 B
 三茅君
 17/34 A
72三隱
 42/13 B
77三閭大夫
 68/12 A

正

50正素
 185/13 B
60正恩大師
 106/9 B

10103 玉

26玉泉長老
 38/11 B
40玉女
 192/4 B
 玉真公主
 151/16 A
77玉局觀白道士
 158/11 A

10104 王

00王鹿母
 40/11 A
 王充〔漢上虞人〕
 10/28 A
 王充〔宋果山人〕
 176/8 B
 王亮
 6/14 A
 王彥
 189/10 A
 王彥超
 76/7 A
 王方平
 35/15 B
 王庶
 58/11 A
 65/6 A
 王庭珪
 55/10 A
 75/8 A
 王虞
 23/15 A

王文義
 181/6 A
王章
 120/6 A
王言徹
 130/12 A
 130/13 B
王襃
 157/10 B
01王顏
 27/9 B
02王端
 69/11 B
04王讚諦
 186/11 B
07王望
 187/13 A
 王韶
 30/19 B
 35/14 A
10王正倫
 107/8 B
 王元謨
 30/17 A
 王元之 見王禹偁
 王元甫
 128/17 B
 王霄
 125/9 A
 王平〔宋人〕
 128/15 B
 王平〔三國蜀人〕

32/16 A
72 謝朓
7/17 A
77 謝舉
5/20 B
6/14 A
謝舉廉
34/11 A
80 謝全
155/12 A
90 謝小娥
26/24 A
34/11 B
謝尚
18/14 B
48/10 B

0461₈ 諶

77 諶母
7/20 A

0463₁ 誌

80 誌公
86/9 B
誌公影
192/4 B

0466₀ 諸

44 諸葛亮
82/17 A
諸葛恢
10/25 B

0662₇ 謂

33 謂必
106/9 A

謁

37 謁換
175/9 A

0742₇ 郭

00 郭文
2/30 A
郭奕
185/11 B
郭雍
73/10 B
10 郭元邁
5/24 B
郭元振
23/15 A
97/6 B
154/13 A
12 郭璞
9/9 B
9/10 B
19/14 B
郭延魯
76/7 A
13 郭琮
12/24 A
22 郭龢
81/8 B

24 郭偉
18/15 A
郭贊
77/10 A
27 郭僎
23/16 A
37 郭凝
41/6 A
38 郭祥正
18/15 B
96/9 A
132/7 B
40 郭希林
81/9 A
46 郭賀
65/4 B
60 郭思
162/8 A
64 郭曄
124/12 A
86 郭知達
167/6 B

0821₂ 施

30 施肩吾
2/30 B
8/12 B
26/27 A
40 施真人
8/13 B

0861₆ 説

105/9 B

46龔楫
48/12 A

50龔夬
116/7 B

71龔原
48/12 A

99龔榮
159/10 B

0260₀ 訓

36訓禪師
91/9 A

0365₀ 誠

36誠禪師
42/14 A

0460₀ 謝

00謝方明
65/5 A

06謝諤
31/17 A

10謝靈運
10/28 B
12/21 B
25/14 B
28/10 A
29/11 A
30/18 B
35/13 B
謝元

10/25 B
10/28 B
28/10 A

謝元超
7/16 A

謝元暉
19/13 B

12謝發
151/15 A

21謝師宰
39/11 B

22謝山人
67/3 B

23謝允
85/8 B

25謝仲初
28/12 B

26謝覬
87/5 B

30謝宣遠
28/10 A

謝安
4/20 A
4/20 B
7/15 B
10/28 B
17/31 A
37/14 A
65/6 B

33謝泌
20/15 B
82/15 B

128/15 B

34謝洪
105/9 B

36謝澤
105/9 B

謝湜
164/9 A

謝禪師
35/16 A

37謝逸
29/12 A

40謝克家
12/23 A

謝真人
145/10 A
156/10 A

44謝莊
4/20 B

謝萬
4/20 A

46謝如意
133/9 A
134/8 B

50謝夷吾
65/4 B

60謝景初
2/29 B
10/27 A
82/16 B

61謝顯道
77/9 A

71謝陟明

159/10 B
20 譙秀
　156/9 B
30 譙定
　151/14 B
　151/15 A
　174/8 B
50 譙中孚
　161/9 A
77 譙隆
　185/11 B
　譙周
　156/9 B

0071₄ 雍

30 雍之奇
　161/8 A
37 雍退翁
　190/11 B
44 雍孝聞
　161/8 B
　185/12 B
60 雍昌
　158/10 A
87 雍鈞
　156/10 A
　188/9 A

0080₀ 六

37 六祖
　96/10 A
　六祖大鑒禪師

90/14 A
93/7 B
97/7 B
六祖馬祖
　27/11 B

0121₁ 龍

26 龍伯高
　56/10 B

0128₆ 顏

12 顏延之
　103/14 A
27 顏魯公　見顏真卿
38 顏遊泰
　120/6 A
40 顏真卿（顏魯公）
　4/20 B
　4/21 A
　4/24 A
　17/31 A
　19/13 B
　23/15 A
　31/15 B
　35/13 B
　73/9 B
　184/11 A
　188/8 B
43 顏博文
　123/10 A
60 顏杲卿
　155/11 A

80 顏含
　10/26 B

0164₆ 譚

17 譚子
　63/4 B
26 譚伯亮
　74/11 A
30 譚宜
　150/13 B
33 譚必
　90/14 A
　譚述
　74/11 A
27 譚氏
　95/10 B
90 譚惟寅
　96/9 B
97 譚煥
　93/7 B

0180₁ 龔

00 龔言序
　191/7 B
04 龔謹儀
　134/8 A
21 龔穎
　134/8 A
　155/11 B
22 龔鼎
　73/10 B
44 龔老人

67／1 A
81／8 B
82／15 A
30庚肩吾
12／23 B
32庚冰
17／31 A
81／8 B
39庚沙彌
20／14 A
43庚域
65／8 A
60庚曼倩
65／8 A
96庚懌
9／9 B

廉

32廉遜處士
180／8 B

0024₇ 度

90度尚
10／26 B
61／5 B
65／4 B

慶

11慶預
83／11 B
36慶禪師
43／9 B

0026₇ 唐

00唐庚
153／12 A
185／11 A
唐文若
153／12 A
158／9 A
12唐登封縣令應真人
188／10 A
13唐球
151／13 B
17唐粥
40／11 A
唐子正從者
28／13 A
22唐仙人
189／11 A
23唐允功
27／11 A
25唐仲發
12／23 A
27唐侯著
95／8 B
唐峰
185／12 A
37唐淑問
9／10 A
40唐堯封
3／14 B
44唐蒙
23／14 B

唐孝子
56／12 A
唐若山
7／20 B
50唐肅
26／22 A
77唐居士
57／9 B
唐印禪師
33／10 A
80唐羌
61／5 B
唐介
26／22 B
57／8 B
65／9 A
68／11 B
78／9 B
95／9 A
唐公昉
190／12 A
97唐恪
65／9 A

0028₆ 廣

30廣寒室道人
6／17 B
31廣福寺古佛
42／14 A
36廣禪師
104／10 B
67廣照師

102/4 B
36 方澤
　　67/2 A
38 方滋
　　89/21 A
58 方軫
　　135/10 A
64 方疇
　　56/11 B
80 方公美
　　10/29 B

商

24 商升
　　128/15 A
25 商仲堪
　　7/17 A
34 商浩
　　17/31 A
41 商栖霞
　　48/12 B

席

46 席相
　　130/11 B
80 席益
　　84/9 A

高

12 高登
　　100/7 A
　　104/10 A

21 高潁
　　105/9 A
22 高崇文
　　154/13 A
32 高漸
　　28/12 A
40 高力士
　　71/6 B
　高士廉
　　80/7 A
44 高獲
　　22/11 B
67 高照
　　134/8 B
71 高陟
　　17/33 B
　高頤
　　147/14 A
77 高閌
　　11/15 B
86 高智周
　　6/16 A

0023₀ 卞

12 卞延之
　　10/27 A

0023₁ 應

27 應詹
　　5/20 B
　　30/17 B
　　70/8 B
44 應夢羅漢

20/18 A
　應夢尊者
　　147/14 B
86 應智頊
　　27/10 A

0023₂ 康

10 康元良
　　159/10 B
12 康延澤
　　158/8 B
28 康僧會
　　17/34 B
　康俗先生
　　30/20 A
30 康容
　　90/14 A
77 康輿之
　　119/6 B

0023₇ 庚

00 庚亮
　　17/31 A
　　18/14 B
　　19/13 A
　　30/17 B
　　81/8 B
　　82/15 A
17 庚翼
　　17/31 A
　　23/15 A
　　30/17 A

0021₁ 鹿

43鹿娘
　9/12 A

龐

20龐統
　55/9 A
　82/17 A
24龐德公
　82/16 B
　85/8 B
30龐安時
　47/10 B
40龐雄
　162/7 A
44龐蘊
　82/18 A
74龐肱
　174/8 A
88龐籍
　3/14 A
　7/16 B
　21/11 A
　34/9 B
　49/10 B
　129/12 A

0021₇ 盧

17盧君
　25/14 B
　30/18 B

0022₂ 廖

00廖立
　68/12 B
　149/8 B
13廖琮
　163/10 B
17廖玖
　97/7 A
21廖師
　57/9 B
34廖洪
　27/10 B
　28/11 B
35廖冲
　92/9 A
44廖世英
　115/8 A
48廖翰
　163/10 B
61廖顒
　116/7 B
72廖剛
　131/8 A
　132/7 B
　133/10 B
　135/8 B
77廖居素
　133/9 B

0022₃ 齊

17齊己

65/10 A
78/10 B
30齊安禪師
　2/31 B
38齊澣
　7/15 B
44齊革
　177/7 B
65齊映
　26/21 A
　55/9 A
　103/14 B
　190/11 A

齋

36齋禪師
　35/16 A

0022₇ 方

04方謹言
　135/9 A
10方干
　8/12 A
17方及師
　30/20 B
21方偕
　135/9 B
23方允武
　6/15 A
24方儲
　20/17 A
32方漸

輿地紀勝人名索引

凡　　例

一、本索引收錄《輿地紀勝》（包括《輿地紀勝補闕》）官吏、人物、
　　仙釋諸門中的人名。

二、人名下著錄的數字，前者爲卷數，後者爲原線裝書頁碼，前、
　　後半頁分別以 A、B 表示之。

　　　　例如：諸葛亮

　　　　　　82/17 A

　　表示諸葛亮見本書第82卷第17頁前半頁。

三、《輿地紀勝補闕》中的人名，綴以"補"字。

　　　　例如：蕭思話

　　　　　　補8/3 B

四、同爲一人另有異稱者，今以常用稱謂爲主目，異稱著以圓括
　　號，列爲參見條目。

　　　　例如：查道（查果州）

　　　　　　陸龜蒙（陸魯望）

五、同姓名人物用六角括號括著其時代籍貫，以資區別。

　　　　例如：李巽〔唐常州刺史〕

　　　　　　李巽〔宋邵武人〕

六、本索引按四角號碼排列，後附筆畫檢字與四角號碼對照表，以
　　便用不同方法查索。

3/10 A

9942₇ 勞

12勞水
90/7 B
22勞山
96/4 A
101/3 A

9960₆ 營

12營水
58/5 A
22營山
58/5 A
188/4 B
營山縣
188/3 A

38營道山
58/7 A
營道縣
58/2 A
76營陽峽
58/7 A

9990₃ 縈

22縈山
107/4 A

9990₄ 榮

21榮經水
147/11 A
榮經縣
147/3 A

24榮德山
160/4 B
27榮黎山
160/5 A
31榮�祉山
150/8 B
32榮州
160/1 A
47榮懿市
180/7 A
72榮隱山
160/5 A
74榮陵山
160/5 A
76榮陽水
32/11 B

4/16 A

96034 悞

60 悞口谷
　　86/7 B

96800 烟

71 烟脂井
　　17/22 B

96827 煬

00 煬帝溝
　　37/12 B
10 煬天子洞
　　44/9 B

97214 燿

34 燿池
　　188/5 A

97227 鄰

12 鄰水
　　162/5 A
　鄰水縣
　　162/3 B
22 鄰山
　　162/5 A
　鄰山縣
　　162/2 B

97820 爛

41 爛柯亭
　　151/11 A
　爛柯山
　　86/6 B
　　96/7 B
86 爛錦亭
　　45/7 B

97834 焕

00 焕章閣
　　1/11 B

澳

32 澳洲
　　89/10 A

97854 烽

17 烽子山
　　44/8 A
90 烽火山
　　38/7 A
　　46/10 A
　　66/10 A
　　135/5 A
　烽火臺
　　17/26 B
　　166/6 B
98 烽燧臺
　　7/13 B

98016 悦

34 悦池
　　159/5 B

43 悦城縣
　　101/4 B

98717 龕

10 龕靈廟
　　164/8 A
　龕靈跡
　　164/8 A
32 龕洲
　　18/6 A
80 龕令廟
　　185/10 A

98927 粉

12 粉水
　　82/9 A
　　86/5 B
22 粉巖
　　107/4 A
43 粉城
　　86/5 B

99103 瑩

16 瑩碧池
　　164/6 A

99227 礐

10 礐石縣
　　108/7 A

99327 鷩

31 鷩涇塘

43/4 B

34 煙波亭

23/9 A

66/8 B

煙波灣

79/6 A

40 煙塘

56/5 A

9192₇ 糯

90 糯米糶場

1/30 B

9196₀ 粘

50 粘蠔石

135/5 B

9200₀ 判

30 判官灘

34/9 A

9202₁ 忻

43 忻城縣

122/3 A

9280₀ 剡

22 剡山

10/12 B

32 剡溪

12/13 A

9281₃ 燈

00 燈市

10/12 B

22 燈山

159/5 B

181/3 B

40 燈 壇山

12/13 B

9306₀ 怡

00 怡亭

81/4 A

01 怡顏軒

34/4 B

30 怡容山

75/5 A

9383₃ 燃

10 燃石

27/4 A

77 燃犀浦

18/11 B

9408₁ 慎

43 慎城

45/11 A

9481₁ 燒

44 燒藥巖

16 1/7 A

50 燒春

107/4 B

9490₀ 料

27 料角

41/4 A

9501₀ 性

22 性山

120/4 A

9503₀ 快

32 快活墟

113/3 B

43 快哉亭

38/5 B

49/6 B

9589₆ 煉

77 煉丹井

27/8 A

84/6 B

153/10 B

9592₇ 精

50 精忠堂

26/11 B

60 精果寺

71/4 A

66 精嚴寺

3/11 A

精嚴院

183/14 A

80 精舍院

9080₆ 賞

03 賞詠亭
　18/7 A
32 賞溪
　19/5 A
　賞溪樓
　19/7 A
33 賞心亭
　17/17 B
　121/4 B
　賞心樓
　37/9 A
50 賞春亭
　8/8 A
　賞春樓
　31/8 A

9080₉ 炎

00 炎帝廟
　63/3 B
　炎帝墓
　63/3 B

9083₁ 燋

10 燋石
　101/3 A

9090₄ 米

10 米豆
　118/4 B
22 米山
　27/4 A
39 米沙
　28/4 B
44 米苧宅
　7/14 A
　米苧墓
　7/15 A
77 米居山
　162/5 B
80 米倉
　73/4 B
　米倉山
　147/9 B
　183/13 A
　187/9 B

9090₄ 棠

22 棠梨涇
　39/7 A
45 棠棣里
　25/10 A
60 棠邑
　38/4 B
78 棠陰山
　23/12 A
　棠陰館
　154/7 B

9093₂ 糠

11 糠頭山
　120/4 B

9096₇ 糖

10 糖霜
　155/6 A
25 糖牛
　110/4 A

9106₁ 悟

40 悟真洞
　180/5 B
　悟真院
　17/27 A

9181₄ 煙

10 煙霏
　177/3 B
　煙霏樓
　47/5 B
　煙霏閣
　167/4 A
　煙雨亭
　4/12 A
　煙雨樓
　76/4 A
　95/5 A
　煙霞洞
　2/15 B
　煙霞塢
　4/14 A
12 煙水亭
　30/9 A
30 煙客亭

32黨州
121/6 B

90430 尖

22尖山
38/5 A
42/5 A

90500 半

00半亭水
98/5 B
10半面山
66/9 A
半雲山
103/10 A
22半巖
22/4 B
半山亭
17/18 A
半山寺
17/24 B
30半漳臺
131/5 B
32半洲故城
30/14 B
半溪水
180/5 A
36半湯泉
48/8 A
半湯湖
17/24 B
半遷市

3/8 B
72半隱堂
23/9 A
77半月灣
75/6 A
半月泉
10/14 A
半月池
128/12 A

90502 掌

10掌天山
186/6 B

90602 省

10省元坊
165/6 B
省元樓
157/8 B
161/5 A
44省菴
18/4 B
80省倉下界
1/29 A
省倉上界
1/29 A
省倉中界
1/29 A

90606 當

22當利浦
48/8 B

37當湖
3/6 B
38當塗縣
18/2 B
76當陽堰
78/5 B
當陽坂
78/5 B
當陽縣
78/2 B
77當門山
189/8 B

90712 卷

10卷雨樓
26/11 A

90800 火

10火石
27/4 A
15火珠山
10/18 B
22火山
108/4 B
27火烽山
152/5 B
154/11 A
30火穴
160/4 A
55火井
155/5 B
188/5 A

95/4 B

13 光武宅
88/4 B

光武臺
82/13 B

16 光聖寺
156/7 B

24 光化軍
87/1 A

光化縣
83/8 B
87/2 B

光德寺大鑊
151/12 B

30 光宅院
17/26 B

31 光福寺
187/8 A

光遷水
86/7 A

光遷國
86/8 A

32 光州
補3/7 A

34 光漢縣城
154/12 A

36 光澤縣
134/2 A

44 光孝寺
59/4 B
107/5 B

光華亭

123/5 B

光華殿
17/8 B

光華堂
17/17 B
109/3 B
184/7 A

46 光相寺
146/10 B

66 光嚴殿
17/8 B

67 光明山
75/5 A
115/5 B

77 光風
59/4 A

光風館
166/5 B

90227 尚

22 尚樂山
34/7 B

50 尚書六部
1/11 A

尚書山
19/10 B

尚書鶤
10/22 A

尚書省
1/11 A

70 尚雅堂
158/4 B

肖

22 肖巖
156/4 B

常

10 常平鄉
63/3 A

22 常豐堰
39/8 B

常山
補1/12 B

常樂山
165/6 B

常樂州
120/5 A

常德府
68/1 A

30 常甯縣
55/3 A

32 常州
6/1 A

35 常清觀
4/15 B

43 常娥嶂
36/5 A

44 常林縣
104/9 A

77 常風山
12/16 A

90331 黨

74 小騎城	21/7 A	122/6 A
4/13 B	46/10 A	懷遠縣
76 小陽江	懷玉城	114/2 B
34/7 B	30/14 A	懷遠驛
77 小巴嶺	20 懷集縣	1/36 A
187/8 B	89/5 B	36 懷澤樓
小門山	22 懷嵩樓	111/5 A
152/6 A	42/9 B	懷澤縣
80 小金山	懷仙閣	111/6 A
17/24 A	27/5 B	38 懷海山
82 小劍水	24 懷化州	99/7 A
192/3 B	106/7 A	44 懷坡閣
小劍城	懷化軍	33/4 B
184/8 A	180/7 A	47 懷橘坊
192/3 B	懷德縣	111/6 B
84 小鑊洲	17/28 A	50 懷蛟水
98/6 A	116/7 A	23/11 A
86 小錦屏	30 懷甯縣	懷忠廟
185/8 B	46/2 B	106/7 B
87 小銅山	懷安山	60 懷恩縣
38/6 B	99/7 A	131/7 A
小銅梁	懷安軍	80 懷義橋
146/13 B	164/1 A	12/20 B
97 小鄰水	懷安故城	懷義縣
162/5 B	19/11 B	121/7 A
9003₂ 懷	懷安縣	**9020₀ 少**
	128/5 B	
00 懷康堂	34 懷遠亭	28 少微山
23/8 B	127/5 A	10/23 B
04 懷謝亭	懷遠水	**9021₁ 光**
45/8 A	100/5 A	
10 懷玉山	懷遠軍	12 光水

26小白山
10/15 A

小岷山
45/9 A
48/7 B

27小盤山
190/8 A

小龜山
153/9 B

小仰山
28/7 A

30小流江
162/5 B

小潼水
186/6 B

小安溪
159/8 A

小富溪
164/6 A

小寨石
69/8 A

31小江
119/3 B
122/4 A

小江河
87/4 B

小灕江
154/8 A

32小溪縣
155/3 A

33小心山
6/9 B

34小浹江
11/9 B

35小連天
153/10 A

37小洞山
27/7 A

小漏天
163/8 B

小軍山
79/6 B

38小海
39/6 A

41小坏山
6/10 A

42小桃源
20/9 A
145/6 A
166/5 B

44小封縣城
148/4 B

小花溪
176/7 A

小茅峰
17/24 A

小蘭亭
78/5 B

小蘭山
6/10 A

小藏巖
129/8 A

小蓮山
188/6 B

小姑山
46/6 B

小姑城
6/9 B

小華峰
128/12 A

小桂郡
61/4 B

46小獨山
79/7 A

50小史港
45/9 A

小東山
161/6 B

53小成都
156/6 A

57小郪江
154/8 A

60小蜀山
45/9 A

小界橋
63/3 A

小圍橋
7/10 B

62小別山
79/6 B

72小隱
23/8 A

小隱林
76/5 A

小隱園
10/23 B

60繁昌浦
18/12 B

繁昌縣
18/3 B

78繁陰堂
46/6 B

8896₁ 籍

22籍山
19/5 B

60籍田
150/5 B

籍田先農壇
1/9 B

籍田壇
17/10 B

62籍縣
150/3 B

8896₃ 箱

44箱蓋山
121/6 A

8912₇ 銷

60銷暑樓
4/11 B

82銷劍山
175/7 A

8918₆ 鎮

12鎮水頭
74/5 B

16鎮碧洞
146/9 A

22鎮山寺
24/5 A

30鎮穴
79/5 A

31鎮江
163/5 A

9000₀ 小

00小方山
156/6 A

小庾嶺
93/4 B

小章水
57/7 A

小離堆
166/5 B

01小龍溪
190/8 A

03小鷲峰
133/6 A

10小王巖
105/7 B

小石門
80/6 A

小西湖
33/6 B

小西樓
174/5 A

小酉山
75/6 A

小雷崗
23/11 A

小雷山
4/13 A

小雲居
27/7 A

12小登山
130/9 A

小水
98/4 A

小孤山
30/10 A

14小耽山
156/6 A

17小歌羅山
176/7 A

20小垂虹
62/4 B

21小怀山
7/10 B

22小峩山
146/10 A

小山
40/4 B
66/7 B
181/4 A

小山堂
56/6 B

23小峩眉
150/8 B

25小佛迹峰
91/7 A

8853₇ 羚	**8872₇ 節**	23/12 B
		餘不亭侯廟
80羚羊山	00 節度石	4/19 B
103/11 A	81/7 A	27餘魚浦
8854₁ 鞻	10 節正堂	4/17 A
	28/5 B	35餘清堂
01鞻龍軒	20 節愛堂	155/6 B
29/7 A	12/10 A	40餘杭縣
8860₄ 箸	116/5 A	2/5 A
	124/8 A	42餘姚江
22箸嶺	184/7 A	10/16 B
20/6 B	47節婦臺	餘姚縣
32箸溪	45/11 B	10/5 B
4/9 A	90節堂	44餘英館
80箸谷	9/4 B	4/15 A
81/3 B	124/6 B	餘甘渡
8864₁ 籌	154/6 B	153/9 A
		66餘墅溪
30籌安堂	**8873₂ 簔**	4/17 A
31/8 A	44簔荷嶺	71餘暨
36籌邊堂	132/5 B	10/12 A
39/6 B		
82/9 B	**8877₇ 管**	**8880₁ 箕**
籌邊樓	80管公明廟	22箕山
106/5 B	22/9 B	39/6 B
122/5 A		183/11 A
60籌思亭	**8879₄ 餘**	
17/17 B	00餘慶場	**8880₆ 簣**
88 籌邊堂	41/5 A	
153/7 B	10餘干山	88簣簹谷
籌筆驛	23/12 B	190/6 B
184/8 B	餘干谿	**8890₃ 繁**

筒

22 筒嶺
　114/4 A

簡

00 簡齋
　69/5 B
05 簡靖堂
　187/6 A
30 簡寂觀
　25/10 B
　簡寂觀銅鐘
　145/8 B
32 簡州
　145/1 A
34 簡池
　145/4 A
57 簡靜堂
　45/7 B
　119/3 B
60 簡易堂
　26/11 B
76 簡陽嶠
　113/3 B
88 簡節堂
　89/11 B
90 簡堂
　177/3 B

第

10 第一山

　44/6 B
　第一峰
　44/6 B
　第五洞
　151/7 B

筋

88 筋竹鋪
　113/4 B

簫

07 簫韶山
　104/8 B
　簫韶峰
　58/7 B
55 簫曲峰
　35/11 B

8823₂ 篆

00 篆文
　73/5 A
12 篆水
　165/3 B

8824₃ 符

00 符文水
　146/11 A
76 符陽縣
　187/10 B
77 符堅城
　148/5 A

8841₄ 籬

77 籬門
　17/14 B

8842₇ 笻

88 笻竹
　98/4 A

8843₀ 笑

00 笑齊
　166/5 A
22 笑山
　122/4 A

8850₇ 筆

22 筆山
　132/4 B
　179/3 A
37 筆冢
　56/6 A
46 筆架山
　166/6 B
80 筆倉
　10/10 B
88 筆笏石
　134/5 B

箏

88 箏笛浦
　45/9 B

33/4 A

38鑑洰
174/4 B

42鑑橋
151/11 A

80鑑雉泓
151/11 B

筋

22筋山
131/4 B

笧

88笧竹
163/6 A

88130 鈏

30鈏穴山
96/5 A

88132 鈴

00鈴齋
11/7 A
30/6 B
86/4 B
90/6 B

77鈴閣
7/7 A

鎝

81鎝鐘山
109/3 B

8821₁ 籠

44籠蓋山
183/13 A

47籠都縣
108/7 A

筶

17筶子山
167/4 B

8822₀ 竹

00竹庵
27/4 A

10竹下橋
63/3 A

竹西路
37/10 A

17竹子市
45/10 A

竹子涇
39/7 A

竹子布
109/4 B

22竹山
71/3 B
128/8 A

竹山縣
86/3 A

竹山院
24/4 B

27竹嶼山

3/8 B

32竹溪
147/6 A

竹溪堂
66/9 B

40竹塘縣
43/7 A

43竹城
70/4 A
97/3 B

44竹林堂
64/14 B

45竹樓
49/5 A

47竹塢
190/6 B

60竹里山
17/19 B

77竹閣
2/10 A

90竹堂
156/5 A

8822₁ 箭

22箭山溪
92/6 B

32箭溪
157/5 B

8822₇ 笏

22笏山
60/3 B

45/4 B

65舒嘯

167/3 A

舒嘯亭

11/9 A

12/10 A

舒嘯堂

30/9 A

鵒

37鵒湖山

31/12 B

8768₂ 欲

48欲攬閣

110/4 B

8778₂ 飲

25飲牛溪

10/21 A

37飲軍池

122/5 A

71飲馬山

2/19 B

飲馬池

18/11 B

26/14 B

8794₀ 叙

32叙州

163/1 A

補6/16 B

8810₁ 竺

17竺子山

150/6 B

箜

88箜篌山

112/5 B

8810₄ 坐

01坐龍山

159/8 A

25坐佛山

158/6 B

36坐禪石

35/11 A

65坐嘯

11/7 A

86/4 B

坐嘯軒

32/9 A

坐嘯堂

3/8 A

19/7 A

23/8 B

34/4 B

38/5 B

42/6 B

49/6 B

55/6 A

89/11 B

105/5 B

114/4 B

115/4 B

156/5 A

8810₈ 笠

36笠澤

4/9 A

6/6 B

8811₇ 筑

12筑水

82/8 B

86/5 A

22筑山

86/5 A

鑑

00鑑亭

56/4 A

126/3 A

21鑑止

19/5 A

22鑑山

103/8 A

30鑑空閣

2/14 B

34鑑遠亭

38/5 B

37鑑湖

151/11 A

161/4 B

鑑湖亭

銀坊
　4/8 A
44銀地嶺
　12/12 B
77銀屏風
　73/7 B
　銀殿山
　107/5 B
　123/6 A
87銀銅山
　97/4 B

錄

88錄篠橋
　151/11 A

8716₁ 鉛

22鉛山
　21/3 B
　鉛山場
　21/10 A
　鉛山縣
　21/2 B
30鉛流水
　98/5 B
　鉛穴山
　97/4 B
　109/3 B
40鉛坑崗
　98/5 B

8718₂ 欽

12欽水
　119/3 B
31欽江水
　119/4 B
　欽江縣
　119/5 A
32欽州
　119/1 A
　補5/5 A
40欽真觀
　158/6 B

8740₀ 知

22知樂堂
　124/8 A
77知風草
　124/9 B

8742₇ 朔

12朔水
　93/3 B
22朔山
　33/4 A

8742₇ 鄭

17鄭君廟
　130/10 B
30鄭户曹祠
　12/20 B
32鄭州
　補10/1 A
72鄭氏湖山書堂

　135/7 A
80鄭令君讀書堂
　100/6 A
　鄭善果墓
　30/16 B
　鄭谷讀書堂
　28/9 B
　鄭公泉
　10/23 A

8752₀ 翔

10翔雲樓
　179/3 A
22翔鸞洞
　26/14 A
　翔鸞院
　2/19 B
77翔風閣
　157/6 B
　翔鳳山
　100/4 B

8762₀ 卻

77卻月湖
　79/6 A
　卻月城
　79/6 A

8762₂ 舒

10舒王廟
　45/11 B
43舒城縣

107/6 A	銅錢灘	28/5 A
114/5 A	74/8 A	31/6 A
121/6 A	85銅鉢山	33/3 B
132/6 A	32/11 A	90/7 A
147/9 A	155/6 B	93/3 B
153/9 A	86銅鐸觀	97/3 B
158/4 B	185/9 A	111/4 B
161/6 A		147/5 B
174/5 B	**8712₇ 歙**	157/5 B
188/7 A	33歙浦	銀山洞
銅鼓灘	20/5 A	28/6 B
110/5 A	62歙縣	銀山縣
銅鼓潭	20/3 A	157/9 B
121/6 A		銀山院
銅鼓淵	**8713₂ 銀**	33/6 A
163/7 A	00銀甕	26銀線潭
銅鼓神	106/5 A	152/4 A
109/5 A	11銀頂峰	銀線陂
50銅螺署	135/5 B	107/6 A
17/11 A	12銀孔泉	31銀江
55銅井山	47/7 A	95/3 B
19/9 A	15銀珠米	103/8 A
42/8 B	35/12 A	銀江水
74銅陵縣	20銀嶂山	103/11 B
22/3 A	34/5 B	32銀溪水
98/7 A	22銀嶺	23/10 B
77銅印山	35/5 A	34銀淋堰
179/4 B	銀山	17/20 B
83銅鐵聖像	11/7 B	37銀湖
156/8 A	12/7 B	17/15 B
銅錢山	19/6 A	40銀幢山
115/5 B	23/8 A	46/8 B

89/15 A

銅山

4/8 A

18/5 B

21/4 A

34/4 A

92/4 B

98/4 B

108/5 A

147/5 B

銅山寨

75/5 A

銅山縣

154/4 B

25 銅牛山

10/20 B

銅佛像

99/9 A

銅佛壩

180/6 B

26 銅泉峽

176/6 A

銅峴山

4/15 B

27 銅盤山

70/6 A

銅盤山

112/5 B

155/6 B

164/5 A

銅盤堤

66/10 B

銅魚山

117/6 A

119/4 A

銅船

121/4 A

銅船湖

120/4 B

30 銅安寨

71/4 B

銅官山

4/15 B

8/8 B

19/9 A

42/8 B

145/5 A

154/10 B

164/5 A

銅寶山

21/8 A

32 銅州

104/6 A

銅州城

104/9 A

銅溪

12/7 B

33 銅梁

151/4 B

154/7 A

銅梁山

159/7 A

銅梁縣

159/3 A

34 銅斗山

29/7 B

銅斗峰

35/12 A

銅斗院

29/8 A

37 銅祠

4/8 A

39 銅沙山

92/7 B

40 銅柱

75/5 A

106/5 A

119/5 B

銅柱灘

174/5 B

43 銅城

38/5 A

銅城堰

48/7 B

銅城鎮

44/6 B

44 銅鼓

106/5 A

117/5 A

118/6 A

119/6 A

銅鼓嶺

124/9 B

銅鼓山

96/5 A

105/7 A

85 錦鏽山
　　81/6 A
90 錦堂
　　22/4 B
　　153/6 B
　　155/5 B

8640₀ 知

35 知津亭
　　94/3 B

8660₀ 智

00 智度寺
　　11/12 A
12 智水
　　183/10 A
22 智樂亭
　　163/6 A
32 智州山
　　122/5 B
43 智城洞
　　115/5 B
61 智顯院
　　25/11 A
91 智炬院
　　147/8 B
92 智燈山
　　167/5 A

8711₄ 鏗

26 鏗泉
　　151/11 A

8712₀ 釣

01 釣龍臺
　　128/11 B
10 釣雪
　　181/4 A
　釣石
　　119/3 B
12 釣水院
　　145/7 A
　釣磯山
　　25/8 B
22 釣川
　　10/12 A
26 釣鯉臺
　　89/15 B
27 釣魚山
　　159/8 A
　釣魚臺
　　25/7 A
　　43/6 A
　　44/7 B
　　80/5 B
　　134/5 A
30 釣灘
　　20/6 B
31 釣潭
　　99/4 B
34 釣渚
　　28/4 B
40 釣臺
　　8/7 B

　　37/7 A
　　81/5 A
　釣臺山
　　10/19 A
51 釣軒
　　112/4 A
58 釣鼇亭
　　29/7 A
　釣鼇臺
　　89/15 B

釣

12 釣水
　　85/3 B

鈎

31 鈎源水
　　96/7 A
37 鈎深堂
　　174/5 A

銅

10 銅石山
　　97/4 B
　　104/7 A
　銅石江
　　108/6 A
22 銅崗山
　　116/5 A
　銅鼎山
　　135/5 A
　銅鼎溪

8490₀ 斜

22 斜川
　151/11 A
　斜崖
　159/4 B
60 斜口水
　27/8 A
71 斜階水
　93/5 B
　斜階山
　90/9 B
74 斜陂水
　55/6 B
80 斜谷路
　183/14 A

8513₀ 鉢

10 鉢盂峰
　99/6 B

8519₆ 鍊

40 鍊塘
　10/11 A

8612₇ 錫

12 錫水
　83/4 A
22 錫山
　11/7 B
32 錫溪水
　123/6 B

45 錫杖泉
　12/12 B
　93/6 A
　135/5 A
80 錫義山
　85/5 B

錫

30 錫穴
　85/4 A

錦

10 錦石
　90/7 A
　101/3 A
　錦石巖
　90/9 A
　錦石溪
　90/9 A
22 錦山
　97/3 A
25 錦繡峰
　99/6 A
　錦繡谷
　25/10 B
　28/7 A
　30/13 A
　補2/5 A
27 錦烏
　115/4 B
　錦阜亭
　97/4 A

31 錦江
　27/3 B
　錦江山
　146/11 A
32 錦州渡
　71/4 B
　錦洲關
　174/5 A
　錦溪
　2/10 B
34 錦波亭
　7/9 B
　錦被山
　176/6 B
37 錦湖亭
　61/4 A
39 錦沙
　8/7 A
　錦沙村
　8/9 A
41 錦墟
　4/8 B
47 錦塢
　2/10 B
60 錦田山
　130/8 B
67 錦照堂
　11/9 A
73 錦院
　17/15 B
77 錦屏山
　185/9 A

8363₄ 猷

32猷州城
19/12 A
22/9 A

8375₀ 餓

21餓虎峪
88/4 A

8377₇ 館

22館仙亭
27/5 B
館仙洞
8/8 A
44館娃宮
5/14 A

8413₄ 鏌

87鏌鋣山
106/6 A
115/5 B

8414₁ 鑄

33鑄浦
10/11 A
83鑄錢巖
35/11 B
鑄錢山
146/13 A
鑄錢監
180/6 A

8415₄ 鏵

17鏵刃山
154/10 A
62鏵影山
157/7 B

8416₀ 鈷

87鈷鉧水
47/5 B
鈷鉧潭
56/7 A

8418₁ 鎮

00鎮亭山
11/12 B
10鎮西樓
45/7 B
48/6 B
22鎮山
9/5 B
27鎮象塔
89/15 A
30鎮淮橋
17/22 B
鎮淮樓
37/8 B
39/6 B
31鎮江府
7/1 A
鎮江寨
71/5 A

32鎮州
124/10 B
34鎮遠樓
153/7 B
40鎮南縣
101/4 B
50鎮蛟石
26/14 A
57鎮靜堂
151/5 B
60鎮國威惠王廟
133/8 B
鎮國院
26/17 A
67鎮明嶺
11/12 B
70鎮雅堂
154/7 B
80鎮羌寨
149/7 A

8418₆ 鑽

10鑽天三里
73/6 B

8471₁ 饒

32饒州
23/1 A
77饒風嶺
189/8 B
饒風關
189/8 B

99/9 A

鐵佛寺
70/6 A
80/5 B
189/7 B

鐵佛院
190/7 A

27鐵豹嶺
149/7 B

鐵船峰
25/8 A
30/12 B

鐵峰山
74/8 A

30鐵牢山
105/7 A

32鐵洲
70/4 B

33鐵冶山
70/6 A

40鐵坑山
98/5 B

鐵索澗
45/8 A

鐵柱
26/9 B
124/7 B

鐵柱崗
39/7 B

鐵柱宮
26/13 B

41鐵獅頂

129/9 A

鐵櫃山
174/5 B

42鐵橋
99/5 B

43鐵城
45/6 B
121/4 A
190/10 A

鐵城山
77/5 A
83/5 B

鐵城戍
190/7 A

44鐵壁嶺
2/17 B

鐵鼓山
161/6 A

鐵塔寺
17/20 B

鐵樹花
124/9 B

54鐵虵山
146/13 A

55鐵井欄
2/17 B
45/8 A

57鐵契
64/10 B

鐵把溪
118/5 A

60鐵圍山

121/6 A

71鐵馬廟
107/6 A

77鐵屐
10/11 A

80鐵人谷
78/6 A

83鐵錢監
147/11 B

91鐵爐山
150/7 A

8315₃ 錢

10錢元璙墓
5/20 A

錢石山
90/9 A

20錢億墓
11/14 A

22錢嚴
119/3 B

錢山
115/4 A

40錢塘
2/11 A

錢塘縣
2/4 B

錢塘縣海棠
2/23 B

80錢倉
21/4 A

40 鍾臺山
　　66/10 A
　　鍾臺峰
　　35/12 A
44 鍾模石
　　129/9 A
60 鍾口江
　　27/8 A
80 鍾會壘
　　186/10 A

8219₄ 鏷

10 鏷石港
　　48/7 B
80 鏷金亭
　　4/12 A

8280₀ 劍

22 劍山
　　35/5 A
　　44/5 B
26 劍泉
　　57/5 A
　　186/5 A
　　192/3 A
31 劍江
　　109/3 A
　　劍潭
　　133/5 A
33 劍浦縣
　　133/2 B
34 劍池

　　26/9 B
　　27/4 B
　　劍池驛
　　26/13 A
35 劍津
　　133/5 A
55 劍井
　　6/6 B
77 劍閣
　　184/7 A
　　186/5 A
　　劍閣道
　　186/6 A
　　劍門
　　192/3 A
　　劍門峽
　　186/6 A
　　劍門峰
　　129/9 A
　　劍門縣
　　186/4 A
　　192/2 A
　　劍門關
　　186/6 A
　　192/1 A
　　192/3 B

8315₀ 鐵

00 鐵甕
　　17/15 B
　　鐵甕城
　　7/11 A

01 鐵龍山
　　150/9 B
10 鐵丁山
　　152/4 B
　　鐵天尊
　　154/10 B
22 鐵嶺
　　97/3 A
　　鐵嶺關
　　189/7 B
　　鐵山
　　21/4 A
　　23/8 A
　　31/6 A
　　78/5 A
　　88/3 A
　　150/5 B
　　157/5 B
　　160/4 A
　　161/4 B
　　183/10 B
　　鐵山水
　　160/5 B
　　鐵山神
　　158/7 A
24 鐵峽山
　　105/7 A
25 鐵牛祠
　　46/8 B
　　鐵牛門
　　19/9 B
　　鐵佛像首

養魚城
　5/16 B
33 養心齋
　76/4 B

8080₆ 貪

22 貪山
　9/5 A
26 貪泉
　57/5 B
　89/10 B

8090₄ 余

00 余襄公祠堂
　90/12 A
　余襄公墓
　90/12 A

8111₇ 鑪

27 鑪峰山
　134/5 B

8113₂ 鐸

27 鐸繩橋
　148/4 A

8114₆ 鐔

31 鐔江
　109/3 A
32 鐔州
　133/7 B
35 鐔津縣
　109/2 A
44 鐔鬱江
　109/3 B

8161₇ 甑

22 甑山
　18/5 B
　49/5 A
　103/8 A
　112/4 A
　123/4 B
　甑山縣
　77/7 A
　甑山縣
　79/7 B

8178₆ 頌

24 頌德坊
　63/3 A
　頌僖堂
　32/9 A

8211₄ 鍾

00 鍾離相公廟
　39/9 B
　鍾離縣
　50/3 A
10 鍾石
　134/4 A
　鍾石灘
　21/8 A
12 鍾延嶺
　127/5 B
13 鍾武故城
　55/8 B
　鍾武縣
　80/6 B
20 鍾秀亭
　146/9 A
　182/2 B
22 鍾川水
　60/4 A
　鍾乳
　86/6 A
　92/5 A
　鍾乳山
　123/6 A
　鍾山
　17/15 B
　18/5 B
　80/4 B
　121/4 A
　鍾山府
　34/8 A
　鍾山峽
　28/6 B
　鍾山縣
　80/6 B
　鍾縣墨池
　33/8 A
　鍾樂水
　60/4 A
27 鍾紹京書堂
　32/13 B

42／6 A

32 會溪城

75／6 B

33 會心堂

62／4 A

164／5 A

37 會軍山

154／10 A

40 會土

10／10 A

會真水

90／10 A

60 會星亭

40／5 B

會昌縣

32／4 B

會景亭

3／8 A

134／4 A

會景樓

4／12 B

77 會同縣

72／2 A

79 會勝亭

145／4 B

88 會節堂

184／7 A

8060₇ 倉

22 倉樂山

86／7 A

43 倉城

39／8 A

77 倉岡山

96／7 A

8060₈ 谷

30 谷永井

111／6 B

44 谷林堂

37／9 A

72 谷隱山

82／11 B

補4／5 B

谷隱堂

21／9 B

80 谷簾水

30,′13 A

谷簾泉

25／8 A

8062₇ 命

48 命教堂

47／5 B

8071₇ 乞

17 乞子石

163／7 A

8073₂ 公

12 公孫山

18′8 B

公孫樓柱

74／9 A

22 公山

187／5 A

公山江

8／9 B

30 公安縣

64／4 B

33 公冶辰墓

39／10 A

44 公燕堂

24／4 A

55 公井縣

160／7 A

67 公路浦

39／9 A

公路城

44／9 A

77 公母山

106／5 B

食

44 食芝山

150／9 B

養

01 養龍池

17／20 A

20 養秀山

167／5 A

27 養魚池

3／9 B

養魚莊

2／19 B

44 着碁臺
161/7 A

80602 含

00 含章殿
17/8 A

10 含雲寺
133/6 A

22 含山縣
48/3 A

含山驛
111/5 A

67 含暉巖
58/6 B

含暉洞
58/6 B

90 含光寺
95/5 B

80604 舍

22 舍利塔
4/16 A

舍利院
46/9 B

43 舍城縣
124/11 A

44 舍蓋堂
20/7 A

80605 善

00 善應觀
34/7 B

01 善譴驛
82/9 B

07 善部
48/6 A

22 善山
20/6 B

30 善濟山
68/7 B

31 善福院
133/6 A

38 善道
44/4 B

77 善興院
12/14 B

90 善光寺
83/7 A

善拳洞
6/11 B

善卷
68/12 A

善卷先生冢
75/7 A

99 善勞縣
121/7 A

80606 曾

22 曾山
100/4 A

27 曾魯公祠堂
11/13 B

40 曾布宅
7/14 A

55 曾井
102/3 A

60 曾口縣
187/3 B

80 曾公洞
103/13 B

會

10 會要所
1/13 A

17 會子務
1/29 B

21 會經樓
185/8 B

22 會仙巖
6/11 A
33/5 A
110/5 B
112/5 B

會仙峰
99/6 B

會仙橋
84/6 A

會仙樓
165/5 A

會仙里
103/13 B

23 會稽山
10/16 B

會稽縣
10/4 A

27 會峰亭

26/10 A

55義井

155/5 B

60義昌水

31/12 B

義昌縣

109/4 B

67義昭縣

100/5 B

74義陵

68/6 A

76義陽山

80/5 B

義陽城

77/7 A

77義熙縣

114/5 B

88義節王開封府旌烈
廟

189/9 B

8060₁ 合

08合旗山

12/13 A

31合江亭

46/6 A

55/6 A

合江樓

99/5 B

合江縣

153/3 B

32合州

159/1 A

合溪

25/4 B

73/4 B

33合浦水

120/4 B

合浦縣

120/3 A

120/5 A

77合肥

45/6 A

合肥縣

45/4 A

合同憑由司

1/27 B

90合掌石

155/7 A

普

00普應廟

158/7 A

普康縣

158/7 B

12普延寺

146/10 A

24普德廟

159/9 A

30普濟湖

11/10 A

普濟院

10/19 B

44/8 B

普甯縣

104/4 A

普安寺

91/6 B

普安縣

125/7 A

186/3 A

32普州

158/1 A

36普澤廟

176/7 B

180/8 A

37普净院

191/6 A

50普惠院

47/6 A

53普成縣

186/4 A

57普静寺

4/16 A

67普照庵

133/6 A

普照巖

104/8 A

普照寺

3/11 A

80普慈縣

158/7 B

普慈院

11/10 A

着

莫

44 莫枕樓
 42/6 B

虆

41 虆頡侯墓
 42/11 A

8050₁ 羊

00 羊廚山
 132/6 A
 羊麻江
 151/10 A
11 羊頭山
 103/11 A
 羊頭湖
 46/8 A
12 羊水
 95/4 A
 羊飛山
 177/5 B
17 羊子嶺
 66/11 B
22 羊乳灘
 191/5 A
 羊山
 27/3 B
 57/4 B
 80/4 A
 165/4 A
27 羊盤山

 152/5 B
 羊角哀墓
 65/4 A
 78/9 A
 羊角嶺
 34/7 A
 羊角山
 23/11 B
 82/11 A
 羊角峰
 28/6 A
31 羊渠驛
 177/5 B
32 羊溪
 64/10 B
40 羊皮山
 46/8 A
43 羊裘軒
 8/8 A
71 羊牙灘
 74/7 A
 羊馬臺
 151/10 A
76 羊腸嶺
 30/11 B
 羊腸山
 73/5 B
 羊腸坂
 154/9 A
77 羊脚石
 29/9 A
 羊門山

 73/5 B
78 羊腹山
 46/8 A

8055₃ 義

00 義帝廟
 57/8 A
 義帝祠
 44/10 A
 義帝陵
 57/8 A
12 義烈廟
 19/12 B
22 義山
 31/5 B
 義山縣
 111/6 A
30 義甯軍
 134/6 B
 義甯縣
 103/5 A
 義宅
 5/11 B
37 義軍
 163/6 A
40 義士
 183/11 B
 義木
 154/7 A
47 義婦塚
 11/14 A
48 義松

18/12 B

44慈孝村

150/8 A

慈姥磯

18/9 A

慈姥山

18/9 A

慈姥竹

18/9 A

50慈惠泉

59/5 A

53慈感廟

12/21 A

113/5 A

60慈恩寺

31/13 A

151/9 A

慈恩院

3/11 A

77慈母山

149/6 B

151/10 B

慈母池

152/6 A

90慈光洞

27/6 A

8034₆ 尊

16尊聖寺

62/5 A

22尊樂堂

55/6 A

44尊者竹

28/7 B

77尊賢堂

146/9 B

8040₄ 姜

04姜詩溪

73/8 B

20姜維廟

147/12 A

姜維山

148/4 B

姜維城

148/4 B

姜維墓

148/5 A

姜維屯

163/9 B

姜維壘

186/10 A

22姜山

120/4 A

165/4 B

28姜俗堂

34/4 B

40姜太公釣魚臺

9/8 A

46姜相峰

130/10 A

姜相墓

130/11 A

50姜秦祠

130/10 B

60姜里湖

43/7 A

8040₇ 孳

25孳生馬監

23/14 B

8040₈ 傘

07傘墊

9/4 B

11傘頂崗

95/7 A

17傘子鹽

182/3 B

44傘蓋山

74/8 A

8041₄ 雉

22雉山

4/11 A

8/7 A

32雉州

4/17 B

46雉場

17/14 B

8043₀ 美

22美豐臺

183/12 A

55美農臺

187/8 A

40/5 A
102/3 B
10無憂城
148/4 B
20無雙亭
37/9 B
無絃亭
147/7 A
29無倦齋
49/6 B
103/10 A
無倦堂
28/5 B
112/4 B
33無心亭
42/6 B
34無為洞
58/7 B
無為軍
補3/7 B
無為寺
4/16 A
無為觀
58/7 B
41無極水
176/6 A
50無盡澗
75/5 B
無盡藏
49/6 B
155/6 B
60無暑堂

92/5 B
64無時山
75/5 B
86無錫侯國
6/12 B
無錫縣
6/4 B
88無等院
163/8 B
90無黨山
178/4 B
96無慍齋
49/6 B

羔

80羔羊堰
3/10 A

8033₂ 念

25念佛巖
190/9 A
念佛鳥
147/10 B
166/6 B

愈

26愈泉
57/5 A

煎

44煎茶溪
151/11 A

8033₃ 慈

10慈雲嶺
2/15 B
慈雲寺
10/19 B
156/5 A
慈雲塔
47/9 A
慈雲院
95/5 B
146/12 B
160/6 A
22慈利縣
70/3 A
30慈濟廟
147/12 A
慈寧宮
1/2 B
31慈福宮
1/3 A
慈福寺
113/3 B
32慈溪
11/8 A
慈溪縣
11/4 A
37慈湖溪
6/11 B
慈湖峽
18/12 A
慈湖水

12 兌水
　　45/6 B

8022₀ 介

00 介亭
　　2/10 A

17 介子推廟
　　44/10 A

37 介湖
　　166/4 B

8022₁ 前

00 前京城
　　3/12 A

32 前溪
　　4/10 A

33 前浦
　　44/5 B

俞

80 俞公巖
　　85/7 A

斧

27 斧峰
　　31/6 B

8022₇ 分

00 分高山
　　125/6 B

12 分飛水
　　100/5 A

分水縣
　　8/4 A

分水岡
　　55/7 A

25 分繡閣
　　12/10 A

30 分宜縣
　　28/2 B

分甯藏書閣
　　26/19 B

分甯縣
　　26/4 A

44 分茅嶺
　　補5/5 A

分枝嶺
　　133/6 B

45 分棟山
　　145/7 A

60 分景亭
　　18/7 A

80 分金寺
　　64/13 B

8024₇ 夔

17 夔子城
　　74/8 A

32 夔州
　　7/1 A

8025₁ 舞

32 舞溪
　　71/3 B

44 舞草
　　147/6 B

47 舞鶴亭
　　7/9 B

76 舞陽侯廟
　　177/6 B

77 舞鳳山
　　156/6 B

82 舞劍臺
　　156/7 B

8025₃ 羲

12 羲水
　　56/6 A

8030₇ 令

17 令尹子文廟
　　77/8 A

42 令狐丞相宅
　　145/8 B

令狐公墓
　　145/9 A

53 令威宅
　　5/18 A

8033₁ 無

00 無言亭
　　190/6 B

08 無訟堂
　　27/5 A
　　28/5 B
　　33/4 B

金銀池
37/10 A
金銀沙
128/11 A
88 金籠山
46/8 B
金竹峰
31/10 A
金箱山
111/5 B
89 金鎖嶺
85/5 A
金鎖潭
89/14 B
90 金堂水
164/5 B
金堂山
164/5 B
金堂寺
189/7 B
金堂縣
164/2 B
91 金爐峰
31/10 A
92 金燈山
66/10 B
146/11 A
金燈院
83/5 B
95 金精山
32/11 A

8011₄ 鐘

22 鐘乳穴
95/6 B
鐘山
28/5 A
34/4 A
128/8 A
135/3 B
147/5 B
159/5 B
37 鐘湖
128/8 A
45 鐘樓石
91/6 A

8011₆ 鏡

10 鏡石
69/6 A
17 鏡子山
153/9 A
34 鏡池
73/5 A
37 鏡湖
10/11 A
46 鏡架山
161/6 A

8012₁ 鈰

31 鈰潭市
64/15 B

8012₇ 翁

12 翁水
90/6 B
31 翁源縣
90/4 A
32 翁洲
11/8 A
翁溪
95/4 A

鏞

32 鏞州
133/7 B

8018₂ 羨

27 羨魚亭
25/6 A
77 羨門鄉
25/8 A

8020₀ 丫

11 丫頭巖
21/9 A
22 丫山
38/5 A

8021₃ 羌

43 羌城
147/11 B

8021₆ 兌

金堤
64/11 A

金相寺
93/5 A

47 金翅山
128/11 A

金柁園
29/7 B

48 金松
12/7 B

50 金推河
48/7 B

55 金井
23/8 A
34/4 A
72/3 B

金井山
75/5 A

金井泉
19/9 A

金井源
34/5 B

金井坑
129/9 B

58 金輪天后廟
164/8 A

金輪峰
25/8 A

金鰲山善濟院御座
12/19 B

60 金星洞
190/7 A

金甲井
49/8 B

金罍井
10/18 A

70 金壁池
155/7 A

71 金馬峽
147/9 B

金馬祠
151/12 B

金馬院
158/5 B

72 金剛巖
58/8 A

金剛嶺
27/8 B

74 金陵
17/13 B

77 金風亭
3/7 B

金鳳山
5/16 B
31/11 B
179/4 B

金鳳寺
90/9 A

金闕巖
30/13 A

金印
19/6 A

金尺石
26/13 B

80 金釜
146/7 B

金鐘潭
135/5 A

金鏡堂
90/9 A

金姜寺
64/15 A

金羊山
158/5 B

金倉山
150/7 A

金倉門
147/9 B

82 金鍾湖
26/13 B

金鍾寺
11/11 B

金鑲江
128/11 A

83 金錢井
188/7 A

84 金釵山
130/8 A

金釵澗
39/7 B

金鐃山
134/5 B

85 金鑱村
94/3 B

87 金銀山
23/10 A

金鵝水
12/12 B
金鵝山
2/18 B
4/15 A
10/20 B
金鵝峰
6/10 B
金鵝池
147/10 A
金鵝堆
9/7 A
金鵝院
47/7 B
金峰
29/6 A
154/7 A
金峰山
35/9 B
105/7 A
金繩山
46/8 B
金繩寺
35/9 B
金繩橋
152/4 A
金繩院
160/5 B
28金黔水
29/7 B
金黔縣
29/3 B

30金冗
147/5 B
金窟
152/3 B
金窟山
29/7 B
金寶山
103/11 B
31金潭
4/8 A
35/5 A
金遷戍
185/9 A
32金州
189/1 A
補8/8 A
金州故城
55/8 B
63/4 A
金溪
99/5 B
104/6 A
33金浦
30/8 A
34金斗
6/6 B
156/4 B
金斗崖
71/4 B
金斗池
45/8 A
金斗城

6/10 B
45/8 A
金港
84/4 B
37金袍鋪
72/4 A
金洞驛
62/4 B
金瀾
73/4 B
39金沙
11/7 B
金沙磧
159/7 A
金沙泉
4/15 A
金沙灘
45/8 A
金沙洞
99/6 A
金沙湖
47/7 A
金沙寺
110/5 A
金沙場
41/5 A
金沙井
2/17 B
161/6 A
金沙團
147/9 B
金沙鎮

金牛塾
　33/5 B
金牛水
　183/15 A
金牛崗
　39/7 A
金牛嶺
　124/9 B
　126/3 A
金牛山
　2/18 B
　3/9 B
　7/11 B
　8/8 B
　45/10 A
　68/8 B
　89/14 B
　150/9 B
金牛峰
　31/11 B
金牛潭
　6/10 B
金牛浦
　55/7 B
金牛池
　31/11 B
　40/6 A
金牛堆
　81/7 A
金牛坡
　34/7 A
金牛縣

　183/15 A
金牛驛
　191/5 A
金牛鎮
　81/7 A
　191/5 A
26 金泉
　6/6 B
　85/4 A
　133/5 A
　189/6 B
金泉山
　103/11 B
　133/6 B
　156/5 B
金泉寺鐘
　133/7 B
金泉井
　156/5 B
金鼻山
　186/7 B
金線紋
　96/5 A
金線陂
　107/6 A
27 金盤山
　162/6 A
金盤村
　176/6 A
金龜石
　28/6 B
金龜嶺

　31/11 B
金龜山
　151/10 A
金龜湖
　35/9 B
金鯽池
　23/11 B
　32/11 A
金烏井
　55/7 B
金魚山
　23/11 B
　121/5 A
金魚池
　2/18 B
　3/9 B
金魚井
　163/7 A
金魚院
　3/9 B
金船
　159/5 B
　164/4 B
金船嶺
　31/10 A
　132/6 A
金船山
　147/9 B
金船洞
　69/9 A
金鵝石
　9/7 A

8010₄ 全

32 全州
60/1 A

40 全真亭
33/4 B

47 全椒縣
42/3 A

8010₇ 益

10 益王府
1/34 A

12 益水
190/6 B

24 益德橫矛之處
78/8 B

27 益漿水
36/6 A

盆

12 盆水
30/8 A

31 盆江
30/8 A

43 盆城
30/8 A

盆城縣
30/15 A

60 盆口
30/8 A

8010₉ 金

00 金主簿墓
185/10 B

金亭峰
34/6 A

金庭洞
83/5 B

金庭觀
10/18 B

金文鐵
174/5 B

01 金龍潭
35/9 B
78/6 A

金龍洞
73/6 A

金龍澗
77/5 B

金龍井
183/15 A

10 金平山
151/7 A

金石
27/4 A

金石山
4/14 B
108/6 A

金石臺
29/7 A

金石鎮
162/6 A

金雲福地
62/5 B

金粟庵
96/5 A

金粟巖
61/4 B

金粟山
3/9 B

金粟洞
130/8 A

金粟臺
128/11 A

金粟寺
70/6 A

12 金水
31/6 A
34/4 A
66/8 A

金水山
164/5 B

金水縣
164/2 B

金孔山
186/7 B

15 金磧山
177/5 B

16 金碧洞
22/8 B

金碧堂
146/11 A

20 金雞石
12/12 B
31/11 B
33/5 B

17 / 28 A
臨溪水
20 / 7 B
臨溪山
12 / 13 B
34 臨漢縣
82 / 12 B
35 臨津縣
186 / 9 B
臨清亭
24 / 4 B
124 / 8 A
125 / 5 A
36 臨湘縣
69 / 3 A
38 臨海縣
12 / 4 A
臨海殿
17 / 7 B
臨滄觀
17 / 22 B
臨滁郡
42 / 10 B
43 臨城縣
22 / 9 A
44 臨桂縣
103 / 3 B
46 臨賀二竹
123 / 7 A
臨賀水
94 / 4 B
臨賀嶺

123 / 5 B
臨賀縣
123 / 2 B
63 臨賦
39 / 6 A

7922₇ 勝

27 勝絶樓
163 / 6 B
32 勝業水
31 / 13 A
60 勝因院
151 / 9 A
勝果院
96 / 4 B
71 勝㮊
58 / 4 B

騰

21 騰軒嶺
96 / 5 B

7923₂ 滕

10 滕王亭
185 / 9 B
滕王閣
26 / 10 B
30 滕戶曹義靈廟
12 / 20 B
50 滕忠烈侯鷹墓
12 / 21 B

8000₀ 八

00 八座山
4 / 14 A
八廟灣
88 / 4 A
01 八龍池
156 / 6 B
03 八詠詩
184 / 8 A
10 八石
77 / 4 B
八石山
42 / 9 A
八百山
2 / 16 B
八面山
129 / 8 A
八面松
2 / 16 B
12 八水河
189 / 7 B
14 八功德水
17 / 25 B
16 八聖寺
4 / 13 B
17 八子堆
4 / 13 B
21 八行科
27 / 7 B
22 八仙亭
64 / 13 B

12／17 A
42／8 A
82／11 A
128／11 B
130／8 B
132／6 A
150／9 A
155／7 B
186／7 B
臥龍峰
174／6 A
臥龍洲
28／6 A
臥龍菴
22／7 A
10臥石
103／8 B
119／3 B
臥雲庵
151／11 A
25臥牛山
74／6 B
187／10 A
臥牛泉
44／8 A
臥牛臺
88／4 A
臥佛寺
82／12 A
32臥冰池
4／14 B
29／8 B

46／9 B
33臥治堂
18／7 A
77臥犀泉
2／19 B
80臥羊山
42／8 A

7876₆ 臨

00臨高縣
124／4 A
10臨平湖
2／22 A
12臨水
123／5 A
臨水源
90／10 A
臨水院
158／6 B
13臨武縣
61／2 A
17臨翠亭
42／6 B
20臨嶂山
79／6 B
22臨川水
29／8 B
127／5 B
臨川山
29／8 B
臨川縣
29／2 B

127／5 B
臨川鎮
127／6 A
臨山城
79／6 B
26臨皋館
49／7 A
29臨愁水
86／7 A
30臨漳臺
131／5 A
臨安山
2／21 B
臨安縣
2／5 B
31臨江三孔讀書堂
94／4 B
臨江郡城
73／8 A
臨江宮
37／12 B
臨江軍
34／1 A
臨江院
90／10 B
臨沅府城
75／6 B
臨沅山
90／10 B
臨汀大溪四
132／6 B
32臨沂縣

2/6 B

32 鹽溪
　　95/4 A
　　148/3 B
　鹽溪村
　　148/4 A
34 鹽池
　、85/4 A
43 鹽城縣
　　39/3 B
　鹽城監
　　39/8 A
55 鹽井
　　73/5 A
　　147/6 B
　　153/7 A
　　161/4 B
　　166/5 A
　　181/4 A
　　182/2 B
　鹽井江
　　180/6 A
60 鹽田
　　98/4 B

7810.9 鑒

21 鑒止
　　96/3 B
22 鑒樂堂
　　159/6 A
30 鑒空閣
　　124/8 A

7821.6 覽

20 覽秀亭
　　56/6 B
　　156/5 A
　覽秀閣
　　35/7 A
　　57/5 B
27 覽衆亭
　　12/10 B
50 覽春亭
　　49/7 A
91 覽悟齋
　　21/6 A
97 覽輝亭
　　17/17 B
　覽輝榭
　　35/6 B
　覽輝堂
　　27/5 A

7821.7 隘

30 隘寨崖
　　71/5 A
77 隘門山
　　補10/5 A

7823.1 陰

10 陰平縣
　　186/3 A
17 陰那山
　　100/5 B

22 陰山廟
　　17/30 A
　陰山關
　　49/7 A
30 陰安故城
　　46/11 B
72 陰氏宅
　　82/13 B
74 陰陵山
　　48/8 B
76 陰陽石
　　73/7 A
　　124/8 B

7831.2 馳

31 馳潭湖
　　43/6 A

7833.4 慇

44 慇孝廟
　　10/24 A

7870.0 臥

01 臥龍庵
　　25/7 A
　臥龍石
　　49/8 B
　　92/6 B
　臥龍巖
　　103/11 A
　臥龍山
　　10/21 A

60興國軍
　33/1 A
興國寺
　7/12 B
　20/11 A
興國縣
　32/4 A
興國院
　82/12 A
76興陽寺
　84/7 B

興

00輿亭
　41/3 B

輿

33輿浦
　37/7 A

77806 賢

12賢水
　56/6 A
28賢牧堂
　10/14 A
　187/6 B
37賢逸洞
　127/5 A
46賢相坊
　90/9 A
47賢妃鎮
　188/8 B

80賢首山
　80/5 B
86賢範堂
　147/6 B

貫

15貫珠泉
　27/7 B

77807 尺

10尺五流
　32/9 B

77827 鄖

22鄖山
　11/8 A
鄖山堂
　11/8 B
62鄖縣古城
　11/13 A

77904 桑

20桑維翰墓
　44/10 A
33桑浦山
　100/4 B
41桑墟
　4/9 A
44桑落洲
　30/12 A
　46/8 A
47桑根山

　42/8 B
60桑田河
　88/3 B

78104 墜

71墜馬川
　129/9 A

78107 監

22監山
　117/5 A
監利縣
　64/5 A
25監使墓
　180/7 B
37監湖
　61/3 B

鹽

00鹽亭水
　154/11 A
鹽亭縣
　154/4 A
鹽亭驛
　100/5 B
22鹽川水
　60/4 A
26鹽泉
　176/5 B
30鹽官
　96/4 A
鹽官縣

00 歐亭山
 4/17 A
22 歐山
 25/5 A
30 歐寶墓
 31/15 A
76 歐陽詹讀書堂
 130/10 B
 歐陽詹書堂
 135/7 B
 歐陽詹母氏墳
 130/11 A
 歐陽都護墓
 103/14 A
 歐陽氏故廬
 130/10 B
80 歐公洞
 36/5 B

7780₁ 具

71 具區
 5/11 B

巽

00 巽亭
 2/10 A
12 巽水
 36/3 B
 130/7 A

興

00 興慶山

 163/8 B
10 興元府
 183/1 B
 補8/1 A
 興平水
 103/12 B
 興平觀
 188/5 B
 興平縣
 31/14 A
 興雲峰
 46/9 B
10 興聖院
 3/11 B
22 興山縣
 73/3 A
 興利場
 23/12 B
24 興化軍
 135/1 A
 興化寺
 28/8 B
 124/10 A
 興化縣
 40/7 A
 43/3 A
 135/2 B
 興化院
 26/17 B
 興德縣
 121/7 A
30 興甯水

 91/6 A
 興甯縣
 91/3 A
 興安縣
 103/3 B
31 興福寺
 5/15 B
 興福寺鐘
 151/13 A
32 興業水
 23/12 B
 興業縣
 121/2 B
38 興道觀
 20/10 B
 興道縣
 190/3 A
 興道院
 12/14 A
44 興勢山
 190/10 A
48 興教寺
 188/6 A
 興教院
 19/8 A
 28/8 B
 48/8 A
 167/5 A
 興教院唐所塑羅漢
 167/6 A
50 興春堂
 55/6 A

7772₀ 印

12 印水縣
 176/7 B
22 印崗山
 107/6 A
 印山
 33/3 B
34 印渚渡
 8/9 B
 印渚山
 2 / 21 B

即

00 即高山
 98/6 B

卯

32 卯洲
 118/4 A

卿

77 卿居寺
 68/10 B

7772₇ 邸

77 邸閣水
 4/17 A
 邸閣山
 4/17 A
 邸閣池
 4/16 B

鷗

50 鷗夷井
 10/20 B

7773₂ 艮

22 艮巖
 158/4 A

閻

10 閻石山
 110/6 A
12 閻水
 185/5 B
22 閻山
 185/5 B
27 閻峰亭
 185/7 B
32 閻州
 185/1 A
 補8/7 A
44 閻苑
 185/5 B
50 閻中山
 185/7 B
 閻中縣
 185/3 A
77 閻風亭
 17/26 B
 閻風臺
 12/16 A

7774₇ 民

30 民安堂
 26/·10 B

7777₀ 臼

12 臼水
 76/3 B
 79/4 B
 84/5 B

7777₂ 關

10 關王嶺
 84/8 A
 關要
 48/6 A
22 關山
 70/5 A
27 關將軍廟
 82 / 14 A
32 關州
 68/10 A
34 關池
 174/4 B

7777₇ 門

10 門下省
 1/11 A
37 門洞
 181/3 B

7778₂ 歐

31/8 A
40/5 B

77604 闊

22闊山
　23/8 A
47闊欄
　175/5 B

77607 問

18問政山
　20/10 B
34問漢亭
　125/5 B
35問津亭
　10/14 A
47問柳亭
　45/7 B
77問月
　28/3 B
　40/4 B
問月亭
　62/4 B

77717 巴

10巴王冡
　175/8 A
巴西山
　152/6 A
12巴水
　29/6 B
　159/4 B

17巴子魚池
　175/8 A
邑子城
　159/9 A
22巴川縣
　159/2 B
巴嶺
　183/9 B
巴嶺山
　190/9 B
巴山
　64/9 A
　73/4 B
　117/5 B
　175/4 B
巴山縣
　34/8 A
　73/8 A
31巴江
　176/5 B
　187/3 B
巴江水
　178/4 B
巴河
　47/5 A
　49/5 A
巴河源
　47/8 A
32巴州
　187/1 A
38巴渝舞
　185/7 B

50巴東縣
　73/3 A
53巴蛇冡
　69/11 A
62巴縣
　175/3 A
74巴陵
　69/5 B
巴陵府
　29/10 A
巴陵城
　69/7 B
巴陵縣
　29/10 A
　69/3 A
巴陵關
　69/7 B
76巴陽硤
　177/5 A
77巴邱
　69/5 B
巴邱山
　69/7 B
巴邱湖
　69/7 B
巴邱城
　34/8 A

鼠

10鼠石
　94/3 A

丹鳳山
　93/5 A
丹丹國
　126/3 B

7744₁ 開

10開元廣福觀古木
　187/11 A
開元宮
　120/4 B
開元寺
　5/15 B
　19/11 A
　28/8 B
　39/7 B
　59/4 B
　68/7 B
　124/10 A
　127/5 A
　131/6 A
　176/6 B
　188/6 A
　補1/3 A
開元寺題梁
　95/7 B
開元寺鐘
　188/8 B
開元觀
　1/19 B
　30/10 B
　59/4 B
　64/15 B

　107/5 B
開元縣
　189/9 A
15開建水
　94/4 B
開建縣
　94/2 B
24開先寺
　25/11 A
開化寺鐘
　19/12 B
開化院
　40/6 A
　190/9 B
30開寶寺
　64/15 B
32開州
　補7/4 A
34開漢樓
　156/5 A
36開邊縣
　163/9 A
67開明王城
　147/11 B
74開陵山
　117/7 A
76開陽縣
　101/4 B

7744₇ 段

10段石崗
　17/22 B

27段約宅
　17/28 B
30段宗仲墓
　154/12 B
77段翳宅
　164/7 B

7760₁ 磐

10磐石山
　86/7 A

閤

26閤阜山
　29/9 B
　34/5 A
77閤門客省四方館
　1/26 A

7760₂ 留

10留雲閣
　30/9 A
20留停山
　189/7 A
27留侯廟
　162/6 B
留峒
　57/5 A
32留灣
　130/7 A
50留春
　28/3 B
留春亭

熙春堂
11/9 A
41/4 A
53熙成殿
1/9 A
77熙熙園
97/5 A

77340 馭

17馭鶴峰
151/11 B
77馭風亭
156/5 A

77364 駱

00駱雍水
107/6 A
12駱水
190/5 B
43駱越水
106/6 A
73駱駝石
46/8 B
駱駝嶺
89/14 B
駱駝山
19/9 B
駱駝洞
31/11 A
78駱駝石
90/8 B
駱駝水

103/11 A
駱駝嶺
33/5 B
190/8 A
駱駝山
103/11 A
148/4 A
駱駝橋
4/16 B
49/8 B
80駱谷
183/11 B
駱谷水
190/7 B
駱谷路
190/8 A

77400 閔

63閔默堂
166/5 A

77401 閣

18閣政堂
77/5 A
32閣溪
186/5 B
40閣喜亭
82/9 B
44閣猿閣
133/6 A

77407 夋

22夋山
3/6 B

學

25學生墓
87/5 B
學繡堰
3/10 B
32學業堂
82/12 A
40學士巖
46/10 B
學士山
159/6 A
學士樓
74/5 A
學士院
1/20 B
50學書池
68/7 A

77440 丹

10丹霞峰
46/9 A
146/12 B
丹霞洞
12/12 A
35/10 A
丹霞觀
2/18 B
123/7 A
丹霞塢

65/1 B

7725₃ 犀

25 犀牛
　　121/4 B
　犀牛池
　　165/5 B
27 犀角山
　　112/5 B
　　176/6 B
　　178/4 B
32 犀溪
　　71/3 B
34 犀港
　　33/3 B
39 犀迷山
　　71/4 B
40 犀皮渡
　　71/4 B
67 犀照亭
　　48/6 B

7725₄ 降

21 降虎峰
　　128/11 B
22 降蠻山
　　112/6 A
40 降真觀
　　156/7 A

7726₁ 膽

12 膽水

21/6 A

7726₄ 居

00 居鹿山
　　105/6 A
20 居住山
　　75/5 A
48 居松山
　　105/6 A

7726₆ 層

21 層步山
　　70/5 B
40 層臺
　　78/5 A
43 層城觀
　　17/11 A

7726₇ 眉

32 眉州
　　補6/10 B
40 眉壽堂
　　128/9 A

7727₂ 屈

31 屈潭
　　69/6 A
40 屈大夫宅
　　74/9 A
43 屈城
　　44/5 A
55 屈曲山

74/6 B
71 屈原寓居
　　69/11 A

7728₂ 欣

22 欣樂城
　　99/8 B
38 欣道縣
　　104/9 A
77 欣欣亭
　　58/6 A
　　60/3 B

7733₁ 熙

30 熙甯中王中正築本
　　州城
　　149/8 B
40 熙臺
　　39/6 A
50 熙春亭
　　92/5 B
　熙春臺
　　98/4 B
　　115/4 B
　　125/5 A
　　134/4 A
　　147/7 A
　熙春樓
　　86/6 A
　　166/5 B
　熙春園
　　35/7 A

18/14 A

53陶威公廟

 25/13 A

70陶雅墓

 20/12 A

72陶隱居墓

 17/30 B

77陶閤使祠堂

 106/7 B

 陶母墓

 25/13 B

80陶令醉石

 25/13 A

 陶公宅

 81/8 A

朋

22朋樂堂

 174/5 B

88朋簪亭

 62/4 B

胸

77胸䐴城

 182/3 B

7722₂ 膠

22膠山

 6/7 A

7722₇ 鴉

12鴉飛山

147/10 B

22鴉山

 19/6 A

 24/4 A

 56/6 A

鵬

24鵬化鄉

 110/5 A

鵰

22鵰山

 28/4 B

鶻

22鶻嶺

 189/7 A

22鶻山

 7/8 A

7723₂ 展

08展旗山

 133/6 A

71展壙

 9/4 B

7724₁ 屏

20屏嶂山

 35/12 A

22屏山

 12/9 B

 112/4 A

27屏角山

 112/6 A

77屏風崖

 71/5 A

 屏風巖

 103/11 B

 屏風山

 25/8 A

 78/7 A

 82/10 A

 147/9 A

鬭

25鬭牛巖

 100/5 A

7724₇ 服

31服源水

 96/7 A

殿

80殿前司

 1/23 A

履

31履江水

 123/6 B

屛

12屛水

 100/4 A

74屛陵故城

30同安故城
46/11 B

同安縣
130/4 A

同官水
92/7 A

33同心山
167/5 A

37同冠峽
92/7 A

50同泰寺
17/27 A

80同食館
45/7 B

用

21用儒堂
64/12 B

岡

32岡州
89/16 A
97/5 B

周

00周文王廟
145/8 B

05周諫議讀書堂
62/6 A

18周瑜廟
45/12 A

周瑜祠
46/12 B

周瑜城
45/11 A

周瑜墓
5/20 A
46/13 A

22周山
34/4 A

24周先生祠堂
131/7 A

27周將軍廟
6/13 A

30周流院
20/10 B

周濂溪祠
159/9 B

周濂溪祠堂
58/9 B

周濂溪墓
30/16 B

周家崗
88/4 A

32周潘書堂
131/7 A

47周赧王女墓
73/9 A

周赧王城
2/23 B

周赧王墓
70/8 A

60周羅山
121/5 B

周羅溪
121/6 A

80周公亭
19/11 A

周公山
147/12 A

周公祠
147/12 A

陶

10陶正白書堂
18/13 B

24陶幼安百花泉巖
85/7 B

25陶朱公墓
65/4 A

26陶侃廟
81/8 A

陶侃城
69/10 B

陶侃墓
66/14 A

陶侃母墓
29/10 B
34/9 A

31陶潛宅
30/15 B

32陶淵明書堂
27/8 B

40陶李峒
107/5 A

44陶基及諸陶氏墓

77220 月

11 月頂山
　　47/6 A
15 月珠院
　　146/12 B
17 月子山
　　47/6 A
22 月川水
　　189/8 A
　月巖
　　21/4 B
　　23/7 B
　　36/3 B
　　145/4 B
　　146/7 B
　　158/4 A
　月嶺
　　64/9 A
　月嶺寺
　　82/12 A
　月山
　　31/5 B
　　103/8 B
　　122/4 B
　　157/5 A
　月山縣
　　157/9 A
24 月峽院
　　157/7 A
　月峽堂
　　73/5 A

27 月峰
　　47/4 B
　　146/7 B
　月峰山
　　146/12 B
　月嶼
　　128/7 B
30 月窟
　　92/4 B
　　155/5 B
　　181/4 A
32 月淵亭
　　131/5 A
　月溪
　　89/10 A
34 月波池
　　179/3 B
　月波樓
　　3/7 B
　　39/6 B
　　49/6 B
37 月湖
　　79/4 B
40 月臺
　　100/3 B
　　106/5 A
　補7/5 A
　月臺山
　— 94/4 A
44 月岥巖
　　58/6 B
　月華山

62/4 B
90/10 A
月村
　28/4 A
月榭
　39/6 A
月桂子
　12/17 A
月桂峰
　2/15 B
45 月樓
　47/4 B
46 月觀
　7/7 A
　25/4 B
　89/10 A
77 月岡
　31/5 B

同

00 同文館
　1/36 A
10 同夏縣
　17/28 A
　同天寺
　71/5 A
22 同樂樓
　44/6 A
　同樂園
　163/6 A
　同樂園
　23/9 A

2/19 A

鳳凰樓
37/9 B

鳳凰井
116/5 A

鳳凰院
130/8 B

鳳閣石
90/8 B

87 鳳翔山
32/11 A

88 鳳簫樓
151/11 B

7721₄ 屋

22 屋嶺水
57/6 A

屋嶺山
57/6 A

尾

77 尾閭
12/9 B

隆

00 隆麿堂
98/4 B

隆慶府
186/1 A

隆慶院
10/19 B

12 隆水

95/4 A

22 隆山
150/5 B

隆山縣
150/10 A

24 隆化縣
180/2 B

31 隆福寺鐘
123/7 A

32 隆州
150/1 A

38 隆道觀
34/7 B

44 隆苑
185/5 B

50 隆中
82/8 B

77 隆興府
26/1 A

7721₆ 閱

13 閱武堂
127/5 A

覺

31 覺源院
22/8 A

38 覺海寺
35/10 B

44 覺苑寺
10/19 B
155/8 B

47 覺報寺
5/15 B

51 覺軒
97/3 A

80 覺慈院
19/8 A

7721₇ 肥

12 肥水
45/6 B
55/5 B
93/3 B

22 肥川
45/6 B

兜

00 兜率山
186/7 A

兜率院
26/17 B

兜率閣
154/11 A

18 兜鍪山
186/6 A

23 兜牟山
85/5 B

7721₈ 颶

77 颶風
118/4 A
124/7 A

50 閩中
　　128/7 A
62 閩縣
　　128/3 B

7721₀ 几

12 几水
　　187/5 A

凡

32 凡洲
　　68/6 B

風

10 風玉亭
　　19/7 A
　　風玉軒
　　2/15 A
　　風雩
　　166/4 B
　　風雩堂
　　166/5 B
　　風雨山
　　26/12 B
　　風雨池
　　26/12 B
　　風雲亭
　　114/4 B
12 風水
　　95/4 A
　　風水洞
　　2/15 B

　　風水堂
　　34/4 B
17 風子山
　　82/11 B
26 風伯山古臺
　　109/4 B
30 風流魚
　　186/9 A
　　風穴
　　23/7 B
　　95/4 B
　　149/5 B
　　154/6 B
32 風溪水
　　94/4 A
37 風洞
　　28/4 B
　　36/3 B
　　70/4 B
　　188/5 A
43 風城
　　76/6 A
44 風林
　　155/5 B
47 風鶴亭
　　45/7 B
55 風井穴
　　73/6 B
77 風月亭
　　31/8 A
　　61/4 A
　　風月臺

　　26/11 B
　　59/4 B
　　124/8 A
　　174/6 A
　　風月樓
　　28/5 B
　　風月堂
　　3/8 A
　　23/9 A
　　47/5 B
　　49/6 B
　　70/5 A
　　83/5 B
　　154/7 B
　　風岡山
　　34/5 B
　　風門山
　　68/8 A
　　146/12 B
　　155/8 B
　　風門堡
　　178/5 A
80 風義堡
　　34/8 B
88 風篁嶺
　　2/15 B

鳳

00 鳳亭
　　189/7 A
11 鳳頭崗
　　96/5 A

105/8 A

43 陽城山
　　83／7 A
44 陽華巖
　　58／6 B
　陽華洞
　　58／7 A
　陽模洞
　　184／8 B
50 陽春亭
　　84／5 B
　陽春郡
　　98／7 A
　陽春縣
　　98／2 B
60 陽口溪
　　105／6 A
　陽里穴
　　107／6 B
67 陽明洞
　　10／15 B
　陽明井
　　145／7 A
74 陽陂湖
　　2／22 A
77 陽關
　　174／5 A
80 陽羨
　　6／8 A
　陽羨古城
　　6／12 A
87 陽朔縣

103／4 A

7623₂ 隰

32 隰州
　補10／3 B

7630₀ 駰

71 駰馬星
　　157／7 A
　駰馬堂
　　135／4 A

7633₀ 驄

71 驄馬橋
　　11／11 B

7634₁ 驛

22 驛山
　　18／5 A

7639₃ 驟

30 驟穴
　　61／3 B
32 驟溪水
　　57／6 B
77 驟岡
　　57／4 B

7710₇ 閶

77 閶闔山
　　33／7 B
　閶闔城

3／12 A
5／17 A
　閶闔塚
　5／19 B

7712₁ 鬭

20 鬭雞臺
　　37／10 B

7712₇ 黳

62 黳嘶神廟
　　150／11 B

7713₆ 閩

10 閩王郊壇
　　129／10 B
　閩王東宮
　　128／14 A
　閩王賜超覺禪師輦
　　128／14 A
22 閩山
　　128／7 A
27 閩候
　　128／7 A
　閩島
　　128／7 A
30 閩宮殿名
　　128／14 A
35 閩清縣
　　128／5 A
43 閩越王郢塚
　　128／14 B

191/7 A
47陳朝檜
　2/23 A
　4/18 B
　33/8 A
50陳東墓
　7/15 B
58陳拾遺宅
　154/12 A
　陳拾遺墓
　154/12 B
　陳拾遺書堂
　154/12 A
60陳國冢
　11/14 A
67陳明府祠
　2/24 A
72陳氏祠堂
　30/15 B
　陳岳陽王墓
　34/9 A
80陳令塘
　25/12 B
　陳公塘
　37/13 A
　38/8 A
　陳公輔祠
　159/9 B

7532₇ 驌

71驌驦陂
　83/7 A

7621₄ 隍

24隍化水
　110/5 B

膧

00膧庵
　5/11 A

7621₈ 颶

71颶颬溪
　114/5 B

7622₇ 陽

00陽府山
　23/12 A
10陽平山
　2/22 A
　陽平關
　183/13 A
　陽雲臺
　64/12 A
12陽水
　78/4 B
　105/5 A
22陽川縣
　110/6 B
　陽巖山
　92/7 B
　陽山
　68/6 B
　陽山郡城

95/7 A
　陽山崗
　92/7 B
　陽山縣
　92/2 A
　陽山縣齋
　92/8 A
　陽山關
　92/8 A
27陽烏橋
　26/14 A
30陽安縣
　145/2 A
31陽江
　98/4 A
　103/8 B
　146/7 A
　陽江縣
　98/2 B
32陽溪
　6/8 A
37陽湖
　6/8 A
38陽海山
　103/12 A
40陽臺廟
　79/8 A
　陽臺山
　79/6 B
　陽壽縣
　105/3 A
　陽壽縣城

76 陵陽山
　19/7 B
　補2/2 A
　陵陽觀
　22/7 B
　陵陽縣城
　22/9 A
77 陵層岡
　110/6 A

74312 馳

38 馳道
　17/6 B

74321 騎

20 騎鯨亭
　147/10 A
47 騎鶴仙
　37/10 B

74381 騏

71 騏驥院
　1/21 A
　騏驥院教駿營
　1/36 B
79 騏驎洲
　134/5 A

74809 熨

34 熨斗山
　38/7 A
　熨斗坡

78/7 A
82/10 A
熨斗陂
　76/4 B

75296 陳

00 陳高祖聖井
　4/18 B
　陳高祖祖墳
　35/13 B
　陳高祖釣臺
　4/18 B
　陳帝三陵
　4/20 A
03 陳誠之隸業之所
　128/14 B
10 陳王祠
　120/5 B
　陳平嶺
　35/12 B
　陳平洞
　147/12 A
　陳霸先墓
　96/8 B
　陳石山
　32/12 B
14 陳瓘祠堂
　133/8 B
17 陳子良墓
　156/8 A
21 陳處士園
　26/19 A

陳師錫墓
　7/15 A
22 陳巖山
　135/5 B
　陳巖墓
　134/6 B
　陳崇儀廟
　103/14 A
　106/8 A
　陳崇儀塚
　43/7 B
　陳崇儀威顯廟
　115/6 B
24 陳侍講故居
　99/8 B
　陳升之宅
　7/14 A
　陳升之墓
　7/15 A
25 陳使君堂
　99/8 B
26 陳伯玉諫開雅路
　147/13 A
32 陳州
　補10/1 B
40 陳壽廟
　156/8 A
　陳壽墓
　156/8 A
44 陳蕃子孫墓
　36/6 B
46 陳相墓

32陸遜墓
　　3/13 B

34陸法和宅
　　65/2 B

37陸鴻漸宅
　　21/9 B

40陸大憲廟
　　66/14 A

　陸士衡宅
　　3/12 B

42陸機宅
　　17/28 A

44陸蓮庵
　　2/19 B

50陸抗墓
　　3/13 B

80陸公泉
　　32/12 B

84陸錡宅
　　3/12 B

7422₇ 隋

00隋文帝宅
　　83/8 B

　隋京
　　37/8 B

10隋玉州
　　78/7 B

　隋石陽故城
　　31/14 A

15隋建縣
　　110/6 B

40隋大業天尊
　　189/9 B

47隋朝柏
　　70/8 A

77隋開皇鐘
　　189/9 B

96隋煬帝宮
　　37/12 A

　隋煬帝陵
　　37/13 B

　隋煬帝鐵鑊
　　78/9 A

7423₁ 臙

71臙脂港
　　18/11 A
　　30/13 A

　臙脂橋
　　23/10 B

7423₂ 隨

24隨化山
　　109/4 A

25隨使户
　　5/15 A

27隨侯臺
　　83/9 A

　隨侯墓
　　83/9 A

32隨州
　　83/1 A
　　補4/5 B

43隨城山
　　83/6 B

62隨縣
　　83/2 B

7424₇ 陀

76陀陽縣
　　32/13 B

陵

12陵水
　　116/4 B

　陵水臺
　　116/5 A

　陵水縣
　　126/2 B

22陵巖寺
　　19/11 B

27陵峰堂
　　19/6 B

31陵江縣
　　110/6 B

45陵柵水
　　126/3 B

50陵青山
　　121/5 A

55陵井
　　150/5 A

　陵井監
　　150/10 A

60陵羅縣
　　116/6 B

6/8 A	154/7 B	10 劉王墓
44 長蘆寺	71 長腰山	89/17 B
38/6 A	86/7 A	130/11 A
長蘆書院	76 長陽溪	劉王花塢
23/13 A	73/7 A	89/16 B
長葛山	154/8 A	劉王銀墓
46/7 A	長陽縣	90/12 A
長蘿山	73/3 A	14 劉琦臺
86/7 A	77 長風沙	82/13 B
長林山	46/7 A	劉琦墓
123/6 A	長風城	79/8 A
長林縣	105/8 B	劉琦樓
78/2 B	長岡	82/13 B
48 長松	31/7 A	20 劉季山
147/6 B	長卿山	83/8 B
50 長史園	186/9 B	22 劉仙洞
10/22 A	長卿里	27/9 A
長泰縣	156/7 B	劉仙觀
131/3 A	長興縣	34/8 B
長春	4/4 B	劉絲城
28/3 B	80 長命洲	7/13 B
60 長圍石	17/24 A	26/18 B
98/6 A	88 長節竹	24 劉備郊天臺
長圍山	124/9 B	66/13 A
44/7 A		劉備城
65 長嘯亭	**7178 6 頤**	69/10 B
82/9 B	22 頤山	74/8 B
長嘯巖	6/8 A	26 劉白河
46/6 B	頤山四亭	88/3 B
長嘯峰	6/9 A	28 劉伶臺
70/6 A		39/9 A
長嘯樓	**7210 0 劉**	劉伶墓

30甌甯縣
129/3 B

7171₈ 匹

25匹練亭
66/9 A

7173₂ 長

00長慶山
35/9 A

長慶寺
59/4 B

01長龍山
59/5 A

10長干
17/16 A

長干塔
17/24 A

長平山
151/8 A
154/8 A

12長水縣
3/12 A

長孫無忌墓
131/7 A

22長嶺山
31/13 A

長利水
189/7 B

長樂水
57/6 B

長樂山
128/12 A

長樂潭
70/6 A

長樂坊
63/3 A

長樂堰
33/6 B

長樂村
134/5 B

長樂縣
91/3 B
128/4 A

長樂鹽門
128/14 B

24長牆山
3/10 B

25長生藥
49/9 A

長生觀
151/9 A

27長峰院
105/6 B

30長甯軍
166/1 A

長安水
57/6 B

31長江水
152/6 A

長江縣
155/3 B

長汀縣
132/2 B

32長州
4/17 B

長洲苑
5/13 B

長洲縣
5/4 B

長溪
128/8 B

長溪縣
128/4 A

37長湖
95/4 A

39長沙王廟
23/14 A

長沙河
44/7 B

40長塘湖
7/10 B

長女山
159/9 A

長壽峰
135/5 B

長壽寺
176/7 A

長壽縣
84/3 A

長壽院
31/13 A

42長坂
78/5 A

長橋
2/11 B

52 馬援城
　　70/7 B
　馬援營
　　121/7 B
55 馬轉山
　　46/8 A
60 馬目山
　　8/8 B
　馬蹄石
　　10/20 B
　馬蹄山
　　23/11 B
　　92/6 B
　馬蹄跡
　　2/19 A
　馬跡石
　　132/6 A
　馬跡山
　　6/11 A
　　7/11 B
　　81/7 A
　　189/8 A
　馬昂洲
　　17/19 B
66 馬嘷山
　　2/18 B
　馬嘷城
　　3/10 A
67 馬鳴溪
　　163/8 A
　馬鳴戍
　　160/5 B

　馬鳴閣
　　184/9 A
　馬跑泉
　　26/14 B
　　106/6 A
　　186/8 A
71 馬肝山
　　74/7 A
72 馬腦山
　　167/5 A
　馬腦寺
　　185/8 A
　馬騣山
　　187/9 B
74 馬騎山
　　121/5 A
77 馬尾泉
　　25/7 A
　馬骨湖
　　76/5 A
　馬駒山
　　186/8 A
　馬閣山
　　186/8 A
　馬門灘
　　121/5 B
78 馬監
　　23/8 A
79 馬騰湖
　　3/10 A
80 馬人山
　　18/11 A

90 馬當山
　　22/7 A
　　30/11 B

7139₁ 驃

74 驃騎山
　　11/11 B

7171₁ 匯

12 匯水
　　61/3 B
　　92/5 A

7171₂ 區

57 區擔州
　　69/9 A

7171₇ 巨

10 巨石
　　98/4 B
　巨石山
　　2/16 A
55 巨蚌如舟
　　69/9 B
71 巨區
　　6/8 A
80 巨人山
　　149/6 B
　巨人跡
　　108/6 B

　　　　甌

86/6 A	馬源水	18/11 A
馬稷祠	190/8 A	28/6 A
147/12 B	馬源山	35/8 A
27 馬盤山	23/11 B	41/4 B
86/6 A	32 馬溪水	42/8 B
馬將軍廟	103/11 A	44/7 B
106/7 B	馬脊崗	49/8 B
28 馬給事墓	32/10 B	59/5 A
44/10 A	34 馬婆溪	73/5 B
30 馬塞山	70/6 B	74/7 A
86/6 A	35 馬連洞	82/11 A
馬灘	181/4 B	89/14 B
161/4 B	37 馬湖	101/3 B
馬渡	146/8 A	103/11 A
120/3 B	馬湖江	105/6 A
馬家渡	163/7 B	112/5 B
17/20 A	馬渦洞	124/9 B
馬窟山	70/7 A	146/13 A
82/10 B	馬祖巖	150/9 A
87/4 B	32/10 B	155/7 B
馬迹石	馬退山	馬鞍山神
5/16 A	106/5 B	5/16 A
馬穴山	40 馬塘堰	馬鞍溪
73/5 B	3/10 A	64/14 A
83/7 A	43 馬娘院	馬鞍坡
31 馬江溪	39/7 B	72/4 B
122/5 A	馬鞍石	50 馬蛟山
馬江縣	90/8 B	89/14 A
107/7 B	馬鞍山	馬忠墓
馬潭	5/16 A	148/5 A
7/8 A	8/8 B	馬忠肅公祠堂
115/4 B	9/7 B	45/11 B

75/3 A

豚

12 豚水
　111/4 B

7124₀ 牙

77 牙門山
　146/12 B

7124₄ 腰

44 腰鼓洞
　176/6 B
74 腰陂橋
　63/3 A

7126₁ 階

32 階湍
　97/3 B
40 階坑
　20/6 A

7128₂ 厥

22 厥山
　4/9 A

7129₆ 原

00 原廟
　42/5 B
27 原鄉縣
　4/17 B

7131₇ 驢

26 驢泉山
　83/7 A
37 驢湖
　44/5 B
40 驢塘
　29/6 B
43 驢城
　78/4 B
80 驢谷水
　189/8 A

7132₇ 馬

01 馬龍池
　146/13 A
10 馬王樂
　55/8 A
　馬王城
　71/5 B
　72/4 B
　馬平
　112/4 A
　馬平場
　110/5 A
　馬平縣
　112/2 A
11 馬頭嶺
　109/4 A
　馬頭山
　38/6 A
　42/8 B

馬頭港
　46/8 A
馬頭城
　64/14 A
馬頭塢
　4/16 B
馬頂山
　82/11 A
12 馬水
　55/5 A
21 馬步江橋
　63/3 A
　馬仁山
　22/7 A
22 馬嶺
　131/4 A
　馬嶺山
　42/8 B
　57/6 B
　111/5 B
　182/3 A
　馬嶺岡
　55/7 B
　馬山
　64/10 B
23 馬伏波廟
　65/3 B
25 馬犇灘
　74/7 A
26 馬息山
　86/6 A
　馬息驛

22/5 A

55/5 B

76歷陽山

48/8 B

歷陽縣

48/3 A

隴

30隴甫山

146/14 A

50隴東山

149/7 B

53隴咸院

147/10 B

7121₂ 陋

30陋室

48/5 A

7121₄ 雁

17雁子湓

64/14 A

雁子橋

25/7 B

21雁止嶺

95/6 A

22雁山

86/5 B

34雁汉口

22/7 A

雁池

91/4 B

37雁湖

120/3 B

40雁塘

35/5 B

42雁橋

76/3 B

44雁塔

153/6 B

雁塔山

130/8 B

47雁翅城

89/11 B

76雁陽故城

75/6 B

77雁門山

17/19 B

152/5 B

186/8 A

壓

10壓雲亭

66/8 B

77壓月山

151/6 A

壓月堂

151/5 B

7122₀ 阿

00阿育王塔

99/10 B

44阿蓬水

176/6 A

阿林縣

104/9 B

51阿耨池

99/6 B

62阿吒山

146/11 B

7122₁ 陕

37陕遞亭

38/6 A

厮

60厮羅漳

49/8 A

厮羅洞

177/5 B

7122₇ 厲

22厲山

83/4 A

7123₂ 辰

12辰水

75/4 B

22辰山

71/3 A

129/7 A

32辰州

75/1 A

辰溪

75/4 B

辰溪縣

146/8 B

70214 雅

17 雅歌樓
132/5 A
雅歌堂
45/7 B
82/9 B
134/4 A
153/7 B
24 雅德橋
117/6 B
30 雅安山
147/11 A
32 雅州
147/1 A

雕

10 雕玉山
57/6 A

70227 防

34 防渚
86/4 B
77 防風廟
10/23 B
防風山
4/18 A
防風氏廟
4/19 A

70241 辟

11 辟疆園
5/17 B
40 辟支巖
135/6 B
辟支堂
91/5 B

70246 障

22 障嶺
101/3 A
31 障江水
104/8 B

70261 陪

00 陪京
17/6 A
47 陪都
17/6 A
77 陪尾
77/4 B
陪尾山
80/5 B

70282 陔

22 陔山
161/4 B

70314 駐

22 駐鸞亭
25/6 A
60 駐目亭
12/10 B

70348 駮

00 駮鹿山
103/11 A

70717 氎

34 氎社湖
43/6 A

71106 暨

76 暨陽
9/5 B
暨陽湖
9/7 B
暨陽城
9/8 A

71136 靈

22 靈崖關
151/10 B
靈絲山
154/8 B

71211 阮

80 阮公溪
4/18 B

歷

12 歷水
55/6 A
22 歷山
10/12 B

鸚鵡堆
9/7 B
鸚鵡塔
95/7 B
164/5 B
鸚鵡林
151/11 A

6752₇ 鴨

21鴨觜山
84/6 B
37鴨湖
82/8 A
100/4 A
43鴨城
6/7 A
47鴨欄
69/6 B
鴨欄磯
69/9 B

6778₂ 歇

71歇馬臺
30/12 A

6782₇ 鄖

17鄖子國
77/7 A
27鄖鄉縣
85/2 B
43鄖城
64/9 A

80鄖公廟
77/8 A

6786₁ 贍

37贍軍西酒庫
1/32 B
贍軍北外酒庫
1/32 B
贍軍北酒庫
1/32 B
贍軍南外酒庫
1/32 B
贍軍南酒庫
1/32 B
贍軍中酒庫
1/32 B
贍軍東酒庫
1/32 B

6802₇ 睇

86睇錦亭
89/12 A

6803₄ 暆

44暆草坡
88/3 B

6814₆ 蹲

22蹲山
31/7 A

6832₇ 黔

31黔江
110/4 A
174/4 A
補7/12 B
黔江縣
176/3 B
32黔州
176/1 A
補7/12 A
50黔中故城
75/6 B
76黔陽故城
75/6 B
黔陽縣
71/2 B

7010₃ 璧

10璧玉津
146/11 A
22璧山
187/5 A
32璧州
187/10 A

7010₄ 壁

22壁山威烈侯廟
175/7 B
壁山縣
175/3 B
壁山普澤廟
159/9 B
35壁津樓

20 野航
　　25/4 B
21 野處
　　23/8 A
30 野容山
　　160/6 B
42 野狐巖
　　26/14 B
　野橋步
　　24/5 A
44 野猪山
　　74/6 B
47 野趣亭
　　125/5 A
50 野吏亭
　　99/5 B
80 野人廬
　　190/6 B
　野人澗
　　151/11 A
　野翁亭
　　2/22 B
　野公亭
　　80/5 A

6712₇ 蹦

66 蹦蹋溪
　　151/11 A

郢

32 郢州
　　84/1 A

43 郢城
　　64/9 A
　　65/1 B
　　66/7 B

6716₄ 路

22 路山
　　62/4 A
67 路嗣恭生祠
　　32/13 A
80 路公溪
　　20/11 B

6722₀ 嗣

22 嗣山縣城
　　184/10 A
32 嗣濮王府
　　1/34 A

6722₇ 鄂

10 鄂王城
　　81/7 B
32 鄂州
　　66/1 A
　鄂州江陵府副都統
　　制司
　　64/6 B
34 鄂渚
　　66/7 B
62 鄂縣城
　　81/7 B

翟鳥

87 鸐鸬湖
　　70/7 A

6732₇ 鷺

22 鷺鷥灘
　　174/6 A

黔

22 黔山
　　20/5 A
62 黔縣
　　20/4 A

6733₆ 照

00 照應院
　　190/9 B
16 照碧亭
　　35/6 B
34 照遠軒
　　22/6 A
44 照菴
　　153/7 A

6742₇ 鸚

17 鸚鵡山
　　18/11 A
　　83/7 B
　　98/5 A
　鸚鵡洲
　　66/11 B

6706₁ 瞻

00瞻衮堂

　43/5 A

60瞻星館

　19/7 A

6706₂ 昭

00昭亭山

　19/8 A

　昭文齋

　17/29 A

10昭王井

　82/13 A

　昭靈廟

　71/4 A

　107/8 A

　昭靈侯廟

　5/19 A

12昭烈廟

　71/6 A

　昭烈張抃廟

　77/8 A

17昭君村

　74/9 A

22昭山

　125/4 B

24昭化縣

　184/4 A

31昭潭

　107/4 A

32昭州

107/1 A

昭州角

　107/7 A

50昭惠公廟

　97/6 B

60昭回閣

　46/6 B

　113/3 B

67昭明宮

　17/9 A

　昭明太子讀書堂

　17/29 A

　昭明太子宅

　7/14 A

　昭明太子書堂

　18/13 B

　93/6 A

　昭明太子釣臺

　22/9 A

　昭昭堂

　28/5 B

76昭陽山

　43/7 A

　昭陽殿

　17/8 B

77昭邱

　78/4 B

6706₄ 略

40略塘

　55/5 B

6708₂ 吹

27吹角壩

　180/6 A

嗽

10嗽王溪

　159/6 B

6710₇ 盟

22盟山

　55/6 A

6711₄ 躍

01躍龍砦

　130/8 B

50躍蛟潭

　92/6 B

71躍馬泉

　29/9 A

6712₂ 野

00野亭

　154/7 A

　野意亭

　128/9 B

07野望閣

　104/6 B

10野石巖

　57/7 A

　野雲溪

　151/11 A

77明月珠
　25/9 B
明月山
　64/13 B
　74/5 A
　75/6 A
　155/6 B
　186/6 B
明月峽
　4/14 B
　73/7 A
　175/6 A
　184/7 B
明月泉
　25/9 B
明月峰
　55/6 B
明月灣
　5/15 A
　99/6 A
明月溪
　42/9 A
　120/4 B
明月池
　62/4 B
　70/5 A
　92/6 B
　190/8 B
　補4/2 B
明月洞
　75/6 A
明月湖

　146/12 B
明月祠
　160/6 A
明月橋
　80/6 A
明月菴
　42/6 A
明月樓
　4/12 A
　64/13 B
　146/9 A
明月岡
　31/8 Ｌ
80明鏡湖
　115/5 B
90明堂宮
　17/10 A

6702₇ 鳴

00鳴鹿祠
　187/10 A
10鳴玉池
　28/7 A
鳴玉洞
　146/9 A
鳴玉堂
　128/9 A
鳴石山
　104/7 A
　113/4 A
12鳴水洞
　26/16 B

20鳴絃峰
　95/6 B
22鳴山
　12/9 A
　69/6 B
　135/3 B
26鳴皋堂
　130/7 B
32鳴湍山
　154/10 B
47鳴鶴山
　11/11 A
　155/7 B
鳴鶴峰
　25/7 A
鳴鶴塘
　44/7 B
77鳴鳳崗
　69/9 B
80鳴鐘山
　155/8 B
84鳴嶢山
　133/6 B
　134/5 B

6704₇ 吸

22吸川亭
　34/4 B
31吸江亭
　94/3 B
吸江樓
　26/12 A

6650₆ 單

43 單娘水
　98/5 B

6671₇ 鼉

01 鼉龍橋
　49/8 B
33 鼉浦
　18/6 A
37 鼉湖
　76/3 B

6682₇ 賜

50 賜書樓
　157/6 B

6701₆ 晚

22 晚山亭
　7/9 B
57 晚静
　104/6 A
　晚静亭
　62/4 B
　123/5 B

6702₀ 明

00 明慶院
　145/7 B
12 明水
　187/5 B
　明水山

　47/6 B
15 明珠浦
　2/17 B
　明珠井
　183/13 B
　明珠曲
　183/13 B
　明珠堂
　43/5 B
16 明聖泉
　83/5 B
　明聖湖
　5/15 A
　明碧軒
　2/14 B
20 明秀樓
　31/8 A
　明秀堂
　27/5 A
　112/5 A
22 明嚴
　12/8 B
　明山
　71/3 A
　125/4 B
　補 5/4 B
　明山廟
　71/4 A
　明山茶
　115/6 B
26 明皇真容
　132/7 A

　明皇銅像
　26/19 B
28 明倫堂
　123/5 B —
　124/8 A
34 明遠臺
　45/7 B
　明遠樓
　104/6 B
　130/8 A
　134/4 B
　明遠堂
　100/4 B
　165/4 B
37 明净山
　156/6 B
38 明道先生祠
　17/29 B
　明道觀
　85/5 B
46 明恕
　43/4 A
　明恕堂
　27/5 A
47 明妃廟
　74/9 B
48 明教院
　28/8 B
　45/10 B
　160/7 A
50 明惠寺
　123/6 B

77 噴月泉
2/16 A

6412₇ 跨

10 跨下橋
39/8 B
27 跨鵠亭
66/8 B
58 跨鼇亭
128/10 A
77 跨鳳亭
151/11 B

6414₇ 跂

77 跂賢堂
188/5 A

6502₇ 嘯

04 嘯諾堂
3/8 A
40 嘯臺
131/4 B
160/4 B
77 嘯月
9/4 B
嘯月亭
28/5 B

6503₀ 映

50 映書軒
159/6 A

77 跂賢堂

6509₀ 味

31 味江水
151/9 B
38 味道齋
49/6 B

6602₇ 喝

10 喝石巖
2/21 A
12 喝水巖
128/12 B

6604₁ 嗥

00 嗥亭
2/10 A

6606₀ 唱

50 唱車山
145/8 A
150/6 B

6624₈ 嚴

01 嚴顏墓
188/8 B
10 嚴震墓
154/12 B
11 嚴礦
154/12 B
17 嚴子陵釣臺
8/10 A
20 嚴維宅

10/22 B
32 嚴州
8/1 A
105/8 A
37 嚴瀨
8/7 B
38 嚴道山
147/11 A
嚴道縣
147/2 B
40 嚴真觀
146/15 A
50 嚴夫子廟
3/13 A
74 嚴陵山
8/9 B
嚴陵瀨
8/9 B
76 嚴陽山
26/17 B
80 嚴公臺
19/12 A
90 嚴光墓
10/24 B

6632₇ 駡

60 駡罟山
86/7 A

6640₄ 嬰

00 嬰齊墓
89/17 B

6240₀ 別

03 別試所
1/15 B

95 別情洲
89/13 B

6280₀ 則

10 則天順聖皇后廟
184/10 B

6299₃ 縣

43 縣城
63/4 A

6303₄ 唳

47 唳鶴亭
3/8 A

唳鶴灘
3/10 A

唳鶴湖
3/10 A

6315₀ 戢

72 戢兵山
20/10 B

6333₄ 獸

12 獸水
83/4 A

24 獸化堂
91/5 A

6355₀ 戰

27 戰鳥山
19/10 A

6363₄ 獸

11 獸頑石
121/5 A

30 獸窟山
7/11 B

6382₁ 貯

10 貯雲臺
31/8 A

6384₀ 賦

04 賦詩臺
38/6 A

10 賦雪
40/4 B

18 賦政堂
184/7 A

27 賦歸亭
47/5 A

6401₀ 叱

77 叱馭橋
147/8 B

叱馭樓
93/4 B

吐

10 吐霧峰
55/7 A

6401₁ 曉

17 曉翠軒
21/6 B

6401₄ 睦

06 睦親鄉
63/3 A

睦親宅
1/34 B

32 睦州城
73/8 A

6402₇ 晞

76 晞陽島
95/5 B

6404₁ 時

10 時雨堂
64/12 A

22 時山
9/5 B

35 時禮山
118/5 B

44 時燕堂
43/4 A

6408₆ 噴

10 噴霧崖
179/3 B

115/6 A

37 羅湖水

118/5 A

羅渾山

101/3 B

40 羅塘水

21/8 B

42 羅刹石

2/22 B

22/8 B

43 羅城

11/7 B

羅城縣

114/5 B

羅城鎮銅鼓

114/5 B

44 羅帶水

147/9 B

羅蒙水

115/6 A

羅黄山

98/5 A

羅村

191/4 B

羅村潭

115/5 B

羅葉水

110/5 A

46 羅幔山

109/3 B

50 羅奉山

115/6 A

60 羅目江

146/10 B

羅田水

101/3 B

123/6 B

羅田縣

47/3 B

62 羅影山

110/5 A

71 羅蠶山

113/4 B

72 羅隱宅

19/12 A

羅隱墓

2/25 A

19/13 B

76 羅陽山

119/4 B

77 羅鳳水

98/5 A

羅降隘

115/6 A

80 羅含巖

56/10 A

羅含墓

4/19 B

55/8 B

羅公山

71/5 A

81 羅領山

98/4 B

87 羅鈎社山

115/6 A

羅□溪水

111/6 B

6101₀ 毗

00 毗亭山

4/17 A

17 毗耶山

124/8 B

77 毗邪山

125/6 B

6101₁ 曬

20 曬禾石

35/11 B

6101₄ 旺

32 旺溪山

72/4 A

6103₂ 啄

43 啄弋河

44/8 A

6104₀ 旰

12 旰水

29/6 B

35/6 A

31 旰江

35/6 A

旰江亭

35/6 A

106/6 A

羅紋山
174/5 B

22 羅山
80/4 B
99/4 B
109/3 A

羅山縣
80/3 B
80/6 B

25 羅繡水
119/4 B

羅繡墟
110/5 A

羅繡縣
104/9 B

27 羅多水
178/4 B

羅侯山
159/6 A

羅繩山
147/9 B

30 羅富山
115/6 A

31 羅江水
119/4 B

羅源縣
128/5 A

32 羅州
116/6 A

羅州城
80/6 B

羅州縣
116/6 A

羅洲
69/6 A
98/4 A

羅溪
95/3 B
131/4 B

羅浮水
119/4 B

羅浮山
40/6 A
89/13 B
91/6 A
99/7 B
107/5 B
119/4 B
174/5 B

羅叢岩
110/4 B

34 羅池
112/4 B

羅池亭
112/5 A

羅漢石
27/8 B

羅漢巖
12/18 B
23/13 A
28/7 B
35/8 A
66/12 B

77/6 B
99/6 B
129/10 A
134/6 A

羅漢山
89/15 A

羅漢溪
104/7 B

羅漢洞
93/5 B
157/9 A
184/9 B

羅漢寺
59/4 B
128/13 B

羅漢菜
47/8 A

羅漢松
28/7 B

羅漢井
44/8 B

羅漢院
25/11 B
33/7 A
145/8 A
146/12 B
154/11 B
161/5 B
165/6 B

羅漢屏
131/6 B

羅洪洞

86/5 B

24 景德寺

32/12 A

33/5 A

35/9 A

景德寺鐘

26/19 B

景德觀

25/10 B

景德國清寺

12/14 B

景德院

26/12 A

145/7 B

150/9 B

26 景和樓

97/4 A

景程齋

102/3 B

27 景邸堂

93/4 A

30 景濂堂

89/11 B

167/4 A

景穴

179/2 B

31 景福寺

188/6 A

34 景祐寺

111/5 A

35 景清堂

66/9 A

44 景蘇堂

20/7 A

景韓堂

28/5 B

50 景泰讀書巖

158/7 B

60 景星巖

12/16 A

89/15 A

景星宮

152/4 B

景星寺

71/4 A

75/6 A

104/8 A

176/6 A

景星觀

56/9 A

62/4 B

75/6 A

125/6 A

景呂堂

19/7 B

74 景陸堂

111/5 A

121/4 B

景陵縣

76/2 A

76 景陽山

17/10 B

63/2 B

188/5 B

景陽樓

17/10 B

景陽井

17/10 B

77 景賢堂

147/7 A

80 景谷縣

184/10 A

6091₄ 羅

00 羅文山

115/5 B

羅辨山

104/8 B

羅辨縣

104/9 B

116/6 B

羅衣江

176/6 B

07 羅望江

121/6 A

10 羅霄山

28/8 B

11 羅琴山

98/4 B

12 羅水

60/3 B

98/4 A

116/4 B

羅水縣

98/7 B

20 羅秀山

164/7 A

昌利化

164/7 B

24昌化石

125/6 A

昌化軍

125/1 A

昌化縣

2/7 A

125/3 A

27昌黎伯廟

100/6 A

31昌江山

69/8 B

32昌州

161/1 A

43昌城

88/3 A

60昌國縣

11/4 B

昌邑王城

25/12 A

昌邑城

26/18 B

昌邑墓

26/20 A

6060₄ 固

10固王故城

87/5 A

44固封山

87/4 B

6071₆ 罨

50罨畫溪

4/15 A

6/11 A

6073₂ 圓

40圓壇

1/8 B

6080₁ 異

20異香堂

161/4 B

26異泉

81/4 A

是

60是是堂

25/6 B

6080₆ 圓

22圓嶠亭

24/4 B

圓山

131/4 B

26圓泉

57/5 A

31圓潭

31/7 A

37圓通洞

62/5 A

圓通寺

30/11 A

31/13 A

圓通院

10/19 A

39圓沙

89/11 A

40圓臺山

78/7 A

67圓明寺

109/4 A

80圓會亭

42/6 A

90圓光亭

105/6 A

6090₄ 困

00困庵

27/4 B

22困山

128/7 B

果

10果下馬

101/3 B

22果山

156/4 B

6090₆ 景

10景靈宮

1/6 B

22景山

82/8 B

昇仙橋
　84/6 A
昇山
　4/9 B
　128/7 B
40昇真觀
　117/6 B

6050₀ 甲

12甲水
　189/7 A

6050₄ 畢

21畢卓墓
　18/14 A

6050₆ 圍

32圍洲
　120/4 A
44圍碁關
　189/8 A
50圍春堂
　86/6 A

6060₀ 回

01回龍洞
　31/11 B
回龍寺
　184/9 B
22回山
　33/3 B
31回河水

　76/5 B
37回瀾
　184/6 B
回軍渡
　38/7 B
71回雁峰
　55/7 B
回馬嶺
　42/8 A
77回鶻營
　74/8 B

呂

00呂亭
　46/5 A
呂亭山
　46/10 B
17呂丞相頤浩墓
　12/21 B
呂子明墓
　9/9 A
23呂岱墓
　40/7 B
27呂將軍廟
　56/10 B
40呂嘉墓
　89/17 B
43呂城鎮
　7/13 B
44呂蒙宅
　129/11 A
呂蒙城

　56/9 B
　65/1 B
　66/13 A
80呂公灘
　20/11 A
呂公洞
　66/13 B
　150/7 A
　165/6 B
呂公堤
　146/15 A
呂公井
　188/5 B
90呂光廟
　153/11 A
　167/6 A

昌

10昌元觀
　161/7 B
昌元縣
　161/2 B
12昌水
　93/4 A
16昌聖寺
　86/7 B
昌聖院
　151/9 A
22昌山
　28/4 A
　90/7 B
昌利山

123/4 B

60401 旱

22旱山

183/11 A

補8/1 A

60404 晏

12晏水

120/4 A

17晏子城

4/17 B

32晏州

103/13 A

60407 曼

25曼倩山

33/7 B

60416 冕

22冕山

23/8 A

60427 禺

22禺山

89/9 B

32禺州

104/9 A

60430 吴

00吴章山

25/11 B

30/14 A

吴京

17/6 A

07吴望山

58/8 A

10吴王府

1/34 A

吴王讀書堂

81/8 A

吴王磯

79/7 A

吴王溝

40/7 A

吴王獵場

3/12 A

吴王城

5/17 A

38/8 A

81/7 B

吴王墓

23/14 A

26/19 B

吴王夫差墓

2/25 A

5/19 B

吴平縣

34/8 B

吴天師墳

2/25 A

11吴頭

26/9 B

12吴水

55/5 B

12吴孫韶得大鼎

8/10 A

吴孫王墓

5/20 A

吴孫氏陵墓

7/14 A

13吴武陵墓

108/7 A

吴武義二年銅鐘

23/14 A

吴順義二年鐘

45/12 A

吴順義三年鐘

23/14 A

22吴川

116/4 B

吴川水

60/4 A

116/5 B

吴川縣

116/3 A

吴嶺

135/3 A

吴山

2/12 A

129/6 B

吴樂鄉

78/8 A

25吴儂山

11/10 B

30吴宫

思賢堂
　12/10 B
　23/8 B
　24/4 A
　27/5 B
　30/9 B
　42/6 B
　49/6 B
　56/7 A
　77/5 A
　104/6 B
　129/7 B
　150/6 A
　163/6 A
　184/7 A
79思隣山
　106/6 A
80思會洞
　101/3 B
　思公山
　187/7 A
88思籠山
　106/7 B
90思堂
　3/6 A
　165/3 B
97思恨洲
　108/6 A
　思鄰山
　115/5 A

恩

10恩平江
　98/6 B
　恩平縣
　98/7 A
32恩溪水
　90/9 B
34恩波亭
　33/4 A
　123/5 B
53恩威堂
　153/7 B
76恩陽縣
　187/3 A

6033₁ 黑

01黑龍山
　42/8 A
　黑龍泉
　177/5 B
　黑龍潭
　2/19 A
　190/7 A
　黑龍寺
　42/8 A
12黑水
　146/7 B
　152/3 B
　163/5 B
　183/10 B
22黑崖山
　180/5 B
　黑巖洞

　75/5 A
34黑池山
　187/8 B
40黑壤山
　162/6 A

6033₂ 愚

00愚亭
　56/4 A
32愚溪
　56/5 A

6034₃ 團

00團亭湖
　46/10 B
10團石山
　88/4 A
22團山
　95/4 A

6039₆ 黥

40黥布父母墳
　47/9 A

6040₀ 田

34田祐恭祖父母墳塋
　178/5 A
　田祐恭墳塋
　176/7 B

早

22早山

11/8 B

四明雪
11/9 B

四明山
10/14 B
11/9 B
128/12 A
156/6 A
157/7 A

四照亭
5/13 A
183/12 B

四照閣
2/14 A

77 四層閣
64/13 A

四學
17/7 B

四學士
43/5 B

四賢詩
190/8 A

四賢樓
174/6 B

四賢堂
32/9 B
42/7 A
73/5 A
77/5 B
83/6 B
122/5 A
157/7 A

158/5 A
192/3 B

80 四益堂
28/5 B

四并堂
37/9 B
93/4 B

四會
96/3 B

四會亭
25/5 B

四會縣
96/3 A

見

22 見山
167/3 A

見山亭
2/14 B
45/7 B
47/5 B

見山樓
47/5 B

見山閣
12/10 A
29/7 A

見山堂
22/6 A

31 見江亭
128/8 B

32 見溪堂
180/4 B

40 見大天
73/7 B

48 見梅亭
24/4 B

6022₈ 界

22 界山
8/7 B

33 界浦山
55/7 A

6033₀ 思

00 思亭
118/4 A

思唐山
178/4 B

思唐州
110/6 B

01 思龍水
97/5 A

思龍山
97/5 A

思龍江
114/5 A

10 思玉山
105/7 A
106/6 A

思王山
178/4 B

思王縣
178/5 A

思靈島

32 墨溪
　69/6 A

34 墨池
　10/10 B
　26/9 B
　29/6 A
　31/6 B
　34/4 A
　156/4 B

44 墨莊
　34/4 A
　墨林
　187/5 A

49 墨妙亭
　163/6 B
　墨妙堂
　188/5 A

60107 疊

10 疊玉山
　17/21 A
　疊石庵
　25/8 B
　疊石山
　71/5 A
　122/5 A

17 疊翠亭
　30/9 B

20 疊嶂亭
　47/5 B
　疊嶂樓
　19/6 B

22 疊綵巖
　103/10 A

53 疊蛇山
　97/5 A

60127 蜀

12 蜀水
　26/9 B
　27/3 B

22 蜀崗
　37/7 B
　38/5 B
　蜀山
　2/12 A
　149/5 B
　152/4 A
　蜀山寺
　45/10 B

31 蜀江
　174/4 A

50 蜀春堂
　27/5 A

55 蜀井
　37/7 B

60 蜀口
　補8/8 B
　蜀口山
　74/6 A

60132 暴

44 暴藥臺
　151/11 B

60147 最

00 最高山
　180/5 B

60153 國

10 國王城
　82/12 A

17 國子監
　1/24 A

20 國信所
　1/22 B

22 國山
　6/7 B
　國山城
　6/12 A

35 國清塘
　135/4 A
　國清堂
　135/4 A

50 國史院
　1/12 B

77 國用司
　1/25 B
　國興院
　128/13 B

60210 四

00 四方山
　155/8 A

07 四望亭
　18/7 B

10 捲雪樓
33／4 A
66／8 B
捲雨樓
107／5 A
110／4 B
捲雨閣
46／6 B
91 捲煙閣
60／3 B

6001₄ 睢

74 睢陵城
44／9 A

6002₇ 昉

44 昉村
20／6 A

6006₁ 暗

20 暗香亭
151／11 A
22 暗嶺山
122／5 A
暗山
178／4 A

6010₀ 日

02 日新堂
128／8 B
22 日山
12／8 A

35／4 B
122／4 B
31 日涉
28／4 A
44 日華山
62／4 B
46 日觀亭
42／6 B
日觀堂
2／14 A
55 日井
89／10 A
58 日輪寺
150／7 B
71 日曆所
1／13 A
77 日月峰
146／12 B
日月池
10／15 B
日月湖
26／12 B
日岡
31／5 B
80 日益齋
45／7 A
84 日鑄嶺
10／16 A

旦

22 旦山
57／5 A

6010₁ 目

22 目巖山
107／5 A
目嶺水
90／9 B

6010₄ 里

10 里下山
47／8 A

星

17 星子縣
25／2 A
23 星牖
85／4 A
26 星泉井
89／12 B
28 星徽堂
128／9 A
30 星宿山
174／5 B
44 星楠院
164／5 A

墨

01 墨龍
29／5 B
22 墨嶺山
20／8 A
墨山
69／6 A

72賴氏金
　132/7 A
88賴簡池
　145/7 B

58016 攬

20攬秀亭
　30/9 B
22攬轡亭
　39/6 B
　123/5 B

58027 輪

12輪水
　98/4 A

58031 撫

11撫琴臺
　161/7 A
30撫安縣
　121/7 A
32撫州
　29/1 A
48撫松亭
　61/4 A

58040 撒

44撒花臺
　76/5 A

58101 整

37整冠亭
　90/8 A
67整暇堂
　89/11 B
　147/6 B
　153/7 B

58116 蛻

01蛻龍洞
　2/19 B
22蛻仙臺
　95/7 B

58161 蛤

37蛤湖
　35/5 B

蟥

32蟥溪
　128/7 B

58240 敖

22敖嶺
　27/4 B

敷

00敷文閣
　1/11 B
28敷復山
　116/5 B
33敷淺原
　30/11 A

58327 驚

22驚山
　55/5 A

58336 鰲

12鰲水
　86/5 B
27鰲峰亭
　99/6 A

58717 籠

00籠亭
　2/11 A
11籠頭石
　29/9 A
　籠頂峰
　128/11 B
12籠水
　188/4 B
22籠山
　31/7 B
　157/5 B
　188/4 B

58772 瞥

22瞥山
　91/4 B
37瞥湖
　91/4 B

59012 捲

22静山
　　66/8 A
　静山堂
　　46/6 A
30静室
　　35/4 A
　静安寺
　　3/11 B
31静江府
　　103/1 B
　静福山
　　92/7 A
　　補5/3 A
32静州城
　　187/10 B
33静治堂
　　17/17 B
　　24/4 A
　　34/4 B
　　96/4 B
　　115/4 B
　　155/6 B
　　156/5 A
36静禪山
　　92/7 A
38静海都鎮
　　41/5 A
　静海縣
　　41/2 B
40静境亭
　　42/6 A
　静南縣

　　161/7 B
44静共堂
　　24/4 A
　静林寺
　　4/15 B
50静春臺
　　66/8 B
　静春堂
　　93/4 A
67静明山
　　47/5 B
79静勝亭
　　26/11 B
　静勝堂
　　147/6 B
84静鎮堂
　　12/9 B
90静賞樓
　　105/5 B

5742₇ 鄞

12鄞水
　　155/6 A
31鄞江
　　154/7 A
38鄞道
　　154/7 A
62鄞縣
　　154/3 A
　鄞縣城
　　154/11 B
　　154/12 A

5743₀ 契

10契石
　　91/4 B

5750₂ 擎

44擎鼓山
　　19/8 B
71擎甌樓
　　187/6 A

5790₃ 繋

01繋龍洲
　　108/5 B
　繋龍橋
　　154/9 A
22繋綰石
　　165/5 B

5798₆ 賴

00賴應山
　　154/11 A
01賴龍池
　　150/9 B
10賴三池
　　161/6 B
22賴山
　　145/4 A
27賴黎池
　　145/7 B
34賴波溪
　　161/5 B

提

21 提刑司
　23/4 A
　32/5 B
61 提點刑獄司
　103/5 B
77 提舉市舶司
　89/7 B
　提舉司
　22/3 B
　48/3 B
　提舉茶鹽常平司
　29/3 B
　提舉常平茶鹽司
　55/4 A
　68/4 B
　89/7 B
　103/5 B

5613₄ 蜈

58 蜈蚣珠
　112/5 A
　蜈蚣峽
　36/5 A

5619₃ 螺

00 螺亭
　32/8 B
10 螺玉山
　74/7 B
12 螺水
　123/5 A
17 螺子山
　31/11 A
22 螺川
　31/7 B
　螺崗
　81/5 B
31 螺江
　128/7 A
32 螺洲
　9/5 A
　23/7 B
　螺溪
　12/8 A
77 螺岡
　118/4 A
80 螺金山
　74/7 B

5701₂ 抱

08 抱旗山
　89/15 A
10 抱玉巖
　82/10 A
　抱雲石
　132/5 A
12 抱水
　101/3 A
17 抱子石
　26/18 A
　抱子山
　11/10 B
　60/4 A
21 抱虎嶺
　124/9 B
31 抱 福山
　92/7 A

5701₄ 握

12 握登山
　10/21 A

擢

20 擢秀峰
　32/11 B
　擢秀閣
　46/6 B

5701₆ 挽

17 挽 翠亭
　4/12 A

5702₀ 捫

23 捫參閣
　161/4 B

輐

22 輐 山
　81/4 B

5702₇ 搗

44 搗藥石
　91/5 B

150/8 A
43曹城
　　45/6 B
　　80/5 A
　曹娥江
　　10/23 A
　曹娥墓
　　10/24 B
44曹封州墓
　　129/11 A
　曹幕山
　　89/12 B
56曹操城
　　183/16 B
60曹景宗墳
　　82/14 A
80曹公洲
　　69/10 B
　曹公城
　　66/13 A
　曹公與喬蕤戰處
　　47/8 B

5580₆ 費

34費褘洞
　　66/13 B
　費褘墓
　　184/10 B
62費縣
　　17/28 A

5590₀ 耕

10耕雲軒
　　23/9 A
60耕園驛
　　131/5 A

5580₉ 樊

32樊溪
　　180/4 B
38樊道
　　163/5 A
　樊道縣
　　163/9 A

5601₁ 擺

83擺鋪
　　177/7 A

5601₇ 挹

17挹翠亭
　　93/4 B
35挹袖軒
　　89/12 A

5602₇ 揚

17揚子橋
　　37/11 B
32揚州
　　37/1 A
47揚帆水
　　186/6 B
60揚口
　　76/3 B

揭

76揭陽山
　　91/6 A
　揭陽樓
　　100/5 B
　揭陽縣
　　100/2 B

暢

22暢崟
　　110/4 A

5604₁ 捍

38捍海堰
　　39/7 B
　　43/6 B

揖

17揖翠堂
　　161/4 B
20揖秀亭
　　36/4 B
44揖蓮堂
　　130/8 A
79揖勝亭
　　33/4 B

5608₁ 捉

77捉月亭
　　18/7 A

191/6 B
扶留藤
109/4 A
扶桑雞
11/11 B

5504₃ 轉

12 轉水臺
135/4 B
27 轉般倉
38/7 B
39/8 B
37 轉運司
26/5 B

5505₃ 捧

16 捧硯亭
185/8 A
60 捧日天武龍神衞等
指揮寨并殿前司
馬步軍三司諸軍
寨
1/36 B
捧日寺
151/6 A

5508₁ 捷

00 捷鷹崖
92/6 B

5510₀ 蚌

37 蚌湖

91/4 B
43 蚌城
64/10 B

5514₇ 蚰

53 蚰蛇
121/4 B

5533₇ 慧

10 慧雲院
155/8 B
22 慧山
6/7 B
40 慧力寺
34/7 B
60 慧日峰
2/16 A
67 慧明院
2/20 B

5560₀ 曲

00 曲亭山
42/7 B
12 曲水
151/11 A
182/2 B
曲水亭
2/14 B
6/8 B
45/7 B
22 曲崖隘
180/5 A

31 曲江
90/7 A
曲江亭
90/8 A
曲江縣
90/3 B
32 曲溪
44/5 B
34 曲池水
84/6 B
43 曲城
17/16 A
71 曲阿
5/11 A
74 曲肱亭
19/7 A
77 曲尺山
74/6 A
88 曲竹
107/4 B

5560₆ 曹

00 曹亭
153/7 B
10 曹王皋墓
73/9 A
13 曹武市
84/8 A
27 曹將港
78/8 B
32 曹溪水
90/9 B

33掩浦
　4/10 B

5402₇ 拗

11拗頭灘
　74/6 A

5403₈ 挾

32挾溪亭
　10/14 A

5404₁ 擶

44擶藥山
　21/7 B

5404₇ 披

00披衣山
　188/6 B
10披霧亭
　27/5 A
　披雲島
　99/6 A
　披雲峰
　20/8 B
　披雲樓
　3/7 B
20披香殿
　17/7 R
22披仙亭
　27/5 B
77披風
　9/4 B

　披風堂
　64/12 A
86披錦亭
　190/6 B

5408₁ 拱

17拱翠樓
　94/3 B

5416₁ 蜡

37蜡湖
　131/4 A
　蜡湖廟
　131/7 A

5500₀ 井

10井一十三所
　110/7 A
11井研故城
　150/10 B
　井研縣
　150/3 A
22井山
　161/4 B
26井泉
　107/4 A
40井九山
　161/6 B
84井鑊山
　150/6 B

5502₇ 拂

10拂雲亭
　36/4 B
　61/4 A
　拂雲樓
　38/5 B
　拂雲館
　182/2 B
12拂水泉
　123/6 B

5503₀ 扶

01扶龍山
　156/6 B
15扶疎堂
　105/5 B
21扶盧山
　96/5 A
22扶嵐山
　115/5 B
44扶蘇城
　補10/2 A
　扶萊縣
　104/9 B
47扶歡市
　180/7 A
　扶歡山
　180/5 B
76扶陽山
　59/5 B
　扶陽場
　62/6 A
77扶風將軍廟

22 成仙宅
 61/5 B
26 成和聚
 85/5 B
32 成州
 補9/2 A
46 成相院
 47/6 A
47 成都府
 補6/1 A
 成都王國
 65/1 A
 成都山
 151/9 B
 成趣亭
 40/5 A

威

08 威敵堂
 43/5 A
12 威烈侯普澤廟
 161/7 B
13 威武廟
 113/4 A
 113/5 B
 118/5 B
 威武堂
 128/9 B
24 威化雷公廟
 118/5 B
32 威州
 148/1 A

34 威遠縣
 160/2 B
50 威惠廟
 91/7 A
61 威顯廟
 78/9 A

戚

50 戚夫人
 190/10 B
 戚夫人廟
 190/10 B

咸

30 咸甯縣
 66/4 B
 咸甯院
 176/6 B
40 咸喜堂
 80/5 A
55 咸慧寺
 151/9 A

盛

00 盛唐山
 46/10 A
22 盛山
 109/3 A
24 盛德堂
 127/6 A

感

00 感應廟
 102/4 A
 感應泉
 107/6 B
60 感恩水
 125/6 B
 感恩縣
 125/3 A
80 感義江
 109/4 A
99 感勞山
 125/6 A

5340₀ 戎

43 戎城縣
 108/6 B

戒

15 戒珠寺
 10/18 B
 戒珠院
 150/7 B

5401₂ 抛

23 抛毬峰
 99/6 B

5401₄ 挂

47 挂鶴泉
 12/17 A

5401₆ 掩

55/7 A
20 採香徑
　5/14 B
　9/7 A
44 採蓮渡
　92/6 A
　採蓮舟
　123/5 B
　採芝
　48/5 A
　採菱城
　62/5 A
77 採桑村
　76 /5 A

52110 虬

40 虬塘
　81/5 B

52169 蟠

01 蟠龍石
　81/7 A
　蟠龍山
　31/11 B
　94 /4 A
　121/5 A
　179/4 B
　185/7 A
　蟠龍塘
　3/10 A
　蟠龍寺
　28/6 A

146/13 A
28 蟠谿水
　150/8 A
42 蟠桃巷
　68/9 A
　蟠桃塢
　128/10 B

52601 誓

26 誓鬼臺
　151/12 A

52900 刺

47 刺桐城
　130/9 A

53000 掛

40 掛榜山
　113/4 A
44 掛鼓壇
　24/5 A

53027 輔

60 輔國水
　92/7 A
80 輔公祏城
　17 /28 A

53111 蛇

01 蛇龍山
　165/5 B
22 蛇山

100/4 A
32 蛇灣城
　135/4 B
　蛇溪水
　34/7 A
44 蛇黃崗
　110/5 A
77 蛇骨洲
　25/7 A

53150 蛾

77 蛾眉亭
　18/7 B
　蛾眉崗
　95/6 A
　蛾眉山
　2/19 A
　38/6 A
　蛾眉洲
　30/11 B

53186 蠙

15 蠙珠觀
　83/7 A
32 蠙洲
　23/7 B

53200 戌

22 戌山
　4/9 B

成

5104₀ 軒

26軒皇臺
151/12 A
54軒轅臺
151/12 A

5104₁ 攝

22攝山
17/17 A

5104₆ 掉

77掉尾灘
74/6 A

5109₁ 摽

42摽幡嶺
89/15 A

5111₀ 虹

57虹蜺石
90/8 B
87虹飲亭
162/5 B

5178₆ 頓

22頓山
107/4 A
77頓邱城
42/10 A

5194₃ 耩

22耩山
116/4 B

5202₁ 折

32折溪
71/3 A
44折桂亭
25/5 B
折桂庵
25/10 B
折桂嶺
129/8 B
折桂坊
63/3 A
折桂岡
31/9 B
折桂閣
3/8 B
47折柳亭
17/18 A
187/6 A
折柳橋
145/7 A

斬

01斬龍亭
38/6 A
50斬蛟渚
82/11 B

5206₄ 括

44括蒼山

12/11 A
括蒼洞
12/11 A

5206₉ 播

22播川城
180/3 A

5207₂ 拙

00拙齋
25/4 B
拙高
117/4 B
90拙堂
9/4 B

搖

10搖雪堂
151/5 B
20搖香亭
補6/14 A
88搖鈴崗
44/8 A
97搖輝亭
43/5 A

5207₇ 插

10插雲閣
145/5 A

5209₄ 採

10採霞峰

東昌故縣
31/14 B

東園
26/8 A
38/4 B
42/4 B
69/5 B
167/3 B
187/5 B

東果園
64/12 B

東羅縣
120/5 B

67東野亭
128/8 B

71東甌
128/8 A

74東陵聖母廟
37/18 B

75東陳縣
46/12 A

76東陽
37/7 A

東陽山
44/7 A

東陽潭
70/5 A

東陽澗
165/5 A

東陽城
44/7 A
175/7 B

東陽故城
44/9 A

77東邱
56/4 B

東閣
42/4 B

東巴山
187/8 B

東巴州城
187/10 B

東巴縣
187/10 B

東關
48/5 A

東關縣
154/4 B

東門山
11/10 A

東興縣
35/12 B

80東人山
103/10 A

東金院
47/6 A

東龕
187/5 B

東龕院
188/8 A

東谷
86/5 A

83東錢湖
11/10 A

東館
49/5 A

84東鎮山
12/18 A

88東筦縣
89/6 A

90東堂
130/6 B

5101₁ 排

10排霄峰
46/9 B

21排衙石
2/22 B

71排牙石
43/6 A

5101₇ 拒

31拒江橋
63/3 A

5102₀ 打

44打鼓石
47/8 A

5103₂ 振

00振夜亭
32/9 A

振文樓
167/4 A

51振振亭
58/6 A

東洋橋

130/9 A

東海

11/7 A

東海龍王廟

40/7 B

東海恭王廟

39/9 B

東遊水

184/8 A

187/8 B

東遊臺

38/7 A

39 東沙

41/4 A

40 東臺

25/4 B

109/3 B

159/5 A

東臺院

154/8 A

東壕壙

110/5 B

東布洲

41/4 B

東寺

3/7 A

東梓

2/12 A

41 東壩

187/5 B

東極山

176/6 A

43 東城

48/5 A

64/9 B

89/9 B

44 東坡

49/5 A

東坡庵

2/23 B

東坡寫經之所

38/8 A

東坡詞堂

6/13 A

東坡臺

124/11 A

東坡故居

49/9 B

99/8 B

東坡別業

6/13 A

東華山

48/7 B

東華臺

34/7 A

東楚

39/6 B

東林山

4/13 A

東林寺

30/10 B

150/8 B

東林院

188/8 A

45 東樓

9/4 B

東樓溪

61/5 A

47 東猫山

124/9 B

東都

37/6 B

48 東松州

73/8 A

東松菴

20/9 A

50 東掖山

12/18 A

東掖門

17/9 B

51 東軒

27/3 B

35/4 B

55 東井

111/4 B

東井書堂

135/7 B

60 東蜀里

6/9 B

東圃

66/7 A

東界山

35/9 B

東田

17/6 B

10/15 A

東峰

34/3 B

東峰書堂

135/7 B

30東流山

19/10 A

東流溪

159/6 A

東流場

22/7 A

東流縣

22/3 A

東瀼水

7/1 B

東安水

94/4 B

東安郡城

2/23 B

東安巖

132/6 B

東安縣

56/2 B

東宮

1/5 A

17/6 B

東官郡故城

89/16 A

31東江亭

55/6 A

東江祠

32/13 A

東河

88/3 A

東遷縣

4/17 B

32東州道院

163/6 A

東溪

4/11 A

10/11 B

44/4 B

89/9 B

129/7 A

133/4 B

166/4 B

180/4 A

東溪亭

158/4 B

33東浦

7/7 B

東浦亭

6/9 B

東冶

128/8 A

東冶亭

17/24 B

34東斗山

121/5 B

東池

161/4 A

東漢襄鄉縣城

88/4 A

東漢水

159/6 B

東浹口

11/10 A

35東津

152/3 B

154/6 B

177/3 B

東津山

26/13 A

東清水

103/10 A

36東禪院

47/6 A

132/6 B

37東湖

12/9 A

26/8 A

28/4 A

31/5 B

47/5 A

64/9 B

66/7 A

100/3 B

128/8 A

130/7 A

131/4 A

東湖亭

130/8 A

東湖書院

26/18 A

38東游水

補8/7 A

02東新橋
　99/8 A
07東郊
　131/4 A
10東五亭
　6/9 A
東平府
　補10/1 A
東百官宅
　1/34 B
東西溪
　130/9 A
東西塚
　39/10 B
東雲陽
　7/10 B
11東斑江
　113/4 B
　115/6 A
12東刊山
　12/18 A
13東武
　10/11 B
東武山
　154/7 B
東武州
　2/16 A
東武關
　7/10 A
20東舜城
　9/8 A
東雙泉

　83/6 A
22東嶽廟
　43/7 A
　153/8 A
　158/7 A
東巖
　55/5 A
　102/3 A
　146/6 B
　153/6 B
　157/5 B
　188/4 B
東巖院
　145/5 B
東嶠
　36/4 A
東嶠山
　93/5 A
東山
　7/7 B
　10/11 A
　17/16 B
　31/5 A
　34/3 A
　44/4 B
　59/4 A
　64/9 B
　78/4 B
　94/3 A
　98/4 A
　100/3 B
　111/4 A

　113/3 B
　116/4 A
　128/8 A
　134/3 B
　145/4 A
　154/6 B
　159/5 A
　163/5 A
　164/4 A
　167/3 B
　181/4 A
　補5/4 B
東山嶂
　35/9 B
東山寺
　6/9 B
　105/6 B
　154/8 A
　167/5 A
25東律院
　146/14 A
東犇灘
　74/6 B
26東白山
　10/15 A
東泉
　70/5 A
東泉院
　24/4 B
東皁山
　155/7 B
27東岫山

74/8 B
190/10 A
秦王城
86/8 A
秦王拖鍬嶺
42/10 B
秦雲閣
190/7 A
-12秦水
58/4 B
61/3 B
89/11 A
146/8 A
17秦君亭
130/10 A
22秦川山
56/8 B
秦巖
58/4 B
秦山
3/7 A
58/4 B
123/4 B
23秦稽
10/9 B
26秦皇石
10/21 B
秦皇纜船石
2/23 A
秦皇馳道
3/12 A
秦皇履跡

41/5 A
27秦郵
43/4 B
30秦淮
17/14 A
31秦潭
7/7 A
32秦州城
38/7 B
秦溪水
156/7 A
37秦鑿渠
103/13 B
38秦游山
8/10 A
40秦吉了
166/6 B
40秦柱山
5/17 B
43秦城
103/8 A
103/13 A
秦城驛
103/13 A
43秦始皇廟
3/13 A
74秦馳道
56/10 A
77秦關
93/6 A
80秦人峰
35/12 B

秦人洞
26/18 B
68/10 B
90秦少游次題海棠橋
113/5 B

5090₆ 東

00東亭
4/7 B
112/4 A
東亭湖
24/4 B
東亭澗
75/5 B
東廬山
17/24 B
東齋
42/4 B
64/9 B
東方山
33/6 A
81/5 B
東方朔讀書堂
33/8 A
東府
10/11 B
東府城
17/11 B
東廣
37/7 A
01東龍山
42/8 B

22表豐廟
　42/11 A
50表忠觀
　2/20 A

5077₇ 春

12春水
　61/3 B
22春山
　55/5 B
　58/5 B
32春溪水
　58/8 A
74春陵侯冡
　58/10 A
　春陵濂溪
　58/9 A
　春陵故城
　58/8 B
　88/4 B

5080₆ 貴

10貴平山
　150/8 A
　貴平縣
　150/3 A
　貴平鎮
　145/8 A
22貴山
　22/5 B
32貴州
　111/1 A

貴溪
　4/10 A
貴溪水
　162/5 A
貴溪山
　21/7 A
貴溪縣
　21/2 B
34貴池
　22/5 B
貴池亭
　22/6 B
貴池水
　22/6 B
貴池寺
　22/6 B
貴池縣
　22/2 B
88貴簡堂
　47/5 A

5090₀ 末

22末山
　27/4 B

末

12末水
　55/5 B
　57/4 B
22末山
　57/4 B
76末陽縣

　55/2 B
78末陰縣故城
　55/8 B

5090₂ 棗

17棗子林
　74/5 B
22棗山
　19/5 B
76棗陽軍
　88/1 A
　補4/6 A
　棗陽縣
　88/2 B

5090₃ 素

10素靈宫
　190/7 B
47素馨
　98/4 B
88素節軒
　150/6 A

5090₄ 秦

07秦望山
　2/23 A
　3/10 B
　9/8 A
　10/21 B
10秦王試劍石
　42/10 B
　秦王洞

5044₇ 冉

20冉香堂
　　35／6 B
21冉仁才墓
　　177／7 A

5050₃ 奉

02奉新縣
　　26／4 A
　　33／7 B
06奉親堂
　　23／8 B
16奉聖寺羅漢
　　158／11 A
24奉化水
　　92／7 A
　奉化縣
　　11／3 B
40奉真閣
　　24／5 A
60奉國水
　　185／7 B
　奉國縣
　　185／4 A
　奉恩溪
　　180／5 B

5060₀ 由

90由拳
　　3／6 A
　由拳山
　　2／22 A
　由拳縣
　　3／12 A

5060₁ 書

10書雲樓
　　107／5 A
20書舫
　　47／4 B
40書臺山
　　155／7 A
　　159／7 A
45書樓山
　　163／7 A
51書軒
　　190／6 B
73書院峽
　　179／5 A
88書筒山
　　103／11 B
90書堂石
　　91／5 B
　書堂巖
　　90／11 B

5060₃ 春

12春水
　　92／4 B
29春秋山
　　45／9 B
31春江亭
　　37／9 A
32春州
　　98／7 A
44春草亭
　　49／7 A
47春穀故城
　　19／12 A
　春穀縣
　　18／13 A
50春申君廟
　　5／19 A
　春申君祠
　　6／13 A
　春申君封邑
　　6／12 A
　春申君墓
　　68／11 A
　春申君開申浦
　　9／8 A
67春野亭
　　128／8 B
77春風亭
　　45／7 A
　春風嶺
　　49／7 A
　春風臺
　　161／5 A
　春風堂
　　184／7 A
78春陰亭
　　66／8 B

5073₂ 表

186/6 B

18惠政堂

48/6 B

20惠愛堂

25/6 A

22惠山泉

6/11 B

惠山寺

6/11 B

30惠濟潭

12/11 A

惠安寺

10/20 A

惠安縣

130/4 A

32惠州

99/1 A

33惠心泉

160/6 B

34惠遠廟

127/6 A

36惠澤廟

190/9 A

37惠通泉

124/8 B

58惠輪殿

17/8 B

60惠因院

2/20 B

77惠風亭

10/13 A

惠民泉

191/5 A

80惠慈樓

122/5 A

惠養堂

78/5 B

5033₆ 忠

09忠讜水

94/4 A

忠讜山

94/4 A

10忠正王廟

145/8 B

12忠烈廟

4/19 B

66/14 A

忠烈王廟

118/5 B

忠烈祠

191/6 B

13忠武堂

186/6 A

17忠勇蘇公祠

130/11 A

22忠利廟

163/9 B

23忠獻堂

130/7 B

26忠穆廟

94/5 A

30忠宣橋

145/5 A

忠定祠

66/14 A

32忠州

124/10 B

補7/8 A

34忠祐廟

166/7 A

忠祐顯應侯廟

123/7 B

40忠嘉堂

151/5 B

44忠孝亭

17/18 B

忠孝樓

186/6 A

忠孝堂

29/7 A

46忠恕堂

47/5 B

47忠懿王廟

128/14 B

48忠敬堂

166/5 A

60忠景廟

101/5 A

77忠賢堂

71/6 A

5040₄ 婁

60婁景洞

187/11 A

188/7 B

青溪宮
17/9 A

青溪七橋
17/25 B

青溪姑祠
17/29 B

青溪柵
17/21 B

33青浪灘
75/5 A

34青漆樓
17/21 B

37青澗
58/4 B

40青堆沙
18/10 B

青堆鎮
3/9 A

43青弋江
19/9 A

青城
151/4 B
151/12 A

青城山
151/6 B
183/13 B

青城縣
46/12 A
151/3 A

44青坡湖
72/4 B

青藤坡
83/6 A

青藤鎮
76/5 B

青蓮寺
3/9 B
152/4 B

青蓮院
145/7 A
157/8 A
180/5 B

青草岸
69/9 B

青草渡
55/6 B

青樹溪
74/7 B

青蘿山
72/4 B

青林湖
47/7 A

青林城
76/5 B

青林苑
17/9 B

55青蚨
115/4 B

56青螺峰
31/11 B

60青田巖
60/4 A

70青障山

2/18 A

71青原山
31/9 A

74青陂塘
24/5 A

76青陽山
64/15 A

青陽洞
59/5 A

青陽縣
22/2 B

77青鳳關
189/7 A

80青羊峽
183/15 B

青羊溪
74/7 B

青着院
47/7 A

87青銅山
74/7 B

88青銼山
183/13 B

肅

50肅肅亭
58/6 A

5033₃ 惠

04惠讚王廟
116/7 A

10惠雲寺

73/2 B
94 夷惜水
146/14 B

5010₆ 畫

25 畫繡堂
77/6 A
88 畫錦山
36/5 B
畫錦坊
45/7 B
畫錦院
185/8 A
畫錦閣
61/4 A
畫錦鋪
56/9 B
畫錦堂
157/6 B
88 畫簾堂
19/7 B

畫

01 畫龍山
117/6 A
畫龍柱
5/13 A
22 畫山
103/8 A
120/4 A
0 畫扇峰
64/14 B

77 畫屏軒
133/5 B
畫門山
176/6 B

5010₇ 盡

33 盡心堂
26/11 A
146/9 A
155/6 B
165/4 B

5013₂ 泰

22 泰山
81/3 B
泰山廟
74/9 B
30 泰甯寺
10/21 A
泰甯縣
134/2 B
32 泰州
40/1 A
77 泰興縣
37/3 A

5013₆ 蠱

22 蠱絲
113/3 A

5014₈ 蛟

22 蛟山

6/7 A
9/5 A
30 蛟灘
20/6 B
蛟穴
26/9 B
37 蛟湖
35/5 A
40 蛟塘
132/4 B
55 蛟井
26/9 B
71 蛟蜃穴
27/7 A

5022₇ 青

00 青衣水
146/11 B
青衣山
146/12 A
青衣江
163/6 B
青衣神
146/12 A
01 青龍崗
36/5 A
青龍山
7/11 A
17/21 B
26/14 A
青龍泉
164/6 A

84/8 B

50 申申堂
62/4 B
67 申明公城
70/7 B
80 申公巫臣冢
5/19 B

車

10 車靈故城
75/6 B
13 車武子宅
70/8 A
車武子墓
81/8 A
34 車渚市聚螢臺
70/7 B
36 車湘港
76/4 B
37 車湖
81/4 A
42 車橋
88/3 B
44 車蓋亭
77/5 A
車蓋山
4/15 B
42/7 B
57 車輅院
1/21 A
74 車騎山
10/22 A

182/3 B
車騎城
162/5 A
77 車門山
23/10 B
83 車錢山
129/9 A

50014 擁

17 擁翠亭
190/6 B
擁翠樓
153/7 B
50 擁青閣
35/7 A
60 擁思水
160/6 B
擁思茫水
150/8 A
88 擁節亭
85/4 B

50027 摘

60 摘星巖
12/16 A
摘星臺
37/9 A
摘星樓
37/9 A

50030 夫

17 夫子崖

179/5 A
21 夫盧山
93/5 A
47 夫椒山
6/12 B
50 夫夷
62/4 A
夫夷侯國
62/5 B
夫夷故城
62/6 A
80 夫人山
120/5 B
夫人祠
59/6 A
夫人城
82/13 A

夷

00 夷市
81/4 A
26 夷白堂
24/4 A
30 夷牢山
163/8 B
32 夷洲
12/9 B
38 夷道縣城
73/8 A
74 夷陵紙
73/7 B
夷陵縣

159/6 A

163/6 B

27 中鵠鄉

　　63/7 A

　中峰

　　12/9 A

　　159/5 A

　中峰巖

　　131/5 B

　中峰菴

　　135/6 A

30 中宿峽

　　89/14 A

　中宮寺

　　56/7 B

　中宮院

　　26/15 B

31 中江

　　18/6 B

　　145/4 B

　　154/7 A

　　157/5 A

　　164/4 A

　中江水

　　145/5 B

　　153/10 A

　　160/5 B

　　164/6 B

　　167/4 B

　中江縣

　　154/3 A

　中河

88/3 B

33 中梁山

　　183/12 A

35 中津橋

　　12/18 A

38 中泠泉

　　7/10 B

40 中女祠

　　150/11 B

43 中城

　　148/4 A

　中城山

　　78/7 A

44 中茅峰

　　17/24 A

　中華山

　　35/9 B

50 中書省

　　1/11 A

66 中巖

　　167/3 B

77 中巴

　　187/4 B

　中興亭

　　17/24 B

史

17 史君石

　　47/8 B

　史君巖

　　153/10 B

　史君山

30/11 A

　史君灘

　　177/5 A

83 史館

　　1/12 A

吏

72 吏隱

　　125/4 B

　吏隱亭

　　34/4 B

　　190/6 B

　吏隱堂

　　110/4 B

　　127/5 A

曳

25 曳練坊

　　5/14 B

申

26 申伯廟

　　80/7 A

　申伯冢

　　80/7 A

27 申將軍廟

　　45/12 A

33 申浦

　　9/5 B

34 申港

　　補1/2 B

40 申大夫廟

4980₂ 趙

00 趙康州徐夫子廟
　　39／10 A
　　趙康州墓
　　39／10 B
01 趙龍圖墓
　　81／8 B
　　趙龍圖思顯廟
　　49／9 B
10 趙王冢
　　86／8 A
12 趙延義宅
　　154／12 A
18 趙矜墓
　　112／6 A
23 趙佗墓
　　89／17 A
　　趙佗故城
　　89／15 B
24 趙岐墓
　　65／4 A
30 趙家山
　　38／8 A
35 趙清獻公閑堂
　　2／23 B
40 趙臺山
　　189／7 B
50 趙忠烈墓
　　39／10 B
　　趙忠簡公祠堂
　　130／11 A

60 趙園
　　153／7 A
73 趙陀石
　　66／13 A

4991₁ 桄

47 桄榔亭
　　96／6 A
　　桄榔庵
　　125／5 B
　　桄榔山
　　57／7 A
　　104／8 B
　　桄榔木
　　121／6 A

4992₇ 梢

10 梢雲山
　　20／8 B
　　梢雲閣
　　151／11 A

5000₀ 丈

80 丈人觀
　　151／10 B

5000₆ 中

00 中廬故城
　　82／13 A
10 中平山
　　121／5 B
　　中天竺

　　2／16 A
　　中石城山
　　164／6 B
22 中巖
　　133／5 A
　　中峩山
　　146／9 B
　　中山
　　17／16 B
　　中山城
　　82／10 A
23 中允亭
　　81／5 B
24 中德堂
　　105／5 B
26 中峴山
　　82／10 A
　　中和堂
　　2／14 A
　　21／6 A
　　22／6 A
　　45／7 B
　　57／5 B
　　64／12 A
　　68／7 A
　　70／5 A
　　77／5 A
　　84／5 B
　　99／5 B
　　115／4 B
　　123／5 B
　　130／7 B

47拼欄山
　133/7 A

4894₆ 樽

87樽俎堂
　166/5 A

4895₇ 梅

00梅亭
　56/4 B
　梅市
　10/10 A
10梅平洞
　64/14 B
17梅子山
　42/8 B
　梅子港
　49/7 B
20梅香堂
　102/3 B
22梅岑山
　11/11 A
　梅巖
　2/10 A
　130/7 A
　梅仙山
　69/8 A
　129/11 A
　133/6 A
　梅仙觀
　45/10 A
　梅嶺

　8/7 A
　26/10 A
　29/5 B
　32/8 B
　35/4 B
　36/3 B
　93/3 B
　梅嶺山
　32/10 B
　梅嶺溪
　166/6 A
　梅山
　45/7 A
　48/5 A
　59/4 A
　79/5 A
27梅峰
　135/3 A
31梅源山
　20/8 B
　梅福宅
　26/18 B
　34/8 B
32梅州
　102/1 A
　補5/4 A
　梅溪
　10/10 A
　19/5 B
　134/4 A
　梅溪水
　100/4 B

　梅溪山
　4/17 A
33梅浦水
　55/7 B
　梅梁
　10/10 A
　梅梁殿
　17/8 A
34梅渚鎮
　24/5 A
37梅洞
　167/3 B
　梅洞溪
　166/6 A
　梅湖
　10/10 A
40梅臺
　12/8 A
　84/4 B
　梅李尖
　10/18 A
43梅城里
　79/7 A
44梅坡
　59/4 A
　梅花巖
　23/12 A
　梅花澳
　128/10 B
　梅花橋
　24/5 A
　梅花院

10松石
155/5 B
161/4 B
174/4 A
17松子山
83/6 B
166/6 A
22松巖
12/8 A
松嶺
82/8 B
135/3 A
松嶺山
152/5 A
松嶺關
152/5 A
松崑寺
19/8 B
松山
180/4 B
26松泉
17/15 A
31松源鎮
102/4 A
32松州城
70/7 B
松派水
90/8 B
松溪
129/6 B
松溪縣
129/4 B

松溪院
35/10 A
37松湖
49/5 A
38松滋褚都督義門
65/3 A
松滋縣
64/5 B
44松蓋山
83/6 B
松桂堂
59/4 B
松蘿山
20/9 A
46松柏廟
107/5 A
松柏臺
61/4 A
74松陵江
3/8 B
77松風亭
20/7 A
25/6 B
27/5 A
32/9 B
99/5 B
松風閣
81/5 B
159/6 A
松風堂
128/9 B
松月亭

145/5 A
松岡亭
102/3 B
松屏
174/4 A
松關
131/4 B
松門
12/8 A
松門山
12/16 B
25/10 B
26/13 B
73/6 B
94松煤
125/5 A

48940 枚

20枚乘宅
39/9 A
36枚迴洲
64/14 B

橄

48橄欖珠
124/8 B
橄欖山
103/12 B
橄欖墟
94/3 B

48941 栟

翰林司
　　1/27 B
翰林司營
　　1/36 B
翰林灘
　　158/7 B
翰林院
　　1/20 A
　　1/27 B
翰林堂
　　91/7 A
60 翰墨堂
　　157/6 B
70 翰辟山
　　18/8 B

4844₀ 教

17 教子齋
　　68/7 A
40 教坊
　　1/28 B
46 教場
　　1/30 B
47 教弩臺
　　45/8 A
50 教忠崇報寺
　　12/19 A

4844₁ 幹

12 幹水
　　116/4 B
幹水縣

116/6 B
22 幹山
　　10/10 B

4850₂ 擎

10 擎天巖
　　129/9 B
擎雷水
　　118/5 A
擎雷水陷湖
　　118/5 B
擎雷山
　　118/5 A

4860,₁ 警

00 警亭
　　24/4 A
12 警水
　　58/5 B

4864₀ 故

60 故壘山
　　186/7 A
故邑山
　　3/12 A
71 故長城縣城
　　4/18 A
80 故人亭
　　56/7 A

敬

00 敬亭山

19/8 A
敬齋
　　19/5 A
20 敬愛堂
　　23/9 A
80 敬義齋
　　155/6 B
88 敬簡堂
　　9/6 B
　　28/5 B
　　119/3 B

4891₁ 槎

12 槎水
　　83/4 B

4892₁ 榆

74 榆陂
　　88/3 A

4892₇ 梯

10 梯雲嶺
　　135/5 A
　　163/6 B
梯雲洞
　　35/12 A
梯雲樓
　　156/5 A
梯雲閣
　　106/5 B

4893₂ 松

2/14 A

4793₂ 根

17根子菜
77/6 A

4794₀ 栅

31栅江
48/5 A

椒

77椒邱城
26/18 B

4794₇ 穀

22穀山
32/8 B
36/3 B
82/8 A
35穀神山
82/12 A
43穀城
82/8 A
82/13 A
補10/4 A

4795₂ 橍

44橍林崗
88/3 B

4796₁ 櫓

27櫓魚嶺

57/6 B

4796₂ 榴

44榴花洞
128/10 A

4814₀ 救

21救虎閣
5/13 A
44救苦寺
77/7 A

4816₆ 增

43增城縣
89/6 B

4824₀ 散

12散水
162/4 B
44散花灘
81/6 A
散花洲
33/4 B
47/6 A
81/6 A

4826₁ 猶

12猶水
36/4 A

4832₇ 鷲

27鷲兔山

58/7 B

4841₇ 乾

00乾亨寺鐘
124/11 A
10乾元寺
4/16 A
22乾崗
130/7 A
23乾峨山
158/4 B
24乾德縣
87/5 A
28乾谿臺
補10/1 B
32乾溪
64/11 B
44乾艾山
158/4 B
67乾明寺
85/5 B
146/10 A
乾明院
183/14 B
77乾闥婆城
97/5 B

4842₇ 翰

44翰苑臺
27/8 B
翰林亭
74/5 A

46桐柏山
　　10/18 A
　　12/16 B
　　80/5 B
　　83/6 B
　桐柏洞
　　83/6 B
　桐柏觀
　　12/16 B
　桐柏縣
　　83/8 B
56桐扣山
　　2/20 A
77桐几
　　10/10 B

柳

00柳文惠廟
　　112/6 A
07柳毅泉
　　5/18 A
12柳水
　　112/4 B
17柳子山
　　82/12 A
22柳山
　　18/5 B
　　26/10 A
24柳先生祠堂
　　56/10 A
27柳將軍墓
　　23/14 A

32柳州
　　112/1 A
　柳溪泉
　　164/5 B
33柳泌宅
　　12/20 B
43柳城
　　112/4 A
　柳城縣
　　112/2 B
44柳莄墓
　　30/16 B
55柳井
　　69/5 B
60柳星樓
　　112/4 B
80柳公樓
　　23/13 B
99柳營江
　　131/6 B

欄

88欄竿山
　　129/9 A

4792₇ 郴

12郴水
　　57/4 A
27郴侯山
　　57/7 B
32郴州
　　57/1 A

62郴縣
　　57/2 A

椰

17椰子
　　124/7 A
　椰子樹
　　121/6 A
48椰榆河寨
　　83/8 A

橘

21橘徑
　　151/11 B
22橘山
　　8/7 A
　　123/4 B
27橘侯
　　64/10 B
30橘官堂
　　182/3 B
32橘洲
　　68/6 A
　橘溪水
　　123/6 A
44橘林山
　　19/8 B
45橘柚壝
　　185/8 A
55橘井
　　57/4 B
60橘園亭

鵲山
　80/4 A
鵲山寺
　80/5 B
鵲山單麻洞
　98/5 B
74鵲陂
　77/5 A
77鵲尾渚
　45/10 A

4772₀ 切

10切雲亭
　92/5 B

却

77却月城
　76/5 B

4780₁ 起

20起秀亭
　44/6 A

4780₆ 超

23超然觀
　47/5 A
　64/15 B
超然堂
　124/8 A
　190/7 A
44超華山
　133/6 A

77超覺寺
　150/9 B
78超覽樓
　114/4 B

4782₀ 期

22期仙巖
　92/7 B

4788₂ 欺

71欺阿崖
　71/4 A

4791₀ 租

22租山
　82/8 A

楓

22楓嶺
　59/4 A
35楓神
　31/6 A
44楓林山
　22/6 B

4791₇ 杞

22杞山
　96/4 B
40杞梓堂
　64/12 A

4792₀ 桐

00桐廬江
　8/9 B
桐廬縣
　8/3 B
12桐水
　24/4 A
17桐君山
　8/9 A
22桐川堂
　24/4 B
桐嶺
　19/5 B
27桐鄉
　45/7 A
31桐江
　8/7 A
桐源山
　24/5 A
32桐溪
　2/10 A
　8/7 A
　46/5 B
34桐汭
　24/3 B
桐汭水
　24/5 A
40桐木山
　74/5 B
43桐城縣
　46/3 A
桐城縣山舊城
　46/11 B

都亭驛
　1/35 A

都龐嶺
　58/8 A
　補4/2 A

01都礨山
　106/6 B

17都耶水
　110/5 B

20都傍水
　115/5 A

都統司
　22/3 B
　30/4 A

都統制司
　66/5 B

22都嶠山
　104/7 B

27都督山
　8/9 B
　71/5 B

都峰山
　114/5 A

30都進奏院
　1/20 B

都安堰
　151/9 B

都寶山
　104/7 B

31都江水
　151/9 B

都濡縣

　176/7 B

32都溪
　56/6 A

33都梁
　44/5 A
　62/4 A

都梁山
　44/6 A
　62/5 B

都梁侯國
　62/5 B

都梁宮
　39/9 A
　44/9 B

都梁故城
　62/6 A

都梁驛宮
　44/9 B

34都波山
　178/4 B

37都泥水
　105/6 B

都泥江
　115/5 A

40都大提點司
　32/5 B

都大提點坑冶司
　23/4 B

都來水
　178/4 B

都來山
　178/4 B

43都城縣
　101/4 B

44都封水
　126/3 B

都茗山
　106/5 B

都林江
　114/5 A

46都幔山
　115/5 A

56都提舉廣南路監司
　108/3 B

60都昌縣
　25/2 A
　補2/3 B

71都歷山
　177/5 A

74都尉城
　75/6 B

88都籠水
　126/3 B

鵲

11鵲頭山
　22/6 B

鵲頭鎮
　19/10 A

22鵲岸
　19/6 A
　45/7 A

鵲嶺
　19/6 A

4742₇ 婦

10 婦石
　21/5 B

鵣

47 鵣鳩嶺
　183/15 A

4744₀ 奴

20 奴雞山
　158/6 A
22 奴崙山
　159/9 A

4744₇ 好

26 好泉亭
　10/13 A

報

60 報國寺
　59/4 B
報恩江
　31/12 B
報恩寺
　10/19 A
　20/10 B
　38/7 A
　41/4 B
　124/10 A
　147/8 A
　155/9 A

　158/6 B
　166/6 A
　180/5 B
　188/6 A
報恩寺鐵塔
　11/13 B
報恩院
　26/17 A
　133/6 A
80 報美堂
　155/6 B

4746₇ 媚

22 媚川都
　89/15 A
　120/5 B
35 媚漣亭
　93/4 A

4750₂ 摯

10 摯雲樓
　154/7 B

4758₂ 歊

80 歊父山
　79/7 A

4760₁ 磐

10 磐石
　56/6 B

4760₉ 馨

20 馨香巖
　21/9 A

4762₀ 胡

00 胡立將軍廟
　188/8 B
胡文定朱漢上廬
　78/8 B
胡文定游御史祠
　129/11 A
12 胡瑗墓
　4/20 A
26 胡鼻崗
　117/6 A
30 胡灘
　177/4 A
31 胡逗洲
　40/6 B
43 胡城
　183/9 B
50 胡忠簡公祠
　31/14 B
67 胡墅城
　38/7 B
80 胡公祠
　79/8 A
90 胡光禄墓
　78/9 A

4762₇ 都

00 都亭山
　78/7 A

79鶴騰山
　　183/15 B

郗

78郗鑒墓
　　7/14 B
90郗愔墓
　　7/14 B

郗

17郗鄠灘
　　163/9 B

鶴

17鶴子山
　　83/7 A

4723₂ 狠

10狠石
　　7/7 B
22狠巖穴
　　73/8 A

4728₆ 獺

21獺徑
　　28/5 A

4732₇ 郝

21郝處俊釣魚臺
　　77/7 B
72郝氏林亭
　　190/10 A

4740₁ 聲

22聲山
　　126/3 A

4741₇ 妃

17妃子園
　　174/7 B

4742₀ 朝

10朝元嶺
　　31/13 A
朝霧山
　　159/6 B
朝霞洞
　　22/6 B
朝霞閣
　　31/8 A
朝天嶺
　　184/7 B
朝天寺
　　151/6 A
22朝崗
　　123/5 A
朝山
　　85/4 A
27朝夕池
　　5/14 B
30朝宗閣
　　98/4 B
　　159/6 A
34朝漢臺

　　89/16 A
40朝爽
　　181/4 A 31
朝爽亭
　　155/6 B
朝爽堂
　　35/7 A
　　180/4 B
朝臺崗
　　108/6 A
朝女山
　　150/11 A
朝真山
　　166/6 A
朝真洞
　　33/5 A
　　166/6 A
朝真樓
　　102/3 B
60朝日峰
　　55/7 A
76朝陽巖
　　56/8 B
　　163/6 B
朝陽洞
　　156/5 A
朝陽樓
　　3/7 B
　　90/7 B
朝陽閣
　　9/6 B

183/11 B

鳩兹

18/6 A

鳩兹城

4/16 B

4712₀ 均

00 均慶寺

73/7 B

12 均水

82/9 A

22 均川

83/4 B

32 均州

85/1 A

4712₇ 塔

12 塔水

183/10 A

190/6 A

塔水鎮

190/8 B

鄞

12 鄞水

11/8 A

31 鄞江

11/8 A

132/4 B

43 鄞城

11/13 A

62 鄞縣

11/3 A

4719₄ 垛

60 垛甲山

35/12 A

4720₇ 弩

42 弩機水

151/7 A

4721₂ 匏

50 匏史

19/6 A

4721₇ 猊

22 猊山

89/10 A

4722₀ 猢

42 猢猻洞

9/7 B

4722₇ 袼

44 袼蓋山

59/5 A

鶴

17 鶴子山

83/7 A

22 鶴嶺

26/9 A

99/5 A

鶴山

21/6 A

27 鶴峒山

104/7 A

31 鶴源

35/5 B

鶴源水

26/15 A

35 鶴冲水樂安宫

134/6 B

鶴冲溪

134/4 B

36 鶴澤

64/10 B

68/6 B

38 鶴遊院

145/6 B

40 鶴奔崗

108/5 B

44 鶴坡

3/7 A

鶴林寺

7/11 B

67 鶴鳴山

10/20 B

154/8 B

157/6 B

186/8 A

鶴鳴觀

162/5 B

72 鶴問湖

30/11 B

23/13 A

楊子宮
37/12 B

楊子江
38/7 B

楊子縣
38/2 B

21楊行密宅
37/13 A

楊行密冢
43/7 B

楊行密墓
45/12 A

楊卓池
177/6 B

22楊山
83/4 B

24楊侍郎墳
133/8 B

楊岐山
28/7 B

30楊家宅
88/4 A

楊之水
20/7 B

32楊溪
71/3 B
154/7 A

34楊洪山
146/15 A

40楊雄山
146/15 A

42楊桃溪
154/7 B

楊橋
48/5 A

44楊葉洲
22/6 B
30/12 B

楊林
48/5 A

47楊柳源
56/7 A

楊柳津
25/10 A

48楊梅嶺
31/10 B
47/6 A

楊梅山
61/4 B
103/12 B

楊梅澗
25/10 A

楊梅塢
2/19 B

楊梅堂
57/7 A

50楊忠襄公祠
31/14 B

楊素城
5/17 A

楊素墓
10/24 B

71楊歷巖
93/5 A

97楊炯墓
154/12 B

楞

26楞伽院
25/11 A

楞伽谷
183/16 A

4693₀ 楷

17楷子洞
166/6 A

4694₄ 櫻

42櫻桃珠
187/9 A

櫻桃園
39/7 A
45/10 A

4698₀ 枳

62枳縣城
174/7 A
175/7 B

4702₇ 郏

10郏石山
78/5 B

鳩

80鳩谷

10/22 B

賀知章墓

10/24 B

4690₀ 柏

17柏子山

49/7 B

柏子梨

155/8 A

20柏香峰

12/16 B

22柏山

19/5 B

26柏泉山

79/7 A

30柏家山

88/4 A

40柏臺鄉

185/7 B

柏杏

183/11 A

柏木州古城

180/7 A

44柏枕

45/7 A

柏枝山

179/4 B

柏林津

181/4 B

45柏樓

154/6 B

90柏堂

2/10 A

相

22相山

18/5 A

26相泉

125/5 A

30相家湖

3/11 B

31相江亭

90/8 A

32相業樓

186/6 A

34相濱

7/8 B

38相遊亭

97/4 A

46相如故宅

156/7 B

相如縣

156/3 A

60相國池

4/19 A

相思堽

103/12 B

71相臣禾

28/7 B

72相隱堂

49/6 B

80相公亭

127/6 A

相公府城

44/9 B

相公平

31/9 B

相公石

26/18 A

相公嶺

149/6 B

相公泉

118/6 A

相公潭

59/6 A

相公堆

27/8 B

相公繫馬柱

70/7 B

相公園

80/5 A

相公堂

7/10 A

90相堂

96/3 B

4691₃ 槐

77槐風閣

34/5 A

90槐堂

77/5 A

4692₇ 楊

17楊子

38/4 B

楊子巖

121/5 B

獨也亭

107/4 B

47獨婦山

10/14 A

48獨松嶺

4/13 B

獨松驛

86/7 A

60獨足鳥

108/6 A

80獨善堂

25/5 B

88獨坐山

154/8 A

4624₇ 幔

00幔亭

129/6 A

幔亭峰

129/9 A

玃

47玃弩山

83/7 A

4625₀ 狎

77狎鷗

48/5 A

4626₀ 帽

17帽子山

116/5 A

帽子峰

90/8 B

22帽嶺

31/6 B

帽山

104/6 A

107/4 A

39帽涝山

117/7 A

4632₇ 駕

47駕鶴亭

187/6 B

駕鶴山

112/5 A

駕鶴峰

58/7 B

駕鶴軒

159/8 A

4640₀ 如

22如山堂

46/6 A

26如皋港

40/6 B

如皋縣

40/3 B

如和縣

106/7 B

27如歸亭

5/12 B

39/6 B

如歸鎮

109/4 A

34如洪江

119/4 B

40如來石

46/10 B

如來山

112/5 B

44如昔寨

119/5 A

92如刹亭

22/6 A

4642₇ 娟

57娟静齋

94/3 B

4680₆ 賀

12賀水

112/4 B

115/4 B

123/5 A

賀水縣

115/6 B

31賀江水

94/4 B

32賀州

123/1 A

44賀若弼壘

17/28 A

86賀知章宅

156/4 B	89/12 A	158/5 A
190/6 B	121/4 B	22獨山
23觀稼樓		19/6 B
17/18 A	**4621₄ 猩**	38/5 A
24觀德		42/5 A
40/4 B	46猩猩	補3/7 A
觀德亭	121/4 B	獨山楊行密祠
18/7 A		46/13 A
26/11 B	**4622₇ 獨**	獨樂山
41/4 A		82/10 B
47/5 A	10獨石灘	25獨繡峰
觀德堂	74/5 A	104/7 B
126/3 A	12獨孤水	27獨角山
27觀魚臺	160/5 B	23/11 A
23/8 B	獨孤檜	獨峰山
31觀江水	6/12 B	176/7 A
97/5 A	16獨醒亭	28獨聳山
32觀州嶺	74/5 A	20/9 B
95/6 B	17獨子山	30獨家村
37觀瀾亭	100/5 A	49/7 B
11/9 A	20獨秀亭	32獨洲山
觀瀾樓	9/6 B	126/3 A
114/4 B	獨秀巖	獨浮山
77觀風亭	104/7 B	70/5 B
3/7 B	獨秀山	35獨清亭
17/17 B	103/10 A	74/5 A
觀風樓	157/7 A	38獨遊亭
5/13 A	獨秀峰	100/4 B
110/4 B	36/5 B	補5/4 A
112/4 B	110/5 B	40獨木渡
154/7 B	114/5 A	47/6 B
觀風堂	獨秀樓	44獨蓮山
	108/5 B	
	21獨行堂	

48/5 A

棲鳳水

57/6 B

棲鳳軒

2/19 B

棲賢山

164/7 B

165/6 A

棲賢觀

145/8 A

棲賢院

25/10 B

樓

22樓山

117/5 B

27樓船水

93/6 A

33樓浦樓

113/3 B

4596₃ 椿

44椿桂坊

6/11 A

4601₀ 旭

55旭井

160/4 A

4611₄ 埋

71埋馬山

11/11 A

4612₇ 塌

22塌山

44/5 A

4614₁ 埠

38埠海堰

43/7 A

4621₀ 觀

00觀亭山

89/14 A

觀齋

36/3 B

觀音石

129/10 A

觀音礁

9/8 A

觀音巖

23/13 A

31/9 A

33/7 A

57/6 A

112/5 B

128/13 B

130/10 A

131/6 B

153/10 A

181/5 A

觀音山

36/5 A

89/15 A

觀音泉

27/8 B

46/10 B

89/15 A

147/11 B

177/5 A

觀音洞

133/6 B

觀音寺

11/12 A

59/4 B

112/5 B

150/6 A

165/6 B

觀音井

187/6 B

觀音影

184/9 B

觀音院

5/15 B

46/11 A

89/15 A

113/3 B

188/6 A

18觀政堂

157/6 B

188/5 A

21觀步渡

63/3 A

22觀崗

88/3 A

觀山

135/7 B
林蘊書堂
135/7 B
71林歷山
20/7 B
77林屋洞
5/14 A
90林光殿
17/8 B

4499$_1$ 蒜
22蒜嶺
135/3 B
蒜山
7/7 A

4510$_6$ 坤
32坤溪
135/3 A

4524$_6$ 麴
20麴信墓
46/13 A

4528$_6$ 幘
22幘山
22/5 A

4590$_0$ 杖
86杖錫泉
10/17 B

4593$_2$ 棣
44棣萼堂
10/13 B
棣華堂
20/7 A
147/7 B

4594$_4$ 樓
10樓靈寺
37/11 A
樓霞將軍廟
123/7 B
樓霞山
186/6 B
樓霞洞
103/12 A
樓霞寺
17/24 A
樓霞樓
49/7 A
樓霞觀
27/5 B
樓雲洞
95/5 B
樓雲院轟
133/8 A
樓雲閣
41/4 B
樓雲堂
155/6 B
22樓巖寺

158/6 B
35樓神洞
166/6 B
40樓真亭
27/5 B
樓真巖
134/5 B
135/6 A
樓真山
19/8 A
樓真洞
2/20 B
151/11 B
154/11 A
166/6 A
183/14 B
187/9 B
樓真臺
64/15 B
樓真寺
11/12 A
樓真觀
3/11 B
26/16 B
59/4 B
41樓梧山
34/5 B
72樓隱山
48/8 A
樓隱觀
25/10 B
77樓鳳

26藉細布
111/6 A

4497₀ 柑

17柑子堂
112/5 A

4498₆ 横

07横望山
18/9 B
10横玉樓
149/6 A
横雲山
3/7 B
16横碧
59/4 A
17横翠亭
101/4 A
123/5 B
132/5 A
横翠樓
59/4 B
横翠閣
2/14 B
22横嶺
110/4 A
横山
6/8 A
10/13 A
24/3 B
38/5 A
44/5 B

119/3 B
横山寨
106/4 A
横山買馬
106/6 B
27横舟
66/7 B
横舟閣
34/4 B
31横江
48/5 A
横江將軍廟
79/8 A
横江魯肅廟
66/14 A
横江河
48/9 A
横江樓
38/5 B
横江館
49/7 A
32横州
113/1 A
33横浦關
36/6 A
37横湖
190/6 B
40横塘
17/16 A
43横鞍山
86/6 B
横槎灘

74/6 A
48横槎廟
113/5 A
67横照堂
100/4 B
77横尾山
77/6 B
横眉水
110/6 A

欖

30欖宮
10/21 A

4499₀ 林

12林水源
90/10 A
17林司空墓
133/8 B
21林仁肇宅
7/14 A
林仁肇墓
26/19 B
33林冶山
119/4 A
林逋墓
2/25 A
34林波泉
115/5 A
40林塘
128/8 A
44林蔡祠堂

77桂月閣
　34/5 A
88桂管
　103/8 A
　桂籍堂
　135/4 A
90桂堂
　35/4 A
　97/3 A
　123/4 B
　156/5 A

権

24権貨務都茶場
　1/29 B
44権茶場
　47/3 B
46権場
　44/6 A

権

24権德興宅
　7/14 A

蘿

27蘿緣山
　180/6 B
32蘿溪水
　156/7 A

4491₇ 植

44植萱亭

93/4 A

4492₇ 勑

80勑令所
　1/22 A

菊

12菊水
　82/8 B
44菊坡
　28/4 A
　菊花港
　46/8 A
60菊圃
　58/5 B

藕

44藕花洲
　40/5 B
　藕花堂
　33/4 B

樀

34樀池
　77/5 A
40樀木山
　84/7 B

楠

10楠石
　119/3 B
40楠木山

71/5 A
　楠木洞
　75/5 B

栲

44栲栳山
　45/9 B
　83/5 B
　栲栳寨
　88/4 A
　栲栳潭
　49/8 A

4494₇ 枝

31枝江縣
　64/6 A

4496₀ 樝

22樝山
　79/5 A
31樝江橋
　63/3 A

4496₁ 桔

46桔柏渡
　186/6 A
　桔柏津
　184/8 A

藉

24藉化敦
　.92/6 A

11/11 A
74杜陵縣
98/7 A
88杜筍鶴舊居
22/9 A
90杜光庭墓
151/13 A

44912 枕

10枕石潭
34/5 B
30枕流
166/5 A
31枕江樓
146/8 B

44914 桂

10桂平縣
110/2 B
桂石堂
183/15 A
12桂水
57/4 B
61/3 B
90/7 A
92/4 B
17桂子山
159/8 A
161/7 A
167/4 A
桂子谷
151/11 B

桂子堂
167/4 A
20桂香亭
34/5 A
94/3 B
151/11 B
22桂巖亭
94/3 B
桂嶺
17/15 A
92/4 B
桂嶺水
123/5 B
桂嶺縣
123/3 B
桂山
19/5 B
90/7 A
93/3 B
97/3 B
119/3 B
123/4 B
31桂江
103/8 A
108/5 A
32桂溪
95/4 A
179/2 B
40桂蠹
89/11 A
44桂芝館
2/19 B

桂華樓
161/5 A
166/5 B
177/4 B
桂華堂
187/6 B
桂枝源
129/8 B
桂林
103/8 A
桂林乳穴
103/12 B
桂林山
92/6 A
桂林峰
58/7 A
桂林苑
17/9 B
桂林縣城
105/8 A
47桂棚
4/9 A
50桂東縣
57/2 A
74桂陵郡
98/7 A
76桂陽郡故城
55/8 B
桂陽軍
61/1 A
桂陽縣
92/2 A

161/5 A
190/6 B

茉

44茉莉軒
124/8 A

茱

44茱萸亭
29/7 B
茱萸山
66/10 A
茱萸峽
59/5 B
茱萸寨
23/12 A
茱萸灣
37/10 A
茱萸溝
37/10 A
茱萸岡
34/6 B
茱萸隝
181/4 B

萁

17萁子泙
11/12 A

葉

05葉靖尊師祖墓
107/8 A

21葉上包
4/17 B
22葉山
22/5 A

藥

22藥山
70/4 A
32藥洲
89/11 A
藥溪水
86/6 B
40藥臺
184/7 A
47藥婦山
189/8 A
60藥圃
151/11 A

4490.8 萊

80萊公泉
68/10 B
萊公池
65/2 A
萊公遺迹
74/9 A
萊公樓
58/6 A
58/8 A

44910 杜

00杜康宅

9/8 B
杜康橋
39/9 A
17杜子恭墓
2/25 A
杜子美旅殯岳陽
69/11 A
22杜山
97/3 B
30杜家山
152/6 A
杜安水
93/5 B
34杜洪縣
176/7 A
42杜彬琵琶
42/10 B
杜橋
9/5 B
53杜甫遷葬偃師
55/8 B
杜甫祠
55/8 B
杜甫墓
55/8 B
杜甫故里
82/13 B
60杜園
153/7 A
67杜鵑亭
182/3 B
杜鵑花

21禁衛諸班直營
1/36 A
禁衛所
1/26 B

蔡

00蔡京故宅
12/20 B
01蔡龍洞
120/5 A
蔡龍縣
120/5 B
02蔡端明祠
130/10 B
蔡端明故居
135/7 A
16蔡珝宅
82/13 B
17蔡子池
55/8 A
88/4 B
21蔡順廟
150/11 B
蔡經宅
5/18 A
22蔡崗嶺
131/6 B
蔡邕讀書堂
補2/1 A
蔡山
47/4 B
121/4 A

147/5 B
26蔡伯喈讀書堂
17/28 B
28蔡倫宅
55/8 B
蔡倫春紙臼
69/10 B
蔡谿巖
135/5 B
32蔡洲
17/14 A
82/8 B
76蔡陽城
88/4 B
77蔡母城
80/6 B
80蔡公泉
130/10 A

4490₃ 蕠

40蕠內翰巷
12/20 B

4490₄ 茶

00茶磨
36/4 A
10茶磥
174/4 B
12茶水源
63/3 A
21茶僊亭
42/6 A

22茶川水
152/5 A
茶山
47/4 B
115/4 B
117/4 B
129/6 B
茶山洞
107/5 A
32茶溪
55/5 B
74茶陵
39/6 B
茶陵諸橋
63/3 A
茶陵鄉
63/3 A
茶陵軍
63/1 A
茶陵七鄉
63/3 A
茶陵縣
55/2 B
茶陵八坊
63/3 A
茶陵鎮
63/2 A
80茶舍
6/6 B

茶

44茶藦洞

黄蘖山
27/6 B
61/4 B
黄菊鄉
22/8 A
45黄樓山
119/4 A
46黄相山
57/5 B
黄楊縣故城
55/8 A
47黄鶴山
2/19 A
7/11 A
黄鶴樓
66/8 B
黄都山
121/5 A
48黄墩湖
20/8 A
黄梅嶺
34/6 B
151/11 A
黄梅山
47/7 A
黄梅縣
47/3 A
60黄羆嶺
56/7 B
黄田
71/3 B
黄田港

9/7 B
70黄檗山
176/6 B
71黄牙院
47/7 A
黄頴洞
74/7 A
72黄氏園林
26/19 A
74黄陵廟
69/11 A
黄陵城
71/4 A
77黄鳳嶺
27/6 B
黄岡山天師上昇之
所
123/7 B
黄聞山
68/10 A
80黄金石
31/9 A
黄金水
34/6 B
黄金山
25/8 A
30/13 B
34/6 B
黄金島
177/5 B
黄金浦
66/11 A

69/10 A
黄金藏
73/7 B
黄金壩
184/8 B
黄金戍鐵城
190/10 A
黄金縣
190/9 B
黄金谷
190/7 A
黄普山
42/7 B
黄公灘
31/8 B
88黄竹山
86/6 B
90黄堂
47/4 B
77/5 A

4480 ₉ 焚

00焚衣街
17/23 A
25焚艛
124/6 B

4490 ₀ 樹

10樹石屏
103/11 B

4490 ₁ 蔡

32黄州
　　49/1 A
　黄溪
　　55/6 A
　　56/4 B
　　70/5 A
　　134/3 B
　黄溪水
　　56/7 A
　黄溪陂
　　88/3 B
　黄滔墓
　　135/8 A
33黄浦
　　4/11 A
　　151/11 B
34黄池鎮
　　18/10 A
35黄連嶺
　　8/8 A
　　92/6 A
　黄連山
　　92/6 A
　黄連寨
　　83/6 A
　　83/8 A
　黄連洞
　　132/5 B
　黄連大亞山
　　176/7 A
　黄連小亞山
　　176/7 A

36黄㳛渡
　　187/9 A
37黄泥山
　　122/5 A
　黄泥坡
　　49/7 B
　黄祖墓
　　66/14 B
　黄袍水
　　57/6 A
38黄澔溪
　　154/9 B
　黄道山
　　42/7 B
　黄道士上昇之地
　　161/7 B
39黄沙水
　　57/6 A
40黄大清修道巖
　　85/7 B
　黄土山
　　49/7 B
　黄土河
　　80/6 A
　黄土濆
　　6/10 B
　黄土岡
　　44/7 A
　黄塘巖
　　31/9 A
　黄木灣
　　89/13 A

43黄求山
　　184/8 B
　黄城
　　6/6 B
44黄蒲堰
　　43/6 A
　黄花水
　　95/6 A
　黄花山
　　129/8 A
　黄花鄉
　　30/13 B
　黄茅墟
　　55/6 B
　黄莆堰
　　39/7 A
　黄葵坡
　　151/11 B
　黄華山
　　56/7 A
　　60/4 A
　黄茗山
　　121/5 A
　黄蘗嶺
　　92/6 A
　黄蘗山
　　4/14 B
　　34/6 B
　黄蘗寺
　　128/10 B
　黄蘗館
　　34/6 B

73/5 A

楚宮

64/8 B

楚富堂

58/6 A

32楚州

39/1 A

補3/1 A

34楚波亭

79/6 B

37楚冢

74/10 A

39楚迷溝

42/10 B

40楚南偉觀

60/3 B

43楚城縣

30/14 B

44楚莊王廟

65/3 B

楚莊王墓

65/3 B

82/14 A

楚莊王釣臺

65/2 A

45楚樓

64/8 B

66/7 B

46楚觀

39/6 A

66/7 B

69/5 B

82/8 B

50楚東

23/7 B

67楚昭王廟

82/14 A

楚昭王冢

65/4 A

楚昭王墓

78/9 A

77楚尾

26/9 B

楚閣

118/4 A

楚賢井

84/8 B

90楚懷王冢

65/4 A

4480₆ 黃

00黃亭

129/7 A

黃鹿谷

183/15 B

黃帝壇

151/11 B

黃帝鑄鼎臺

69/10 B

黃庭觀

58/7 A

黃唐山

32/10 A

01黃龍嶺

56/7 B

黃龍山

23/11 B

25/7 B

66/12 A

黃龍渡

130/8 B

黃龍江

130/8 B

黃龍潭

28/6 B

黃龍洲

33/5 B

133/6 B

黃龍池

38/6 A

黃龍港

44/8 A

黃龍洞

4/16 B

99/7 A

黃龍堆

153/9 B

黃龍寺

56/7 B

66/12 A

黃龍城

48/7 B

黃龍院

26/14 A

黃龍岡

55/7 B

葛仙翁村

8/13 A

葛仙翁煉丹井

2/24 A

葛山

4/8 B

10/10 B

159/5 B

186/5 B

32葛洲

98/4 A

葛溪

21/5 B

葛溪驛

21/8 A

34葛洪井

7/14 A

19/12 A

44葛蔓水

183/15 A

葛姥洞

32/13 A

47葛塢

2/10 B

55葛井

82/8 B

74葛陂

21/5 A

44732 薞

30薞宏祠

157/9 B

薞

44薞芝

151/5 B

44741 薛

15薛融讀書臺

159/9 A

38薛道衡墓

151/13 A

43薛城

148/4 B

80薛公山

18/13 B

薛公池

135/7 A

44770 甘

10甘露亭

111/5 A

甘露巖

134/6 A

甘露山

31/8 B

49/7 A

甘露寺

7/9 A

35/6 B

甘露戒壇

93/5 B

甘露院

157/6 B

191/5 B

甘露堂

61/4 A

12甘水

103/8 A

17甘子嶺

20/8 B

21甘卓嶺

28/9 A

22甘巖山

107/5 A

26甘泉

28/5 A

59/4 A

98/4 A

129/7 A

152/3 B

165/3 B

甘泉亭

154/7 B

甘泉水

30/13 B

甘泉山

88/3 B

甘泉寺

56/9 A

106/6 A

27甘將軍正廟

105/8 B

甘將軍墓

33/8 B

甘魚陂

77老鼠岈
　74/6 B
80老人巖
　114/4 A
　老人菴
　92/7 B
　老人村
　151/10 B
　老翁山
　177/5 A

4471₂ 苞

44苞茅山
　71/4 B

4471₇ 世

22世綵堂
　133/5 B

芭

44芭蕉崖
　179/4 B
　芭蕉山
　19/8 B
　23/12 A
　芭蕉源
　26/14 A
　芭蕉洞
　35/10 A
　芭蕉園
　152/5 A
　芭蕉谷

151/11 B

4472₂ 鬱

10鬱平縣
　121/7 A
12鬱水
　101/3 A
　106/5 A
　108/5 A
　113/3 A
　鬱孤將軍墓
　146/15 B
　鬱孤臺
　32/9 A
25鬱繡樓
　109/3 B
31鬱江
　109/3 A
　110/4 A
　111/4 B
44鬱林石
　5/18 A
　111/6 B
　鬱林水
　105/6 A
　鬱林州
　121/1 A
　鬱林縣
　111/2 B

4472₇ 茆

20茆香山

150/9 B
30茆家市
　3/10 B

葛

10葛元仙翁冢
　21/10 A
22葛仙石
　10/23 A
　葛仙巖
　31/9 B
　115/6 A
　葛仙山
　4/18 A
　26/26 B
　160/7 B
　161/5 A
　葛仙峰
　31/9 B
　葛仙洞
　155/9 B
　葛仙壇
　22/8 B
　26/26 B
　46/13 A
　66/13 A
　葛仙藥槽
　99/9 A
　葛仙院
　161/5 B
　葛仙丹竈
　99/9 A

79/7 A

菖蒲澗

89/14 B

124/8 A

補5/1 B

菖蒲谷

151/11 B

4460₇ 茗

22茗山

46/5 A

71/3 B

101/3 A

158/4 A

32茗溪山

70/6 B

蒼

01蒼龍洞

20/9 A

10蒼玉洞

132/5 B

蒼雪軒

123/5 B

蒼雲山'

74/5 A

22蒼嶺

12/7 B

蒼山

12/7 B

32蒼溪縣

185/3 B

41蒼梧水

96/6 A

蒼梧道院

108/5 B

蒼梧縣

108/3 B

86蒼錫山

124/9 A

4460₈ 蓉

22蓉山

124/9 A

4460₉ 蕃

30蕃宣樓

95/5 A

128/9 B

4462₇ 葫

44葫蘆河

40/6 B

萌

34萌渚嶠

123/7 A

4463₁ 蘸

77蘸月池

128/12 B

4470₀ 斟

12斟水

92/5 A

4471₁ 老

17老鴉洲

118/5 A

老子水

183/16 A

老子山

114/5 A

老君山

154/12 A

158/7 B

160/7 B

165/6 B

187/6 B

老君溪

147/11 A

老君祠

191/6 A

老君基

48/9 B

20老香山

96/5 A

22老山

18/5 B

97/3 B

31老酒

91/5 A

46老相溪

187/6 B

47老鸛河

39/7 B

44英華堂
95/5 A
53英輔齋
46/6 B
55英井山
161/5 B
61英顯廟
154/12 B
160/7 B
71英巨山
29/8 B

4460₁ 菩

44菩薩石
146/13 A
菩薩頂
163/7 A
菩薩巖
129/10 A
菩薩嶺
77/6 B
83/6 B
89/15 A
菩薩山
42/9 B
188/6 A
菩薩泉
81/7 A

礬

22礬山
42/5 A

碁

22碁山院
128/13 A

薔

44薔薇水
62/5 A
薔薇江
64/14 B
薔薇溝
37/9 B
薔薇洞
10/17 B

4460₂ 茗

12茗水
4/9 A
32茗溪
2/10 A
4/9 A

4460₄ 若

12若水溪
72/4 A
17若耶山
10/16 B
若耶溪
10/16 B
27/8 A
40若杏城
71/5 A

43若城山
177/6 A

苦

32苦溪
20/6 B
88苦竹水
113/4 B
苦竹山
56/8 B
100/5 A
苦竹灘
113/4 B
苦竹溪
160/6 A
苦笋
163/6 A

著

24著勳堂
147/7 A
41著鞭亭
39/6 B

4460₆ 菖

32菖溪
154/7 A

菖

44菖蒲嶺
72/4 A
菖蒲洞

61/5 A

4450₆ 葦

21 葦盧
151/11 A
40 葦杭
151/11 B

4452₇ 勒

44 勒封院
177/4 B
71 勒馬山
129/9 A

4453₀ 芙

44 芙蓉崗
90/8 B
芙蓉嶺
20/8 B
31/10 B
芙蓉山
47/6 A
61/4 B
90/8 B
95/6 A
96/6 A
166/5 B
芙蓉峰
31/10 B
35/10 A
55/7 B
芙蓉渡

36/5 A
芙蓉江
72/3 B
芙蓉洲
158/4 B
161/5 A
芙蓉溪
151/11 A
芙蓉洞
12/16 B
62/5 A
128/10 A
芙蓉湖
6/9 A
6/11 A
芙蓉臺
132/5 A
芙蓉墟
110/6 A
芙蓉壩
152/5 A
芙蓉城
59/4 B
芙蓉樓
7/9 B
115/4 B
166/5 B
芙蓉觀
25/6 B
芙蓉閣
40/5 A
芙蓉館

181/4 B
芙蓉鎮
43/5 A
芙蓉堂
17/18 A
20/7 A
64/14 B
芙蕖島
151/11 B

英

00 英高山
118/5 A
10 英靈山
187/8 A
12 英烈王廟
39/9 B
20 英秀亭
46/6 B
22 英山
161/4 B
英山洞
161/5 B
24 英德府
95/1 A
補5/3 A
28 英谿山
150/8 A
40 英布城
23/13 B
英布墓
23/14 A

77 韓朋洞
　158/7 B
　韓熙載讀書堂
　17/29 A
80 韓公廟
　28/9 B

4446₀ 姑

04 姑孰溪
　18/8 B
　姑孰城
　18/13 A
　姑孰堂
　18/8 B
44 姑蘇山
　5/12 B
　姑蘇臺
　5/12 B

4450₂ 攀

44 攀蘿亭
　24/4 B

4450₄ 華

00 華亭河
　3/10 A
　華亭縣
　3/4 A
　華亭谷
　3/9 A
　3/10 A
　華文閣

　1/11 B
11 華頂峰
　12/11 A
17 華胥亭
　43/5 A
　華子崗
　35/12 B
　華子崗銅陵
　補2/6 B
22 華山洞
　17/26 A
23 華佗廟
　37/13 B
27 華峰寺
　105/7 A
30 華容市
　81/6 A
　華容山
　19/8 A
　華容縣
　69/3 B
34 華遠堂
　55/6 A
　89/11 B
　94/3 B
38 華海
　151/11 B
44 華蓋山
　35/12 A
　華蓋洞
　103/12 A
　華尊山

　157/7 B
　華芳洲
　99/7 B
　華藏寺
　17/26 B
　146/10 B
　華姥山
　17/26 A
　華林讀書堂
　26/19 B
　華林山
　26/16 A
66 華嚴巖
　56/9 A
　60/4 A
　華嚴寺
　146/10 A
76 華陽水
　27/8 A
　183/14 B
　華陽山
　48/8 B
　華陽洞
　17/26 A
　華陽觀
　7/12 A
　17/25 B
　華陽縣
　186/9 A
　華陽關
　190/7 A
78 華陰山

27 樊侯國
82/12 B

30 樊良鎮
43/7 A

32 樊溪
81/4 A

33 樊梁溪
43/6 B

41 樊姬墓
65/4 A

44 樊姥廟
81/8 A

樊楚
81/4 A

47 樊妃冢
84/8 B

68 樊噲冢
86/8 A

樊噲臺
183/16 B

74 樊陂
68/6 B

莫

01 莫龍山
114/5 A

22 莫徭
71/3 B

23 莫狀元讀書堂
94/4 B

29 莫愁村
84/8 A

40 莫大王廟
9/9 A

葵

00 葵廳
45/7 A

22 葵崗嶺
131/7 A

葵山
121/4 A

51 葵軒
64/10 A

4443₂ 菰

43 菰城
4/8 B

菰城縣
4/17 B

4444₃ 莽

22 莽山
57/4 B

4444₇ 妓

90 妓堂
7/7 A

4445₆ 韓

00 韓亭
100/4 A

10 韓王莊
39/9 A

11 韓張亭
61/5 B

20 韓信壇
183/16 B

韓信城
39/9 A

22 韓山
100/4 A

26 韓魏王讀書堂
49/9 B

27 韓偓墓
130/11 A

韓偓故居
130/10 B

韓侯祠
91/7 A

韓將軍廟
128/14 B

32 韓溪
191/4 A

34 韓婆橋
63/3 A

37 韓退之廟
92/8 B

40 韓木
100/3 B

46 韓相嶺
31/9 B

50 韓中令韓忠獻祠
130/10 B

58 韓擒虎壘
17/28 A

40 萬壽宮
　40/5 B
　68/8 B
　176/7 A
萬壽寺
　18/12 A
萬壽寺題梁
　95/7 B
萬壽觀
　1/16 B
萬壽縣城
　175/7 B
萬壽院
　24/5 A
　64/13 B
42 萬杉院
　25/10 A
43 萬城鄉
　187/8 A
萬載縣
　28/3 A
44 萬花會
　37/10 A
萬葉院
　129/8 A
47 萬柳亭
　45/7 B
萬柳堤
　48/8 A
萬柳隄
　26/12 B
萬柳堂

39/7 A
48 萬松
　130/7 B
萬松亭
　49/8 A
萬松嶺
　2/17 A
　49/8 A
　81/5 B
　166/5 B
萬松山
　27/7 B
　146/14 A
50 萬春寺
　189/7 B
萬春圩
　18/12 A
萬春門
　17/9 B
萬束陂
　7/10 A
53 萬輔山
　177/6 A
60 萬疊崗
　97/4 B
萬景亭
　28/5 B
萬景樓
　146/8 B
77 萬朵紅荔枝
　163/9 A
79 萬勝平

191/4 B
萬勝崗
　28/7 B
　147/7 B
80 萬人敵
　66/9 A
萬人城
　89/12 B
　95/7 B
萬金堤
　66/9 A
萬年山
　159/8 A
萬年松
　49/8 A
萬善院
　95/7 A
88 萬竹山
　12/17 B
90 萬卷閣
　33/4 A
　64/13 B
萬卷堂
　10/15 A
　100/5 B
　185/8 B

44443₀ 樊

22 樊山
　81/4 A
樊山戌
　81/7 B

萬

10 萬王城山

57／7 B

萬石亭

56／6 B

萬石巖

23／11 A

萬石山

56／8 A

121／5 B

萬石堰

152／5 B

萬石城

183／12 B

萬石樓

179／4 A

萬石堂

177／4 B

21 萬歲崗

124／9 A

萬歲山

57／7 B

58／6 B

萬歲峰

46／7 B

萬歲湖

35／9 A

44／7 A

萬歲寺

補6／8 A

萬歲樓

7／9 B

萬歲井

89／12 B

萬頃澤

154／8 B

22 萬川郡城

179／5 A

萬山

69／5 B

82／8 A

129／6 B

萬山亭

180／5 A

萬山寺

82／10 B

24 萬斛山

85／7 A

萬斛泉

132／5 B

27 萬壑亭

147／7 B

萬壑風煙

12／11 A

萬壑堂

180／5 A

萬象亭

128／10 A

萬象樓

151／5 B

萬峰山

69／8 B

30 萬户山

177／6 A

萬户城

182／3 A

182／3 B

萬户谷

85／7 A

萬甯縣

126／2 A

萬家石

94／4 A

萬家泉

47／6 B

萬家湖

130／9 B

萬安水

98／5 B

萬安軍

126／1 A

萬安橋

3／9 A

126／3 B

130／9 B

萬安縣

31／4 A

萬安院

12／17 B

32 萬州

177／1 A

37 萬禄山

121／5 B

38 萬游溪

74／5 B

4440₁ 芋

22 芋山
　75/5 A

4440₆ 草

00 草亭
　40/5 A
90 草堂
　17/14 B
　45/7 A
94 草料場
　1/30 A

4440₇ 孝

17 孝子石
　163/7 A
　孝子泉
　8/9 A
　孝子墳
　160/7 B
21 孝經潭
　23/12 B
27 孝鵝墓
　4/16 B
40 孝女鄉
　147/12 A
43 孝娥廟
　22/9 B
47 孝婦泉
　180/6 B
53 孝感泉

　26/16 B
　181/4 B
　孝感瀆
　6/11 B
　孝感橋
　180/5 B
　孝感縣
　77/2 B
80 孝義臺
　155/9 B
　165/6 A
　孝義里
　37/13 A

菱

20 菱禾
　102/3 A
30 菱灣
　151/11 B
32 菱溪
　42/5 A
52 菱托鋪
　71/4 B

4441₇ 執

18 執政府
　1/34 A
88 執笏山
　150/6 B

4442₇ 媽

41 媽墟

　183/10 B
　189/6 B

荔

12 荔水
　103/8 A
31 荔江
　103/8 A
　荔江水
　103/12 B
32 荔溪
　75/5 A
33 荔浦水
　107/5 B
　荔浦縣
　103/5 A
40 荔支亭
　100/4 B
　123/5 B
44 荔枝洲
　89/14 B
　荔枝莊
　94/3 B
　荔枝樓
　128/10 A
　荔枝軒
　128/10 A
　荔枝圃
　99/5 B
　荔枝園
　163/8 A
　175/6 A

22 鷺巢港
　49/8 B
32 鷺州
　109/3 A
　109/4 B
77 鷺尾洲
　64/14 A

4433 1 蒸

10 蒸霞亭
　19/7 B
12 蒸水
　55/5 B
76 蒸陽故城
　55/8 B

燕

10 燕王寨
　28/9 B
　燕王墓
　157/10 A
12 燕水
　89/11 A
17 燕子巖
　105/6 A
　燕子洞
　70/6 B
　74/7 A
　177/5 B
20 燕香
　43/4 A
　燕香堂

38/5 B
62/4 B
78/5 A
114/4 A
22 燕巖
　23/8 A
　166/4 B
　燕山
　8/7 A
　燕巢山
　83/7 A
26 燕泉
　57/4 B
31 燕祉堂
　154/7 B
40 燕臺堂
　89/11 B
　燕喜堂
　124/8 A
　134/4 A
60 燕思堂
　157/6 B
71 燕脂橋
　3/9 B
77 燕兒峰
　22/6 B
　燕譽亭
　90/8 A
80 燕公樓
　69/10 B
90 燕堂
　58/4 B

124/6 B
128/7 A
145/4 A
154/6 B
　燕雀湖
　17/20 A

蒸

22 蒸山
　130/7 A

蕪

37 蕪湖水
　18/12 B
　蕪湖故城
　18/13 A
　蕪湖縣
　18/3 A
43 蕪城
　37/7 A
　123/5 A

熱

10 熱石
　57/5 A
　61/3 B
12 熱水
　36/4 A
　57/5 A
　91/5 A
26 熱泉
　27/4 A

130/8 B

134/4 A

蓮花灘

74/5 B

蓮花寺

47/6 A

107/5 A

蓮花院

155/7 A

蓮荷壇

62/5 A

蓮華峰

12/16 B

31/10 B

55/7 B

133/7 A

蓮華洞

20/8 B

74 蓮陂

7/7 B

77 蓮風閣

9/6 A

83 蓮館

116/4 A

84 蓮鑊

21/5 A

蓬

22 蓬山

22/5 A

183/11 A

188/4 B

蓬山十二仙像

188/8 B

蓬山縣

188/8 A

30 蓬窗

180/4 A

32 蓬州

188/1 A

蓬溪

155/5 B

蓬溪縣

155/3 B

34 蓬池

188/4 B

蓬池縣

188/2 B

44 蓬萊

157/5 A

蓬萊嶺

27/8 B

31/13 B

蓬萊山

11/11 A

155/8 B

蓬萊觀

11/11 A

蓬萊閣

10/13 B

132/5 A

150/6 A

蓬萊館

10/13 B

118/4 B

蓬萊堂

188/5 A

4430₇ 芝

22 芝山

23/8 A

芝山寺

23/12 A

41 芝杯山

187/9 B

44 芝蘭莊

188/7 B

51 芝軒

35/4 A

64 芝畦

151/11 B

90 芝堂

186/5 B

4432₇ 芍

44 芍藥譜

37/9 B

芍藥廳

37/9 B

蕎

10 蕎石

110/4 A

17 蕎子山

77/5 B

86/6 B

181/4 B

藏春園

156/5 A

60 藏口山

74/6 A

71 藏馬崖

161/7 A

82 藏劍巖

183/13 A

藏劍峽

133/6 B

4426₀ 猫

77 猫兒山

105/6 A

猫兒溪

122/5 A

猪

01 猪龍潭

44/7 B

77 猪母泉

147/10 A

4426₁ 蕾

44 蕾蔔亭

6/9 A

蕾蔔崗

151/11 B

4428₆ 蘋

44 蘋花溪

66/10 A

4428₉ 荻

33 荻浦

190/6 B

34 荻港

18/5 B

42/5 A

40 荻塘

4/9 A

44 荻花洲

151/11 A

荻蘆山

128/10 B

荻蘆溪

135/6 A

4429₄ 葆

40 葆真庵

2/20 B

葆真閣

182/2 B

4429₆ 獠

36 獠澤

151/5 A

4430₄ 蓮

10 蓮石山

98/5 B

17 蓮子河

40/5 B

22 蓮巢亭

111/5 A

27 蓮峰

22/5 A

47/4 B

蓮峰堂

2/14 A

32 蓮溪

42/5 A

34 蓮池

25/5 A

30/7 B

43 蓮城縣

132/3 B

44 蓮花石

129/8 B

132/5 B

蓮花巖

32/10 A

161/7 A

蓮花山

33/4 B

90/8 B

157/7 B

蓮花峰

2/19 B

23/12 A

25/10 A

30/12 B

35/10 A

89/14 B

95/6 A

22 猿嶠
　　35/5 B
　猿山
　　103/8 A
44 猿藤水
　　62/5 A
77 猿居山
　　94/4 A
　猿門山
　　152/5 B

藤

22 藤山
　　125/5 A
32 藤州
　　109/1 A
42 藤橋水
　　127/5 B
　藤橋鎮
　　127/6 A

4423₄ 茯

44 茯苓泉
　　2/19 B

4423₇ 蔗

22 蔗山
　　8/7 A

4424₀ 蔚

32 蔚州
　補10/4 B

44 蔚藍觀
　　166/5 A

4424₂ 蔣

00 蔣帝廟
　　17/29 B
22 蔣山
　　17/16 A
　　42/5 A
　蔣山寺
　　17/25 B
24 蔣待制讀書堂
　　9/8 B

4424₇ 獲

37 獲湖
　　64/11 B

蒝

44 葭萌縣
　　184/3 B
　葭萌關
　　184/8 A

4424₈ 薇

44 薇蕪草
　　85/7 A

4425₃ 茂

22 茂嶺崗
　　117/6 B
27 茂名山

　　116/5 B
　茂名縣
　　116/7 A
　　117/3 B
32 茂州
　　149/1 A
　茂州舊領羈縻九州
　　149/8 A
　茂溪水
　　92/7 B
74 茂陵縣城
　　186/9 B

藏

10 藏雲寺
　　18/9 B
　藏雲塢
　　151/11 A
　藏雲軒
　　38/5 B
20 藏秀
　　62/4 A
22 藏山軒
　　7/9 A
27 藏舟浦
　　45/8 A
32 藏溪橋
　　26/15 B
50 藏春島
　　151/11 B
　藏春塢
　　7/9 A

84/9 A
21 蕭何堰
 183/16 B
22 蕭山
 10/12 B
 蕭山越王城
 10/21 B
 蕭山縣
 10/5 A
32 蕭洲
 34/3 B
46 蕭相樓
 22/6 A
 蕭相國廟
 87/5 A
77 蕭閑堂
 7/9 B
80 蕭公城
 79/7 A

蘭

00 蘭亭洞
 73/6 B
 蘭亭橋
 10/22 B
 蘭亭院
 39/7 A
 蘭麻山
 103/12 B
12 蘭登山
 185/7 B
22 蘭巖

56/5 B
 蘭山
 157/5 B
 163/5 B
31 蘭江
 70/4 A
32 蘭溪
 22/5 A
 47/4 B
 49/6 A
 蘭溪水
 47/6 A
 150/8 A
 蘭溪泉
 47/6 A
33 蘭浦
 70/4 A
34 蘭渚
 10/10 B
 蘭渚山
 10/18 A
40 蘭臺
 64/10 A
 84/4 B
44 蘭芎山
 10/18 A
 蘭茝畹
 4/15 B
74 蘭陵縣
 7/13 A

4423₂ 蒙

00 蒙亭
 47/4 B
 蒙齋
 100/3 B
11 蒙頂茶
 147/10 B
12 蒙水
 146/6 B
22 蒙崖洞
 190/7 B
 蒙山
 27/4 A
 34/4 A
 78/4 B
 96/4 B
 146/6 B
 147/5 B
 蒙山洞
 27/8 A
24 蒙化縣
 96/7 B
26 蒙泉
 61/3 B
 78/4 B
31 蒙江
 107/4 A
32 蒙州
 107/7 A
 蒙溪水
 165/6 A

猿

66/10 A

4422₁ 芹

33芹浦
 151/11 A

荷

22荷山
 27/4 A
58荷敷山
 176/6 A
60荷恩堂
 59/4 B

4422₂ 茅

22茅山
 4/8 B
 7/7 B
 17/14 B
26茅峴
 10/10 B
43茅城山
 162/5 B
90茅堂
 151/11 A

4422₇ 芳

22芳巖
 6/6 B
芳樂苑
 17/9 B
芳樂殿

17/8 B
32芳洲亭
 61/4 A
 73/5 A
芳溪館
 188/8 A
44芳菲園
 4/12 B
芳菲館
 181/4 B
芳草渡
 151/11 B
芳草溪
 156/5 B
芳草澗
 38/6 B
芳林
 17/15 A
芳林水
 123/6 A
芳林苑
 17/9 B

莆

60莆田縣
 135/2 A

蓆

60蓆冒山
 190/7 B

菁

22菁山
 33/4 A

幕

00幕府山
 17/22 B
27幕阜
 69/5 B
幕阜山
 26/15 A
 66/10 B

薦

31薦福院
 26/17 A
 159/8 B

蒿

41蒿壩洞
 183/15 A

勤

50勤忠堂
 189/7 A

蕭

00蕭帝巖
 32/12 B
10蕭王墓
 20/12 A
蕭天子墓
 9/9 B

88 夢筆山
　　129/8 B
　夢筆橋
　　10/17 B

考

27 考槃澗
　　107/6 A

尊

17 尊醆
　　58/5 B

4421₁ 蕹

22 蕹山
　　82/8 A

4421₂ 苑

80 苑倉
　　17/7 B

4421₄ 花

00 花市
　　37/6 B
10 花平澗
　　45/10 A
　花石
　　70/4 A
12 花瑞
　　37/7 A
22 花崖山
　　148/4 A

花山
　　7/7 B
　　18/5 B
　　42/5 A
　　71/3 B
花山赤崖
　　71/7 B
花山堰
　　70/6 A
28 花黐
　　146/8 A
30 花家城
　　45/10 A
31 花涇山
　　10/18 A
32 花洲
　　151/5 A
34 花渚
　　4/8 B
40 花臺寺
　　163/8 A
44 花蔽寺
　　70/6 A
　花藥山
　　55/7 B
　花藥欄
　　147/7 B
　花榘井
　　164/5 B
　花林寺
　　17/19 B
53 花蛇洞

　　47/7 A
77 花月亭
　　3/8 A
80 花首臺
　　99/5 B
88 花竹簟
　　175/6 A
90 花光山
　　55/7 B
98 花怜水
　　110/6 A

薑

22 薑山
　　101/3 A
32 薑溪
　　131/4 B

4421₇ 梵

10 梵雲山
　　155/8 B
　梵雲寺
　　93/5 A
30 梵宇山
　　155/7 A
50 梵惠院
　　4/16 A

蘆

32 蘆洲
　　81/3 B
44 蘆花泉

147/8 B

27 落艷水

112/5 B

落鬼山

127/5 B

29 落峭石

35/11 B

32 落澄山

127/5 B

43 落城

88/3 A

落鞍山

96/7 A

44 落猿山

127/5 B

46 落帽峰

85/5 B

落帽臺

65/2 B

47 落帆亭

3/8 A

落妃池

151/12 A

50 落屯嶺

127/5 B

落屯縣

127/5 B

60 落星石

2/15 B

20/8 B

25/9 B

落星山

17/23 B

落星穴

133/7 A

落星樓

17/23 B

71 落馬崖

154/9 A

落馬洞

70/7 A

落馬澗

42/8 A

落馬橋

42/8 A

73 落膊崗

125/6 B

4418₁ 填

70 填雅堂

59/4 B

4419₄ 藻

27 藻墅

151/11 B

4420₁ 苧

32 苧溪

4/9 A

130/7 A

177/4 A

60 苧羅山

10/17 B

4420₂ 蓼

27 蓼嶼

151/11 A

190/6 B

37 蓼澗

39/6 B

44 蓼花水

69/9 A

4420₇ 夢

04 夢謝亭

2/23 B

12 夢水

28/4 B

129/6 B

17 夢弼巖

95/5 B

26 夢泉

2/11 B

31 夢河

83/5 A

32 夢溪

7/7 B

36 夢澤

76/4 A

44 夢草亭

43/5 A

60 夢日亭

18/7 B

67 夢野

76/3 A

44蒲葵關
　131/7 A

47蒲帆塘
　4/17 A

77蒲騷廟
　77/8 A

蒲騷城
　77/7 A

蕩

22蕩山
　123/4 B

蕩山縣
　123/7 A

蒟

27蒟醬山
　176/6 A

44136 蕢

71蕢頤山
　151/10 B
　補6/10 B

蕢頤洞
　158/6 A

44140 蓻

60蓻田
　5/12 A

44147 鼓

10鼓石
　134/3 B

22鼓倒石
　35/11 B

鼓山
　128/7 B
　187/5 A

鼓樂山
　45/9 B

27鼓角山
　47/8 A
　129/9 A
　135/5 B

鼓響山
　165/5 B

45鼓樓巖
　129/9 A

鼓樓山
　23/10 B
　69/9 A
　154/10 A
　155/7 A
　158/4 B

67鼓鳴山
　131/6 B

鼓吹廟
　47/8 A

鼓吹山
　11/12 A
　17/23 B
　18/11 A

鼓吹峰
　10/19 A

77鼓門
　89/10 A

44149 萍

27萍鄉古城
　28/9 A

萍鄉縣
　28/2 B

30萍實
　64/10 A

44153 蘵

22蘵山
　10/10 B

44160 堵

12堵水
　86/5 A

44161 塔

22塔山
　41/4 A
　55/5 B

44164 落

10落雲嶺
　124/9 B

落雲潭
　179/3 B

17落孟山
　147/8 B

26落魄山

103/8 A
22 藍嶺
61/3 B
藍山
19/5 B
61/3 B
藍山縣
61/2 B
32 藍溪
11/8 A
75/5 A
128/8 A
184/7 A
60 藍田浦
3/10 B

4411₁ 菲

87 菲飲泉
10/17 A

4411₂ 地

27 地角寺
64/15 B
44 地藏院
102/4 A
151/6 A
55 地軸
48/5 A
70 地肺
17/17 B
64/12 A
85/4 A

80 地倉
177/4 A

范

00 范文正公讀書祠堂
76/8 A
范文正公義宅
5/18 A
01 范龍圖祠堂
110/7 A
范龍學太史墓
116/7 A
17 范丞相宗尹墓
12/21 B
27 范蠡女祠
62/6 A
范蠡城
6/12 A
31 范瀣市
76/6 A
40 范太史祠堂
157/9 B
48 范增女廟
48/9 B
60 范目宅
185/9 B
71 范長生像
151/13 A
80 范公亭
77/7 B
范公堂
24/5 B

4411₇ 藪

20 藪香山
4/15 A

4412₇ 勤

21 勤順堂
28/5 B
32 勤州
98/7 A

蒲

12 蒲磯山
66/9 B
20 蒲停城
150/10 B
22 蒲山
18/5 B
31 蒲江橋
63/3 A
32 蒲洲
56/5 B
蒲溪
148/4 A
蒲溪橋
148/4 A
40 蒲塘驛
30/9 B
42 蒲圻湖
66/9 B
蒲圻縣
66/3 B

4392₁ 柠

22 柠山
4/9 A

4395₀ 栽

48 栽松岘
17/19 B

4396₈ 榕

00 榕斋
167/3 B
32 榕溪水
174/7 A

4398₆ 槟

47 槟榔水
124/4 B
槟榔树
121/6 A

4410₀ 封

22 封川縣
94/2 A
封山
4/8 A
97/3 B
封山縣
120/5 B
封樂館
94/3 B
27 封侯水

36/5 B
32 封州
94/1 A
封溪
4/11 A
31/7 A
封溪水
94/4 B
60 封禺山
4/18 A
74 封陵縣
106/7 B
76 封陽縣
123/7 A

4410₁ 芷

31 芷江
68/6 A

4410₄ 墊

31 墊江
159/4 B

董

22 董山
133/4 B
25 董仲舒宅
37/13 A
27 董叔山
154/12 B
30 董永廟
39/9 B

董永墓
40/7 B
董家洞
22/8 B
40 董真人洞
155/9 B
43 董城
77/7 B
44 董孝子廟
11/13 A
董孝子墓
167/6 A
50 董奉館
30/15 A
87 董鈞墓
157/10 A

4410₇ 蓋

22 蓋仙山
129/10 A
蓋山
19/5 B
22/5 A
44 蓋蒼山
12/11 A
88 蓋竹山
12/16 B

藍

00 藍豪山
90/9 B
12 藍水

91/6 A

博羅縣
99/2 A

76 博雅堂
157/6 B

71 博馬水
98/6 A

77 博學水
98/6 A

80 博合山
119/4 B

99 博勞縣
107/7 B

4313₂ 求

77 求賢殿
17/8 B

4315₀ 城

17 城子山
38/7 B

22 城山
130/6 B
135/3 A

40 城南池
125/6 A

60 城固縣
183/4 B

76 城隍廟
10/24 A
12/20 B
89/17 A

95/8 B

城陽山
20/8 B

城

10 域王墓
166/7 A

4323₂ 狼

11 狼頭山
120/4 B

22 狼山
41/3 B
86/5 B

狼山關
41/4 B

狼山鎮
41/5 A

31 狼江渡
72/4 B

47 狼猛郡
175/6 B

50 狼毒井
150/9 A

77 狼尾山
78/6 A

狼尾灘
73/5 B
74/7 A

4324₇ 猰

47 猰猊石

10/20 A

4325₀ 截

77 截賢嶺
187/8 A

4345₀ 娥

26 娥皇廟
58/9 B

77 娥眉磧
177/6 A

4346₀ 始

01 始龍溪
161/7 A

15 始建縣
150/10 A

22 始豐山
26/16 B

26 始皇廟
10/23 B

30 始甯郡
181/5 B

始甯園
10/14 A

始甯縣
187/10 B

始安江
108/6 A

76 始陽山
147/8 A

始陽鎮

22/5 A

32 杉溪

129/6 B

50 杉青堰

3/8 B

4292₇ 橋

77 橋閣

191/4 B

4294₇ 板

32 板溪水

100/5 A

42 板橋灘

74/6 A

板橋浦

19/11 A

43 板城

45/6 B

77 板門山

71/5 A

櫻

27 櫻魚

73/4 B

4300₈ 弋

32 弋溪水

21/7 A

44 弋林

28/4 B

76 弋陽縣

21/2 A

弋陽館

21/7 A

4301₀ 尤

32 尤溪

133/5 A

尤溪縣

133/3 A

4304₂ 博

00 博麻水

98/6 A

博文湖

39/8 B

07 博望山

18/9 B

博望灘

182/3 B

博望臺

125/5 A

博望城

82/12 B

博望苑

17/10 A

22 博白溪

121/5 A

博白縣

121/3 A

博泉

121/4 A

27 博黎水

118/5 A

博峒水

96/6 B

30 博宜山

122/5 B

31 博江水

188/7 B

32 博溪

159/5 B

34 博遠縣

126/3 B

37 博泥山

98/6 A

博澌水

98/6 A

博袍水

118/5 A

博袍山

118/5 A

40 博士山

23/13 A

博士湖

23/13 A

博古堂

64/12 B

44 博帶廟

115/6 B

50 博接陘

115/5 A

57 博換水

127/5 B

60 博羅山

32桃溪
　95/4 A
桃溪洞
　183/15 A
　補8/1 B
40桃李洞
　73/7 A
桃李坡
　58/7 A
桃李村
　155/7 A
43桃城鎮
　45/10 A
44桃花廟
　49/7 B
桃花水
　78/6 A
　154/7 B
桃花巖
　77/6 A
桃花山
　11/11 A
　98/5 B
桃花渡
　39/7 A
桃花潭
　19/8 B
桃花源
　35/10 A
　46/8 A
　59/5 B
　191/5 B

桃花洲
　128/10 B
桃花湯
　57/7 A
桃花洞
　42/8 B
　58/7 A
　66/10 A
　68/9 B
　76/6 A
　79/7 A
　95/6 A
桃花臺
　21/8 A
桃花寺
　33/4 B
桃花城
　45/10 A
桃花塢
　17/19 A
　34/6 B
　48/7 B
桃花岡
　37/9 B
桃花米
　20/9 A
桃黄庵
　49/7 B
桃葉山
　38/6 A
桃葉渡
　17/19 A

桃林
　82/8 B
　130/7 A
桃林溪
　130/9 A
桃林津
　82/12 A
桃林寺
　32/10 B
47桃塢
　48/5 A
桃都山
　12/16 B
60桃園
　84/4 B
74桃陂
　76/3 B
77桃關
　149/5 B
88桃符山
　73/7 A

4291₇ 梔

17梔子山
　60/4 A
梔子村
　77/6 A

4292₂ 杉

22杉嶺
　101/3 A
杉山

荆溪
　4/8 B
　6/6 B
　7/7 A
荆溪水
　156/7 A
荆溪堂
　6/9 A
37荆湖北路提點刑獄
　司
　68/4 A
　荆湖北路轉運司
　66/5 A
　荆湖南路提點刑獄
　司
　55/3 B
40荆臺
　64/10 A
　78/5 A
　荆臺縣
　78/8 A
46荆楊樹
　101/4 A
51荆軻渡
　24/5 B
76荆陽縣
　46/12 A
77荆門山
　73/6 B
　78/5 B
　荆門軍
　78/1 A

補4/4 A

4241₃ 姚

31姚江
　10/9 B
46姚相讀書堂
　31/14 B
77姚邱山
　10/19 A
80姚公石
　94/4 B
　姚公樓
　23/14 A
94姚恢墓
　4/19 B

4252₁ 蘄

12蘄水縣
　47/2 B
31蘄河
　47/4 B
32蘄州
　47/1 A
50蘄春縣
　47/2 B

4257₇ 韜

40韜真觀
　104/8 A

4291₃ 桃

12桃水

32/8 B
36/4 A
22桃嶺
　107/4 A
26桃泉山
　92/6 B
31桃源
　10/10 A
　12/8 A
　22/5 A
　68/6 A
　130/7 A
　151/11 A
　桃源山
　26/14 A
　68/9 B
　桃源溪
　55/7 B
　134/6 A
　桃源溪水
　63/3 A
　桃源温湯池
　135/7 A
　桃源洞
　11/9 A
　25/6 B
　28/7 B
　64/14 B
　桃源縣
　68/3 B
　桃源院
　21/8 A

47 梧桐嶺
　　30/12 A
　梧桐園
　　5/13 B

4198₂ 橔

37 橔澗
　　39/6 B

4199₀ 杯

22 杯山
　　29/6.A
　杯山三聖
　　29/10 B
37 杯湖
　　81/5 A

4212₁ 圻

32 圻溪
　　6/8 B
35 圻津
　　18/5 B

4212₂ 彭

12 彭水
　　32/8 A
　　36/4 A
　　176/5 B
　彭水縣
　　176/3 B
22 彭山廟
　　補4/3 A

　彭山昭應王廟
　　70/8 A
27 彭蠡湖
　　25/11 B
　　26/15 B
　　30/13 B
33 彭浪磯
　　30/13 B
36 彭澤故縣城
　　25/12 A
　彭澤縣
　　30/3 B
37 彭祖石
　　58/8 A
　彭祖峰
　　151/11 A
　彭祖宅
　　48/9 B
38 彭道將池
　　185/9 B
43 彭城王墓
　　31/15 A
　彭城洲
　　69/7 B
80 彭公堂
　　158/7 B

4221₆ 獵

22 獵山
　　60/3 B

4223₀ 狐

46 狐相門
　　19/10 A

4223₄ 幞

11 幞頭山
　　183/13 A

4226₉ 幡

88 幡竿嶺
　　46/10 A

4229₄ 獝

22 獝崖
　　180/4 A

4240₀ 荆

22 荆岑偉觀
　　78/5 B
　荆山
　　18/5 B
　　24/4 A
　　82/8 B
　荆山洞
　　24/4 B
26 荆泉洞
　　66/9 B
27 荆嶼
　　131/4 A
31 荆江亭
　　64/12 B
32 荆州刺史顧容墓
　　6/13 B

12 枉水
　68/6 A
22 枉山
　68/6 A

極

22 極樂城
　4/15 B
60 極目亭
　35/7 A

41916 桓

27 桓伊書堂
　補4/1 B
桓彝墓
　19/13 A
30 桓宣武墓
　81/8 A
36 桓溫冢
　82/14 B
桓溫女冢
　18/14 A
桓溫城
　77/7 A
桓溫墓
　18/14 A
80 桓公井
　18/13 A

樞

30 樞密院
　1/11 A

樞密知院府
　1/34 A

櫨

22 櫨山
　101/3 A

41918 櫃

22 櫃崖
　180/4 A

41920 柯

00 柯亭
　10/10 B
22 柯山
　6/6 B
　49/5 A
77 柯邱
　49/6 A

41927 樗

44 樗蒲山
　46/10 A

41960 柘

22 柘崗
　29/5 B
柘嶺
　129/6 B
32 柘溪
　114/4 A
　184/7 A

柘溪潭
　12/16 A
37 柘湖
　3/6 B
41 柘坪
　151/11 A
44 柘枝頭荔子
　163/9 A
80 柘谷
　183/11 A

栖

10 栖霞觀
　182/2 B
栖霞閣
　28/5 B
栖霞谷
　34/5 B
20 栖雞村
　149/7 A
36 栖襌寺
　99/6 B
40 栖真石
　35/11 A
栖真寺
　35/11 A
栖真觀
　104/8 A

41961 梧

32 梧州
　108/1 A

4093₁ 樵

32樵溪
　134/4 A

50樵貴谷
　20/7 B

77樵風涇
　10/19 A

4094₁ 梓

30梓潼水
　154/7 B

　梓潼縣
　186/3 B

31梓潭山
　32/10 A

32梓州城
　156/7 B

4094₆ 樟

12樟水
　55/5 B

31樟潭山
　32/10 A

40樟柱殿
　17/8 A

42樟橋
　63/3 A

76樟隍嶺
　55/7 B

4111₂ 墟

00墟市
　122/4 B

4114₀ 圩

60圩田
　18/6 B
　19/6 B

4122₇ 獅

17獅子石
　56/8 A
　66/11 B
　89/14 B
　90/8 B
　121/5 A

　獅子崗
　35/8 B
　96/5 B
　110/5 A
　112/5 B

　獅子巖
　12/17 A
　55/7 B
　70/7 A
　100/5 A
　132/6 A
　134/4 B

　獅子嶺
　28/6 B
　31/11 A
　34/7 A

　獅子山
　88/4 A
　154/9 A
　165/5 B
　177/5 B

　獅子峰
　1/19 A
　22/6 B
　25/7 B
　30/11 B
　135/4 B
　175/6 B
　180/6 A

　獅子神
　125/7 B

　獅子臺
　91/5 B

　獅子橋
　24/5 A

　獅子井
　32/11 A

22獅巖
　129/6 A

4142₀ 婀

47婀娜山
　46/6 B

4191₀ 枇

47枇杷寺
　64/14 B

4191₄ 枉

57 木賴水
　110/5 A
60 木里溝
　82/12 A
71 木馬山
　184/9 B
　186/7 B
　木馬鎮
　192/4 A
72 木瓜
　19/6 A
　木瓜巖
　25/10 A
　木瓜河
　44/7 B
　木瓜神
　22/10 A
74 木陵山
　49/7 B

4090₃ 索

21 索盧縣
　97/6 A
22 索山
　97/3 B
42 索橋
　151/4 B

4090₈ 來

00 來袞堂
　154/7 B
30 來安水

　42/7 B
　來安縣
　41/2 B
　來賓縣
　105/3 B
34 來遠驛
　89/15 B
　來遠堂
　180/4 B
44 來薰臺
　122/5 A
　來蘇山
　109/4 A
　來蘇路
　186/7 A
　來蘇舞
　37/11 A
71 來雁亭
　93/4 B
77 來鳳亭
　150/9 A
　來學亭
　95/5 B

4091₃ 梳

11 梳頭臺
　160/6 A
34 梳洗臺
　85/5 B

4091₄ 柱

10 柱天嶺

　34/7 B

4091₆ 檀

32 檀溪
　82/8 A
　83/4 B
　檀溪寺
　82/12 A
38 檀道濟故壘
　30/15 A
44 檀燕山
　10/18 A
　檀林院鐘
　133/7 B
80 檀谷
　146/8 A

4091₇ 杭

22 杭山
　100/4 A
77 杭印
　2/12 A

4092₇ 柿

44 柿蒂峰
　55/7 B

橋

40 橋李
　3/6 A
　橋李城
　3/8 B

真石
　95/4 B
12 真水
　89/10 B
13 真武山
　154/9 A
　真武堂
　118/6 A
15 真珠山
　164/5 B
　真珠泉
　2/17 B
　6/11 B
　7/10 B
　10/18 B
　42/7 B
　真珠坡
　76/5 A
　77/6 B
　真珠飯
　157/8 A
　真殊臺
　25/11 B
17 真君泉
　34/8 A
22 真仙巖
　114/4 B
　真山
　6/7 A
　9/5 A
　189/6 B
31 真源萬壽宮

　46/7 B
　真源觀
　68/7 B
32 真州
　38/1 A
40 真女山
　177/5 A
46 真如寺
　39/7 B
　真如院
　155/9 A
50 真春埡
　180/5 A
55 真慧院
　47/6 A
72 真隱山
　12/18 B
76 真陽峽
　95/5 B
　真陽縣
　95/2 B
80 真人宅
　2/23 B
　真人祠
　188/5 B
88 真符縣
　190/3 B

4090o 木

01 木龍巖
　153/9 B
20 木香村

　82/12 A
30 木良塘
　107/5 A
35 木津水
　150/9 B
37 木瀨
　8/7 A
40 木皮嶺
　186/6 A
　木梓山
　150/9 B
41 木樞山
　177/5 B
44 木蘭廟
　49/10 A
　木蘭山
　49/7 B
　187/9 B
　木蘭岫
　151/11 B
　木蘭縣
　49/9 A
　木蘭陂
　135/6 B
　木蘭堂
　5/13 B
47 木柵水
　98/5 B
48 木樟山
　122/5 B
50 木末軒
　17/18 A

26/12 B
40/5 B
七星閣
149/7 B
七壘山
190/8 A
67 七眼泉
44/6 B
183/12 B
77 七門廟
45/8 B
七門郡
175/7 A
七門灘
175/6 B
七門堰
45/9 A
七賢石
2/16 B
七賢堂
61/4 A
177/6 A
七朵山
133/7 A
79 七勝泉
58/6 B
80 七龜山
174/6 B
七弟崖
155/8 A
七公山
46/7 B

七公祠
108/6 B

4071₄ 雄

32 雄溪
72/3 A
34 雄斗山
148/4 A
46 雄觀
163/5 A
78 雄覽堂
82/9 B

4073₁ 去

60 去思堂
69/7 B

4073₂ 袁

10 袁天罡宅
48/9 B
185/9 B
21 袁術墓
39/10 A
22 袁山
28/4 A
袁崧宅
3/12 B
袁崧城
5/17 A
袁崧墳
5/20 A
30 袁家渴

56/10 A
袁宏墓
7/15 A
31 袁江
34/3 B
32 袁州
28/1 A
補2/5 A
55 袁曹渡
82/13 B
77 袁興祖墓
7/15 A
80 袁公松
2/23 A

4080₁ 走

01 走龍山
150/9 A
47 走狗塘
5/16 B
71 走馬嶺
80/5 B
走馬山
158/6 A
走馬城
134/6 B
80 走金山
151/7 B

真

10 真一觀
26/12 B

奇文館
157/6 B

10 奇石山
74/5 B

22 奇山
38/5 A

44 奇柑山
71/5 A

77 奇興堂
163/6 B

4064₁ 壽

00 壽亭侯廟
59/6 A

壽康亭
101/3 B

壽康宮
1/3 B

16 壽聖寺
112/5 B
192/4 A

22 壽山
77/4 B
83/4 A

壽山石
128/13 A

27 壽峰義齋
135/7 A

30 壽甯寺
37/11 A

壽甯觀唐明皇像
177/6 B

60 壽星巖
12/15 B

壽星山
2/15 B

壽昌溪
8/9 B

壽昌軍
81/1 A

壽昌寺
145/7 B

壽昌縣
8/4 B

壽昌院
163/9 A

77 壽邱山
7/13 A

80 壽慈宮
1/3 A

88 壽竹
107/4 B

4071₀ 七

03 七詠
42/5 A

10 七雲山
6/10 A

12 七磯
18/6 B

20 七往溪
176/7 A

21 七僊寺
89/12 A

22 七仙洞
68/8 B

七仙閣
35/6 B

25 七佛澗
35/9 A

七佛臺
156/6 B

七佛院
188/5 B

26 七泉
58/5 B
164/4 A

27 七盤
187/5 A

七盤山
149/7 B
186/8 B
187/7 B

七盤坡
183/12 B

七盤縣
187/11 A

七盤關
74/5 B

七峰
133/5 B

七峰巖
132/5 B

七峰山
109/4 A

28 七縱橋

32右溪
58/4 B
37右軍宅
10/22 A
右軍墨池
29/10 B
50右史渠
68/10 B
62右別溪
91/6 A

4060₁ 吉

00吉文水
31/12 B
12吉水
31/7 A
吉水縣
31/2 B
22吉山
83/4 A
27吉鄉縣
77/7 A
30吉流水
98/6 A
32吉州
31/1 A
補2/5 B
38吉祥山
33/5 A
81/6 B
吉祥院
18/9 B

44吉老菴
134/6 A
56吉把城
189/9 A
76吉陽山
83/7 B
吉陽軍
127/1 A
吉陽城
31/14 A
吉陽古城
31/14 B
吉陽縣
127/5 B
80吉分山
110/6 A

喜

10喜雨亭
3/7 B
喜雨樓
7/9 A
115/4 B
22喜豐堂
119/3 B
80喜年堂
31/8 A

4060₄ 奢

22奢山
96/4 A

4060₉ 杏

12杏水
189/7 A
17杏子山
78/6 A
22杏崗
59/4 A
杏山
22/5 A
40杏壇庵
25/10 B
杏壇山
145/7 A
44杏花巖
44/8 A
杏花莊
156/5 B
杏花村
37/9 B
39/7 A
杏林
25/5 A
30/7 B

4062₁ 奇

00奇章山
187/8 B
奇章縣
187/11 A
奇章堂
66/13 B

15 古建水
96/6 B

22 古崙山
110/6 A

古仙洞
22/7 B

古山陽土地廟
39/10 A

23 古岱嶺
97/5 A

25 古佛巖
153/10 A

古佛龕
187/6 B

古練巖
177/5 B

26 古堡
95/7 B

古粵山
114/5 A

27 古像山
146/9 B

28 古徽州印及虎符
62/6 A

30 古賓山
122/5 B

31 古涇
3/7 A

32 古溪
58/5 B

34 古淹君地
6/13 B

37 古漏水
115/5 B

古漏山
110/6 A
115/5 B

古禄山
115/5 A
117/6 B

古郎城
105/8 A

38 古道
190/6 A

39 古迷山
107/5 A

40 古大渡
147/11 A

43 古城
12/20 A
28/9 A
90/11 A
120/4 A
132/7 A

古城州
94/4 B

古棧閣遺跡
157/9 B

44 古婁水
96/6 B

古萬寨
106/4 A

古橫江
41/5 A

50 古夫子像
157/9 B

53 古戌城
147/11 A

56 古捍關
73/8 B

60 古田縣
128/4 B

62 古縣
103/5 A

63 古戰場
3/12 B

71 古甌城
129/10 B

77 古闢山
94/4 B

85 古鉢廟
113/4 A

古鉢嶺
113/4 B

87 古鉧泉
57/7 A

右

00 右文殿
1/13 A

31 右江
106/6 B

右江水
106/6 B

右江鎮
106/6 B

22嘉川縣
　　184/4 A

23嘉牟水
　　191/5 B

27嘉魚
　　108/5 A
　　109/3 A
　　111/5 A
　　146/8 B

　嘉魚亭
　　108/5 B

　嘉魚泉
　　166/6 A

　嘉魚穴
　　189/8 A

　嘉魚洞
　　58/7 B

　嘉魚縣
　　66/45 A

30嘉濟廟
　　32/13 A

　嘉定府
　　146/1 A
　　補6/14 A

34嘉祐寺
　　160/7 A

　嘉祐院
　　12/19 B
　　99/8 A
　　192/4 A

40嘉木
　　146/8 B

44嘉蔭堂
　　183/12 A

74嘉陵水
　　185/7 B

　嘉陵山
　　165/6 A

　嘉陵江
　　156/7 A
　　159/6 B
　　165/6 A
　　186/7 A
　　188/7 B
　　191/5 B
　　補9/4 B

　嘉陵驛
　　156/7 A

77嘉興府
　　3/1 A

　嘉興寺
　　35/11 A

　嘉興縣
　　3/3 B

　嘉賢廟
　　7/12 B

80嘉會亭
　　118/4 B

4050₆ 韋

38韋游溝
　　48/8 B

67韋昭墓
　　7/14 B

80韋羌山
　　12/19 A

4051₄ 難

31難江水
　　187/8 B

　難江縣
　　187/3 A

36難禪閣
　　28/5 B

4060₀ 古

00古立山
　　122/5 B

　古帝墟
　　113/4 B

　古麋
　　86/5 A

　古文橋
　　113/4 B

01古龍山
　　114/5 A

05古辣泉
　　113/4 B

　古辣酒
　　115/6 B

　古辣場
　　113/4 B

07古㟲之營
　　101/4 B

13古武水
　　96/6 B

21李衞公祠
28/9 B

李衞公祠堂
42/10 B

22李仙亭
25/6 B

李邕讀書堂
66/14 A

24李德裕讀書巖
28/10 A

李特讀書臺
188/8 B

25李紳墓
4/20 A

26李白讀書堂
46/13 A
66/14 A

李白墓
18/14 A

李白書堂
25/12 B
109/4 B

31李渠
28/4 A

36李温冢
156/8 A

37李洞讀易洞
158/8 A

李澳溪
131/6 B

40李太白書堂
22/9 B

李太白釣臺
22/9 B

李太尉祠
63/3 B

李坑鎮
102/3 B

李校書讀書堂
70/8 A

43李博士宅
73/9 A

44李萬卷墓
25/13 B

李杜祠堂
186/10 B

46李相石樽
4/19 A

48李翰林宅
18/13 B

李翰林祠堂
22/9 A

50李泰伯書堂
35/12 B

52李刺史墓
80/7 A

60李昇宅
37/13 A

李園巖
85/7 A

72李氏山房
25/13 A

李氏潛珍閣
99/8 B

李氏園
161/5 A

74李陵廟
62/6 A

80李八百後洞
164/7 B

李公麟墓
45/12 B

李公書堂
6/12 B

4044₄奔

25奔牛堰
6/10 B

95奔精城
44/9 A

4046₁嘉

10嘉王府
1/34 B

20嘉禾
3/6 A

嘉禾亭
3/8 A

嘉禾嶼
130/9 A

嘉禾堆
3/8 B

嘉禾驛
3/8 B

嘉禾堂
164/5 A

11/11 A	84 赤鑄山	32/12 B
赤葛山	18/10 A	47 女媧廟
188/7 B	88 赤竹山	45/11 B
47 赤欄浦	71/5 A	女媧石
44/7 A		32/12 B
赤欄橋	**40341 寺**	女媧山
12/11 B	22 寺巖	86/8 A
48 赤松子廟	105/5 A	189/9 A
2/24 B	**奪**	女媧洞
赤松山	86 奪錦亭	146/15 A
2/18 B	185/8 A	女媧驛
赤松洞		189/9 A
133/7 A	**40400 女**	77 女兒山
赤松壇	10 女王城	2/22 B
63/4 B	49/9 B	**40407 支**
赤松城	22 女山	12 支硎
70/6 B	9/5 B	5/12 A
60 赤甲戍	24 女徒山	56 支提山
174/6 A	154/11 A	128/13 B
70 赤壁	37 女湖	**李**
49/5 B	補5/1 B	00 李膺冢
79/5 A	女冠山	164/8 A
赤壁磯	190/8 B	05 李靖廟
49/7 B	女郎廟	84/8 B
赤壁山	57/8 A	李靖仁濟廟
66/11 A	女郎山	4/19 B
71 赤隴山	79/7 A	10 李王墓
126/3 B	183/16A	33/8 B
77 赤眉山	40 女布	11 李北海宅
88/3 B	73/4 B	66/13 A
80 赤金山	44 女姥山	
18/9 B		

69/10 A

赤亭里
2/18 B

01 赤顏山
30/13 B

10 赤石亭
9/7 B

赤石崗
89/13 A

赤石山
32/10 A
83/5 B

赤石灘
74/7 B

赤石岡
124/9 A

12 赤水
145/4 A
148/4 A
150/5 B
175/5 B

赤水山
109/4 A
186/7 A

赤水峽
109/4 A

赤水溪
161/5 B

赤水縣
159/3 A

赤磯
79/5 A

22 赤崖
86/5 A
183/10 B

赤崖廟
154/9 B

赤崖山
70/6 B
151/6 B

赤岸
38/5 A

赤嶺
20/5 B

赤山
12/7 A
49/5 A

25 赤牛山
179/4 B

27 赤烏觀
25/7 A

赤烏殿
17/7 B

赤嶼
131/4 B

32 赤溪
19/5 B
73/4 B
108/5 A
152/3 B

赤溪水
20/8 A
153/10 A

35 赤溝水

82/11 B

37 赤湖
135/3 B

赤湖城
64/15 A

赤瀨水
2/18 B

39 赤沙水
183/13 B

40 赤土洞
157/8 B

赤土國
126/3 B

42 赤圻
79/5 A

赤坂
190/6 A

43 赤城
12/7 A
151/4 B

赤城山
12/11 B
151/6 B
155/7 B

赤城奇觀
12/10 A

赤城閣
151/5 B

44 赤堇山
10/20 A
11/11 A

赤菫山

159/5 A	42/9 A	84南鎮
57南搜河	74南陵郡	10/11 B
88/3 B	98/7 A	南鎮廟
60南里鄉	南陵故城	10/24 A
113/4 B	22/9 A	87南鄭縣
南界驛	南陵縣	183/4 A
110/5 B	19/3 A	90南堂
南恩州	76南陽嶺	40/4 B
98/1 A	26/13 A	161/4 A
南田石	南陽春陵	
102/3 B	58/9 A	**4024₆ 獐**
南昌亭	77南風堂	97獐懶坡
39/8 A	184/7 A	147/10 B
南昌山	南岡	
26/12 B	81/4 B	**4024₇ 皮**
南昌樓	南屏山	74皮陸讀書堂
26/10 B	2/16 A	76/6 B
南昌觀	21/8 B	
158/5 A	157/8 A	**4030₀ 寸**
南昌縣	南學	80寸金堤
26/3 B	7/7 B	64/13 B
南園	南丹州	
4/7 B	122/5 B	**4033₁ 志**
26/8 A	南巴縣	40志喜亭
130/7 A	117/7 B	130/8 A
133/4 B	80南龕	77志民堂
190/6 B	187/6 A	26/11 A
南羅溪	82南劍州	
74/6 B	133/1 A	**赤**
67南明山	補5/8 B	00赤亭河
10/15 B	83南館	49/7 B
72南隱山	55/5 A	赤亭湖

南海廣利王廟
89/17 A

南海縣
89/5 A

40 南太原郡城
22/9 A

南臺
84/5 A
128/8 B

南臺山
36/4 B

南臺江
128/13 B

南塘
17/16 B

南布洲
41/4 B

南壽山
153/8 A

南雄州
93/1 A

南來嶺
124/9 B

南樵州故城
42/10 A

41 南極亭
64/12 B

南極山
44/7 A

南極觀
167/5 B

南柯太守墓

37/13 B

42 南埵山
146/14 A

南荊
64/10 A

南橋水
24/9 B

43 南城山
35/9 B

南城縣
35/2 A

南越王廟
89/17 A

南越王弟建德故宅
89/16 B

44 南壄鎮
36/6 A

南苑
17/7 A

南莊
128/8 B

南華寺
90/10 B

南楚
26/8 A
64/10 A

南黃村
88/3 B

南林
10/11 B

南林溪
91/6 A

45 南埭
17/16 B

南樓
42/4 B
56/4 B
58/4 A
64/10 A
66/7 A
69/5 B
81/4 B
112/4 A
114/4 A
122/4 A
131/4 A
134/3 B
147/6 A
153/6 B
154/6 B

南樓勝槩
58/6 A

47 南都
64/10 A

50 南掖門
17/9 B

51 南軒
134/3 B
166/5 A

南頓君陵
88/5 A

南頓嶺
110/5 B

53 南戒

35/12 B	111/4 B	33/6 B
南崖江	116/4 B	南岷山
125/6 A	122/4 B	156/6 A
南嶽	126/3 A	南峰
6/7 B	127/4 B	159/5 A
46/5 B	132/4 B	南峰寺
55/5 A	146/6 B	165/5 A
南嶽行宮	161/4 A	南峰院
123/7 B	163/5 A	34/7 A
南嶽山	177/3 B	129/10 A
6/9 B	180/4 A	南嶼山
南嶽觀	189/6 B	4/13 A
123/6 B	南山寺	南紀
南巖	105/6 B	159/5 A
10/11 B	116/5 B	南紀樓
21/5 A	154/8 A	64/12 B
85/4 A	南山院	79/6 B
95/4 A	145/6 A	28南儀州
145/4 A	南山堂	109/4 B
147/5 B	133/7 B	南徐
153/6 B	南欝	7/7 B
157/6 A	10/11 B	30南流江
南巖院	24南峽山	121/5 B
145/6 A	45/9 A	南流縣
南嶺	25南犍	121/2 B
99/4 B	146/6 B	南漳
南山	26南白崖	131/4 A
26/8 B	191/4 B	南渡
31/5 B	南泉	184/6 B
35/4 B	78/4 B	南安巖
86/5 A	88/3 A	132/6 A
99/4 B	27南鄉山	南安軍

158/4 A

80 有美堂
　2/13 B

南

00 南亭
　64/10 A
　76/3 B
　102/3 A
　107/4 A

南亭州
　119/5 A

南充縣
　156/2 B

南兗
　37/6 B
　44/4 B

南高峰
　2/16 A

南康山
　36/4 B

南康軍
　25/1 A
　補2/3 B

南康城
　36/6 A

南康縣
　36/2 A

南廉水
　116/5 B

南唐元宗書堂
　25/12 B

南唐宮
　17/9 A

南廣
　163/5 A

南廣水
　163/8 B

南譙城
　42/10 B

01 南龍江
　125/6 A

02 南新亭
　7/9 B

04 南謝塘
　7/10 B

07 南郊壇
　17/10 A

南部縣
　185/3 A

10 南靈山
　104/8 B

南平
　133/4 B

南平山
　175/7 A

南平州故城
　31/14 A

南平溪
　175/7 A

南平軍
　180/1 A

南平古城
　61/5 A

南平縣
　175/7 B

南弄水
　124/9 B

南晉州
　47/8 B

11 南北郊
　17/10 A

12 南水
　28/4 A

14 南硤戍
　46/8 A

17 南豫
　48/5 A

南豫州城
　18/12 B

南司州
　49/9 A
　77/7 A

20 南信州
　73/8 A

南嶂嶺
　34/7 A

22 南川縣
　180/2 B

南川鎮
　180/7 A

南豐先生墓
　35/13 B

南豐縣
　35/2 B

南豐縣舊治

5/17 B	107/4 A	**布**
43堯城	134/4 A	
22/5 B	53巾戍山	12布水
50堯夫亭	76/4 B	25/4 B
77/7 B		123/5 A
64堯時餘燼	**內**	18布政坊
74/8 B	00內亭縣	63/3 A
72堯氏廟	119/5 B	23布袋和尚墓
4/19 A	內方	11/14 A
	76/3 B	32布洲夾
40214 在	內方山	41/4 B
44在艾城	79/6 B	80布金寺
26/18 B	84/6 A	7/9 B
	31內江	布金院
40227 巾	153/7 A	161/6 A
12巾水	159/5 A	
78/4 A	167/3 B	**希**
17巾子石	174/4 B	40希真堂
31〈10 A	176/5 B	42/6 A
巾子嶺	內江水	50希夷庵
92/7 B	160/5 B	85/7 B
巾子山	內江縣	希夷觀
11/12 A	157/3 A	160/7 B
12/13 A	37內軍器軍	希夷故宅
115/5 A	1/28 B	158/8 A
154/11 A	44內藏庫	72希隱亭
174/6 B	1/28 A	112/5 A
巾子峰	50內中神御殿	
2/21 B	1/6 A	**有**
22巾山	內東門諸司	26有鼻墟
12/9 B	1/27 A	56/10 A
93/3 B		29有秋堂

43臺城
　17/6 A
　17/7 B
55臺井
　104/6 A

4010₆ 查

33查浦
　11/8 A

4010₇ 直

05直講盧公讀書堂
　100/6 A
12直水源
　189/7 B
31直河
　44/5 B
34直瀆
　17/16 A
　直瀆浦
　17/24 A
87直鈎亭
　151/11 B
　直鈎軒
　119/3 B
88直節堂
　25/5 B

壺

10壺天
　147/6 A
　壺天院

　147/8 A
11壺頭山
　66/11 A
　68/7 B
　75/5 B
　176/6 B
17壺子臺
　191/6 A
22壺山堂
　135/4 A
80壺公山
　135/7 A

4011₄ 堆

80堆金市
　64/13 B

4011₆ 境

80境會亭
　76/5 B
　境會石
　76/5 B

壇

22壇山
　61/3 B

4011₇ 蠱

10蠱雲樓
　106/5 B

4013₇ 墟

60墟口城
　31/13 B

4016₇ 塘

43塘城縣
　81/7 B

4020₇ 麥

22麥嶺
　2/10 B
43麥城
　78/5 A
60麥圍水
　96/6 A

4021₁ 堯

00堯市
　4/7 B
　堯帝廟
　57/8 A
　堯廟
　58/9 A
10堯王壇
　26/18 B
20堯舜二帝祠
　95/8 A
22堯山
　23/8 A
　89/10 A
　95/3 B
　103/8 A
27堯峰院

18/1 A	22/9 A	太白山
31/12 B	太平院	11/12 A
太平湖	135/6 A	190/9 A
66/9 B	太平興國寺	太白湖
太平軍	12/19 B	79/7 B
120/5 A	85/5 B	太白樓
太平寺	太平興國寺塑像	79/7 B
46/7 B	133/7 B	太伯瀆
56/9 A	太平興國觀唐殿	6/12 A
59/4 B	167/6 A	太伯城
太平城	13 太武夫人壇	6/12 A
66/9 B	131/7 A	太泉
太平花	17 太子泉	31/7 A
151/9 A	48/9 B	太皋城
太平樓	太子港	31/14 A
162/6 A	40/7 A	太和六年刻漏秤上
太平場	太子湖	識文
96/7 B	79/7 B	19/12 B
太平觀	太子驛	太和樓
70/5 B	47/9 A	85/4 B
162/6 A	太乙宮	太和觀天寶鐵老君
太平惠民西局	1/16 B	像
1/33 A	21 太師橋	155/10 A
太平惠民北局	130/9 B	太和縣
1/33 A	22 太嶽	31/3 A
太平惠民南局	85/4 A	30 太宜坑
1 /33 A	太山	61/4 B
太平惠民東局	82/8 A	太富嶺
1/33 A	23 太傅井	109/4 A
太平縣	10/22 A	34 太社太稷壇
19/3 B	26 太白亭	1/9 A
太平縣城	146/15 A	35 太清鎮

108/5 A	84/7 A	大内
121/4 A	大洪山監寺	1/2 A
146/7 B	83/11 B	大雄山
大江水	35 大湊山	12/18 A
46/6 B	61/4 A	26/15 B
105/6 B	大湊岡	154/8 A
大瀾江	61/4 B	大雄寺
154/8 A	大漕河	4/13 A
32 大溪山	64/15 B	41 大顛泉
24/5 A	大連天	100/6 A
大浮山	153/10 A	42 大狐山
70/5 B	37 大湖	83/7 B
大活故城	129/6 B	大板源
49/9 A	大漏天	61/4 B
大活關	163/8 A	43 大城山
49/9 A	大軍山	19/10 A
33 大沱石	79/6 B	33/6 B
74/5 A	38 大激山	83/6 A
大冶縣	75/6 A	44 大塔山
33/2 B	大洋障	145/5 B
大梁山	134/5 B	大荒山
83/6 A	大海	121/5 B
34 大法場	39/6 A	大花山
107/6 B	41/4 A	117/6 B
大濛溪	116/4 B	大花溪
157/7 A	117/5 B	176/7 A
大浹江	大浴洞	大茅峰
11/9 B	71/4 B	17/24 A
大渡	大滌洞	大幕山
56/5 B	2/16 A	19/10 A
大洪山	40 大力山	121/5 B
83/6 A	101/4 A	大蘭山

大奚山	48/7 B	大安山
89/17 B	大皂水	26/15 B
大維山	151/8 A	77/5 B
165/6 B	27 大龜	110/5 B
21 大能仁寺	47/5 A	大安溪
10/19 A	大龜山	158/5 A
大岯山	83/7 B	159/8 A
7/10 B	補4/5 B	大安軍
大紫山	大像閣	191/1 A
83/6 A	146/9 B	補8/9 A
22 大巖山	大烏江	大安鎮
24/5 A	110/5 B	41/5 A
大羧山	大峒山	補3/3 A
146/9 B	90/8 A	大牢溪
大羧景	28 大儀鎮	160/5 B
146/10 A	37/10 B	大容山
大山	30 大流江	104/8 A
42/5 A	162/5 B	大寅山
大樂橋	大濟院	188/6 B
63/3 A	66/9 B	大賓縣
23 大牟山	大渡水	110/6 B
187/8 B	147/8 A	大宗正司
大牟縣	大渡河	1/25 A
185/9 B	146/13 B	大寨石
187/10 B	大渡津	69/8 A
25 大佛迹峰	164/6 B	31 大江
91/7 A	大渡縣	37/8 A
26 大白山	147/11 B	41/4 A
10/15 A	大甯監	47/5 A
大泉洞	181/1 A	48/5 B
33/6 B	大寒水	105/5 B
大峴山	191/5 B	106/5 A

53九成臺
　90/8 B
55九井
　18/6 B
　83/4 B
　164/4 B
　九井山
　18/12 A
　191/4 B
　九井灘記
　191/8 A
　九井寺
　47/6 B
　九井鎮
　45/9 A
　九曲亭
　37/9 B
　九曲水
　28/7 B
　35/9 A
　九曲嶺
　31/11 A
　46/7 B
　81/5 B
　九曲河
　80/6 A
　九曲溪
　158/5 A
　九曲池
　17/25 B
　37/9 B
　151/11 B

　157/7 A
　185/8 B
56九螺山
　49/8 A
60九日嶺
　36/5 A
　九日山
　130/9 A
　補5/7 B
　九日臺
　17/25 B
　九里山
　9/6 B
　九里涇
　39/8 B
　九里松
　2/16 B
　九里箄
　2/16 B
　九疊山
　72/3 B
　九疊峰
　128/12 B
　九疊松
　46/7 B
　九疊屛
　25/10 A
　九思堂
　89/12 A
　125/5 A
　152/4 A
　159/6 A

67九曜石
　89/12 A
　九眼井
　23/11 A
71九隴山
　184/8 A
74九肋籠
　68/8 B
77九闕山
　42/9 A
　九股松
　46/7 B
　九賢堂
　23/9 B
82九矯關
　189/7 B
87九銀坑
　61/4 A
88九節溪
　155/8 A
95九煉山
　159/8 A

4003₀ 大

00大鹿山
　146/13 B
　大方山
　156/6 A
　大帝廟
　4/19 A
　大庾嶺
　36/4 B

九疑都
58/6 B

九島山
82/10 B

九峰
12/7 A
22/5 A

九峰山
11/9 B
12/17 B
19/10 B
27/7 B

九峰樓
22/6 A

九峰院
134/4 B
135/5 A

30 九室宮
86/7 B

九塞
80/5 A

九渡溪
164/6 B

九房石
28/7 B

九窺灘
74/5 B

九宮山
33/6 B

九宮壇
1/9 A

九寶器

77/6 A

31 九江
30/7 A

九江濂溪
58/9 A

九江故城
47/8 B

九江縣
30/14 B

九潭山
47/6 B

32 九洲
56/6 A

九洲鎮
32/9 B

九溪
72/3 A
131/4 B

九遞山
180/5 A

34 九斗壇
6/10 A

39 九沙灘
20/10 A

40 九十九崗
83/6 B
88/4 A

九十九灣
40/6 A

九臺
187/5 A

九堆山

83/6 B

九女山
86/7 B

九女窟
31/11 A

九女閜
70/5 B

九真山
79/7 A
183/12 B

九真池
34/7 A

41 九獅橋
45/9 A

44 九蓮院
155/7 A

九華山
22/8 A

九華樓
22/6 A

45 九株松
151/8 A

51 九頓山
20/10 A

52 九折山
145/6 B

九折峰
12/17 B

九折坡
147/7 B

九折路
5/16 B

03 十詠亭

　18/8 A

　92/6 A

　十詠堂

　33/4 A

10 十二碪

　73/6 B

　十二峰

　128/12 B

　十二真君宅

　26/27 B

　十三間樓

　2/17 A

16 十聖廟

　167/4 B

20 十愛亭

　107/4 B

21 十偈圈

　97/4 B

27 十峰堂

　10/14 B

28 十以齋

　27/7 B

30 十宮

　37/8 A

31 十江水

　160/6 A

32 十洲亭

　135/4 A

　十洲閣

　11/9 A

37 十洞

　72/3 A

60 十里松

　78/5 B

　十里岡

　31/11 A

77 十賢堂

　35/6 B

　89/12 B

79 十勝景

　49/8 B

80 十八壠

　186/8 B

　十八賢臺

　30/15 B

88 十箴堂

　123/5 B

4001₁ 左

10 左王墓

　19/13 A

17 左司篇

　42/9 B

26 左伯桃墓

　65/4 A

31 左江

　106/6 B

　左江鎮

　106/6 B

　左顧山

　74/6 B

32 左溪

　78/4 B

37 左湖

　58/4 B

　58/5 B

40 左右僕射府

　1/33 B

　左右金吾衞仗司

　1/25 A

44 左藏庫

　1/31 A

　左藏封椿庫

　1/31 B

50 左史洞

　22/8 B

60 左里故城

　25/12 A

　左思墓

　7/14 B

62 左別溪

　91/6 A

4001₇ 九

00 九府觀

　78/5 B

　九度山

　70/5 B

01 九龍廟

　108/6 B

　九龍巖

　56/8 A

　146/14 A

　九龍山

　4/14 A

21 / 4 B

37 沙湖

　49 / 5 A

55 沙井

　31 / 6 B

　沙井院

　176 / 6 A

60 沙羅水

　60 / 4 A

62 沙縣

　133 / 3 A

80 沙羡縣

　79 / 7 B

3912₇ 消

22 消山

　12 / 9 A

60 消暑灣

　5 / 15 A

3913₁ 灘

26 灘泉亭

　190 / 6 B

3915₀ 泮

32 泮溪

　158 / 4 A

3918₀ 湫

12 湫水潭

　12 / 13 B

3918₉ 淡

32 淡溪

　99 / 4 B

3919₄ 渼

12 渼水

　55/ 5 B

　63 / 2 B

3930₂ 逍

12 逍水

　188 / 4 B

32 逍遥亭

　83 / 5 B

　逍遥巖

　46 / 6 B

　58 / 7 B

　逍遥山

　27 / 8 A

　55 / 6 B

　逍遥津

　45 / 9 B

　逍遥神

　109 / 5 A

　逍遥洞

　145 / 7 B

　逍遥臺

　90 / 8 A

　逍遥樓

　31 / 13 B

　32 / 9 A

103 / 9 B

104 / 6 A

逍遥 觀

　25 / 10 B

　28 / 9 A

逍遥堂

　4 / 12 B

　23 / 9 A

3930₉ 迷

17 迷子洲

　17 / 27 A

22 迷仙洞

　27 / 5 B

45 迷樓

　37 / 7 A

50 迷春亭

　43 / 5 A

3940₄ 娑

60 娑羅亭

　7 / 9 A

　娑羅坪

　151 / 11 B

　娑羅花

　147 / 10 B

3990₄ 棠

90 棠棠菓

　101 / 4 A

4000₀ 十

30 邀涼亭
　　34/4 B
88 邀笛步
　　17/23 A

3830₆ 道

22 道巖山
　　69/8 A
　道山亭
　　128/9 A
　道山樓
　　132/5 A
24 道德觀
　　68/7 A
　道峽
　　58/5 B
30 道濟院畫像
　　155/10 A
　道安巖
　　82/13 A
32 道州
　　58/1 A
　　補4/2 A
40 道士崖
　　46/10 B
　道士巖
　　55/7 A
　道士山
　　7/10 A
　道士峰
　　181/5 A
　道士影

　　8/10 A
44 道者巖
　　62/5 A
　道者山
　　105/7 B
46 道場山
　　4/16 A
73 道院
　　18/4 B
　　25/4 B
　　86/4 B
　　97/3 A
　　155/5 B
　　161/4 B
79 道勝山
　　157/9 A
80 道人磯
　　69/8 A
　道人山
　　20/10 B
　　26/18 A
　　44/8 B
　　57/6 A
　　106/5 B
　　134/5 B
　道人峰
　　134/6 A
90 道堂
　　40/4 B

3834₃ 導

31 導江縣

　　151/2 B

3850₇ 肇

00 肇慶府
　　96/1 A

3860₄ 啓

22 啓山
　　9/5 A
37 啓運官
　　128/14 A

3912₀ 沙

00 沙亭水
　　107/5 B
　沙亭縣
　　107/7 B
01 沙龍
　　147/6 B
11 沙頭市
　　64/15 A
22 沙川城
　　184/10 A
　沙山
　　9/5 B
31 沙河
　　39/8 A
　沙河塘
　　2/18 A
　沙源
　　133/5 A
32 沙溪

3819₄ 滁

12滁水

　42/4 B

21滁上

　42/4 B

22滁川

　42/4 B

31滁河

　42/4 B

　48/5 B

32滁州

　42/1 A

43滁城

　42/4 B

76滁陽城

　45/11 B

3821₁ 祚

24祚德廟

　1/19 A

3825₁ 祥

10祥雲峰

　133/6 A

　祥雲臺

　186/6 B

　祥雲觀

　23/12 A

22祥山

　123/5 A

68祥曦殿

　1/4 A

88祥符寺

　164/7 A

　祥符觀

　25/10 B

　29/8 A

　30/11 A

　35/9 A

　祥符院

　20/11 A

　146/14 B

90祥光亭

　108/5 B

3826₈ 裕

77裕民

　96/3 B

　裕民堂

　184/7 A

3830₃ 遂

30遂甯府

　155/1 A

　遂甯縣

　155/4 A

　遂安縣

　8/4 A

32遂溪縣

　118/2 B

77遂興故縣

　31/14 A

送

01送龍崗

　117/6 A

31送江亭

　7/9 A

44送黃山

　146/11 A

3830₄ 遵

24遵化縣

　119/5 B

遊

22遊仙山

　187/8 A

　遊仙峰

　91/6 A

　遊仙溪

　129/10 A

　遊仙寺

　187/8 A

44遊蘭山

　174/6 B

遨

11遨頭

　48/6 A

12遨水

　58/5 B

遯

海陵縣
40／3 A
海陵監
40／6 B
海陵倉
40／7 A
76 海陽亭
92／5 B
海陽山
100／5 B
海陽湖
92／7 A
海陽縣
20／11 B
100／2 A
海隅山
5／13 B
77 海門山
12／13 B
海門島
41／4 B
海門縣
41／2 B
78 海鹽縣
3／4 A
海腹
41／4 A
90 海棠山
146／14 A
海棠溪
151／11 A
185／8 A

海棠洞
48／7 B
161／5 A
166／5 B
海棠村
164／5 B
海棠圃
188／7 B
海棠園
150／6 A

3816₆ 滄

00 滄高山
補10／3 B

3816₇ 滄

00 滄唐江
155／8 B
33 滄浪亭
5／12 B
33／4 A
滄浪水
62／5 A
68／7 B
85／5 B
滄浪鄉
76／5 B
滄浪洲
85／5 A
37 滄湖
90／7 B
44 滄茫溪

73／7 A

洽

31 洽洭故城
95／7 B
90 洽光縣
95／3 A

3816₈ 浴

22 浴仙池
26／17 B
30 浴室院
164／7 A
36 浴泊石神
125／7 B
60 浴日亭
89／11 B
77 浴鳳池
128／11 B
浴丹池
151／11 B
186／6 B
浴丹井
150／10 B
154／12 A
浴丹堂
188／6 B

3818₆ 濱

32 濱溪
187／5 B

31激河
　84/5 A

潋

33潋浦
　7/7A

灉

31灉源
　28/4 A

澂

12澂水
　75/4 B

22澂川
　75/4 B

32澂溪
　75/4 B

3814₇ 游

01游龍河
　40/6 A

26游泉
　6/8 B

游息亭
　22/6 A

27游魚石
　113/4 A

38游洋溪
　135/5 A

80游公樓
　23/13 B

3815₁ 洋

12洋水
　190/5 B

洋水縣
　176/7 B

31洋源縣
　190/9 B

32洋州
　190/1 A

3815₁ 潒

12潒水
　71/3 B

3815₇ 海

海
　補5/5 B

00海康縣
　118/2 A

10海雷石
　128/13 B

22海豐縣
　99/2 B

海山樓
　41/4 B
　89/11 B
　124/8 A

27海角亭
　120/4 B

海嶼亭
　40/5 A

30海甯嶺
　100/5 B

海甯縣
　100/5 B

32海溪
　133/5 A

33海治
　11/8 B

34海漆
　124/7 B

37海潮
　2/12 B

38海道
　130/7 B

42海橋
　49/6 A

46海觀
　153/6 A

47海桐庵
　41/4 B

55海曲
　127/5 A

60海口廟
　127/6 A

海口驛
　127/5 A

海晏寺
　151/9 B

72海昏
　26/10 A

74海陵
　40/5 A

塗山禹廟
　　補3/5 A
32 塗溪水
　　179/4 A
60 塗口
　　66/7 B

3811₂ 泡

12 泡水
　　58/5 A

3811₇ 溢

00 溢亭
　　30/6 B
22 溢山
　　34/3 B
33 溢浦水
　　30/13 B

3811₉ 淦

12 淦水
　　34/3 B
62 淦縣城
　　34/8 A

3812₁ 渝

12 渝水
　　34/3 B
　　162/4 B
80 渝舞
　　175/5 B

湔

12 湔水
　　151/4 B
72 湔氐道
　　149/7 A

3812₇ 瀚

38 瀚海
　　3/6 B

3813₂ 滋

44 滋茂池
　　149/7 A

漾

12 漾水
　　191/4 A
77 漾月亭
　　7/9 A
　　108/5 B
漾月堂
　　10/13 A

3813₇ 冷

10 冷石
　　104/6 A
冷石山
　　103/12 A
12 冷水
　　113/3 B
冷水溪

176/6 A
冷水觀
　　25/8 B
冷水驛
　　105/6 A
26 冷泉
　　47/5 A
　　78/4 B
冷泉亭
　　2/14 B
冷泉山
　　107/6 B
62 冷暖水
　　26/12 B
77 冷風閣
　　133/5 B

泠

10 泠石瀧
　　92/7 B
12 泠水
　　58/4 B
23 泠然堂
　　165/4 B
38 泠道縣
　　58/8 B

3814₀ 潄

30 潄流山
　　75/5 A

漱

1/25 A

軍頭司等子營
 1/36 B
22軍山
 29/6 B
 35 /5 A
 41/4 A
 44/5 A
 55 /6 A
軍山廟
 29/10 A
66軍器所
 1/22 A
軍器所萬全東西作
坊等指揮營
 1/36 B
軍器監
 1/24 B
76軍陽山
 21/8 B
99軍營嶺
 35/11 B

3772₀ 朗

12朗水
 68/5 B
30朗甯縣
 106/7 A

3772₇ 郎

00郎亭山
 81/6 B

30郎官亭
 79/8 A
郎官湖
 79/7 B
 99/9 A
郎官谷
 19/10 B
31郎江
 72/3 A
32郎溪故城
 71/5 B
50郎中山
 164/7 B

3780₀ 冥

71冥阨塞
 80/5 B

3780₆ 資

12資水
 157/5 B
16資聖寺
 3/11 B
資聖院
 24/4 B
 133/6 A
 155/9 B
22資山
 88/3 A
30資官縣
 160/3 A
31資福靈讚侯廟

109/5 A
資福寺
 89/15 B
資福院
 40/6 A
 190/9 B
 191/6 A
32資州
 157/1 A
37資深堂
 19/7 A
40資壽院
 27/6 A
 133/8 A
76資陽縣
 157/2 B
77資興縣
 57/2 B
80資善堂
 1/16 A

3792₇ 鄝

10鄝王臺
 46/12 A
80鄝公庵
 2/23 B

3810₄ 塗

22塗山
 10/9 B
 50/4 B
 175/5 A

12通飛閣
　124/10 A

22通山縣
　33/2 B

　通幽
　40/4 B

24通化山
　152/6 A

　通化縣
　148/2 B
　152/6 B

26通泉山
　154/10 A

　通泉縣
　154/3 B

　通泉縣古城
　154/12 A

　通和堂
　118/4 B

30通濟巖
　132/6 B

　通濟橋
　126/3 B
　166/6 A

　通進司
　1/27 B

31通江縣
　187/3 B

32通州
　41/1 A
　補3/2 B

38通道縣

　72/2 B

43通城縣
　66/4 B

　通越亭
　93/4 A

60通星山
　108/6 A

　通吳驛
　7/13 A

77通關山
　183/13 A

80通羊山
　33/5 A

過

32過溪亭
　190/6 B

　過溪橋
　151/11 A

48過松亭
　69/9 A

3730₃ 退

60退思軒
　23/8 B

　退思堂
　124/7 B

80退谷
　81/4 B

90退省齋
　158/4 A

3730₄ 退

46退觀
　59/4 A

　退觀臺
　23/8 B

逢

32逢溪山
　179/4 A

運

31運河
　38/5 B
　43/4 B

34運港堰
　3/10 B

　運瀆
　17/14 B

80運羌山
　12/19 A

3730₇ 追

30追涼山
　58/8 A

3730₈ 選

24選德殿
　1/4 B

3750₆ 軍

11軍頭引見司

30/16 A

80 祖無擇祠

28/9 B

3721₄ 冠

22 冠山

23/8 A

44 冠蓋里

82/10 A

45 冠幘山

22/7 A

60 冠冕林

163/6 A

3722₀ 祠

22 祠山

24/3 B

3722₇ 祁

22 祁山

56/5 A

76 祁陽城

56/9 B

祁陽縣

56/2 B

3723₂ 禄

12 禄水

145/4 A

150/5 B

40 禄來山

167/4 B

3723₄ 禊

00 禊亭

190/6 B

3730₁ 逸

24 逸休亭

155/6 B

44 逸老堂

11/9 A

3730₂ 迎

00 迎麈亭

40/5 A

17 迎翠亭

43/5 A

22 迎鑾

38/4 B

迎仙溪

135/6 A

迎仙閣

8/8 A

迎山館

90/8 A

30 迎富

156/4 B

迎富亭

104/6 B

迎賓亭

154/7 B

38 迎祥山

163/8 B

40 迎真觀銅鐘

187/11 B

47 迎鶴臺

177/6 A

迎檜湖

17/23 A

50 迎春亭

4/12 B

迎春洞

22/7 B

67 迎暉亭

18/7 A

迎暉館

129/7 B

通

00 通應廟

135/8 A

10 通靈山

151/9 B

通元觀

28/8 B

68/7 B

通平縣

187/11 A

通天巖

31/13 A

32/11 B

95/5 B

99/6 B

通天觀

17/11 A

3716₂ 沼

22沼山
　-33/3 B

3716₄ 洛

12洛水
　164/4 B
　補3/9 B
30洛容縣
　112/2 B
44洛蒙山
　122/5 B
46洛場縣
　125/7 A
76洛陽水
　160/7 A
　洛陽山
　130/9 B
　洛陽洞
　59/5 A

3718₀ 溟

44溟藩
　12/8 B

3718₁ 凝

10凝露堂
　6/9 A
　凝霧山
　121/4 B
　凝雲樹

　183/12 A
17凝翠亭
　42/6 B
　凝翠閣
　133/5 B
　凝翠堂
　164/5 A
20凝香
　76/3 B
　凝香亭
　126/3 A
　凝香閣
　42/6 B
　86/6 A
　157/6 B
　凝香堂
　27/5 A
　35/6 B
　45/7 B
　127/5 A
　134/4 A
　156/5 A
　161/4 B
60凝思堂
　12/10 B
71凝脂山
　175/7 A

3718₂ 漱

10漱玉亭
　2/15 A
　25/6 A

　60/3 B
　61/4 A
　漱玉巖
　185/8 A
　漱玉灘
　99/6 B
27漱壑
　166/5 A
44漱芳
　43/4 A

3718₆ 濱

12濱水
　59/4 A
　62/4 A
31濱江
　59/4 A

瀨

12瀨水
　31/6 B

3719₄ 深

30深渡館
　8/7 B
34深遠堂
　164/4 B
40深坑橋
　63/3 A

3721₀ 祖

27祖將軍廟

34涤波亭
129/7 B

浪

12浪水
83/4 B

3713₆ 漁

22漁樂亭
82/11 A

32漁溪
11/7 B

33漁浦
10/10 A

80漁父亭
62/4 B

漁父廟
59/6A

3714₀ 溆

33溆浦縣
75/3 A

3714₆ 潯

12潯水
112/4 A

31潯江
110/4 A
114/4 A

32潯州
110/1 A

76潯陽亭

114/4 B

3714₇ 浸

12浸水
86/5 B

16浸碧亭
121/5 A

77浸月亭
36/4 B
47/5 A

潺

32潺湲亭
25/6 A

37潺潺閣
28/5 B

3715₇ 净

12净水
93/4 A

21净行院
118/4 B

25净練閣
110/4 B

27净衆院
131/6 B

33净治堂
33/4 A
49/6 B
62/4 A

40净土院
3/11 A

12/14 A
30/13 B
160/5 B
161/5 B

44净芳亭
21/6 A

46净相寺
17/27 A

55净慧寺
12/14 A

净慧院
131/6 B

77净覺院
27/6 A

净居寺
35/11 A

80净慈寺
2/20 B

3716₁ 澹

00澹庵
97/3 A

12澹水
70/4 B

22澹山巖
56/8 B

40澹臺滅明墓
5/19 B
26/19 B

澹臺湖
5/17 B

00洞庭	洞山	115/5 A
6/7 B	163/5 B	27潮魚山
洞庭郡	洞山院	134/4 B
69/7 A	27/8 A	32潮州
洞庭山	30洞房山	100/1 A
5/13 B	121/5 A	補5/4 A
69/7 B	洞宫山	35潮溝
83/6 B	128/13 B	17/14 A
洞庭湖	32洞溪山	76潮陽縣
69/7 B	146/14 A	100/2 B
10洞靈巖	48洞樽	
23/12 A	58/5 A	湖
洞靈山	76洞陽觀	00湖廣總領所
57/7 A	68/7 B	66/5 A
洞靈觀	77洞岡山	11湖北道院
6/11 A	116/5 B	78/5 B
洞元觀		22湖山
17/26 B	潮	12/9 A
洞霄宫	12潮水	19/6 B
2/21 B	57/5 A	100/3 B
洞天宫鐘	111/4 B	湖山主
10/20 A	潮水泉	69/7 A
洞天源	84/6 A	湖山千里
34/7 B	潮水神廟	26/18 A
洞雷水	111/6 B	湖山堂
116/5 B	潮水縣	26/11 B
21洞虛觀	111/6 B	76/4 A
7/12 A	26潮泉	167/4 A
31/13 A	25/4 B	33湖心寺
22洞巖	92/4 B	11/12 B
8/7 B	151/4 B	湖㳇山
21/4 B	潮泉水	2/22 A

3630₂ 遏

47 遏胡城
48／9 B

3710₇ 盗

43 盗城
9／5 A

3710₉ 鑿

30 鑿字溪
72／4 A

31 鑿江水
185／7 B

3711₀ 汎

12 汎水
111／4 B

沮

12 沮水
64／11 B
73／4 B
78／4 B
82／9 A
86／5 A

3711₁ 泥

32 泥溪城
34／8 A

澀

30 澀灘
19／5 A

3711₄ 濯

26 濯缨亭
3／8 A
24／5 A
43／5 A
44／6 A
86／6 A
124／8 A

濯缨石
104／8 B

濯缨泉
92／7 B
121／6 A

濯缨橋
99／7 A

濯缨堂
64／12 B

35 濯清堂
55／6 A

37 濯湖
27／4 A

86 濯錦橋
129／7 B

88 濯筆溪
154／12 A

濯筆池
82／9 B

3711₇ 沉

10 沉釀埭
10／17 A

12 沉水
154／7 A

沉水山
33／5 A

16 沉碑潭
82／10 A

20 沉香
124／7 A

沉香木
98／5 B

26 沉泉
66／8 A

77 沉犀山
146／13 A

沉犀故城
146／14 B

3712₀ 洞

17 洞酌亭
124／8 A

洵

12 洵水
189／6 B

32 洵州城
189／8 B

76 洵陽縣
189／4 A

洞

3613₂ 澴

12 澴水
77 / 4 B
31 澴河鎮
77 / 6 B

瀑

40 瀑布
30 / 7 B
瀑布水
25 / 9 A
瀑布山
12 / 13 A
71 / 5 A
135 / 5 A
瀑布泉
129 / 9 A
瀑布灣
119 / 5 A

3613₃ 濕

35 濕凍嶺
149 / 7 B
42 濕坂
149 / 5 B

3613₄ 渓

12 渓水
162 / 4 B

3614₁ 澤

10 澤露亭
131 / 5 A
86 澤錦山
94 / 4 A

3614₄ 瀅

12 瀅水
88 / 3 A
31 瀅源山
88 / 3 B

3614₇ 漫

00 漫齋
58 / 4 B
10 漫天嶺
184 / 7 B
22 漫川縣
189 / 9 A
33 漫浪園
25 / 6 A
51 漫軒
104 / 6 A

3618₆ 滇

12 滇水
77 / 4 B
79 / 4 B
22 滇川
83 / 4 B
78 滇陰亭
83 / 5 A

3621₀ 視

30 視渡橋
63 / 3 A

3622₇ 褐

22 褐山
18 / 5 A

3625₆ 禪

10 禪石
95 / 4 A
22 禪嶺
35 / 4 B
禪山
35 / 4 B
26 禪和洞
31 / 9 A
30 禪定寺
103 / 12 B
77 禪月臺
21 / 6 B
80 禪龕石
90 / 9 A

3630₀ 迴

34 迴濤隁
103 / 12 B
50 迴車橋
80 / 6 A
迴車院
35 / 7 A

3611₇ 温

12温水
49/5 A
57/5 B
90/7 A
93/3 B
111/4 B
191/4 A

温水河
87/5 A

22温山
4/10 B

26温泉
10/9 B
25/4 B
28/5 A
30/8 B
31/6 B
32/8 A
35/6 A
57/5 A
78/4 B
84/5 A
98/4 A
100/4 A
121/4 A
123/5 A
126/3 A
152/4 A
180/4 A
190/5 B

温泉寺
175/6 A

温泉觀
152/4 B

32温州
補1/3 B

36温湯
29/6 A
92/5 A
125/5 A

温湯水
84/6 B
176/6 A

温湯峽
175/6 A

温湯泉
82/12 A
105/6 A

43温城
19/5 A

74温陵
130/7 A

3612₇ 渭

01渭龍縣
104/9 A

32渭溪城
71/5 B

湯

22湯山
17/15 A

26湯泉
20/6 B
26/10 B
45/6 A
47/5 A
48/6 A
66/8 A
68/6 B
70/4 B
83/4 A
86/5 B
89/10 A
91/5 A
99/5 A
123/5 A
128/7 B
131/4 B
132/4 B
135/3 B
183/11 A

32湯溪
182/2 B

濁

12濁水
39/6 A
82/9 A
148/4 A

31濁河
88/3 A

32濁溪山
100/5 A

48／6 B

91／5 A

12連延水

124／8 B

連礒山

18／12 A

22連山縣

92／2 B

31連江

128／8 B

連江縣

128／3 B

32連州

92／1 A

補5／2 B

連州縣

109／4 B

38連滄觀

7／9 A

3530₈ 遺

12遺烈廟

122／6 A

20遺愛亭

49／6 B

遺愛寺

30／14 A

遺愛草堂

30／15 B

77遺履軒

89／12 A

遺履井

184／8 B

3530₉ 速

22速山

165／4 B

3610₀ 汨

12汨水

69／6 A

泊

27泊船山

151／7 B

47泊櫓山

3／10 B

泗

31泗河

84／5 A

60泗口

44／9 B

洄

32洄溪

58／5 B

泇

32泇溪

70／4 B

湘

12湘水

55／5 A

56／5 A

69／6 A

103／9 A

22湘川

60／3 B

湘山

60／3 B

69／6 B

湘山廟

60／4 B

30湘灘水

60／4 B

湘穴

92／5 A

31湘源

60／3 B

40湘南

56／5 B

43湘娘廟

56／10 B

50湘春樓

60／3 B

湘東苑

65／2 B

3611₄ 湟

12湟水

61／3 B

92／5 A

28湟谿關

92／8 A

55沸井
　48/6 A

3513₀ 漣

34漣漪亭
　35/7 A

3513₂ 濃

12濃水
　165/3 B
32濃溪水
　165/6 A
35濃連山
　71/5 A

3513₃ 灅

26灅泉
　58/5 B
　灅泉亭
　58/6 A

3516₀ 油

31油河
　64/11 B
32油溪
　175/5 B
60油口
　64/11 B

3516₆ 漕

12漕水
　78/4 A

31漕河
　64/11 A
　漕河隄
　43/6 B
　漕渠
　7/8 B

3519₀ 沫

12沫水
　146/7 A
　147/5 A
32沫溪
　135/3 B

3519₄ 溱

12溱水
　95/4 B
32溱溪縣
　180/7 A

3519₆ 涷

12涷水
　82/9 A

凍

22凍山
　83/4 A
50凍青水
　60/4 A
80凍谷
　191/4 A

3520₆ 神

00神童洲
　31/9 B
　神亭
　7/8 A
　神應港
　124/9 B
01神龍山
　156/6 B
　神龍殿
　17/7 B
04神謀池
　188/7 A
10神霄宮
　46/9 B
　神石
　21/4 A
13神武門
　17/9 B
15神磧
　174/5 A
17神君
　6/7 B
21神虎門
　17/9 B
22神仙洗腸池
　44/12 A
　神嶺
　34/4 A
　神山
　18/5 A

冲虚觀太和元年鐵
鐘
155/10 A

30 冲寂觀
35/10 B

冲

21 冲虚觀
153/8 B

49 冲妙觀
151/9 A

3510₇ 津

27 津鄉
64/12 A

60 津里山
6/12 A

3511₇ 沌

12 沌水
79/4 B

76 沌陽縣
79/7 B

澔

12 澔水
88/3 A
183/10 A

3511₈ 澧

12 澧水
70/4 B

31 澧源鎮
176/6 B

32 澧州
70/1 A
補4/2 B

33 澧浦
70/4 B

37 澧湖
48/5 B

澧澹
70/4 B

76 澧陽樓
70/5 A

澧陽縣
70/2 B

3512₇ 清

00 清音亭
146/9 A

清音堂
23/9 B

10 清平坊
63/3 A

清平閣
12/9 B

清霄
4/11 A

12 清水
82/9 A
187/5 A

清水巖
26/16 B

清水穴
159/8 B
175/7 A

清水江
184/8 B

清水池
125/6 A

清水鎮
45/8 A

清烈公廟
68/10 B
74/9 B

21 清虚亭
36/4 B

清虚巖
156/6 B

清虚山
186/7 A
192/4 A

清虚菴
30/11 A

清虚堂
155/6 B

24 清化縣
187/11 A

26 清白亭
131/5 A

清白泉
8/8 A
22/8 A
74/6 B

清白堂

146/4 A
76 洪陽洞
28/8 B

滇

34 滇池大鑊
163/9 B

3418₆ 瀆

12 瀆水
64/11 B
31 瀆江
146/7 A

3419₀ 沐

22 沐川水
146/14 B
71 沐馬川
150/9 A

3421₀ 社

01 社龍山
119/4 A
26 社稷壇
17/10 B
44 社樹
85/4 B
80 社父崗
116/5 B
社倉
113/3 B

3426₀ 祐

60 祐國院
190/9 B

褚

00 褚裒墓
7/15 A

3428₁ 祺

22 祺山
135/3 B

3429₁ 襟

44 襟帶堂
26/10 B

3429₄ 禖

40 禖壇石
17/10 B

3430₃ 遠

00 遠意樓
104/6 B
30 遠安縣
73/3 A
60 遠畧亭
38/5 B
67 遠明閣
25/5 B

3430₄ 達

00 達磨井
89/16 B
32 達州
補7/6 A
46 達觀樓
89/11 B
達觀閣
145/4 B
77 達民堂
43/5 A

3440₄ 婆

34 婆婆崖
70/7 A
39 婆娑水
158/4 B
婆娑山
158/4 B
60 婆日市
160/6 A
婆日市故城
160/7 A
婆國故城
145/8 A

3490₄ 染

20 染香亭
7/9 B

3510₆ 冲

21 冲虚觀
186/7 A

60波羅水
　94/4 B
　波羅峽
　104/6 B
　波羅密果
　124/10 B

凌

08凌歊臺
　18/7 A
10凌霄峰
　103/12 A
　凌雲亭
　48/6 B
　凌雲山
　32/11 B
　186/6 B
　凌雲寺
　146/12 B
　凌雲樓
　156/5 A
　凌雲觀
　26/17 A
　凌雲閣
　27/5 A
21凌虛觀
　26/17 A
34凌波亭
　31/8 A
　凌波閣
　110/4 B
91凌煙嶂

95/5 A

凌

10凌霄峰
　25/9 A
　凌霄閣
　183/12 A
　凌雲亭
　25/6 A
　凌雲山
　167/4 B
　凌雲峰
　25/9 A
　凌雲閣
　157/6 B
21凌虛亭
　153/8 A
凌江水
　93/5 B

34160 渚

00渚亭
　59/4 A
12渚水
　85/3 B
30渚宮
　64/8 B

34161 浩

22浩山
　30/8 A
23浩然堂

28/5 B
32浩州城
　23/13 B
　30/14 B
44浩燕堂
　3/8 A

34181 洪

16洪聖王廟
　97/6 A
22洪崖
　26/8 B
　洪崖山
　26/16 A
　113/4 B
　洪崖壇
　23/11 B
　洪巖
　23/8 A
　洪山
　135/3 A
31洪江溪
　71/5 A
33洪浦塘
　128/14 B
36洪澤浦
　44/7 A
　洪澤閘
　39/7 A
55洪井
　26/8 B
70洪雅縣

159/3 A

40 漢塘

3/7 A

漢南嶽

46/12 A

漢南山

79/6 B

漢嘉

146/8 B

漢壽城

65/1 B

漢壽縣

68/10 A

41 漢桓榮墓

48/10 A

42 漢荆王廟

7/14 A

43 漢城

103/8 A

漢城山

11/12 B

182/4 A

漢城基

84/8 A

46 漢加城

151/11 B

48 漢故縣姥婆城

61/5 A

50 漢中郡城

183/16 B

漢東山

83/6 B

60 漢景帝廟

65/3 B

73/9 A

74/10 A

76 漢陽

166/5 A

漢陽山

163/6 B

漢陽軍

79/1 A

漢陽堰

150/11 A

漢陽城

150/10 B

漢陽縣

79/2 B

漢陽關

183/16 B

77 漢關

131/7 A

78 漢陰山

79/6 B

漢陰城

82/12 B

漢陰縣

189/3 B

漢陰驛

189/9 A

漢臨沮侯國

78/9 A

80 漢羊溪

73/6 A

漢龔頡侯墓

45/12 A

87 漢銅虎符竹使符

111/6 B

90 漢光武廟

88/5 A

漢火鼎玉鞭

44/9 B

漠

76 漠陽江

98/6 A

34140 汝

12 汝水

29/6 B

26 汝泉

88/3 A

40 汝南城

66/13 A

34147 波

28 波崘殿

166/6 B

33 波浪山

117/7 A

波溥水

176/6 A

34 波凌池

163/8 B

42 波斯巖

60/4 A

59/4 A	漢廬陵故城	87/4 A
法華山	31/14 A	146/8 B
10/19 A	漢廟堆	183/9 B
法華臺	183/16 B	189/6 B
59/4 B	漢高廟	190/6 A
法華寺鐘	82/14 A	漢水源
19/13 A	漢高帝廟	191/5 B
法華塔	39/9 B	22漢川縣
2/21 A	106/7 B	79/2 B
法華院	漢高帝祖墳	漢山
37/10 B	32/13 B	165/4 A
46/9 B	漢高皇廟	183/9 B
法華院鐘	42/11 A	26漢皐亭
43/7 A	漢高祖廟	84/6 A
法林院	145/8 B	27漢皐陵縣
132/5 A	185/10 A	42/10 A
58法輪院	漢高獲廟	漢鄧侯城
64/15 A	22/9 B	87/5 A
60法昌院	漢廣亭	28漢徵士董正之墓
26/17 B	82/9 B	89/17 B
	漢廣堂	30漢宜城故城
34132 漆	79/6 A	82/12 B
55漆井	10漢王城	漢之六縣
80/4 B	183/16 A	47/8 B
濛	漢天師祖墳	31漢江
31濛江	32/13 B	82/9 A
109/3 B	12漢水	84/5 A
	64/11 B	35漢津縣
34134 漢	76/3 B	79/7 B
00漢廬江王演墓	79/4 B	37漢洞院
45/12 A	85/4 A	20/10 B
	86/5 B	漢初縣

66/11 B

60 灌口

151/4 B

灌口山

151/10 A

66 灌嬰城

26/18 B

76 灌陽縣

60/2 A

3411₆ 淹

43 淹城

6/8 B

3411₈ 湛

21 湛盧山

129/10 B

23 湛然堂

32/9 B

51 湛軒

110/4 A

3412₁ 漪

22 漪嵐堂

30/9 B

37 漪瀾堂

6/8 B

3412₇ 浠

12 浠水

47/5 A

汭

12 汭水

24/4 A

浦

74 浦陵水

126/3 B

滿

33 滿浦閘

39/7 B

77 滿月山

129/9 B

滿月池

131/5 A

渤

31 渤潭

26/9 A

瀟

12 瀟水

56/5 A

22 瀟山

58/5 A

31 瀟灑郡

8/7 B

瀟灑樓

8/7 B

36 瀟湘水

55/6 B

56/9 B

瀟湘淵

69/7 B

瀟湘樓

56/6 B

瀟湘口

69/7 B

40 瀟爽樓

97/4 A

76 瀟陽樓

58/6 A

3413₀ 汰

80 汰金洲

23/10 B

3413₁ 法

10 法雨塔

47/9 A

法天寺

補6/8 B

法雲寺

17/27 B

37/11 A

12 法水院

35/10 B

30 法寶寺

17/23 B

69/8 B

40 法喜寺

3/11 B

44 法華

3400₀ 斗

00斗方山
　　47/8 A
17斗子山
　　188/7 A
22斗山
　　44/5 B
　　183/11 A
33斗梁城
　　45 /9 B
40斗南樓
　　89 /11 B
44斗村
　　89/10 A
67斗野亭
　　37/9 A
77斗門峰
　　31 /8 B
90斗米逕
　　48/9 A

3410₀ 汉

22汉川
　　79/4 B
　汉川縣
　　79/7 B
31汉河
　　76/3 B

3411₁ 洗

10洗耳溪
　　78/5 B
11洗研池
　　91/7 A
16洗硯池
　　10/17 A
　　45/8 A
33洗心堂
　　9/6 A
71洗馬步
　　119/4 A
　洗馬池
　　124/9 B
72洗氏廟
　　125/7 B
　洗氏墓
　　117/8 A
　洗兵堂
　　127/5 A
77洗腳石
　　77 /6 B
　洗展池
　　10/17 B
82洗劍池
　　81/6 A
85洗鉢泉
　　93/6 A
　洗鉢池
　　17/23 A
88洗筆池
　　154/12 A
　　156/7 B

3411₂ 沈

20沈香浦
　　89/13 B
27沈約宅
　　17/28 B
　沈約墓
　　78/9 A
34沈法興墓
　　4/20 A
42沈彬墓
　　7/15 A
　　27/9 A
50沈車騎家
　　4/20 A
71沈厚堂
　　159/6 A
72沈隱侯墓
　　4/20 A

池

32池州
　　22/1 A

3411₄ 灌

12灌水
　　60/3 B
22灌稻尔
　　151/11 A
32灌州
　　151/11 B
　灌溪山

28/4 A

3260₀ 割

50 割青亭
17/18 B

3300₀ 心

22 心山
189/6 B

3310₀ 泌

31 泌河
87/4 B

3311₁ 沱

12 沱水
95/4 B
148/3 B
31 沱江水
151/9 B
60 沱口渡
95/7 A

浣

33 浣浦
10/12 A
39 浣沙石
10/17 B
44 浣花亭
94/3 B

3311₇ 滬

34 滬瀆
3/6 B
5/11 B

3312₇ 浦

43 浦城縣
129/4 A

3313₂ 浪

12 浪水
96/4 A
22 浪嶺山
94/4 A
32 浪溪
114/4 A
176/5 B
55 浪井
30/7 A
57/5 A

泳

12 泳飛亭
181/4 B

3313₄ 狀

22 狀山
6/8 B

3314₂ 溥

32 溥州
103/13 A

3314₇ 浚

38 浚道縣城
45/11 B

3315₃ 瀄

10 瀄玉亭
19/7 A

3316₀ 冶

22 冶山
38/5 A
44/5 B
186/5 B
43 冶城
17/14 A
49/5 A
80 冶父城
65/1 B

治

10 治平寺
123/6 B
149/7 B
治平觀
32/12 A
治平縣
34/8 B
50 治春灣
113/3 B
60 治易洞
146/11 B

155/7 B

60浮圖水

147/9 A

浮圖山

147/9 A

159/7 A

補9/1 A

77浮邱仙壇

19/12 B

浮邱山

18/11 A

89/13 B

124/10 A

浮月亭

43/5 A

浮岡山

31/13 A

浮留藤

110/6 A

浮門

12/9 A

80浮金堂

109/3 B

90浮光亭

34/4 B

叢

16叢碧軒

11/9 A

44叢桂山

163/7 B

叢桂樓

145/6 B

3216₉ 潘

11潘璿墓

3/13 B

12潘水縣

117/7 B

22潘山

117/5 A

32潘州

117/7 A

39潘逍遙墓

44/10 A

80潘公園

26/19 B

3217₇ 滔

37滔沿井

125/6 B

3222₁ 祈

22祈仙觀

27/5 B

祈山

20/5 B

36祈澤寺

17/23 B

77祈門縣

20/3 B

3224₀ 祇

27祇候法物庫

1/32 A

60祇園寺

4/16 A

3230₁ 逃

10逃石

90/7 A

3230₂ 近

20近信山

116/5 B

77近民軒

83/5 B

透

01透龍石

135/4 B

67透明巖

188/6 B

透明山

184/8 B

3230₇ 遙

10遙雲堂

149/6 A

16遙碧亭

102/3 B

3230₉ 遜

12遜水

183/10 B

90遜堂

3214 7 浮

10 浮玉
　18 1/4 A
　浮玉亭
　　7/9 B
　浮玉山
　　4/14 B
　浮弄洲
　　98/6 A
　浮石
　　36/3 B
　浮石山
　　81/6 A
　　103/12 A
　浮雲嶺
　　95/5 B
　浮雲山
　　27/5 A
　浮雲寺
　　77/6 B
　浮雲樓
　　77/7 A
　浮雲觀
　　26/17 A
　　27/5 A
　浮雲觀唐明皇銅像
　　184/10 B
12 浮水
　　99/4 B
13 浮碇崗
　　99/7 A

20 浮香
　　48/5 A
　浮香亭
　　21/6 A
　　78/5 B
　　123/5 B
　浮香樓
　　28/5 B
　浮香堂
　　55/6 A
22 浮山
　　2/11 B
　　9/5 B
　　12/9 A
　　37/7 B
　　44/5 A
　　83/4 B
　　90/7 A
　　98/4 A
　　99/4 B
　　117/5 A
　　131/4 B
　　152/3 B
　　175/4 B
　浮山洞
　　44/8 A
　浮山堰
　　44/8 A
25 浮練洲
　　89/13 B
30 浮空亭
　　44/6 A

　浮渡山
　　46/10 A
31 浮江水
　　111/6 A
　　115/5 A
33 浮梁縣
　　23/3 A
34 浮遠堂
　　9/6 A
35 浮連溪
　　71/5 A
37 浮洞山神
　　71/5 B
38 浮滄山
　　186/6 B
40 浮堆
　　31/6 B
　浮來水
　　117/7 A
43 浮城
　　77/4 B
44 浮蓋山
　　123/6 B
48 浮槎山
　　45/8 A
　浮槎山泉
　　45/10 B
　浮槎館
　　113/3 B
50 浮惠廟
　　21/9 B
56 浮螺亭

37澄瀾閣
　38/5 B
　128/9 A
50澄惠寺
　45/10 B
65澄映堂
　97/4 A
77澄月亭
　37/9 A
90澄光堂
　95/5 A

3212₁ 浙

31浙江
　2/12 B
　8/6 B
　10/13 A
　20/5 B
　浙江亭
　2/14 A
　浙源山
　20/7 B
32浙溪水
　20/7 B

漸

22漸山
　34/3 B
40漸大山
　121/5 B

3212₂ 澎

31澎湃泉
　187/8 A
33澎浪磯
　30/15 A

3212₃ 沂

12沂水
　92/5 A

3212₇ 涔

76涔陽
　70/4 B
　涔陽縣
　125/7 A

3213₀ 冰

10冰玉堂
　25/6 B
34冰池
　190/6 B
40冰壺水
　35/11 A
　冰壺閣
　34/4 B
55冰井
　108/5 A
71冰厨
　10/12 B

3213₄ 沃

32沃洲亭
　19/7 A

沃洲山
　10/16 B
　11/12 B
沃洲院
　10/17 A

溪

00溪亭
　179/3 A
22溪山
　161/4 B
80溪谷水
　148/4 A
90溪堂
　47/4 B
　145/3 B
　溪光亭
　131/5 A
　151/11 A
　190/6 B

濮

22濮巖
　159/4 B

3213₇ 泛

27泛舟
　181/4 A
50泛春亭
　38/5 B
80泛金溪
　4/15 A

顧野王居
　129/11 A

3130₁ 遷

31遷江縣
　115/2 B
77遷隆鎮
　106/4 A

3190₄ 渠

31渠江
　162/5 A
　165/4 A
　渠江水
　159/6 B
　165/6 A
　渠江縣
　165/2 B
　渠河
　72/3 A
32渠州
　162/1 A

3200₀ 州

27州峰
　135/3 A
30州宅
　10/12 B
43州城
　89/9 B
　90/11 A
　160/7 A

77州印山
　150/6 B

3210₀ 洌

32洌溪
　91/5 A

3211₃ 洮

12洮水
　60/3 B
32洮州
　補10/3 A
33洮治
　60/3 B
37洮湖
　6/8 B
76洮陽故城
　60/4 B

3211₇ 澑

37澑湖
　69/6 A

3211₈ 澄

10澄霽閣
　110/4 B
16澄碧亭
　12/10 A
22澄川
　9/5 B
27澄島山
　127/5 B

28澄鮮堂
　129/7 B
31澄江亭
　9/6 B
　19/6 B
　澄江洞
　115/5 A
　澄江樓
　164/5 A
　澄源閣
　28/5 B
　78/5 B
32澄州
　106/7 A
　115/6 B
33澄心
　145/3 B
　澄心亭
　92/5 B
　澄心堂
　17/11 A
34澄邁山
　124/8 B
　澄邁縣
　124/3 B
35澄清樓
　107/5 A
　澄清堂
　40/5 A
　89/11 A
　154/7 B
　155/6 B

31194 溧

12 溧水
　17/15 A
　溧水縣
　17/4 B
76 溧陽縣
　17/4 B

31227 禰

21 禰衡墓
　66/14 B

31266 福

00 福應山
　12/14 B
　福庭
　12/8 B
　福慶寺
　10/19 B
15 福臻院
　5/15 B
16 福聖觀
　12/14 B
21 福順廟
　3/13 A
22 福山
　5/11 B
　34/3 B
　35/5 A
　128/7 A
　福山院

　35/10 B
24 福德水
　179/4 B
30 福濟廟
　63/3 B
31 福源寺
　11/12 B
　35/10 B
32 福州
　128/1 A
　補5/6 B
　福溪
　12/8 B
　163/5 B
35 福清縣
　128/4 B
37 福湖山
　72/4 A
　福禄山
　103/12 B
　福禄縣
　103/13 A
60 福星院
　25/9 B
　福田嶺
　56/8 B
　福昌院
　185/8 A
66 福嚴院
　3/11 A
　26/16 B
　45/10 B

77 福興寺
　123/6 B
79 福勝院
　158/6 B
　191/6 A
80 福善院
　12/14 B
90 福堂寺
　123/6 B

31286 顧

00 顧亭湖
　3/10 A
10 顧雲墓
　22/10 A
12 顧水
　96/4 B
22 顧山
　4/8 A
　6/7 A
24 顧侍郎祠堂
　3/13 A
34 顧渚
　4/8 A
　顧渚灘
　10/22 B
67 顧野王廟
　5/19 A
　顧野王讀書堆
　3/13 A
　顧野王墓
　5/20 A

22潭嵐院
95/7 A

潭羧山
116/6 A

潭羧縣
116/7 A

30潭流嶺
61/4 B

潭户
69/6 B

31潭江
114/4 A

32潭州
補4/1 A

35潭禮水
121/6 A

50潭毒水
191/5 B

潭毒關
184/9 A

3116₀ 酒

00酒甕石
10/17 A

酒甕灘
153/9 A

20酒香山
69/8 A

27酒島
46/5 B

30酒官水
57/7 A

3116₁ 浯

32浯溪
56/5 A

潛

10潛玉亭
78/5 B

潛靈廟
71/4 A

潛靈洞
95/5 B

12潛水
46/5 B
184/7 A

22潛嶽
46/5 B

潛山
45/6 A
46/5 B
66/8 A

27潛峰閣
46/6 A

31潛江縣
64/5 A

44潛藩
160/4 B

3117₂ 涵

16涵碧軒
92/5 B

21涵虛亭

190/6 B

涵虛閣
26/11 A

67涵暉樓
49/7 A

涵暉谷
95/5 B

涵暉谷書院
95/7 B

涵暉堂
22/6 A

97涵輝閣
47/5 B

3118₂ 濴

12濴水
83/4 B

3118₆ 滇

12滇水
90/7 B

22滇山
95/4 B

31滇江水
96/7 A

76滇陽水
95/6 A

3119₁ 漂

77漂母廟
39/10 A

32汀州
　132/1 A

河

22河川
　補10/3 A
31河源水
　99/6 A
　河源縣
　99/3 B
32河州
　補10/2 B
34河池縣
　122/3 A
38河渝水
　178/4 B
60河只水
　178/4 B

3112₇ 馮

00馮唐宅
　19/12 A
　馮京讀書堂
　66/14 A
07馮翊王廟
　68/11 A
20馮乘縣
　123/7 A
21馮師山
　12/18 B
26馮緄廟
　162/6 B

馮緄冢
　156/8 A
　馮緄李溫靈還鄉里
　162/6 B
27馮將軍墓
　188/8 B
　馮將軍盎墓
　98/7 B
30馮家洞
　24/5 B
　馮家村
　117/7 B
36馮涓墓
　155/10 B
50馮盎墓
　117/8 A

沔

12沔水
　76/3 B
　78/4 A
　79/4 B
　183/9 B
32沔州
　補9/1 A
60沔口
　79/4 B
76沔陽故城
　183/16 A
　沔陽縣
　76/6 B

灂

37灂湖
　6/8 A

濡

21濡須水
　45/9 B
　48/6 B
　濡須塢
　45/9 B

灈

12灈水
　82/9 A

溮

12溮水
　80/4 A

3114₁ 灄

12灄水
　79/4 B

3114₆ 潭

07潭望水
　118/5 B
10潭栗縣
　121/7 A
12潭水
　55/6 A
　112/4 B

37/7 A

江陽兒祠

153/10 B

77江月樓

145/5 A

78江陰軍

9/1 A

補1/2 B

江陰縣

9/3 A

80江令宅

17/28 B

江會樓

177/4 B

沚

12沚水

68/6 B

3111₁ 沅

12沅水

68/5 B

71/3 A

75/4 B

31沅江

72/3 A

沅江縣

68/4 A

32沅州

71/1 A

74沅陸

75/4 B

沅陵

75/4 B

沅陵縣

75/2 B

涇

30涇灘

153/6 A

32涇州

44/5 A

涇溪

19/5 A

40涇夾

44/5 A

涇南縣

153/10 B

62涇縣

19/3 A

洭

12洭水

92/5 A

33洭浦故關

95/7 B

43洭城

95/7 B

�澨

12澨水

80/4 B

瀧

12瀧水縣

101/2 B

24瀧峽

101/3 A

32瀧州

101/4 B

3111₄ 汪

44汪華宅

20/12 A

3111₇ 瀘

12瀘水

92/4 B

瀘水辨

163/8 B

22瀘川縣

153/3 A

瀘崀山

159/8 B

27瀘峰山

153/9 A

30瀘宕水

121/6 A

31瀘江

153/5 B

瀘江亭

153/8 A

32瀘州

153/1 A

3112₀ 汀

151/13 A

72 宋氏水

21/9 A

77 宋熙故郡

96/7 A

宋興寺

17/27 B

案

22 案山

91/4 B

寨

22 寨山

161/7 B

27 寨將夫人廟

95/8 A

3094₇ 寂

67 寂照院

3/11 A

3111₀ 江

00 江亭

64/9 A

10 江夏王城

47/8 B

江夏城

77/7 A

江夏縣

66/3 B

12 江水

64/11 B

79/4 B

江水祠

37/13 A

20 江乘縣

17/28 A

22 江山偉觀

108/5 B

163/6 A

江山堂

180/4 B

181/4 B

26 江泉

95/4 B

30 江甯縣

17/4 A

江安縣

153/3 B

31 江漲橋

2/18 A

江潭苑

17/10 A

江源

149/5 A

32 江州

30/1 A

江州縣城

175/7 B

34 江淹宅

10/22 B

江漢亭

66/8 B

江漢堂

183/11 B

江瀆廟

17/30 A

江瀆神

149/8 B

35 江津縣

175/3 A

40 江南絶頂

29/10 A

44 江華縣

58/2 B

45 江樓

159/5 A

47 江都宮

37/12 B

江都縣

37/3 B

江都縣故城

37/12 A

48 江梅島

151/11 B

50 江東道院

24/4 B

74 江陵府

64/1 A

65/1 A

江陵府城

65/1 B

江陵縣

64/4 B

76 江陽

10/18 B	88 寶缾井	宋齊邱隱居
158/5 B	158/5 B	22/9 B
47 寶磐川	90 寶光寺	10 宋玉石
146/11 A	24/5 A	84/8 A
60 寶墨亭	**賓**	宋玉宅
7/9 B	08 賓旅	65/2 B
寶圓山	175/5 B	74/9 A
151/7 A	43 賓城山	82/13 B
66 寶嚴寺	162/6 B	宋玉墓
30/13 A	60 賓國	82/14 B
寶嚴院	162/6 B	宋玉井
158/5 B	**30901 宗**	84/8 B
寶貺廟	10 宗正司	宋王城
90 /12 A	1/25 A	70/7 B
73 寶陀巌	宗正寺	159/9 A
25/11 B	1/24 A	宋王華墓
77/6 B	36 宗澤墓	6/13 B
151/11 B	7/15 B	22 宋山
寶陀山	44 宗華觀	117/5 B
33/7 A	26/16 B	宋崇州城
寶陀寺	77 宗學	96/7 B
89/14 B	1/15 B	40 宋大憲廟
77 寶興場	**30904 宋**	66/14 A
56/7 B	00 宋齊邱讀書堂	宋大夫廟
79 寶勝寺	34 /8 B	74/9 B
111/5 B	宋齊邱寺	43 宋城
80 寶慈觀	32/13 A	44/5 A
184/7 B	宋齊邱增賦	44 宋孝武帝宅
寶公塔	22/9 B	82/13 B
17/30 B		46 宋相伯窟
寶氣		150/11 A
41/4 A		62 宋別駕墓

3077₇ 官

07官鄱湖
　　100/5 B
22官山
　　32/8 A
24官告院
　　1/20 B
34官池
　　4/8 A
37官禄山
　　158/7 A
　　180/5 B
38官道松
　　90/1↑B
47官奴城
　　11/11 A
77官閣
　　154/7 A
80官人石
　　32/12 B

3080₁ 定

00定齋
　　97/3 A
　定廉山
　　148/4 A
　定廉縣
　　148/4 B
04定誇山
　　163/8 B
10定王冢

28/10 A
20定香寺
　　26/17 B
22定川水
　　121/6 A
　定川縣
　　121/7 A
　定川門
　　8/10 A
　定山
　　2/11 B
　　5/11 A
　　9/5 B
　　86/5 B
　　96/4 A
　　117/5 B
33定心石
　　30/14 A
　　85/5 A
34定遠城
　　190/10 A
　定遠縣
　　50/3 A
37定軍山
　　183/14 B
38定海縣
　　11/4 A
44定林山
　　101/4 A
　定林寺
　　17/27 A
　定林院

35/10 B
67定明院
　　155/9 A
90定光寺
　　116/5 B
　定光觀
　　12/14 A
　定光院
　　45/10 B
　定光堂
　　124/8 A

3080₂ 穴

22穴山
　　99/5 A
31穴河
　　84/5 A

3080₆ 寅

00寅夆
　　119/3 B
22寅山
　　99/4 A
30寅賓閣
　　147/7 A
37寅湖
　　132/4 B

實

87實録院
　　1/13 A

富順監
167/1 A

富仁監
122/5 B

22富川縣
33/7 B
123/3 A

30富安監
122/5 B

31富河
84/5 A

32富州
20/6 A

富州城
107/7 A

富州印
71/5 B

34富池湖
33/7 A

富池甘將軍廟
33/8 A

37富資水
20/7 B

40富壽堂
34/4 B

44富林縣
98/7 B

50富春渚
8/9 B

60富國監
154/10 A

富羅縣

125/7 A

74富陂
4/10 A

76富陽縣
2/6 A

78富覽亭
22/6 B

80富義井
167/5 B

88富答泉
115/6 A

3060₈ 容

17容瓊縣
124/11 A

22容嶺
20/6 A

容山
104/6 A

容山縣
121/7 A

31容江
104/6 A
109/3 B

32容州
104/1 A

容溪水
179/4 A

88容管
104/6 A

3062₁ 壽

44寄老庵
43/5 A

72寄隱巖
22/7 B

79寄勝亭
33/4 B

3071₄ 宅

22宅山堰
11/12 B

25宅生堂
58/6 A
94/3 B

3071₇ 竈

22竈山
118/4 A

32竈溪水
123/6 B

3073₂ 良

22良山縣
188/3 A

24良德縣
116/6 B
117/7 B

3077₂ 密

34密波羅樹
109/4 B

77密印寺
4/16 A

99/7 A

安懷江

99/7 A

宴

10 宴石山

121/4 B

30 宴寂堂

118/4 B

35 宴清閣

133/5 B

40 宴嘉池

150/8 B

宴喜亭

92/5 B

宴喜閣

163/6 A

90 宴堂

18/4 B

30407 字

31 字江

187/5 A

30427 寓

60 寓目亭

23/8 B

30432 宏

78 宏覽堂

33/4 B

30502 牟

10 牟石

90/7 B

121/4 A

12 牟水

97/3 B

31 牟江

121/4 A

32 牟州

121/6 B

60 牟固墳

150/11 B

71 牟馬山

104/7 B

30601 宕

22 宕川縣

121/7 A

31 宕渠水

162/5 A

187/8 B

宕渠山

162/5 A

宕渠城

156/7 B

宕渠縣

188/8 A

宕渠縣城

162/6 B

30604 客

60 客星閣

8/8 A

77 客兒亭

2/22 B

30606 宮

00 宮亭湖

25/8 A

26/15 A

30/13 B

宮市縣城

61/5 A

77 宮門

1/26 B

富

00 富豪山

107/7 A

10 富靈山

165/5 A

富雷水

92/7 B

富雲縣

126/3 B

12 富水

123/5 A

富水縣

84/7 B

17 富弼讀書堂

40/7 A

21 富順縣

167/2 A

31/3 A	44安甚江	120/5 A
31/14 A	125/6 B	安固城
32安州	47安期生宅	190/10 A
4/17 B	89/16 B	72安岳
安洲山	50安夷堡	158/4 A
12/13 B	178/5 A	安岳山
安溪縣	安夷軍	156/7 A
130/4 B	157/9 A	165/5 B
33安浦縣	安夷軍印	安岳縣
29/10 A	157/9 A	158/2 A
34安遠嶺	安夷縣	74安陸縣
32/11 B	176/7 B	77/2 B
安遠縣	178/3 B	76安陽山
32/5 A	57安靜堂	6/11 B
119/2 B	130/7 B	安陽渡
36安邊所	58安撫司	48/8 B
1/22 B	30/4 A	安陽故城
安邊堂	60安蜀城	189/8 B
45/7 B	65/1 B	77安居水
38安海縣	74/8 B	158/6 A
119/5 B	安蜀故城	安居山
安道宅	73/8 B	83/5 B
10/22 A	安國寺	安居縣
40安南水	2/20 A	158/2 B
96/6 A	安吳縣城	安民堂
安吉州	19/12 A	41/4 A
4/1 A	安昌城	47/5 A
補1/1 A	80/6 B	80安義
安吉縣	安昌故城	77/4 B
4/4 A	49/9 A	安義王廟
43安城郡	安昌縣	68/10 B
31/14 B	33/7 B	90安懷嶺

46/6 B

60 避暑宮
81/7 B

避暑基
152/6 A

3032₇ 寫

21 寫經臺
64/12 B

3034₂ 守

80 守慈山
178/4 B

3040₁ 宇

50 宇泰閣
10/14 A

宰

37 宰冢山
165/6 B

46 宰相林
77/6 B

3040₄ 安

00 安康石
189/7 A

安庚堂
93/4 A

安慶府
46/1 A

安慶堂

46/6 B

安京山
119/4 B

05 安靖堂
68/7 A

10 安平橋
130/10 A

17 安郡山
157/8 A

18 安政堂
106/5 B

21 安仁縣
23/3 B
55/3 A

22 安豐軍
補 3/9 B

安山
34/3 A

安樂水
92/7 A
103/12 B

安樂磯
81/6 B

安樂山
2/20 A
153/8 A
155/6 B

安樂泉
163/6 B

安樂宮
81/8 A

安樂江

176/6 A

安樂溪
153/8 B

安樂城
46/11 B

安樂園
146/9 A

安樂縣
107/7 A

26 安和堂
77/5 A

27 安脩縣
114/6 A

安鄉縣
70/2 B

30 安宜溪
39/8 B

安流亭
33/4 B

安濟王行祠
102/4 A

安甯縣
166/3 A

安適軒
128/9 B

安富水
156/6 B

安寶寺
64/13 B

31 安江寨
71/5 A

安福縣

30241 穿

10穿石山
68/8 A

22穿巖
10/12 A
58/5 A

穿山
105/5 A
184/7 A

穿山洞
22/7 B

84穿針樓
17/11 A

30261 宿

10宿雲
28/4 A

宿雲亭
33/4 B

宿雲巖
159/6 B

宿雲洞
133/5 B

宿雲堂
30/9 A

44宿猿洞
128/11 B

48宿松縣
46/3 A

30301 進

24進德堂
59/4 B
174/5 B

60進思堂
11/8 B
59/4 B
165/4 B
184/7 B

77進賢縣
26/5 A

30303 寒

00寒亭
58/4 B

10寒石山
12/13 B

16寒碧
9/4 B
22/4 B

寒碧亭
45/7 B
105/5 B

寒碧洞
159/6 A

寒碧軒
2/14 B

寒碧堂
49/7 A

17寒翠亭
95/5 A

22寒山
121/4 A

159/5 B

26寒泉
28/5 A
57/5 A
81/5 A
190/5 B

寒泉水
85/5 A

寒泉山
190/8 B

寒泉洞
179/3 B

30寒穴
3/7 B

32寒溪
10/9 B
81/5 A

37寒瀨
8/6 B

44寒蘆港
190/6 B

寒芳閣
147/7 A

48寒松軒
128/9 B

77寒居洞
92/6 B

90寒光亭
105/5 B

30304 避

57避靜巖

22/10 A

永山

56/4 B

永樂水

103/12 B

27 永歸縣

186/9 B

30 永甯山

12/14 A

69/10 A

永甯宮

40/6 B

永甯江

12/14 A

永甯縣

101/4 B

永甯閣

103/10 A

永安郡城

181/5 B

永安宮

17/9 A

永安橋

63/3 A

永安城

49/9 A

永安故城

174/7 A

永安鎮

63/2 A

永定縣

113/2 B

31 永福山

60/4 A

永福坊

63/3 A

永福寺

154/11 B

永福縣

103/4 A

128/4 B

32 永州

56/1 A

永業縣

109/4 B

35 永清縣

86/8 A

37 永通軍

32/13 B

永通錢監

90/11 B

43 永城縣城

35/12 B

50 永泰縣

154/4 B

永春縣

130/4 B

57 永静山

109/4 A

60 永昌郡城

181/5 B

永昌巖

115/5 A

永昌縣

56/9 B

67 永明嶺

58/7 A

永明縣

58/2 B

76 永陽嶺

42/7 B

77 永隆山

180/5 B

永興觀

31/12 B

永興故城

33/7 B

永興縣

33/2 A

57/2 A

永興院

35/11 A

宂

48 宂樽

58/5 A

81/5 A

80 宂尊石

57/6 A

襄

22 襄山

104/6 A

31 襄江

109/3 B

24甯化縣
132/2 B
甯先生祠
151/11 B
甯德縣
128/5 A
30甯濟廟
10/24 A
31甯福殿
1/4 A
33甯浦縣
113/2 A
34甯遠水
127/5 B
甯遠縣
58/2 B
127/3 A
甯遠堂
104/6 A
38甯海城
40/6 B
甯海縣
12/4 B
40甯壽觀
1/18 A
甯真洞
166/6 A
47甯都縣
32/3 B
60甯國府
19/1A
補2/1 B

甯國夫人廟
118/6 A
甯國縣
19/3 A
甯國院
187/8 B
甯昌溪
91/6 A
77甯風縣
109/4 B

寡

47寡婦清臺
180/7 A

窮

12窮水
57/5 B
34窮渚
69/7 A
35窮神
36/4 A

扃

25扃岫亭
38/5 B

30232 永

00永康軍
151/1 A
補6/14 B
永慶寺

46/9 B
永慶院
12/14 A
17/27 B
31/12 B
02永新山
31/12 B
補2/6 A
永新鄉
3/9 A
永新縣
31/3 B
10永平
109/3 A
133/4 B
永平寨
106/4 A
永平縣
72/2 A
107/7 B
12永水
56/5 A
21永順縣
97/6 A
22永川縣
161/2 B
永豐溪
21/7 A
永豐縣
21/2 B
31/3 B
永豐監

涪州嶼
　130/9 B
涪溪
　163/5 A
43 涪城水
　154/11 A
涪城縣
　154/3 B
涪城縣城
　154/12 A
74 涪陵郡城
　174/7 A
涪陵江
　176/6 B
涪陵縣
　174/2 B
80 涪翁亭
　46/12 A
　146/15 A

3019₄ 㵐

32 㵐溪河
　48/9 A
37 㵐湖
　48/5 B

3019₆ 涼

44 涼熱水
　36/5 B
涼熱山
　36/5 B
83 涼館

　17/15 A

涼

12 涼水
　93/3 B
26 涼泉
　19/5 A
77 涼風縣
　113/5 A

3020₁ 寧

60 寧國寺
　2/20 A
　154/10 A
　157/7 B

3020₇ 戶

55 戶曹巷
　12/20 B

穹

30 穹窿山
　5/14 B

3021₂ 宛

20 宛委山
　10/7 A
32 宛溪
　19/5 A
74 宛陵堂
　19/7 A

3021₃ 寬

47 寬婦清臺
　174/7 B

3021₄ 寇

44 寇萊公廟
　118/6 A
寇萊公祠
　74/9 A
寇萊公祠堂
　58/9 B

3022₇ 房

17 房子國
　86/8 A
22 房山
　86/5 A
房山廟
　86/8 A
房樂水
　100/5 B
32 房州
　86/1 A
40 房太尉墓
　185/10 B
46 房相公廟
　11/13 A
74 房陵縣
　86/3 A

宭

50/4 B

�

32 �溪
30/8 A

3013₆ 蜜

37 蜜湖
31/6 B

3013₇ 濂

26 濂泉
59/4 A
32 濂溪
30/8 A
58/5 B
濂溪先生祠
26/19 A
濂溪祠堂
30/16 A
濂溪書院
30/16 A
濂溪明道伊川三先
生祠堂
90/12 A

3014₀ 汶

12 汶水
80/4 B
83/5 A
153/6 A
20 汶焦山

149/7 B
22 汶川縣
149/2 B
汶山
151/4 B
汶山郡
151/11 B
汶山縣
149/2 B
31 汶江
149/5 A
163/5 B
汶江城
149/6 A

3014₆ 漳

12 漳水
64/11 B
77/4 B
78/4 A
82/9 A
83/5 A
31 漳江
131/4 B
32 漳州
131/1 A
漳溪水
131/5 B
33 漳浦縣
131/2 B
漳浦驛
131/5 B

3014₇ 渡

77 渡母橋
11/11 A

淳

10 淳于山
68/9 B
淳于髡墓
82/14 B
24 淳化寺
10/19 B
30 淳安縣
8/3 A
88 淳簡堂
164/4 B

3014₈ 淬

82 淬劍池
78/7 A

3016₁ 涪

12 涪水
159/4 B
31 涪江
154/6 B
155/5 B
174/4 B
175/5 B
32 涪州
174/1 A
補7/11 B

74 淮陵城
　　44/9 A

78 淮陰侯廟
　　39/9 B

　淮陰縣
　　39/4 A

　淮陰縣城
　　39/9 A

　　潼

12 潼水
　　186/5 B

22 潼川府
　　154/1 A

31 潼江水
　　186/7 A

76 潼陽溪
　　90/10 B

　　灘

12 灘水
　　103/9 A

22 灘山
　　103/8 B

　　灘

43 灘城
　　175/7 B

3011₇ 瀛

22 瀛巖
　　12/9 A

　瀛山
　　175/4 B
　　180/4 A

　瀛山縣
　　180/7 A

32 瀛州
　　100/3 B

　瀛洲
　　157/5 A

3012₃ 濟

22 濟川亭
　　177/4 B

53 濟拔山
　　129/9 A

78 濟陰城
　　44/9 A

3012₇ 沛

32 沛溪場
　　114/3 A

34 沛漢水
　　96/6 B

　　洧

55 洧井
　　166/5 A

76 洧陽縣城
　　189/8 B

　　滴

12 滴水巖

89/14 A
91/5 B
152/6 A
159/6 B
191/5 B

15 滴珠泉
　　151/11 A

17 滴翠亭
　　25/6 A

　滴翠山
　　186/6 B

　滴翠軒
　　2/14 B
　　92/5 B

22 滴乳泉
　　153/9 A

30 滴滴泉
　　12/19 A

32 滴浮泉
　　156/7 A

　　漓

22 漓川
　　107/4 A

3013₂ 濠

12 濠水
　　50/4 B

　濠州
　　50/1 A
　　補3/4 A

33 濠梁

29/9 A

宜黄縣

29/3 A

47 宜都郡城

73/8 A

宜都縣

73/2 B

50 宜春水

28/8 B

宜春縣

28/2 A

宜貴山

111/5 B

76 宜陽山

58/8 B

宜陽關

84/7 B

77 宜興縣

6/4 B

30113 流

10 流盃亭

2/14 B

12/10 A

流盃池

95/7 A

流盃觀

185/8 A

流盃園

187/6 A

26 流憩亭

57/5 B

28 流觴亭

187/6 A

30 流富巖

57/7 B

31 流江

162/4 B

流江水

188/7 B

流江縣

162/2 B

32 流溪水

156/7 A

流溪縣

156/3 B

35 流連井

117/6 B

39 流沙嶺

22/7 B

40 流南縣

98/7 B

41 流杯池

92/7 B

154/10 B

77 流眉水

95/7 A

80 流金水

180/6 B

30114 注

60 注目亭

38/6 A

淮

10 淮西提刑司

46/4 A

12 淮水

39/6 A

44/5 B

80/4 B

22 淮山偉觀

44/8 B

淮山樓

44/6 A

31 淮源城

80/5 B

80/6 B

34 淮瀆廟

77/8 A

淮瀆祠

83/6 B

38 淮海

37/7 A

淮海堂

37/9 B

113/3 B

40 淮左

37/7 A

淮南王子廟

123/7 B

淮南郡

18/12 B

60 淮口

37/8 B

秋屏閣
26/11 A

秋興亭
79/6 A

86秋錦山
187/9 A

3010₁ 空

22空山洞
84/6 A

28空舲峽
74/6 A

空舲灘
73/7 B

34空濛山
8/8 A

67空明亭
105/5 B

空明閣
151/5 B

88空籠山
113/4 A

3010₄ 塞

22塞嶺
93/3 B

塞樂園
180/4 B

3010₆ 宣

13宣武城
17/27 A

22宣樂樓
42/6 B

24宣化齋
31/8 B

宣化橋
63/3 A

宣化樓
42/6 B

宣化縣
106/3 A
110/6 B
163/3 A

宣化堂
21/6 A
46/6 B
76/4 B
78/5 A

32宣溪水
90/9 B

34宣漢水
188/8 A

43宣城縣
19/2 B

宣城堂
19/7 A

44宣黃山
91/6 B

76宣陽門
17/9 A

77宣風樓
62/4 B

80宣美堂
100/4 B

3010₇ 宜

00宜齋
165/3 B

宜章縣
57/2 B

12宜水
55/5 B

17宜君山
154/10 A

22宜山
12/8 B
117/5 B
122/4 A

宜山縣
122/2 B

宜山堂
122/5 A

28宜倫縣
125/2 B

30宜賓縣
163/2 B

宜賓鎮
163/9 B

31宜江
122/4 A

32宜州
122/1 A

36宜湘水
60/4 A

44宜黃水

2840_1 聲

17 聲翠峰
　102/3 B
　聲翠樓
　2/15 A

2841_7 艦

33 艦浦池
　9/7 B
37 艦澳
　17/15 B

2845_3 艤

27 艤舟亭
　101/4 A
46 艤楫亭
　94/3 B

2846_8 黝

78 黝陰亭
　38/5 B

2849_4 餘

26 餘艎舟
　5/17 B

2854_0 牧

71 牧馬港
　81/7 A
　牧馬地
　130/8 B

2855_1 样

41 样柯水
　105/8 B

2871_1 嵯

23 嵯峨山
　46/6 B

2871_7 虼

77 虼鼠
　107/4 B

2874_0 收

32 收溪寨
　72/4 A

2878_6 嶮

10 嶮石
　47/5 A

2894_0 繳

17 繳子山
　185/8 B
22 繳山
　17/15 B
　158/4 A

2923_1 儾

12 儾水
　190/6 A
80 儾谷

　190/6 A

2933_8 愁

00 愁亭
　102/3 A

2998_0 秋

10 秋雨堂
　35/7 A
12 秋水觀
　23/9 A
　秋水閣
　19/7 B
20 秋香亭
　23/9 A
26 秋泉
　180/4 A
30 秋容亭
　24/4 B
33 秋浦
　22/4 B
　秋浦水
　22/6 B
　秋浦縣城
　22/9 A
44 秋芳隴
　151/11 B
77 秋風亭
　74/5 A
　秋風江
　113/3 B
　115/6 A

28227 倫

31 倫江
　125/4 B

28240 微

31 微江
　86/5 B

徽

12 徽水
　19/5 A
22 徽嶺
　20/5 B
32 徽州
　20/1 A
　62/5 B
　補2/2 B
83 徽猷閣
　1/11 B

徹

10 徹雲洞
　135/5 A

28247 復

00 復齋
　25/4 B
27 復魚池
　163/8 A
32 復州
　76/1 A

復州城
　76/6 A
34 復池湖
　76/5 B
40 復古殿
　1/4 B

28253 儀

22 儀鸞司
　1/27 B
儀鸞司營
　1/36 B
71 儀隴山
　188/7 B
儀隴縣
　188/2 B

28266 僧

26 僧伽院
　187/6 B

28267 儉

80 儉父溪
　8/9 A

28281 從

24 從化縣
　113/5 A

28294 徐

00 徐廣墓
　4/19 B

11 徐孺子廟
　4/19 A
徐孺子墓
　26/19 B
徐巖
　21/5 B
徐仙亭
　28/6 A
徐仙洞
　156/7 B
徐仙翁故迹
　156/10 B
27 徐將軍巖
　129/10 B
32 徐州涇
　39/8 B
35 徐神翁墓
　40/7 B
40 徐真君祠堂
　128/14 B
77 徐聞縣
　118/2 B
80 徐鉉宅
　17/28 B
徐鉉墓
　26/20 A
徐羨之墓
　7/15 A

28351 鮮

10 鮮于氏墓
　185/10 B

121/7 B

绿珠江

121/7 B

绿珠井

121/7 B

17 绿鸦场

121/5 A

20 绿秀嶺

121/5 A

32 绿溪水

57/6 B

34 绿漪亭

41/4 A

绿波亭

10/13 B

76/5 B

37 绿净亭

102/3 B

绿沼山

162/6 A

44 绿藍水

104/8 A

绿攀嶺

113/4 B

绿攀山

113/4 B

绿攀泉

113/4 B

绿蘿庵

131/6 A

绿蘿山

68/8 B

绿林山

78/6 B

46 绿楊湖

43/6 A

47 绿均堂

9/6 A

60 绿景堂

183/14 A

绿羅山

62/5 A

绿羅溪

73/7 B

67 绿野亭

45/7 B

157/8 A

绿野菴

34/6 B

绿野堂

2/14 B

83/5 A

129/7 B

78 绿陰

76/3 B

绿陰亭

28/5 B

34/4 B

绿陰巖

100/5 A

绿陰堂

55/6 A

86 绿錦

129/7 A

31 釋酒

125/5 A

10 絳雪亭

18/7 A

絳雪堂

73/5 A

12 絳水

145/4 A

22 絳巖山

17/21 B

32 絳州

補 10/3 B

41 絳帳臺

65/3 A

77 紹興府

10/1 A

補 1/3 A

77 似閑亭

18/7 A

22 作樂山

82/10 A

77 久留岡
 57/7 A

27827 鄩

37 鄩湖
 42/5 B
43 鄩城
 82/9 A
 82/13 A

27901 祭

01 祭龍水
 120/4 B

禦

28 禦侮城
 147/8 B
38 禦海潭
 12/13 B
44 禦蕃鎮
 149/7 A
77 禦兒
 3/7 A
 禦兒溪
 3/12 A

27904 黎

22 黎山廟
 129/11 A
32 黎洲
 11/8 A
 黎溪水

90/8 B

槃

37 槃澗
 57/5 A
42 槃瓠石窟
 75/7 A
 槃瓠子孫
 71/6 A
 槃瓠跡
 75/7 A

粲

27 粲粲亭
 58/6 A
 粲粲園
 104/6 B

27917 紀

20 紀信廟
 156/8 A
22 紀山
 64/12 A
 83/4 A
 88/3 A
40 紀南城
 65/1 B
67 紀瞻宅
 17/28 B

絶

00 絶塵龕

177/4 B
10 絶雲樓
 181/4 B
43 絶棧
 183/11 B

繩

32 繩州
 149/5 B
42 繩橋
 147/6 A
 149/5 B
 151/4 B
80 繩金寺
 188/6 B

27920 網

00 網鷹山
 42/8 B

27927 邻

43 邻城
 49/9 B

鄝

76 鄝陽城
 23/13 B

27932 绿

10 绿雲橋
 29/8 A
15 绿珠宅

25/11 B

鄱陽縣

　23/13 B

鴿

22鴿山

　98/4 A

40鴿奔亭

　96/8 A

鶬

87鶬鴿眼

　96/6 A

2771₂ 包

22包山

　4/11 B

　5/11 A

26包泉

　177/4 A

44包孝肅公祠堂

　45/11 B

72包鬐岡

　110/6 A

80包公堂

　96/4 B

2771₇ 蝿

22蝿山

　165/4 A

2772₀ 勾

32勾溪廟

　154/10 A

37勾漏山

　104/6 B

勾漏書院

　104/6 B

勾漏縣城

　104/9 B

63勾踐廟

　5/19 A

幻

22幻山

　133/4 B

峒

10峒石山

　98/5 B

22峒山

　36/4 A

峋

25峋嶁峰

　55/6 B

2772₇ 鄉

40鄉校

　155/6 A

2773₂ 餐

10餐霞

　165/3 B

餐霞閣

　83/5 B

2774₇ 岷

22岷山

　149/5 B

31岷江

　151/4 B

　175/5 B

岷江水

　177/5 A

2775₄ 峰

17峰子嶺

　119/4 A

22峰巖

　163/5 B

77峰門山

　179/4 A

2775₇ 崝

29崝嶸山

　補1/13 A

崝嶸洲

　49/8 B

　81/6 B

2777₂ 崛

77崛門山

　12/13 B

2780₀ 久

47/7 B

2760₀ 名

22 名山
26/8 B
147/6 A
154/7 A
名山向王廟
74/9 A
名山縣
147/2 B
44 名世堂
154/7 B

2760₁ 響

10 響石
21/5 A
28/4 B
35/6 A
121/4 A
22 響山
4/9 B
19/5 B
45/6 A
129/6 B
31 響潭
19/6 A
37 響洞
44/5 B
77 響屧廊
5/14 A

2760₃ 魯

07 魯望亭
30/9 B
10 魯王城
45/11 A
22 魯山
79/4 B
24 魯德山
69/10 B
27 魯般井
107/7 B
30 魯宗之壘
65/2 A
32 魯溪洞
26/15 B
34 魯池
177/4 A
43 魯城
44/5 A
44/9 A
50 魯肅祠
79/8 A
魯肅墓
7/14 B
60 魯口
66/7 B
67 魯明江
18/13 B
80 魯公浦
3/13 A
魯公祠

2/24 B
魯公堂
29/7 A
188/5 B

2762₀ 句

00 句章
11/8 B
句章城
11/13 A
30 句容縣
17/4 A
32 句溪
19/5 A
80 句慈溝
18/12 A
88 句餘洲
11/12 B

翻

10 翻石山
55/7 A
21 翻經臺
30/13 A

2762₇ 鄱

31 鄱江水
23/12 B
鄱江樓
23/8 B
76 鄱陽湖
23/12 A

2734₆ 鱏

27 鱏魚觜
　　69/9 B
32 鱏洲
　　26/9 B

2734₇ 鰕

37 鰕湖
　　19/6 A

2740₇ 阜

22 阜山
　　86/5 A
74 阜陵城
　　42/10 A

2742₇ 鄒

24 鄒侍郎祠堂
　　107/7 B

舩

17 舩鄧山
　　124/10 A
24 舩射山
　　118/5 B
　　124/10 A
77 舩臼山
　　119/4 B
32 舩溪穴
　　107/6 B
44 舩蘇山
　　116/5 B
75 舩陳山
　　119/4 B

2744₀ 舟

20 舟航山
　　2/21 B
27 舟峰
　　130/7 A

2744₇ 般

00 般齋
　　177/3 B

2746₁ 船

22 船山
　　114/4 A
46 船場鎮
　　63/2 A

2748₁ 疑

16 疑碧溪
　　151/11 B

2750₇ 爭

50 爭春館
　　37/8 B

2752₀ 物

44 物華樓
　　26/11 A

2752₇ 鵝

11 鵝頸山
　　114/5 A
20 鵝毛鋌
　　98/5 A
　鵝毛村
　　73/5 B
22 鵝崗山
　　92/6 B
　鵝嶺
　　99/5 A
　鵝山
　　112/4 A
26 鵝鼻山
　　9/7 A
　　10/20 B
32 鵝溪
　　154/6 B
　鵝溪水
　　122/5 A
37 鵝湖
　　21/5 B
43 鵝城
　　99/5 A
67 鵝鴨洲
　　31/11 A
77 鵝兒泊
　　43/6 A
80 鵝公潭
　　190/8 A
88 鵝籠石

184/8 B

烏鵲橋

5/15 B

53 烏蛇山

118/5 A

60 烏疊城

80/6 A

67 烏喙

124/7 B

71 烏牙山

47/7 A

77 烏脚溪

131/6 A

87 烏翎湖

25/7 B

鳥

27 鳥嶼

130/7 A

30 鳥窠巖

128/11 B

鴛

50 鴛鴦浦

70/7 A

鴛鴦渚

92/6 B

鴛鴦湖

3/10 A

鴛鴦圻

163/8 A

郎

17 郎子寨

26/18 A

郎子港

23/12 B

2733₆ 魚

00 魚立峰

103/11 A

魚亭山

20/9 B

魚鹿峽

175/6 A

魚鹿鎮

175/6 A

01 魚龍山

158/6 A

04 魚計亭

21/9 B

11 魚礁石

19/10 A

17 魚子山

151/10 B

22 魚嶽山

66/12 A

魚山

191/4 A

魚樂亭

90/8 A

23 魚袋山

28/6 A

26 魚泉

146/8 A

165/4 A

28 魚復縣故城

76/6 A

29 魚鱗山

103/11 A

魚鱗洲

125/6 B

30 魚流山

113/4 A

33 魚梁水

119/4 A

34 魚池

175/5 B

35 魚津

163/5 B

37 魚洞溪

175/6 B

40 魚存山

177/5 B

53 魚蛇水

150/9 A

58 魚蝓山

35/8 A

74 魚陂

4/11 A

78/4 B

80/4 A

80 魚倉

73/4 B

2728₂ 伙

12 伙飛廟
　11/13 A

2730₃ 冬

38 冬冷山
　58/8 A
72 冬瓜湖
　3/8 B

2731₂ 鮑

37 鮑郎市
　3/10 B
44 鮑姑井
　89/16 B
80 鮑公水
　29/9 B

2732₀ 鯽

26 鯽鯉湖
　43/6 A

2732₇ 烏

00 烏亭
　4/11 A
　烏衣巷
　17/22 A
01 烏龍山
　8/8 B
　烏龍白騎山
　57/6 B

10 烏石水
　98/6 A
　烏石崗
　29/8 A
　烏石巖
　130/9 A
　烏石山
　21/7 A
　22/8 A
　42/7 B
　128/10 B
　135/4 B
　烏雲嶺
　31/9 A
17 烏聊山
　20/8 A
　烏君山
　129/8 B
　134/5 A
22 烏蠻山
　112/5 B
　113/4 B
　烏巖山
　12/12 A
　烏嶺山
　21/8 A
　134/5 A
26 烏程侯井
　4/18 A
　烏程縣
　4/3 B
27 烏龜崗

　35/8 B
　烏龜山
　31/11 B
　69/9 B
　128/11 A
　烏角溪
　5/15 A
　烏魚
　124/7 B
31 烏江水
　110/5 B
　烏江浦
　48/7 A
　烏江縣
　48/3 B
32 烏溪
　71/3 B
38 烏澌
　103/8 A
42 烏坂城
　134/6 B
43 烏尤山
　146/12 A
44 烏帶山
　10/20 B
　烏林
　49/5 B
　烏林峰
　79/7 B
46 烏坦圩
　24/5 A
47 烏奴山

55/7 A

17侯司空廟

90/12 A

25侯使臺

36/5 B

30侯安都宅

90/11 B

32侯溪

161/4 A

侯溪水

161/5 B

60侯曇山

55/7 A

侯景浦

69/10 B

80侯公洞

62/5 A

90侯堂山

55/7 A

候

30候官縣

128/3 B

50候春亭

31/8 A

2724₀ 將

22將樂縣

133/3 B

28將作監

1/24 B

37將軍石

32/12 B

92/8 A

183/16 A

將軍崗

98/6 A

將軍山

31/9 B

157/8 B

將軍灘

66/12 B

將軍洞

121/7 A

將軍堰

3/11 B

將軍埞

23/14 B

將軍壘

90/9 A

46將相堂

185/7 A

2724₇ 殷

25殷仲文墓

4/20 A

殷仲堪墓

4/20 A

44殷堪讀書臺

31/14 B

60殷景仁墓

4/20 A

80殷公井

20/11 B

2725₂ 解

17解珮亭

84/5 B

解珮渚

82/10 A

40解堆灘

177/6 A

46解榻軒

26/11 A

48解散川

86/7 A

82解劍亭

81/6 A

2725₇ 伊

22伊山

55/5 B

24伊先生菴

46/13 A

50伊婁河

7/13 A

37/11 A

2726₁ 儋

10儋耳國

125/7 A

2726₂ 貂

56貂蟬峰

19/9 B

114/5 A	11/4 A	71象牙潭
鷗鶿灘	26象鼻巖	26/14 B
113/4 A	12/17 A	77象骨山
鷗鶿渡	象鼻山	69/9 A
107/6 A	120/4 B	
鷗鶿湖	象鼻沙	**衆**
3/10 A	119/4 A	
	31象江	22衆樂亭
嚮	34/4 A	56/6 B
	象江水	95/5 A
36嚮禪師掛錫地	34/7 A	衆樂園
9/12 B	象河山	3/8 A
	78/6 A	25/5 B
27232 象	32象州	43/5 B
	105/1 A	185/8 B
10象王峰	37象洞	衆樂堂
135/4 B	132/4 B	卩1/9 A
象石	象湖	22/6 A
104/6 A	69/6 B	31衆福寺
12象水	象祠	145/6 B
58/5 A	58/9 B	衆福院
17象郡	40象臺山	109/4 A
105/8 A	105/8 B	34衆造寺
22象山	45象樓山	47/6 B
11/7 B	21/8 A	50衆春園
21/5 B	62象縣	24/4 B
105/4 B	112/4 A	
象山福地	112/6 A	**很**
182/3 B	67象眼山	
象山舊城	29/9 A	22很山縣城
105/8 A	象眠池	73/8 B
象山書院	11/11 B	
21/10 A		**27234 侯**
象山縣		04侯計山

豹

72 豹隱
 135/3 B
80 豹谷
 151/11 B

御

00 御亭驛
 6/11 A
31 御酒庫
 1/28 B
 御酒麴料庫
 1/32 A
34 御池湖
 69/8 B
38 御道
 17/6 B
44 御菓園
 186/9 B
 御藥院
 1/27 A
50 御史廟
 107/8 A
 御史床
 10/22 A
 御史灘
 31/9 B
 179/5 A
 御史臺
 1/11 B
 御史堂

 107/7 B
 御書閣
 1/14 B
55 御輦院
 1/27 A
 御輦院供御次供御
 下都輦官營
 1/36 B
71 御厨
 1/27 B
 御厨營
 1/36 B
80 御前甲庫
 1/28 B
 御前馬院
 1/27 A
99 御營司
 1/26 B

2722₂ 修

00 修文山
 146/11 A
17 修己堂
 57/5 B
21 修仁水
 90/9 B
 93/5 B
 修仁山
 103/2 B
 修仁縣
 103/4 B
27 修多羅藏

 85/7 B
31 修江
 99/5 A
 修江寺
 25/8 B
40 修內司
 1/27 B
 修內司壯役等指揮
 1/36 B

2722₇ 角

22 角山
 33/3 B
43 角城鎮
 44/9 B

脩

12 脩水
 26/9 A
40 脩真四壇
 58/8 A
77 脩門
 64/9 A

翛

23 翛然亭
 補3/4 A

鷞

87 鷞鵊磊
 74/7 A
 鷞鵊山

蟹

26蟹泉
146/8 A
33蟹浦
11/7 B
17/14 B
55蟹井
135/3 B

27200 夕

34夕波亭
69/7 B
76夕陽嶺
23/12 A

27207 多

10多靈山
103/10 A
多雲山
47/6 B
20多秀亭
39/7 A
24多德堂
31/8 B
30多寶峰
27/7 B
多寶潭
84/7 A
多寶寺
56/8 A
84/7 A

多寶院
98/5 B
多寶陵
64/13 B
31多福寺
2/17 A
114/5 A
40多喜山
179/4 A
60多星江
72/3 B
多景樓
7/9 B
72多岳山
158/5 B
77多賢水
108/6 B
79多勝樓
28/5 B
86多智山
45/9 A
46/7 B

27212 危

10危王墓
35/13 B

27217 鬼

12鬼磯館
11/11 B
22鬼山
19/6 A

27220 向

10向王山
74/8 B
22向崇班廟
71/6 A
60向吳亭
7/9 B

仰

00仰高堂
179/3 A
21仰止堂
91/5 A
22仰山
28/4 B
仰山廟
28/9 B
仰山寺
28/8 B
25仰傑臺
183/12 A
31仰遷臺
184/7 A
34仰斗亭
100/4 B
44仰韓閣
100/6 A
仰韓堂
92/6 A
77仰賢堂
57/5 B

歸雲洞
42/9 A
99/6 A
128/12 B
歸雲堂
21/6 A
21歸順縣
163/9 A
歸仁縣
187/10 B
歸仁鋪
106/7 B
22歸仙嶺
135/5 B
歸山
56/6 A
24歸化山
99/7 A
歸化州
112/3 A
歸化縣
107/7 A
歸化縣城
105/8 A
歸德縣
20/11 B
27歸鄉城
74/8 B
30歸安縣
4/3 B
歸宗寺
25/10 B

32歸州
74/1 A
34歸漢橋
191/5 B
37歸鴻亭
116/5 A
55歸耕
189/7 A
71歸雁亭
153/8 A
80歸美山
32/12 A
歸美堂
62/4 A
歸善故城
99/8 B
歸善縣
99/1 B

2713₂ 黎

21黎虞山
125/6 B
22黎崖
147/5 A
黎嶺
133/5 A
黎羖山
127/5 B
黎山
116/5 A
黎山水
125/6 B

32黎州
補6/13 B
37黎郎崗
125/6 B
40黎堆
147/5 A
61黎毗山
125/6 B
64黎曉山
125/6 B
68黎吟泉
125/6 B
77黎邱城
82/13 A
77黎母水
124/10 B
黎母山
124/10 A
125/6 B
98黎粉山
125/6 B

2713₆ 蠡

22蠡山
4/11 A
34蠡瀆
6/7 A
37蠡湖
68/7 A
40蠡塘
4/11 A

157/6 A

盤石廟

60/4 B

盤石山

157/7 B

盤石縣

157/2 B

盤石鎮

110/6 A

盤雲塢

183/12 A

22盤山

12/9 B

32盤洲

23/7 B

38盤道縣

187/11 A

40盤古廟

37/13 B

59/6 A

盤古山

32/12 A

盤古塚

37/13 B

72盤隱

22/4 B

2711ㄱ 龜

01龜龍山

98/5 A

11龜頭山

47/7 B

49/8 B

12龜水

86/5 B

17龜子山

179/4 A

20龜停山

175/6 B

龜紋嶺

135/4 A

22龜川

2/11 A

龜崗

95/4 A

龜巖

130/7 A

龜嶺

19/6 A

龜山

10/10 A

31/7 B

44/5 B

128/7 B

129/6 A

150/5 B

157/5 B

165/4 A

174/4 B

191/4 A

龜山峰

31/12 B

龜山院

44/7 B

27龜峰山

21/8 A

30龜穴山

25/7 A

37龜湖

35/5 B

128/7 B

龜湖山

66/12 A

93/5 A

38龜洋山

135/4 B

44龜蒙宅

5/18 A

47龜鶴山

49/8 B

龜鶴池

84/7 A

51龜軒

116/4 A

60龜甲灘

74/7 A

艷

76艷陽洞

150/7 B

80艷谷

86/5 B

2712ㄱ 歸

10歸正寺

146/14 B

44細林山
　3/8 B

　　2691₄ 程

22程崗
　123/5 A
24程巘金墓
　39/10 A
27程鄉
　57/5 B
　程鄉縣
　102/2 A
31程江
　102/3 A
　程江樓
　102/3 B
32程溪水
　101/3 B
80程普墓
　4/19 B

　　2692₂ 穆

74穆陵山
　49/7 B
　穆陵關
　49/7 B

　　2692₇ 綿

12綿水
　152/4 A
　153/6 A
　167/3 A

綿水縣
　153/10 B
25綿繡洲
　174/5 A
27綿峰
　34/3 B
31綿江
　32/8 B
72綿虒
　149/5 B
80綿谷
　184/7 A
　綿谷縣
　184/3 B

　　2693₀ 總

20總秀軒
　156/5 A
27總角山
　185/8 B
30總宜亭
　74/5 B

　　2694₁ 緝

40緝女石
　21/7 B

　　釋

36釋迦塔
　2/24 A
　釋迦如來真身舍利
塔

　11/13 B
　釋迦院
　59/4 B

　　繹

40繹志亭
　47/5 A

　　2694₄ 纓

25纓績石
　21/7 B

　　2694₇ 稷

22稷山
　9/5 A
　10/9 B

　　2710₇ 盤

01盤龍石
　90/8 B
　盤龍山
　28/6 A
　34/7 A
　47/7 B
　151/10 A
　159/7 B
　盤龍院
　26/14 A
　145/6 B
　盤龍崗
　31/11 B
10盤石

129/10 B

13魏武帝廟
 48/10 A
 魏武城
 44/9 A
22魏山
 189/6 B
27魏御史墓
 186/10 B
40魏太武祠
 38/8 A
44魏基州故城
 78/8 A

2644 6 鼻

00鼻亭
 58/8 B
10鼻天子墓
 93/6 A
 鼻天子故城
 93/6 A
22鼻山
 12/9 B

2650 3 臯

00臯亭山
 5/14 B

2658 2 犦

25犦牛
 118/4 B

2666 2 嵒

23嵒然山
 162/5 A
 165/5 A
 嵒然山神
 165/7 A
 嵒然山賜名
 165/7 A

2671 0 峴

22峴山
 4/9 B
 80/4 B
 82/8 A

2671 4 皂

31皂江水
 151/6 B
44皂蓋樓
 32/9 B

2672 7 喎

22喎山
 4/10 B

2690 0 和

02和劑局
 1/33 A
16和理堂
 98/4 B
18和政堂

33/4 A

22和川水
 147/11 A
 和川路
 147/11 A
 和豐堂
 129/7 B
 和山
 97/3 B
32和州
 48/1 A
 補3/3 B
 和溪水
 185/7 B
 和溪縣
 165/3 A
43和城縣
 30/14 B
50和青堂
 12/10 A
77和風山
 107/6 B
80和義縣城
 160/7 A
88和簡堂
 135/4 A
90和光洞
 89/13 B
 和尚山
 19/11 A

細

得勝河
44/8 B

得勝湖
43/6 B

2628₁ 促

90促粧鐘
17/23 B

2629₄ 保

00保康堂
86/6 A

12保水
93/4 A

27保叔塔
2/20 B

30保甯縣
116/6 B
117/7 B
148/2 B

保安縣
152/6 A

保安院
28/8 B
134/8 B

保牢山
71/4 A

保定縣
117/7 B

31保福莊
151/9 A

36保溫水

119/4 B

40保真院
22/7 B

53保成縣
115/6 B

60保昌縣
93/2 B

2631₄ 鯉

37鯉湖
35/5 B

鯶

27鯶魚磊
74/7 B

2632₇ 鰐

27鰐魚
100/4 A

鰐魚池
108/6 A

31鰐江
113/3 A

32鰐溪
100/4 A

37鰐湖
89/10 A
91/4 B
99/5 A

2633₀ 息

22息嶺

101/3 A

40息壤
56/6 A
64/11 B
150/5 B

50息夫人廟
79/8 A

77息民樓
59/4 B

2634₇ 鰻

55鰻井
7/8 A
10/10 A
11/7 B

2640₀ 阜

27阜角林
37/10 A

44阜林市
3/9 A

2640₁ 卓

00卓亭屯
123/6 B

77卓陶廟
58/9 B

2641₃ 魏

00魏文帝廟
37/13 B

10魏王真君上昇峰

皇城司親從親事等
　指揮營
　　1 / 36 A

皇城門
　　1 / 5 A

44皇華江
　　109 / 4 A

皇華驛
　　120 / 5 A

皇華館
　　27 / 5 A

皇華堂
　　40 / 5 A

60皇恩巖
　　32 / 12 A

72皇后山
　　185 / 8 B

90皇堂門
　　65 / 3 A

26200 伯

77伯履亭
　　81 / 5 B

26207 粵

10粵王墓
　　8 / 10 B

32粵州
　　122 / 5 B

26213 鬼

43鬼城山

　　151 / 11 A

44鬼葬山
　　75 / 8 B

60鬼田
　　86 / 6 A

77鬼門山
　　121 / 6 A

鬼門關
　　104 / 7 B

80鬼谷山
　　21 / 6 B

鬼谷先生與張儀蘇
　秦游學洞
　　78 / 8 B

26227 偶

20偶住亭
　　153 / 7 B

觸

10觸石軒
　　151 / 11 A

26232 泉

12泉水
　　92 / 5 A

22泉山
　　92 / 5 A
　　129 / 6 B
　　130 / 6 B
　　134 / 4 A

31泉江水

28 / 7 B

32泉州
　　130 / 1 A
　　補5 / 7 B

37泉郎
　　130 / 7 B

42泉橋
　　88 / 3 B

74泉陵
　　56 / 5 B

泉陵故城
　　56 / 9 B

26241 得

10得要亭
　　153 / 7 B

22得仙亭
　　131 / 5 B

30得寶河
　　39 / 7 A

31得江樓
　　7 / 9 A

33得心堂
　　23 / 8 B

38得道山
　　157 / 8 A

77得月閣
　　188 / 5 A

得月堂
　　122 / 5 A

79得勝山
　　180 / 5 B

8/8 B

白馬洲
70/7 A

白馬津
152/5 A
174/6 A

白馬洞
6/10 B

白馬湖
39/7 A
69/9 B

白馬井
125/6 A

白馬院
145/6 B

白馬驛
74/7 A

77白鵬山
91/5 B

白居易宅
30/16 A

白居易祠
30/16 A

白鼠村
134/5 A

白鷗驛
110/5 B

80白金堤
146/12 A

白雉山
33/5 B
81/7 A

白羊嶺
34/6 B

白羊山
33/6 A
73/6 A

白羊堡
152/5 A

白羊橋
107/6 A

白羊岡
152/5 A

白谷
86/5 A

白公湍
82/13 A

白公池
45/11 B

白公城
59/6 A
70/6 B
190/10 A

白公草堂
30/15 B

86白錦堡
180/5 B

87白鴿洞
42/8 A

88白竹岡
61/4 B

白筍陂
22/8 A

90白少傅烹茗井

2/24 A

白米河
49/7 B

自

23自然觀
184/7 B

33自治堂
165/4 B

50自由山
147/8 B

67自鳴山
21/7 A

72自隱堂
131/5 B

26104 皇

22皇崗嶺
90/9 A

皇仙臺
36/5 A

24皇化縣
110/6 B

27皇象墓
3/13 B

31皇潭
90/6 B

43皇城
1/4 B
44/5 A

皇城司
1/26 B

白鶴灘
　　174/6 A
　　補7/12 A
白鶴源
　　34/7 A
白鶴溪
　　6/10 B
白鶴池
　　19/9 B
　　68/8 B
白鶴洞
　　103/11 A
白鶴寺
　　68/8 B
　　69/9 B
　　76/5 A
　　177/5 B
　　186/7 B
白鶴樓
　　108/5 B
白鶴觀
　　20/9 B
　　25/7 B
　　42/8 A
　　56/7 B
　　84/6 B
　　94/4 A
　　95/6 A
　　107/6 A
　　108/6 A
　　117/6 A
　　120/5 A

　　154/9 B
　　162/6 A
　　177/5 B
　　187/10 A
白獺河
　　37/10 B
白都山
　　17/22 A
白鵠臺
　　32/9 B
白起廟
　　76/7 A
白起洞
　　73/8 B
白起堰
　　82/13 A
52白抵城
　　70/6 B
56白蜆湖
　　3/9 B
白螺山
　　76/5 A
60白口城
　　31/14 A
67白鷺亭
　　17/17 B
白鷺洲
　　17/21 B
　　31/11 A
白鷺湖
　　76/5 A
70白壁水

　　18/10 A
白壁灣
　　75/5 B
71白馬廟
　　45/10 B
　　71/4 A
　　76/7 A
　　95/6 B
　　110/5 B
白馬磯
　　69/9 B
白馬巖
　　58/7 B
　　121/5 A
白馬嶺
　　135/4 B
白馬山
　　18/12 A
　　35/10 A
　　82/11 B
　　86/6 B
　　94/4 A
　　117/6 A
　　183/15 B
　　184/9 B
白馬江
　　30/12 A
白馬河
　　48/7 B
白馬潭
　　147/10 A
白馬源

白沙渡	白茫嶺	白蓮院
186/7 A	58/7 A	131/6 A
白沙洲	白塔	白芳鎮
38/5 B	181/4 A	164/6 A
白沙灣	白塔山	白華巖
109/4 A	28/7 A	29/8 A
白沙洞	白塔沙	白莒水
104/8 B	3/9 A	186/7 A
白沙湖	白塔鎮	白苟嶺
43/6 A	42/8 A	148/4 A
白沙場	白苧堰	白茶水
62/6 A	3/9 B	178/4 B
白沙關	白苧城	45白樓亭
49/7 B	3/9 B	10/13 B
白沙鎮	白猿廟	47白狗峽
38/7 B	76/5 A	73/6 A
40白土平	白蘋亭	74/7 A
159/8 B	4/12 B	白鶴
白土崗	白蘋洲	38/5 A
17/21 B	4/14 B	白鶴嶺
白土坑	151/11 B	28/6 B
107/6 A	白蓮	36/5 A
白土埭	30/7 B	白鶴山
40/6 B	白蓮亭	4/16 B
白索平	30/9 A	10/20 A
187/8 B	白蓮庵	12/12 A
白柱神	17/18 A	56/7 B
178/4 B	白蓮池	103/11 A
白檀山	25/8 A	129/9 A
146/12 A	35/10 A	165/5 B
44白茫水	白蓮塘	白鶴峰
55/6 B	92/6 A	99/7 A

白崖院	白佛嶺	白家池
146/12 A	31/8 B	30/15 A
白嶽山	26白泉河	31白涯山
20/8 A	83/6 A	94/4 A
白巖	27白龜	白河
12/7 A	49/6 A	82/9 A
白巖石	白龜山	87/4 B
68/8 B	2/19 A	白額山
白巖山	白龜穴	19/8 B
12/12 A	19/9 B	49/7 B
135/4 B	白龜渚	32白州
白巖泉	49/8 B	121/6 B
80/6 A	白龜井	白兆山
白巖院	128/11 A	77/6 B
33/6 A	白豹山	34白社
白乳泉	57/6 B	78/4 A
17/22 A	白象石	白社山
白嶠山	27/6 B	補4/3 B
12/12 A	白兔山	35白神山
白山	7/11 A	164/6 A
12/7 B	白鴿山	36白襌山
17/15 A	12/12 B	42/8 A
23白紵亭	白鴿寺鐘	37白洞灘
18/10 A	180/7 B	74/7 B
白紵山	白嶼洲	白湖
18/10 A	100/5 A	64/11 A
25白牛洞	28白鱗坑	39白沙水
105/7 B	97/5 A	55/6 B
白牛塔	29白魽河	76/6 A
91/5 B	64/15 A	84/6 B
白牛村	30白涼館	151/6 B
3/9 B	10/13 B	176/6 A

白玉池
　182/3 A
白玉盆
　183/13 B
白露水
　112/5 B
白露河
　83/6 A
　88/3 B
白雪臺
　34/6 B
白雪樓
　84/5 B
白雪驛
　80/6 A
白霧隘
　75/5 A
白下亭
　17/21 B
白下城
　17/22 A
白下縣
　17/28 A
白石水
　103/11 A
白石巖
　91/5 B
白石山
　8/8 A
　9/7 B
　24/5 A
　48/7 A

　70/6 B
　104/8 A
　110/5 B
　129/8 A
白石峰
　55/6 B
白石渡
　57/6 B
白石洞
　42/8 A
白石疊
　17/22 A
白石縣
　187/10 B
白面山
　66/11 A
　103/11 B
　105/7 B
白面穴
　60/4 A
白黿湖
　76/5 A
白雲亭
　8/8 A
　23/9 A
　30/9 B
　42/6 A
　47/5 A
　58/6 A
　74/5 A
　83/5 A
　131/5 A

　187/6 A
白雲庵
　2/18 A
白雲巖
　86/6 B
白雲嶺
　183/13 B
白雲山
　27/6 B
　35/10 A
　46/9 A
　47/6 B
　48/7 A
　89/13 A
　123/5 B
　132/5 B
　179/3 B
白雲泉
　5/15 A
　18/10 A
白雲峰
　2/18 A
　55/6 B
白雲谿
　151/6 A
白雲源
　8/8 A
白雲洞
　22/8 A
　25/8 A
　91/5 B
　99/6 A

20/3 B

2599₀ 秣

74秣陵
17/13 B
秣陵縣
17/27 B

2599₆ 練

10練石洞
47/8 A
22練巖
47/4 B
練山
38/5 A
31練江亭
9/6 A
34練瀆
5/11 B
40練塘
7/8 B
90練光亭
149/6 B
練光亮
55/6 A

2600₀ 白

00白鹿
181/4 A
白鹿磯
81/7 A
白鹿山
2/19 A
9/7 B
23/11 B
91/5 B
95/6 B
134/5 A
167/5 A
白鹿源
63/2 B
白鹿州
32/11 A
白鹿池
183/15 B
白鹿洞
57/6 B
91/5 B
白鹿洞書堂
25/12 B
白鹿寺
62/5 A
白鹿岡
89/13 A
01白龍巖
34/7 A
128/11 A
白龍山
9/7 B
白龍泉
42/8 A
70/7 A
白龍潭
3/9 B
10/20 A
12/12 B
71/4 A
78/6 A
190/7 A
白龍池
38/6 A
89/13 A
白龍洞
3/9 B
68/8 B
103/11 A
白龍湫
164/6 A
白龍塘
106/6 A
白龍院
11/11 B
白龍翁
77/5 B
白龍堂
83/7 B
07白望山
66/11 B
08白旗渡
71/4 B
10白玉
124/7 A
白玉山
103/11 A
白玉渡
154/9 B

98/6 A
55 朱井
29/6 A
56 朱提山
163/6 B
60 朱邑祠
46/12 B
朱邑墓
46/13 A
朱買臣山
158/7 B
朱買臣墓
3/13 B
8/10 B
67 朱明洞
99/7 B
朱明觀
89/13 B
朱墅
2/10 B
74 朱陵洞
55/6 B
朱陵觀
31/9 A
77 朱鳳山
156/6 B
90 朱雀山
74 /7 A
184/9 B
朱雀橋
17/9 B
朱雀門

17/9 B

2591₇ 純

76 純陽山
159/8 A
純陽閣
159/6 A
77 純熙觀
12/19 B

2592₇ 秭

27 秭歸縣
73/2 B

繡

00 繡衣亭
17/22 A
22/6 A
22 繡川城
104/9 B
繡川堂
164/5 A
繡崖
71/3 B
繡嶺
8/7 A
繡山洞
103/11 B
31 繡江
104/6 A
109/3 A
繡江亭

104/6 B
繡江水
110/4 B
32 繡州
104/9 A
44 繡林亭
64/12 B
80 繡谷
44/5 B
繡谷亭
44/6 A

2596₀ 紬

50 紬書閣
17/17 B

2598₆ 積

10 積石水
152/6 A
17 積翠亭
40/5 B
積翠巖
21/7 B
40 積布山
47/8 A
47 積弩堂
7/12 A
80 積金峰
17/21 A

續

32 績溪縣

佛迹巖
99/6 B

43佛城巖
55/7 A

60佛日洞
132/6 B

佛跡
164/3 B

佛跡石
128/13 B

佛跡山
89/15 A

佛跡寺
29/9 B

佛跡橋
91/6 B

佛圖山
80/6 A
157/9 A

佛足
174/5 A

62佛影臺
30/11 A

77佛兒嶺
83/6 B

佛母山
158/6 A

佛母堂
47/9 A

佛桑山
134/4 A

80佛龕山

150/7 A

2523₀ 佚

44佚老堂
64/12 B

2524₀ 健

77健兒廟
150/11 A

2524₂ 傅

60傅園
153/7 A

2529₄ 傑

10傑王墓
165/7 A

2533₀ 鏈

12鏈水
93/3 B

2554₀ 犍

34犍爲縣
146/3 B

77犍尾堰
151/10 A

2555₀ 犇

25犇牛埭
7/11 B

2590₀ 朱

00朱方
7/7 A

朱府君辰廟
150/11 A

朱文公祠
130/11 A

10朱石
134/3 B

19朱砂山
19/9 A
114/5 A

朱砂峰
25/8 A
46/9 A

朱砂湯
20/7 B

朱砂坑
56/7 B

30朱寨河
87/4 B

32朱溪水
152/5 A

34朱池
8/7 A
8/10 A

37朱湖
43/4 B

44朱蘭溪
114/5 A

朱華谷

47牛欄山
　　59 /5 A
50牛屯洞
　　48 /7 A
62牛吼石
　　31 /12 B
67牛眠石
　　31 /12 B
　牛眼石
　　134 /4 B
77牛關山
　　158 /5 B
　　161 /6 B
　牛尾驛
　　161 /7 A
　牛關
　　151 /11 B
80牛羊司
　　1 /25 B
　牛首灘
　　82 /11 A

2506₆ 牆

25牆牘堰
　　45 /9 B

2510₀ 生

50生春樓
　　66 /8 B
　生春堂
　　47 /5 A

2520₆ 仲

00仲雍冢
　　5 /19 B
10仲夏堰
　　11 /12 B
30仲宣作賦樓
　　78 /8 A
　仲宣樓
　　65 /2 B
77仲尼巖
　　22 /8 B

使

17使君灘
　　73 /9 A
　　182 /3 B
44使者廟
　　30 /11 A

2522₇ 佛

10佛耳泉
　　146 /12 B
11佛頂山
　　115 /6 A
16佛現
　　150 /5 A
　佛現山
　　157 /8 B
17佛子崖
　　147 /11 B
　佛子嶺

24 /5 B
47 /8 B
72 /4 A
80 /6 A
104 /7 B
佛子山
　19 /11 A
　38 /7 B
　42 /9 B
佛子潭
　183 /16 A
佛子岡
　34 /7 B
佛子龕
　147 /11 B
　164 /7 B
20佛手巖
　30 /11 B
佛手掌
　174 /6 B
22佛川
　4 /11 A
佛巖山
　150 /7 A
佛嶺
　130 /7 A
　132 /4 B
　133 /4 B
30佛窟洞
　6 /11 A
佛窟寺
　17 /27 A

2480₆ 贊

26贊皇樓
42/10 A

2490₀ 科

34科斗山
77/5 A

2492₁ 綺

10綺霞亭
23/9 B

綺霞閣
19/7 B

22綺川亭
183/12 A

2492₇ 納

32納溪水
153/10 A

稀

23稀傅巖
158/7 B

2494₇ 綾

34綾池波山
161/7 B

綾波羅山
161/7 B

77綾丹山
161/6 A

86綾錦水
175/6 A

綾錦山
161/6 A
175/6 A

2500₀ 牛

01牛龍湫
164/5 B

11牛頭嶺
135/4 A

牛頭山
12/17 A
17/19 B
38/6 A
66/12 A
154/9 A

22牛仙山
146/13 B

牛嶺山
99/7 A

牛山
98/4 A
103/8 A
104/6 A
189/7 A

26牛泉山
20/9 B

牛鼻山
66/12 A
96/5 B
99/7 A

27牛犂山
148/4 A

牛峰山
104/7 A

28牛僧孺讀書堂
31/14 B

牛僧孺祖母墳
31/15 A

31牛潭
89/10 A

32牛溪寨
149/7 A

33牛心山
83/7 A
151/10 B
165/5 B

34牛渚
19/6 A

牛渚磯
18/11 B

牛渚山
48/7 A

37牛湖廟
98/5 A

44牛輔水
157/6 B

46牛韓
145/4 A

牛韓戍
145/6 B

牛韓井
145/6 B

80徒會山
　118/5 A

2429₀ 休

30休甯縣
　20/3 A
　20/11 B
76休陽縣
　20/11 B

2432₇ 魶

27魶魚
　147/6 B

2433₇ 憨

88憨策
　117/4 B

2436₁ 鮚

16鮚踦亭
　11/11 B

2440₀ 升

44升老亭
　18/7 B

2451₀ 牡

77牡丹平
　151/9 B
　牡丹山
　88/3 B

2454₁ 特

00特亮江
　117/6 B
　特亮縣
　117/7 B
60特思山
　116/5 B

2456₀ 牯

25牯牛石
　95/6 B
　補5/3 B

2460₁ 告

53告成寺
　184/7 A
　告成觀銅鐘
　187/11 B

2466₁ 皓

22皓鶯山
　117/6 A

2472₇ 帥

10帥正堂
　158/4 A

2473₈ 峽

11峽北道院
　181/5 A
22峽崗

98/4 A
峽崗水
　97/5 A
峽山
　32/9 A
　34/3 B
　89/11 A
　95/4 A
　96/4 A
峽山廟
　95/8 A
峽山寺
　96/8 A
　99/6 A
32峽州
　73/1 A
　補4/3 B
77峽門觀
　167/4 A

2474₇ 岐

00岐亭河
　49/9 B
　岐亭故縣
　49/9 A
22岐山
　20/5 B
　131/4 B
32岐州
　86/7 B
41岐坪縣
　185/9 B

47/5 B

德章寺
47/5 B

18德政陂
19/8 A

22德山
68/5 B

24德化縣
· 30/3 A
130/4 B

30德安府
77/1 A

德安宮
17/9 A

德安縣
30/3 A

35德清縣
4/4 B

40德壽宮
1/2 B

德壽宮東園
1/20 A

44德林山
157/9 A

50德畫堂
43/5 A

53德感溪
180/5 B

60德昌宮
17/9 A

77德風橋
3/10 B

德興縣
23/3 B

79德勝坡
80/5 A

80德義山
125/6 B

97德輝堂
182/2 B

24241 侍

21侍衛步軍司
1/23 A

侍衛馬軍司
1/23 A

37侍郎亭
100/6 A

侍郎巖
132/7 A

侍郎山
72/4 A

侍郎井
107/7 B

待

30待賓山
21/7 B

37待漏院
1/21 A

44待蘇樓
112/4 B

77待月嶺
5/15 A

待月溪
22/7 B

待月臺
190/6 B

24247 伎

74伎陵城
189/8 A

24260 佑

16佑聖觀
1/19 A

佑聖院
26/17 A

24佑德廟
17/30 A

儲

31儲潭山
32/10 A

儲潭祠
32/13 A

儲福觀
151/8 B

24261 借

22借山樓
40/5 A

60借景樓
24/4 B

24281 徒

00化度院
　159/8 B
01化龍泉
　147/10 A
　化龍淵
　179/4 B
　化龍池
　31/11 B
　化龍橋
　63/3 A
10化石
　56/5 B
21化虎石
　32/10 B
22化山
　146/7 B
27化鳖魚
　5/16 B
32化州
　116/1 A
43化城山
　187/8 B
　化城洞
　151/11 B
53化成寺
　35/11 A
60化日堂
　9/6 B
71化原堂
　1/14 B

壯

46壯觀亭
　38/5 B
83壯猷堂
　153/7 B
90壯懷亭
　42/6 B

魁

12魁瑞堂
　130/8 A
27魁峰
　19/6 B
60魁星亭
　34/5 A
　魁星巖
　130/10 A
　魁星橋
　134/6 A

2421₁ 先

00先主城
　150/10 B
10先王廟
　147/12 A
31先福寺
　44/8 B
50先春閣
　161/5 A
　先春堂
　34/4 B
　154/7 B
77先月

28/3 B
先月樓
　161/5 A
先賢堂
　128/9 B

佐

10佐王山
　97/5 A
16佐理堂
　22/6 A

2421₄ 佳

11佳麗亭
　17/18 B
20佳秀堂
　91/5 A

2422₁ 倚

10倚天閣
　30/9 A
　倚石山
　60/4 A
21倚虛亭
　24/4 B
77倚岡水
　97/5 A

2423₁ 德

00德慶府
　101/1 A
　德章山

10/19 A

23911 綄

29綄紗女馮氏廟
38/8 A

23921 紵

32紵溪
179/3 A
紵溪水
190/7 B

23927 編

24編估打套局
1/33 B

23950 纖

33纖浪水
127/5 B
40纖女廟
8/9 A
纖女山
8/9 A
纖女橋
24/5 B

23961 稽

00稽亭山
2/22 A
19/8 A
40稽山閣
10/13 B

40稽古閣
56/7 A

23961 縮

11縮頭湖
41/4 B

23972 嵇

27嵇叔夜書堂
22/9 A

24127 勳

10勳石山
11/12 B
88勳鑑閣
125/5 A

24200 什

07什邡 侯城
159/9 A
什邡驛
159/8 A

射

00射亭
29/5 B
27射的山
10/17 B
19/8 B
31射江
154/6 B
32射溪

10/12 A
34射洪縣
154/4 A
40射存山
116/5 B
射木山
98/5 B
43射狼山
117/6 A
71射雁堂
4/12 B
76射陽阜
39/7 B
射陽湖
39/7 B
43/5 A
80射合水
117/7 A
射合崗
117/7 A
90射堂
7/7 A
射半山
121/5 B
91射爐山
104/8 B

豺

43豺狼嶺
127/5 B

24210 化

22戲仙亭
　　165/6 A
　戲綵堂
　　31/8 A
　　43/5 A
　　89/12 A
　　157/6 B
71戲馬亭
　　37/10 B
　戲馬臺
　　37/10 B

2331₁ 鮀

33鮀浦
　　100/4 A

2332₇ 鯿

27鯿魚灘
　　74/6 B

2333₅ 鱨

37鱨湖
　　46/5 B

2342₇ 艑

22艑山
　　69/6 B

2360₀ 台

22台嶽
　　12/8 B
　台嶺

12/8 B
32台州
　　12/1 A
60台星樓
　　157/6 B
72台隱堂
　　91/7 A

2361₁ 皖

12皖水
　　46/6 A
22皖山
　　46/6 A
　皖山祠
　　46/12 B
26皖伯堂
　　46/6 B
43皖城
　　46/6 A
　　46/11 A
60皖國
　　46/6 A
76皖陽城
　　46/11 B
80皖公山
　　46/11 A

2365₀ 鹹

26鹹泉
　　174/4 B
　　181/3 B
34鹹池

29/6 A
37鹹潮
　　41/4 A
40鹹土
　　119/3 B

2371₁ 崆

22崆山
　　32/9 A
27崆峒巖
　　98/6 A
　崆峒山
　　32/10 A

2374₇ 峻

10峻靈王廟
　　125/7 A
22峻山
　　33/3 B

2375₀ 峨

32峨溪城
　　71/5 B
77峨眉亭
　　48/6 B

2377₂ 岱

22岱山寺
　　97/4 B

2390₀ 秘

60秘圖山

12 / 10 A	伏虞山	146 / 15 A
27參峒山	188 / 7 B	伏羲葬南郡
98 / 5 B	伏虞縣	65 / 3 B
30參寥泉	188 / 3 B	**狀**
2 / 24 A	25伏牛山	10狀元坊
60參里山	7 / 11 A	40 / 6 B
89 / 14 A	52 / 8 A	45 / 9 B
2323₄ 伏	176 / 6 B	狀元樓
01伏龍山	26伏泉山	145 / 8 A
17 / 20 A	34 / 5 B	157 / 8 A
26 / 14 A	27伏龜山	狀元井
82 / 11 A	17 / 20 A	45 / 9 B
伏龍潨	32伏割山	狀元局
2 / 19 B	121 / 6 A	1 / 33 B
伏龍橋	34伏波廟	**獻**
66 / 12 B	103 / 14 A	14獻功堂
伏龍觀	121 / 7 A	9 / 6 B
151 / 10 A	148 / 5 A	**2324₇ 俊**
21伏虎庵	伏波將軍廟	37俊逸亭
45 / 10 B	92 / 8 A	45 / 7 B
伏虎廳	125 / 7 B	47 / 5 B
64 / 14 A	伏波巖	**2325₀ 臧**
伏虎巖	103 / 13 B	00臧主簿冢
108 / 5 B	伏波威武廟	19 / 13 A
182 / 3 B	124 / 11 A	72臧質城
伏虎山	77伏犀灘	44 / 9 A
155 / 7 B	163 / 8 A	**戲**
伏虎洞	80伏羲廟	
35 / 8 B	57 / 8 A	
伏虎菴	76 / 6 B	
132 / 6 A	80 / 7 A	
	伏羲洞	

22梨嶺
　　128/8 A
44梨花山
　　146/14 A
　梨花村
　　156/5 B

巢

32巢溪
　　120/4 A
37巢湖
　　45/6 A
　巢湖故城
　　30/14 B
43巢城
　　39/6 B
　　46/5 A
　　46/11 B
44巢蓮橋
　　179/3 A
80巢父水
　　58/8 A
　巢父飲牛灘
　　2/23 A
88巢竹
　　123/5 A

樂

01樂龍山
　　188/7 B
10樂至池
　　158/6 B

樂至縣
　　158/2 B
樂平山
　　23/12 A
樂平里
　　74/6 B
樂平縣
　　23/3 A
16樂聖堂
　　43/4 B
22樂川
　　107/4 A
樂山
　　117/5 B
　　130/7 A
　　162/5 A
樂山縣
　　113/5 A
樂山堂
　　12/10 A
　　108/5 B
樂樂堆
　　44/8 B
27樂鄉城
　　65/2 A
　　74/8 B
樂鄉縣
　　82/12 B
樂鄉縣城
　　78/8 A
30樂安江
　　23/12 B

樂安溪
　　12/11 A
樂安縣
　　29/3 B
樂安縣君蔣烈女廟
　　123/7 B
32樂州城
　　107/7 A
36樂溫山
　　174/6 A
樂溫縣
　　174/2 B
38樂遊苑
　　17/10 A
樂遊堂
　　42/6 B
樂道園
　　150/6 A
43樂城
　　175/7 B
樂城縣
　　30/14 B
　　96/7 B
44樂共縣
　　153/4 A
樂楚亭
　　64/12 B
58樂輸亭
　　127/5 A
60樂口鎮
　　102/4 A
樂口銀場

32利州
　　184／1 A

34利港
　　9／5 B

43利城縣城
　　9／8 B

60利國山
　　19／8 A
　　22／7 B

77利賢山
　　110／5 B

80利人山
　　101／3 B

22901 崇

00崇慶府
　　補6／8 A
　崇慶院
　　34／7 B
　　183／14A

10崇元觀
　　27／5 B
　　31／13A
　　107／5 B

16崇聖院
　　146／9 A

18崇政殿
　　1／3 B

20崇秀嶋
　　130／9 B
　崇信堂
　　83／5 B

21崇仁山
　　29／9 A
　崇仁縣
　　29／2 B

22崇山
　　70／4 A
　崇山閣
　　35／6 A

24崇德廟
　　158／7 B
　崇德廟灌口神
　　151／12 B
　崇德廟李冰祠
　　151／12 B
　崇德縣
　　3／4 B

28崇儀廟
　　113／5 B

30崇甯寺
　　155／6 B
　崇安縣
　　129／4 B

31崇福院
　　44／8 B

32崇州
　　41／5 A

38崇道宮
　　2／20 A
　崇道觀
　　191／6 A

40崇壽寺
　　11／10 A

崇壽觀
　　157／8 A

崇真廟李將軍祠
　　115／7 A

崇真觀
　　34／7 B
　　155／9 A
　　181／4 B
　　188／5 B

48崇教寺
　　12／14 A

60崇因寺
　　26／17 B

67崇明鎮
　　41／5 A

70崇雅寺
　　68／7 A

76崇陽縣
　　66／4 A

79崇勝寺
　　44／8 B
　崇勝院
　　26／17 B
　　191／6 A

80崇龕山
　　158／6 B
　崇龕縣
　　158／7 B
　崇義縣
　　70／7 B

22904 梨

38嶠道
56/6 A

2276₉ 蟠

37蟠冢山
183/14 A
184/9 A
191/5 B

2277₀ 山

00山亭
40/5 A
10山雪樓
151/5 B
12山水郡
69/7 A
山水鄉
4/14 A
30山房
145/3 B
31山河水
183/14 A
山河堰
補8/2 A
47山都
31/6 A
100/4 A
山都縣城
82/12 B
48山梯
92/5 A
76山陽

39/6 B
山陽縣
39/3 A
78山陰
10/9 B
山陰書院
166/5 B
山陰縣
10/4 B
80山谷寺
23/11 A
46/10 A
83山館
8/7 A
90山堂
41/3 B
山光亭
24/4 B

幽

22幽巖
21/5 A
幽山
123/4 B
24幽化院
135/6 B
44幽蘭鋪
71/5 A
80幽谷
42/5 A
幽谷亭
26/11 B

幽谷山
26/15 B

2277₂ 出

10出雲峰
35/12 A
25出佛洞
38/7 B
77出風穴
135/5 A

巒

32巒州
113/5 A

2279₁ 嵊

22嵊山
10/12 B
32嵊州剡縣城
10/22 B
62嵊縣
10/4 B

2290₀ 利

00利應廟
156/7 B
22利豐監
41/5 A
利山
89/10 B
30利濟池
167/4 B

56/5 A
60/3 B
92/5 A
31乳源縣
90/4 B
32乳溪堰
152/5 B
37乳洞
8/7 B
28/4 B

2241₃ 巍

22巍峨山
92/7 A

2255₃ 峩

10峩石山
104/7 A
117/7 A
峩石縣
104/9 B
22峩山
71/3 B
99/5 A
27峩峰山
29/7 B
峩峰書堂
29/10 A
77峩眉嶂
134/4 B
峩眉山
146/9 B

峩眉觀
146/9 B
峩眉縣
146/4 A

2261₃ 轓

21轓經臺
25/8 B
50轓車城
47/8 A

2271₁ 崑

12崑水
98/4 A
22崑崙石
95/6 B
崑崙水
104/6 B
崑崙岡
37/10 A
崑崙山
91/6 A
98/6 A
106/6 A
135/5 A
崑崙洞
74/6 B
崑崙城
107/7 B
崑崙岡
110/6 A
崑山

3/6 B
89/11 A
98/4 A
187/4 A
崑山縣
5/4 B
37崑湖山
92/7 B

2271₄ 崿

00崿亭
11/8 A

2271₇ 邕

32邕州
106/1 A
邕溪
106/5 A

2272₁ 斷

42斷橋
12/9 A
46斷堤寺
64/15 B
53斷蛇邱
83/7 B
60斷足巖
83/7 B

2272₇ 嶠

22嶠嶺
34/3 B

150/9 B

仙門水

162/6 A

80仙人石

27/8 B

28/8 A

35/7 B

81/7 B

98/6 B

129/9 B

134/5 B

仙人石室

59/5 B

90/10 B

仙人石橋

21/10 A

仙人巖

35/7 B

仙人嶺

31/9 A

仙人山

105/7 B

110/6 A

112/5 B

仙人牀

98/6 B

106/5 B

仙人峰

35/7 B

仙人室

98/6 B

仙人渡

12/18 B

仙人房

28/8 A

仙人渚

4/24 A

仙人洞

45/11 B

77/6 B

155/5 B

仙人臺

2/22 B

17/27 A

47/8 B

仙人壇

57/6 A

仙人城

21/7 A

23/13 A

仙人蔡

2/22 B

仙人擣藥臼

37/18 B

仙人跡

45/11 B

126/3 B

129/9 B

83仙館

151/5 A

90仙掌

176/5 B

2232₇ 鷥

22鷥山

98/4 A

32鷥溪

25/5 A

28/5 A

鷥溪泉

25/6 B

77鷥岡

26/9 A

2238₆ 嶺

00嶺方縣

115/2 B

22嶺山縣

113/5 A

2239₃ 鰠

43鰠城

70/5 A

2241ₒ 乳

10乳礦洞

177/6 A

22乳川

148/3 B

26乳泉

125/4 B

151/11 A

乳泉山

23/10 B

56/9 A

30乳穴

仙女巖
69/8 A
93/5 B
107/7 A
132/6 B
仙女嶺
28/8 A
111/5 B
仙女山
9/8 A
114/5 A
158/6 A
仙女峰
34/7 B
仙女池
105/7 B
仙女洞
31/9 A
70/7 B
82/12 A
83/6 B
84/8 B
180/6 B
仙女祠
191/6 B
仙女臺
28/8 A
33/7 A
49/11 B
121/7 B
186/9 A
仙女堆

9/7 B
仙女塔
34/7 B
仙女塚
45/12 A
仙杏山
17/19 B
41仙墟亭
38/6 A
42仙機巖
129/9 B
43仙城山
83/6 B
44仙花山
161/5 B
仙姥岩
2/22 B
仙姑洲
27/8 B
仙姑臺
31/9 A
仙姑壇
19/11 A
46仙柏
159/5 B
47仙鶴山
23/13 A
仙鶴樓
155/5 B
仙都山
19/11 A
157/9 A

仙都觀
35/7 B
123/6 A
48仙梯
4/8 B
仙梯亭
58/6 B
50仙棗亭
66/9 A
62仙影山
115/6 A
71仙馬洞
188/7 A
仙驥山
73/6 A
77仙邱
83/4 A
仙几山
17/27 A
仙居洞
25/9 B
73/7 A
仙居寺
78/6 A
仙居觀
35/7 B
56/9 A
仙居縣
12/5 A
仙閭山
23/13 A
仙鼠洞

32崖州
　124/10 B
　補5/6 A
　崖州城
　124/10 B
　崖州圖
　127/6 A
85崖鉢山
　147/9 B

2221₇ 嵐

22嵐嶺
　57/5 A
90嵐光軒
　38/6 A

2222₁ 鼎

10鼎石
　101/3 A
　鼎石神
　101/5 A
26鼎鼻山
　150/6 B
37鼎湖
　2/10 B
60鼎口
　68/5 B
　鼎足松
　5/16 B

2222₇ 嵩

33嵩梁山

70/7 A
40嵩臺
　96/4 A

崗

32崗溪
　95/4 B

崙

22崙山
　89/11 A

2223₄ 僕

50僕夫泉
　2/22 B

嶽

00嶽廟
　41/5 B

2224₇ 後

22後樂堂
　69/7 B
30後寶院
　158/5 B
32後溪
　4/10 A
　後溪閣
　186/6 A
33後浦
　44/5 B
37後洞

191/3 B
77後隆山
　31/14 B
80後谷水
　148/4 A

2224₈ 巖

10巖石堂
　179/4 B
37巖淨水
　60/4 A
40巖寺鎮
　20/9 B
44巖老堂
　12/11 A
72巖隱
　19/5 A

2226₄ 循

21循虎崑
　2/19 B
31循江
　91/4 B
　99/5 A

2227₀ 仙

00仙奕山
　112/5 B
10仙靈山
　133/6 A
　仙靈澗
　75/5 B

43 豐城
　26/18 B
　豐城縣
　26/5 A
44 豐材山
　29/9 A
47 豐好水
　124/8 B
74 豐陵縣
　106/7 B
80 豐年堂
　59/4 B
90 豐尚書墓
　12/21 A

2213₆ 蠻

10 蠻王冢
　85/7 B
　蠻王墓
　179/5 A
12 蠻水
　78/4 A
　82/8 B
26 蠻程
　106/5 B
31 蠻江
　113/3 A

2220₀ 制

71 制馬灘
　161/7 A
79 制勝嶺

　122/5 A
　制勝樓
　163/6 A

倒

52 倒插柏
　145/7 A
87 倒銅江
　108/6 B

側

46 側柏山
　74/5 B

2220₇ 岑

10 岑石山
　104/7 A
11 岑頭洲
　64/15 B
12 岑水場
　90/11 B
21 岑經水
　98/6 B
32 岑溪縣
　109/2 B
40 岑雄臺
　109/3 B
42 岑彭馬城
　88/4 A
80 岑公巖
　177/6 B
　岑公泉

　177/6 B

2221₀ 亂

10 亂石山
　89/13 B

2221₁ 嵳

22 嵳峩山
　75/5 A

岸

22 岸崝山
　2/20 A
　5/14 B

2221₄ 任

17 任子館
　17/27 A
27 任將軍廟
　90/12 A
66 任囂墓
　89/17 A
　任囂故城
　90/11 A
72 任隱君墓
　12/21 B

催

30 催官水
　108/6 A

崔

紫極殿
17/8 A

42 紫荆山
189/7 A

紫荆臺
69/9 B

44 紫蓋山
28/7 A
154/9 B
補 4/5 A

紫蓋峰
55/6 B

紫蓋觀
78/6 B

紫菀洲
62/5 A
68/8 B

紫花澗
4/14 B

紫蘭泉
146/12 A

紫薇亭
2/14 B

紫薇山
2/18 B

紫薇院
131/6 A

紫芝
129/7 A

紫芝橋
89/13 B

紫芝書院
129/7 B

紫芝田
25/8 A

紫芝堂
42/7 A

紫華山
155/7 B

46 紫帽山
130/9 A

紫楊花
2/18 A

60 紫貝山
124/9 A

紫貝縣
124/11 A

76 紫陽巖
121/5 A

紫陽山
44/7 A
62/4 B

紫陽洞
151/11 A

紫陽觀
4/14 B
76/6 A

77 紫閣山
69/10 A

80 紫金山
20/8 A
77/6 B

紫金堆
153/9 B

紫金寺
78/6 B
82/11 B

紫禽山
186/7 B

88 紫笋茶
4/14 B

紫籜山
12/11 B

紫筍
6/6 B

紫筍茶
6/10 B

91 紫煙樓
30/9 B

2190₄ 柴

21 柴紫山
78/6 B

27 柴侯墓
32/13 B

77 柴桑
30/7 B

柴桑山
30/12 A

柴桑故城
30/14 B

2191₀ 紅

08 紅旗洞
75/5 A

10 紅霞塢

卓錫龕
　157/7 B
88卓筆山
　183/13 B
卓筆峰
　19/8 B
　103/12 A

2142₀ 舸

00舸齋
　151/11 A

2143₀ 衡

22衡嶽
　55/5 A
衡山
　4/9 B
31衡河源
　189/7 B
32衡州
　55/1 A
補 4/1 B
衡州城
　95/7 A
衡州刺史楊王陳伯
信太妃高氏墓
　95/8 B
40衡塘水
　61/4 B
76衡陽水
　17/26 A
衡陽縣

55/2 B

2155₀ 拜

07拜郊臺
　88/4 A
22拜仙壇
　46/12 B
27拜將壇
　187/8 A
46拜相山
　132/5 A
拜相壇
　179/5 A

2160₀ 占

60占星臺
　17/23 B
79占勝亭
　33/4 B

2160₁ 嘗

30嘗家洲
　103/13 B
32嘗洲亭
　103/9 B

2171₀ 比

22比巖山
　150/8 B
60比目魚
　186/9 A

2172₇ 師

17師子石
　125/6 B
師子巖
　60/4 A
　61/5 A
32師溪
　21/5 B
40師友堂
　147/7 A
師來山
　163/8 B
44師姑壇
　35/8 A

嶧

22嶧山
　10/12 B

2178₆ 頃

22頃山
　32/8 A

2180₆ 貞

40貞女峽
　92/8 A

2190₃ 紫

00紫府觀
　31/9 A
　156/5 A

147/5 B

盧山縣

147/3 A

27 盧峒山

122/5 B

盧峰山

34/5 B

32 盧溪水

97/5 A

盧溪寺

73/8 A

盧溪縣

75/2 B

38 盧肇讀書堂

28/9 B

34/8 B

盧肇故居

28/10 A

40 盧太傅廟

90/12 A

43 盧越

110/4 B

盧越水

104/8 B

110/6 A

76 盧陽縣

71/2 A

77 盧關

147/5 A

80 盧公忠惠廟

32/13 A

88 盧簫洞

28/9 A

2122₀ 何

00 何充墓

5/20 A

17 何君洞

34/9 A

22 何巖

135/3 A

何嶺

135/3 A

何山

4/7 B

72 何氏書堂

4/18 B

80 何無忌廟

26/19 A

何公橋

95/8 A

90 何少卿讀書堂

165/7 A

2122₁ 行

00 行廊山

19/8 B

20 行香寺

166/6 A

27 行龜峰

25/7 A

30 行宮

17/6 B

40 行臺

17/13 B

44 行林院

26/16 A

2122₇ 儒

30 儒富堂

184/7 A

70 儒雅堂

135/4 A

77 儒賢 亨會之閣

2/24 A

衡

27 衡將軍廟

6/13 A

80 衡公賦詩石

78/8 A

衡公堂

7/9 A

2123₄ 虞

00 虞帝廟

108/7 A

114/6 A

虞帝祠

103/13 B

20 虞舜廟

92/8 A

虞舜祠

189/9 A

虞舜古城

68/10 A

35/4 A

26虛白館

25/6 A

虛白堂

2/14 A

124/7 B

34虛遠樓

62/4 B

67虛明觀

158/4 B

2121₂ 偅

22偅巖

21/4 A

31偅潭

4/11 A

48偅槎亭

113/3 B

80偅人臺

19/11 A

2121₄ 偯

77偯月亭

38/5 B

42/6 A

偯月洞

42/9 A

偯月城

84/6 B

偯月坎

147/8 A

48偯松

27/4 B

51偃虹隄

69/9 B

衢

32衢州

補1/12 B

2121₇ 伍

17伍胥廟

161/7 B

伍胥祠

8/10 A

9/8 B

伍子胥廟

2/24 B

38/8 A

伍子胥宅

4/18 A

5/18 A

伍子胥城

5/17 A

伍子胥廟

5/19 B

46伍相廟

74/9 A

60伍員廟

5/19 A

71伍牙山

24/5 A

虎

11虎頭巖

46/8 A

89/14 B

129/8 B

133/6 B

虎頭山

12/17 A

32/10 B

35/8 B

81/7 A

82/11 A

118/5 A

151/10 B

虎頭寨

187/9 B

虎頭州

6/11 A

虎頭洲

29/9 A

虎頭城

32/10 B

虎頭井

91/5 B

虎頭岡

31/12 A

17虎翼寨

74/7 A

21虎齒山

68/8 B

22虎巖

23/8 A

35/5 B

18/13 A

止

53 止戈堂

128/9 A

71 止馬亭

134/5 A

2110₃ 衍

22 衍仙山

133/6 A

補 5/8 B

2110₄ 街

00 街亭

183/11 A

衝

27 衝峒水

98/6 B

2110₉ 衝

15 衝珠山

17/21 A

2111₀ 此

17 此君亭

17/18 A

此君菴

190/6 B

此君軒

2/22 A

2116₀ 黏

71 黏腰溪

182/3 A

2120₁ 步

10 步雲橋

94/3 B

2121₀ 仁

10 仁平堂

41/4 B

18 仁政橋

3/10 B

22 仁山

31/5 B

仁樂堂

48/6 B

24 仁化古城

90/11 A

仁化舊城

90/11 A

仁化縣

90/4 B

26 仁和縣

2/5 A

40 仁壽水

150/8 A

仁壽故城

150/10 B

仁壽縣

150/2 B

仁壽院

21/9 A

仁壽堂

89/11 B

77 仁風溪

158/7 A

仁風樓

76/4 A

80 仁義橋

97/5 A

86 仁智堂

147/7 A

2121₁ 徑

10 徑石

119/3 B

22 徑山寺

2/21 B

40 徑寸珠

5/14 B

能

21 能仁院

11/12 B

31/13 A

能仁院石像

146/18 A

63 能賦亭

24/4 B

2121₂ 虛

00 虛齋

順濟廟
2/25 A
32 順州
104/9 A
37 順通市
152/6 A
60 順昌范承信愍節廟
133/8 B
順昌縣
133/2 B

2110₀ 上

00 上亭驛
186/9 8
上高縣
27/2 A
上庸縣
86/7 B
10 上元水
86/7 A
上元縣
17/3 B
上元院
35/9 B
上霄峰
25/9 B
上干溪
21/8 B
上天竺
2/16 A
上百漬
6/10 B

21 上虞縣
10/5 B
22 上巖
182/2 B
26 上皇觀
151/8 A
30 上流山
58/8 A
32 上溪
135/3 B
34 上潢水
55/6 B
35 上津縣
189/4 B
上清宮
151/8 A
37 上洞
66/7 B
上湖
2/11 B
6/8 A
上洛山
32/10 A
上軍井
145/5 B
40 上杭縣
132/3 A
44 上封寺
93/5 B
上塔寺
26/16 A
上幕嶺

29/8 B
上林洞
115/5 A
上林苑
17/9 B
上林縣
115/2 B
上林義齋
135/7 A
46 上獨山
79/7 A
48 上猶縣
36/2 A
60 上目山
25/9 A
上甲縣
30/14 B
67 上明城
65/2 A
上明觀
34/7 A
84 上饒水
101/4 A
上饒江
21/8 B
上饒縣
21/2 A
88 上籃院
26/15 B
上箬酒
4/17 A
90 上黨郡

10乘雲臺
　128/12 B
27乘魚橋
　5/16 B
44乘黄署
　17/11 A
48乘槎亭
　94/3 B
77乘風亭
　23/9 A

2090₄ 禾

00禾廪石
　35/11 A
22禾山
　31/7 A

采

10采石磯浮梁
　18/8 B
　采石山
　18/8 A
44采藻堂
　147/7 B
　采菱城
　68/9 B
　采薇汀
　151/11 B

集

10集靈觀
　182/2 B

集雲峰
　28/5 B
21集虚觀
　155/9 A
22集仙洞
　22/7 B
　23/10 A
　146/9 B
集仙臺
　24/4 A
集仙觀
　158/6 B
30集賓亭
　35/6 B
集賓齋
　12/10 A
31集福院
　176/7 A
32集州
　187/10 A
40集真觀
　40/6 A
44集芳亭
　165/4 B
集芳園
　1/20 A
集英殿
　1/4 B
77集賢坊
　63/3 A
集賢里
　3/12 B

2090₇ 粟

87粟鈞里
　185/7 A

2091₃ 統

37統軍池
　42/9 B

2093₂ 穰

12穰水
　145/4 A
22穰山
　145/4 A

2094₈ 絞

88絞筷
　181/4 A

2108₆ 順

00順應廟
　114/6 A
　147/12 A
　163/9 B
順慶府
　156/1 A
01順龍山
　34/7 A
21順仁水
　101/3 B
30順流橋
　78/7 B

26香泉院
　　25/8 B
27香象崗
　　30/12 A
　香峰亭
　　99/6 B
30香灣
　　9/5 A
31香江水
　　111/5 B
32香溪
　　73/4 B
　　152/3 B
　香溪洞
　　補8/8 A
34香遠亭
　　40/5 A
37香泥洞
　　46/10 A
40香臺山
　　158/4 B
43香城
　　8/7 A
　香城廟
　　31/10 A
　香城山
　　31/10 A
　　79/6 B
　香城寺
　　26/13 A
44香茅
　　56/6 B

　香草樓
　　175/6 A
47香桶水
　　113/4 A
66香嚴院
　　33/5 A
77香風亭
　　92/5 B
　　161/5 A
80香鏡
　　117/4 B
　香谷
　　30/7 A
91香爐巖
　　69/9 A
　香爐山
　　8/9 B
　　49/8 A
　　78/7 A
　　147/9 A
　　155/7 A
　　158/4 B
　　175/7 A
　香爐峰
　　25/8 A
　　26/13 A
　　27/6 A
　　30/13 A
　　35/12 A
　　46/10 A
　　47/7 B
　　55/8 A

　　85/5 A
　　128/13 B
92香燈寺
　　56/7 A

番

22番山
　　89/9 B
32番州
　　89/9 B
60番禺縣
　　89/16 A

2071₁ 穜

46穜帽山
　　157/7 B

2071₄ 毛

22毛山
　　117/5 A
　毛仙山
　　28/8 A
80毛公壇
　　5/17 B
88毛竹山
　　26/16 A

毳

22毳�},
　　2/10 B

2090₁ 乘

151/10 B

80 雞翁山

71/4 B

雞翁坡

70/6 B

雞公縣

72/4 B

87 雞卸祠

156/6 B

88 雞籠嶺

27/7 A

34/7 A

雞籠山

9/7 A

20/9 A

25/7 A

28/6 A

30/12 A

33/5 B

35/8 B

48/7 A

66/12 B

69/9 A

96/6 A

104/7 A

132/6 A

133/6 B

134/4 B

補 3/3 B

90 雞雀湖

40/6 A

2042₇ 禹

00 禹廟

10/23 B

95/8 A

152/6 B

22 禹山

69/6 A

30 禹穴

10/9 B

60 禹跡山

185/9 B

禹跡寺

10/21 B

80 禹鐘

12/20 A

舫

00 舫齋

48/5 A

86/4 B

2060₄ 看

44 看花山

70/6 B

2060₉ 香

00 香廬山

31/10 A

10 香霏霏堂

161/5 A

香雲山

150/7 B

158/4 B

12 香水泉

186/7 A

21 香紅亭

35/6 B

22 香巖寺

145/5 A

香巖院

134/6 A

香嶺

132/4 B

香嶺山

132/6 A

香山

7/8 A

9/5 A

11/7 B

101/3 A

114/4 A

135/3 B

香山湖

9/7 A

香山縣

89/7 A

香稻水

113/4 B

25 香積山

154/11 A

190/9 A

香積寺

188/5 B

49/6 B

56/6 B

雙鳳堂

74/5 A

147/7 A

雙闕

17/7 A

18/6 A

雙闕石

90/8 A

雙門

130/6 B

雙門嶺

21/8 B

80雙羊山

19/10 B

81雙甑山

117/6 B

82雙劍峰

25/9 B

92/5 B

88雙箭峰

31/10 B

雙笋山

10/14 A

2041₄ 雞

00雞音山

83/7 A

01雞龍山

31/12 B

11雞頭山

82/11 A

17雞子山

161/6 B

雞子灘

59/5 A

雞子城

135/7 A

22雞巖

129/6 B

雞嶺山

74/7 A

30雞宗關

149/7 A

33雞心山

152/5 B

37雞冠石

26/14 B

雞冠山

10/20 B

183/15 B

191/5 A

41雞栖山

161/6 B

44雞林驛

24/5 A

45雞棟山

147/10 A

47雞翅山

66/12 B

79/7 B

80/5 B

60雞足山

167/5 A

67雞鳴山

26/14 B

45/10 A

86/6 A

134/4 A

雞鳴峽

174/6 A

雞鳴峰

27/7 Å

雞鳴洞

78/6 A

雞鳴澗

82/11 A

雞鳴臺

64/14 A

雞鳴城

49/8 B

雞鳴埭

17/19 B

雞鳴關

49/8 B

81/7 A

雞鳴鎮

79/7 B

74雞肋

183/11 B

雞肋山

74/7 A

77雞闕山

64/14 A

雞骨塔

77 焦岡
31 / 6 B

2034₈ 鮫

27 鮫魚
121 / 4 B

2040₀ 千

10 千石坂
66 / 9 A

11 千頭佛
155 / 7 A

17 千尋石室
62 / 5 B

20 千乘院
3 / 9 A

21 千歲巖
10 / 14 B

千歲山
117 / 6 B

千歲橋
11 / 9 B

千歲葉
73 / 6 B

千頃山
2 / 17 A

千頃池
181 / 5 A

千頃院
2 / 17 A

22 千山觀
103 / 9 B

25 千佛嶺
17 / 25 B

千佛寺
45 / 9 A

千佛塔
42 / 9 B
89 / 12 B
145 / 6 B

千佛院
145 / 6 B
154 / 8 B
158 / 5 A
162 / 6 A
174 / 6 B

千佛閣
2 / 17 A

26 千泉
121 / 4 A

27 千仞山
33 / 7 A

千峰榭
8 / 8 A

28 千齡洲
85 / 7 A

29 千秋水
57 / 7 B

千秋嶺
19 / 10 B

千秋橋
7 / 10 A

千秋井
89 / 12 B

千秋堂
128 / 10 A

39 千湫澗
48 / 8 A

43 千載山
157 / 7 B

50 千丈崖
85 / 7 A

60 千里樓
155 / 8 A

千里井
64 / 13 B

77 千尺堂
147 / 7 A

80 千人巖
186 / 8 B

千人穴
189 / 7 B

千人湖
43 / 5 B

千人壇
11 / 9 B

千人坐
5 / 17 A

千金島
177 / 6 A

千年木
186 / 8 B

2040₄ 委

17 委羽山
12 / 18 B

30/9 A
愛思亭
92/5 B
77愛民堂
28/5 B
97/4 A
108/5 B
115/4 B
126/3 A
174/6 A
179/3 A
90愛堂
25/4 B

2025₂ 舜

00舜帝廟
56/10 A
舜廟
10/23 B
55/8 B
58/9 A
12舜水
61/3 B
17舜子井
83/9 A
22舜山
103/8 A
27舜峰
58/5 A
61/3 B
32舜溪
58/4 B

34舜池
58/4 B
37舜洞
42/5 B
舜祠
90/12 A
107/8 A
舜祠下玉琯
58/9 B
40舜壇
58/5 A
43舜城
22/5 B
44舜葬零陵之九疑
58/9 B
舜葬九疑
56/10 B
55舜井
22/5 B
60舜田
4/7 B

2026₁ 信

00信立山
121/6 B
信齋
123/4 B
22信豐縣
32/4 A
30信宜縣
117/3 B
信甯縣

176/7 B
信安縣
97/6 A
信安鎮
97/6 A
32信州
21/1 A
74信陵城
74/8 B
76信陽軍
80/1 A
信陽縣
80/3 A
80信美亭
78/5 A
信義水
117/6 B
信義港
21/9 A
信義縣
116/6 A

2033₁ 焦

00焦度樓
66/13 B
22焦山
7/8 A
56/5 B
26焦泉
70/4 B
74焦陵山
189/7 B

12 /11 A

12秀水

28 /4 B

34 /3 B

秀水亭

3 /8 B

秀水河

68 /9 A

秀水橋

3 /9 A

20秀香堂

125 /5 B

22秀巖

186 /5 B

秀嶺

77 /4 B

秀山

22 /5 B

27秀峰

34 /3 B

秀峰山

109 /4 A

38秀道者塔

3 /13 B

40秀才堤

130 /9 B

44秀林山

113 /4 B

50秀春亭

27 /5 A

67秀野

154 /6 B

秀野亭

93 /4 A

77秀屏山

165 /5 B

秀屏樓

165 /4 B

78秀陰堂

34 /4 B

80秀公亭

7 /9 A

傍

21傍便山

151 /9 B

儁

12儁水

66 /8 A

喬

11喬張二侯廟

45 /12 A

30喬安亭

46 /12 B

2024ㅇ 俯

22俯山堂

10 /14 A

2024ㅣ 辭

22辭山

82 /9 A

2024ㄱ 愛

20愛香堂

9 /6 A

22愛山亭

21 /6 A

35 /7 A

94 /3 B

愛山堂

151 /5 B

152 /4 A

26愛峴閣

82 /9 B

40愛直堂

167 /4 A

44愛蓮亭

26 /11 B

94 /3 B

166 /5 A

愛蓮閣

111 /5 A

愛蓮堂

25 /5 B

48愛敬陂

37 /11 A

愛松堂

130 /7 B

60愛日亭

43 /5 A

愛日軒

31 /8 A

愛日堂

98/5 B
37磁湖
　33/3 B
　81/4 B

1865₁ 群

22群仙洞
　186/11 B

1869₄ 醡

10醡醾洞
　151/11 A

1962₀ 砂

60砂羅嶺
　103/11 B

2010₄ 垂

10垂雷山
　2/21 A
　垂雲亭
　2/14 B
　151/11 A
　垂雲洞
　8/9 B
　垂雲樓
　179/3 A
15垂珠菴
　26/15 A
27垂魚洞
　30/12 A
46垂幔灘

56/9 B
51垂虹亭
　5/13 A
　垂虹閣
　133/5 B
54垂拱殿
　1/3 B
80垂鏡亭
　37/9 A

重

00重慶府
　175/1 A
01重龍山
　157/7 A
10重石山
　156/6 A
　重雲寺
　5/16 B
　重雲殿
　17/8 B
16重碧酒
　163/7 B
22重山
　10/12 A
　73/4 B
37重湖閣
　25/5 B
44重華宮
　1/3 A
60重圍
　153/7 A

70重壁山
　175/6 B
76重陽亭
　186/6 A

2011₁ 乖

22乖崖亭
　66/13 B
　乖崖遺迹
　33/8 A

2011₄ 雌

40雌雄水
　166/6 B
　179/4 B

2022₁ 停

10停雲巖
　185/7 A
27停舟山
　86/6 B
　停船山
　186/6 B
47停猴山
　182/3 B

2022₇ 秀

10秀王府
　1/34 A
　秀石
　112/4 B
11秀麗山

郡

10郡西龍門祠
　191/6 B
43郡城
　111/6 B
60郡圃三十詠
　190/6 B

鄙

37鄙湖
　55/5 B
62鄙縣
　55/3 B
　鄙縣城
　55/8 B

1763₂ 碌

32碌溪水
　101/3 B

1768₂ 歌

22歌山
　123/4 B
　歌樂山
　96/7 A
76歌陽院
　188/5 B
77歌鳳堂
　146/9 B
80歌舞崗
　89/13 B

97/5 A
　歌合溪
　105/7 B
88歌籟山
　187/7 A

1768₆ 礦

22礦崗仙遊觀
　29/9 B

1780₁ 翼

77翼際山
　79/7 A

1780₆ 負

43負戴山
　154/11 A

1790₄ 柔

50柔惠堂
　80/5 A

1813₇ 玲

11玲瓏巖
　93/5 A
　玲瓏山
　2/20 A
　4/14 A
　134/5 B

1814₀ 政

22政樂堂

42/6 B
26政和縣
　129/4 B
52政拙堂
　158/4 A

致

10致一軒
　17/18 A
　致雨峰
　46/9 B
40致爽樓
　94/3 B
　致爽軒
　26/11 A
　致爽堂
　114/4 A

1818₁ 璇

32璇淵館
　45/7 B

1840₄ 婺

12婺水
　20/5 B
31婺源縣
　20/3 B
32婺州
　補1/5 B

1863₂ 磁

10磁石山

00君章宅
　65/2 B
10君平洞
　185/9 B
17君子亭
　69/7 B
　君子石
　155/9 B
　君子巖
　47/8 B
　君子嶺
　57/6 A
　君子泉
　2/22 B
　49/9 B
　69/8 A
　157/8 B
　187/6 B
　君子峰
　133/6 B
　134/6 A
　君子池
　92/7 B
　君子堂
　12/11 A
　149/6 B
22君山
　6/7 A
　9/5 A
　32/8 A
　36/4 A
　69/6 B

55君井山
　175/7 A

1761₂ 砲

10砲石山
　147/9 A
　砲石神
　147/12 A

1762₀ 司

30司空山
　46/10 B
　82/12 A
　司户潭
　84/7 B
55司農寺
　1/24 A
71司馬天章祠
　155/10 A
　司馬巖
　77/6 B
　司馬德操宅
　82/13 B
　司馬休之壘
　65/2 A
　司馬温公世德堂
　184/10 B
　司馬城
　155/8 B
　司馬錯故城
　68/10 A
80司命廟

　46/12 B
　司命井
　111/5 B

碉

77碉門水
　147/9 A
　碉門寨
　147/9 A

酌

12酌水堂
　166/5 B

1762₇ 邵

13邵武溪
　134/5 B
　邵武軍
　134/1 A
　邵武縣
　134/2 A
26邵伯堰
　43/7 A
　邵伯埭
　37/13 A
74邵陵水
　59/5 A
76邵陽縣
　59/3 A
80邵父堤
　23/14 A

157/8 A

翠峰院

5/15 A

28翠微亭

17/17 B

22/6 B

27/5 A

42/6 A

112/5 A

130/8 A

翠微寺

19/9 A

翠微菴

147/7 A

翠微樓

21/6 A

翠微閣

157/6 B

32翠溪亭

24/4 B

43翠樾亭

27/5 A

50翠中樓

115/4 B

60翠景亭

9/6 A

77翠屏亭

33/4 B

翠屏石

157/8 A

翠屏巖

12/11 B

翠屏山

33/6 A

147/7 A

翠屏堂

44/6 A

翠層樓

89/13 B

翠眉峰

103/11 B

78翠陰堂

95/5 A

90翠光亭

9/6 A

22/6 B

92/6 A

151/11 A

91翠煙亭

64/12 B

1742₇ 邢

12邢水

6/8 B

32邢州

43/7 A

35邢溝

37/7 B

39/6 A

郼

43郼城

82/12 B

1750₁ 覃

10覃玉亭

103/9 B

覃玉峰

34/7 A

覃玉林

57/7 B

27覃峰驛

103/9 B

1750₇ 尹

40尹吉甫廟

86/8 A

80尹公亭

83/8 B

尹公堂

181/5 A

1752₇ 那

32那州城

177/6 B

1760₂ 習

30習家池

82/13 A

47習郁墓

82/14 A

72習隱堂

108/5 B

1760₇ 君

30聚寶山
49/8 A

34聚遠亭
23/9 B

60聚景園
1/20 A

豫

00豫章
26/10 A

豫章臺
26/19 B

豫章口
65/2 B

1734₁ 尋

20尋香山
155/8 B

22尋仙觀
76/5 B

尋山堂
121/4 B

40尋真觀
25/11 A

50尋春橋
121/4 B

76尋陽縣城
30/14 B

1740₇ 子

10子石千金
96/6 B

子雲山
146/15 A

子貢壩
179/5 A

17子胥廟
73/9 A

子胥港
78/8 B

子胥城
33/7 B

22子仙觀
165/6 A

27子魚潭
135/5 B

30子良山
152/6 A

40子真泉
10/22 B

43子城
148/4 A

47子期山
129/10 B

48子敬亭
10/22 B

50子推山
78/8 B

56子規山
157/6 B

67子明王廟
9/9 A

子路山
80/6 A

74子陵山洞
84/8 B

80子午道
190/8 B

子午谷
183/14 B
190/10 A

1740₈ 翠

10翠靄軒
28/5 B

翠雲亭
18/7 A

翠雲巖
133/5 B

翠雲山
29/8 A

20翠嶂山
10/20 A

22翠巖山
11/11 B
155/6 B

翠巖院
26/16 A

27翠鳥山
98/5 A

翠峰
132/4 B
147/5 B

翠峰亭
74/5 A

翠峰山

瑯瑯水
　115/5 B

鴰

47鴰翅山
　49/8 B

1714₀ 珊

17珊瑚泉
　83/5 B
珊瑚洲
　89/13 B
珊瑚井
　89/13 B
珊瑚鑑
　5/14 B

1714₇ 瓊

12瓊瑶巖
　46/9 A
瓊瑶臺
　131/6 A
22瓊山
　124/7 A
瓊山縣
　124/3 B
27瓊漿水
　154/10 B
32瓊州
　124/1 A
　補5/5 B
瓊溪

70/4 B
40瓊臺
　124/7 A
44瓊芝軒
　30/9 B
瓊枝
　124/7 B
60瓊圃
　23/8 A

1722₀ 刀

16刀環河
　79/7 B
17刀刃山
　41/4 B
刀子峰
　99/6 B

1722₇ 胥

12胥水
　8/7 B
22胥山
　2/11 A
　3/6 A
33胥浦
　38/5 A
胥浦橋
　38/7 B
37胥湖
　9/5 A
40胥塘
　4/11 B

43胥城
　6/8 B

甬

31甬江
　6/8 B
50甬東
　11/8 B

務

22務川縣
　178/3 A
55務農溪
　27/6 A

1723₂ 承

10承平洞
　56/9 A
承天宫
　34/7 B
承天院
　79/6 A
30承流山
　19/8 A
32承州
　43/7 A

聚

10聚霞峰
　99/6 A
20聚秀亭
　92/5 B

78/8 B

22 孟巌

157/6 A

30 孟宗宅

66/13 A

孟宗臺

46/12 A

34 孟浩然居

82/13 B

孟瀆

6/7 A

40 孟嘉宅

33/8 A

43 孟城

88/3 A

88/3 B

45 孟樓河

87/4 B

74 孟陵縣

108/7 A

77 孟母墓

66/14 B

80 孟姜女故居

3/12 B

90 孟嘗宅

10/22 A

1711₀ 珮

33 珮浦

70/4 B

1712₀ 刁

34 刁斗

147/6 A

羽

00 羽章館

25/6 B

22 羽山

39/6 B

80 羽人山

176/6 B

1712₇ 卭

12 卭水縣

178/3 B

24 卭崍山

147/11 A

卭崍關

147/11 A

鄧

20 鄧禹宅

82/13 B

21 鄧紫陽石鄉

35/13 A

27 鄧將軍廟

186/10 A

鄧阜山

63/2 B

30 鄧永臺

186/10 B

37 鄧通城

147/11 B

鄧通墓

77/8 A

40 鄧太尉廟

164/8 A

43 鄧城縣

82/12 B

44 鄧芝射猨處

174/7 B

鄧芝墓

186/10 B

鄧艾廟

155/10 A

161/7 B

鄧艾祠

152/6 B

鄧艾墓

155/10 B

50 鄧史君宅

90/12 A

58 鄧敖洞

27/9 A

77 鄧留侯廟

59/6 A

80 鄧公山

23/14 A

92/8 A

鄧公閣

62/6 A

瑯

17 瑯琊王子陵墓

6/13 B

21/6 B
60 聖果院
　40/6 A
77 聖岡
　28/4 B
聖母祠
　9/8 A
聖母井
　44/8 B
80 聖人洞
　42/9 B
　82/12 A
聖公館
　189/9 A
90 聖米
　43/4 B
92 聖燈
　157/6 A
　188/5 A
聖燈山
　150/6 B
　167/5 A

1611₃ 瑰

32 瑰溪
　155/5 B

1611₄ 理

30 理定縣
　103/4 B

1612₇ 瑁

77 瑒岡
　34/4 A

1613₀ 聰

67 聰明泉
　30/11 A
　31/13 B
聰明池
　66/9 B

1613₂ 環

12 環水
　83/4 B
16 環碧亭
　56/6 B
17 環翠亭
　47/5 A
　58/6 A
環翠樓
　132/5 A
環翠閣
　134/4 B
22 環山
　83/4 B
環山閣
　166/5 B
環山堂
　115/4 B
27 環峰亭
　128/9 A
32 環溪
　145/4 A

157/5 B
　164/4 B
環溪亭
　8/8 A
34 環波亭
　19/7 A
　26/11 B
79 環勝亭
　181/4 B

1616₀ 瑨

37 瑨湖
　3/6 B

1625₆ 彈

11 彈琴石
　17/23 A
彈琴臺
　156/7 B
17 彈子巖
　57/6 A
　114/5 A
40 彈丸山
　103/11 B
60 彈圓溪
　107/6 A
84 彈鋏巷
　5/14 A

1660₁ 碧

10 碧玉亭
　77/6 B

129/3 B

建陽縣城

42/10 B

77建隆寺

37/12 B

建興苑

17/10 A

建興縣

62/5 B

1561₈ 醴

26醴泉

2/10 B

34/3 B

醴泉水

152/4 B

醴泉禪院

93/6 A

醴泉井

81/6 A

醴泉院

190/9 A

1569₀ 硃

19硃砂

71/3 B

硃砂坑

121/6 A

1610₄ 聖

00聖鹿堂

187/10 A

10聖石

94/3 A

12聖水

147/6 A

161/4 A

188/5 A

聖水亭

34/5 B

聖水巖

134/6 A

161/5 B

聖水河

83/7 A

聖水井

155/9 A

聖水院

84/6 A

22聖崗

146/7 A

聖巖

12/8 B

聖嶺

31/5 B

聖山

35/4 B

112/4 A

25聖佛

167/3 B

26聖泉

61/3 B

130/7 A

133/4 B

135/3 B

150/5 A

162/4 B

187/5 A

190/5 B

聖泉菴

132/6 B

32聖業院

177/4 B

34聖池

89/10 B

40聖塘

105/5 A

聖女池

182/3 B

聖木

85/4 B

44聖鼓

92/4 B

聖鼓廟

105/7 B

聖鼓灘

90/9 A

聖姥廟

45/9 B

聖藥巖

156/5 B

53聖感寺

24/5 B

55聖井

27/4 B

聖井山

25/4 B

珠溪院

20/8 A

34珠池

120/3 B

珠池縣

120/5 B

67珠明洞

103/11 B

77珠母海

118/5 A

120/5 A

82珠飯

2/10 B

1519₆ 疎

77疎風閣

157/6 B

1523₆ 融

12融水

114/4 A

融水縣

114/2 B

31融江水

114/5 A

32融州

114/1 A

1529₀ 殊

00殊亭

81/3 B

22殊山

34/3 B

1540₀ 建

00建康

17/13 B

建康府

17/1 A

補2/1 A

建康縣

17/27 B

10建平縣

24/3 A

12建水

78/4 A

101/3 A

103/9 B

建水縣

101/4 B

24建德觀

26/17 A

建德縣

8/3 A

22/2 B

30建甯府

129/1 A

建甯府城

129/10 B

建甯縣

134/2 B

建甯堂

129/7 B

建安

38/4 B

建安水

60/4 A

建安縣

129/3 B

建安堂

129/7 B

31建福宮

151/8 B

32建州城

59/5 B

建溪

129/6 B

37建初寺

17/26 B

建鄴

17/13 B

44建鼓山

86/6 B

50建春門

17/9 A

60建昌軍

35/1 A

補2/6 B

建昌縣

25/2 A

74建陵縣

108/7 A

76建陽峽

74/6 A

建陽縣

28武攸
　62/4 A
30武甯郡
　78/8 A
武甯縣
　26/4 B
　176/2 B
武進縣
　6/4 A
武安王廟
　66/14 A
　79/8 A
武安祠
　147/12 A
31武河
　83/5 A
　88/3 B
武涉墓
　44/10 A
32武溪
　31/5 B
　90/7 A
武溪亭
　90/7 B
34武婆寨
　132/7 A
武婆城
　91/6 B
35武連縣
　186/3 B
37武湖
　49/5 A

武禄山
　115/5 B
武禄溪
　120/5 A
武郎江
　119/4 B
武郎縣
　110/6 B
40武壇山
　117/6 B
41武帳崗
　17/22 B
43武城
　80/5 A
44武落鍾離山
　73/8 B
武林山
　2/19 B
武林縣
　110/6 A
50武夷山
　129/9 B
53武成王殿
　1/15 A
57武賴水
　101/3 B
60武昌山
　81/6 B
武昌柳
　81/6 B
武昌縣
　81/2 B

武羅縣
　113/5 A
61武號山
　106/6 B
66武嬰城
　150/10 B
67武昭肅廟
　10/24 A
71武牙山
　119/4 A
74武陵
　75/4 B
武陵水
　115/5 B
武陵嶺
　20/7 B
武陵山
　78/5 B
　84/6 A
　176/6 B
武陵溪
　68/7 B
　157/7 B
武陵縣
　68/3 A
武陵縣治故城
　68/10 A
武陵邱
　159/6 B
76武陽水
　26/17 A
武陽山

2/13 B

40 孫樵宅
　155/10 A

　孫樵墓
　155/10 B

44 孫權故都城
　81/7 B

50 孫夫人廟
　65/3 B

　孫夫人城
　65/1 B

　孫史館墓
　25/13 B

60 孫恩城
　12/20 A

82 孫鍾墓
　2/25 A

1260₃ 杳

37 杳湖
　89/10 B

1264₂ 爵

77 爵月
　49/5 B

1266₉ 磻

10 磻石山
　121/6 A

1313₂ 琅

11 琅玕灘

161/6 A

17 琅琊山
　42/7 A

　琅琊奇觀
　115/5 A

　琅琊縣
　115/6 B

32 琅溪
　95/3 B

77 琅邪城
　17/26 A

1314₀ 玳

16 玳瑁石
　35/11 A

　玳瑁縣
　124/11 A

武

00 武帝冢
　88/5 A

　武康縣
　4/5 A

　武襄廟
　121/7 A

01 武龍山
　177/5 B

　武龍縣
　174/2 B

10 武王山
　88/4 B

　武平縣

132/3 A

12 武水
　57/5 A
　90/7 A

22 武仙山
　129/10 A

　武仙縣
　105/3 A

　武仙縣城
　105/8 A

　武山
　31/5 B
　32/8 A
　42/5 B
　75/4 B
　89/11 A

24 武化溪
　105/7 B

　武化縣
　105/8 A

27 武侯廟
　59/6 A

　武侯橋
　186/10 A

　武侯城
　補 6/14 A

　武侯塔
　166/7 A

27 武鄉
　183/10 A

　武緣縣
　106/3 B

154/4 A

飛烏溪
135/4 B

飛魚遜
30/12 A

40飛布山
20/8 A

飛來
145/4 A

飛來石
10/21 A
49/9 A
132/6 B

飛來山
128/13 B

飛來峰
2/21 A

43飛赴山
151/7 B

44飛蓋洞
6/11 B

飛蓋堂
10/14 A

飛猿嶺
35/8 B
134/5 A

飛猿港
35/8 B

飛英寺
4/15 B

67飛躍亭
114/4 A

74飛騎橋
45/10 B

76飛陽神廟
130/10 B

77飛鳳石
92/6 B

飛鳳山
182/3 A

83飛錢
37/7 B

86飛錫泉
66/10 B

1248₀ 孤

00孤亭山
8/8 B

10孤雲山
183/12 B

22孤山
2/11 B
18/5 B
37/8 A
40/4 B
43/4 B
45/6 B
57/4 B
73/4 B
129/6 B
146/7 A
187/5 A
補3/3 A
補4/3 B

孤山水
57/7 A

27孤嶼亭
99/5 B

32孤州城
107/7 A

孤洲
98/4 A

50孤夷
109/3 B

77孤兒泉
46/11 A

癸

12癸水
103/8 B

1249₃ 孫

08孫海
158/10 B

13孫武塚
5/19 B

21孫盧城
25/12 A
26/18 B

孫盧鬪鴨欄
69/10 B

24孫皓文墓
4/19 B

27孫权敖墓
65/4 A

32孫洲

延陵吳季子所居
　6/13 B

延陵縣
　7/13 A

延陵鎮
　7/13 B

1241₀ 孔

10孔靈村
　20/11 A

15孔融墓
　37/13 B

17孔子山
　49/9 A
　134/6 B

　孔子寺
　19/11 A

　孔子巷
　17/28 A

　孔子井
　4/18 A
　19/12 A

22孔山
　77/4 A

25孔生水
　94/4 B

30孔宅
　3/7 A

50孔中尹祠堂
　106/7 B

76孔陽水
　86/7 A

90孔雀山
　119/4 A

　孔雀灘
　62/5 A

　孔雀洞
　188/7 B

　孔雀臺
　31/11 A

　孔雀院
　21/7 B

98孔愉潭
　4/18 B

　孔愉墓
　10/24 B

1241₃ 飛

01飛龍山
　113/4 A

　飛龍泉
　154/9 A

10飛霞亭
　31/8 A
　45/7 A
　187/6 A

　飛霞石
　12/16 A

　飛霞嶺
　95/5 B

　飛霞山
　27/5 B

　飛霞閣
　133/5 B

飛石
　164/4 B

飛雲山
　4/14 A
　121/4 B

飛雲洞
　30/9 A
　33/4 B

飛雲壇
　99/6 A

飛雲樓
　177/4 B
　180/4 B

17飛翼樓
　10/21 A

22飛仙廟
　27/8 B

　飛仙觀
　27/5 B

　飛仙閣
　186/7 A

　飛山
　72/3 A

　飛山寺
　72/4 A

25飛練亭
　179/3 A

26飛泉山
　150/8 A

27飛烏山
　154/9 A

　飛烏縣

22/7 B

35/11 A

水簾山

12/13 B

水簾洞

42/7 B

74/8 A

99/6 A

166/6 B

95水精

91/4 B

1224₇ 發

37發運司

30/4 A

1233₀ 烈

22烈山

17/15 A

烈山廟

76/6 B

40烈士鄉

185/9 A

烈女山

96/4 B

烈女墳

129/11 A

1240₀ 刑

40刑塘

10/13 A

1240₁ 延

00延慶寺

82/12 A

延慶觀

151/8 B

延慶院

22/8 A

10延平

133/4 B

24延德水

127/5 B

延德軍

125/7 A

延德縣

127/5 B

26延和殿

1/4 A

延和閣

37/9 A

30延賓亭

37/9 A

76/5 B

延賓坊

23/10 A

31延福寺

130/9 B

146/10 A

32延澄江

125/6 B

延溪

68/6 B

38延祥觀

164/7 A

183/14 B

40延壽谿

135/5 B

延壽場

57/7 B

延壽陂

135/6 B

延真觀

25/11 A

145/8 A

153/8 B

156/7 A

延真觀銅鐘

145/8 B

44延桂樓

179/3 A

延桂閣

112/5 A

67延暉閣

49/7 A

74延陵

6/8 B

延陵季子祠

9/8 B

延陵季子祠堂

6/13 A

延陵季子冢

6/13 B

延陵季子墓

6/13 A

92 / 5 B

列

17 列翠亭
　10 /13 B
25 列岫亭
　19 /7 B
　26 /11 B
_ 列岫堂
　149 /6 A
27 列鵝村
　149 /7 A

1223o 水

00 水亭
　21 /4 B
　37 /6 B
　水府廟
　7 /12 B
　18 /10 B
　水府觀
　2 /18 A
01 水龍巖
　23 /11 B
10 水玉亭
　43 /6 A
　水天一色
　26 /18 A
　水西山
　19 /10 B
　水西寺
　19 /10 B

水雲鄉
　4 /14 A
　62 /4 B
水雲館
　131 /5 A
14 水碓橋
　7 /11 A
22 水仙王廟
　2 /24 B
水仙匯
　151 /11 B
水樂洞
　2 /15 B
33 水心亭
　48 /6 B
水心寺
　91 /6 B
水心閣
　91 /5 A
40 水南山
　21 /8 B
43 水城
　64 /11 B
44 水村
　40 /5 A
50 水車嶺
　22 /7 B
60 水晶巖
　28 /7 A
水晶宮
　4 /15 B
　128 /11 A

151 /6 B
水晶洞
　46 /9 A
70 水壁院
　43 /6 A
74 水陸院
　154 /11 B
76 水陽鎮
　19 /7 B
77 水月洞
　103 /12 A
水月臺
　116 /5 A
水月院
　5 /14 A
　74 /5 A
　147 /8 A
水犀甲
　5 /17 B
水母洞
　44 /8 B
水印石
　165 /5 B
80 水會渡
　186 /6 A
83 水館
　37 /6 B
88 水簾
　85 /4 A
水簾亭
　100 /4 B
水簾巖

43／5 A
22 瑞豐亭
179／3 A
瑞巖
129／7 A
瑞巖山
11／12 B
瑞巖淨土寺
12／16 A
26 瑞泉菴
135／6 A
瑞泉堂
131／5 B
27 瑞龜巖
131／6 B
瑞象
105／5 A
瑞烏
9／4 B
瑞峰
12／8 B
瑞峰巖院
134／6 A
瑞峰山
97／4 B
瑞峰院
21／8 A
128／13 A
30 瑞寶堂
70／5 A
32 瑞州
27／1 A

35 瑞連堂
61／4 A
40 瑞麥堂
42／7 A
瑞木
159／4 B
44 瑞荷塘
151／11 B
瑞芳樓
31／8 A
瑞蓮亭
98／5 B
瑞蓮臺
97／4 A
瑞蓮寺
19／8 B
瑞蓮堂
93／4 A
瑞芝亭
27／5 A
瑞芝坊
37／9 A
瑞芝堂
118／4 B
147／7 B
151／5 B
46 瑞相堂
93／4 A
47 瑞榴
134／3 B
60 瑞昌縣
30／3 A

80 瑞金縣
32／4 B
88 瑞竹山
34／5 A
90 瑞光亭
179／3 A
瑞光巖
134／4 B

1213₆ 蜑

30 蜑家
102／3 A
124／7 B

1217₂ 瑤

10 瑤石臺
99／6 B
16 瑤碧亭
166／5 A
22 瑤山
33／3 B
32 瑤溪
114／4 A
40 瑤柱
127／5 A
44 瑤華井
155／8 B
90 瑤光樓
105／5 B

1220₀ 引

91 引煙塢

23/10 A
89/13 B
琵琶池
82 /10 A
琵琶洞
68/8 A
琵琶橋
74/5 B
182/3 A
琵琶谷
85/5 B

1173₂ 裴

17裴子野宅
4/18 A
24裴休宅
3/12 B
裴休書院
19/12 B
50裴中丞祠
103/14 A
77裴聞義
125/8 A
80裴公井
19/12 A

1210₈ 登

00登高亭
117/5 B
登高嶺
109/3 B
113/4 A

登高山
26/15 B
94/4 A
134/5 B
131/6 A
151/7 B
10登天王廟
146/15 B
登雲
166/5 A
登雲山
103/12 A
166/6 B
20登秀堂
165/4 B
22登豐樓
42/6 B
登仙巖
111/5 B
登仙橋
40/5 A
24登科嶺
31/9 B
登科山
187/8 A
30登瀛堂
12/10 A
50登春山
174/6 A
63登賦亭
167/4 A
77登聞鼓院

1/20 B
登聞檢院
1/20 B
登賢堂
181/4 B

1212₇ 瑞

00瑞鹿亭
153/8 A
瑞應山
159/8 B
瑞文堂
106/5 B
10瑞露
76/3 B
瑞石山
2/21 A
瑞雲亭
83/5 A
瑞雲巖
23/12 A
瑞雲山
150/7 B
瑞雲峰
135/4 B
瑞雲院
134/6 A
20瑞香
30/7 B
瑞香嶺
151/11 B
瑞香軒

120/5 A

張祐墓

 7/15 A

40張左史墓

 39/10 B

張九齡宅

 90/11 B

張九齡畫像

 90/11 B

張九齡書堂

 93/6 A

張九宗書臺

 155/9 B

41張顛墨池

 68/10 B

44張燕公墓

 42/11 A

張孝子墓

 11/14 A

張華廟

 133/8 B

張若故城

 68/10 A

張黃二真人葬履壇

 85/7 B

46張相國廟

 90/12 A

50張柬之廟

 159/9 B

58張敖冢

 86/8 A

67張昭宅

17/28 A

72張兵部祠

 2/24 A

80張益德行廟

 174/7 B

張兌墓

 145/9 A

張公山

 6/12 B

張公洞

 6/12 B

 20/11 B

張公城

 37/13 A

88張籍宅

 48/9 B

1128₆ 頂

12頂水

 115/4 B

22頂山

 34/4 A

 115/4 A

 188/4 B

37頂湖山

 96/7 A

1142₇ 孺

17孺子亭

 26/10 B

孺子宅

 26/19 A

22孺山

 4/11 B

1150₆ 輂

31輂江橋

 63/3 A

1161₁ 礦

22礦巖

 60/3 B

1162₇ 碼

12碼磁澗

 38/6 A

醽

60醽口水

 21/9 A

1164₀ 研

55研井

 150/5 A

1171₁ 琵

11琵琶亭

 30/9 B

琵琶山

 18/11 A

 180/6 A

琵琶峽

 157/7 B

琵琶洲

項王繫馬柱
48/9 B

項王飲馬池
48/9 B

1120₇ 琴

00琴高臺
19/12 A

22琴嶺
27/4 B

32琴州
62/5 B

琴溪
19/6 A

37琴洞
145/3 B
156/4 B

1121₁ 麗

12麗水
117/5 B

麗水江
117/6 B

22麗山
116/4 A

44麗甘山
150/9 B

1122₇ 背

60背日山
147/8 A

彌

44彌勒山
63/4 B

彌勒灣
9/8 A

彌勒院
84/9 A
102/4 A

彌勒閣
2/24 A

73彌陀院
77/6 B

78彌陁山
190/8 B

88彌節亭
66/9 A

1123₂ 張

00張亮廟
77/8 A

05張諫議祠
154/12 B

10張元伯墓
44/10 A

張平子宅
33/8 A

張天師祖墓
146/15 B

12張飛廟
162/6 B

張飛冢

185/10 B

13張武父墓
159/9 B

17張子陽墓
164/8 A

18張致和隱居
10/22 B

27張阜潭
12/19 A

張魯城
183/16 A

張綱山
146/15·A

張綱溝
37/12 B

張綱洞
146/15 A

張綱墓
7/15 A

28張儀城
185/9 B

張儀同祠
163/9 B

30張良山
84/8 A

張良湖
43/7 A

32張巡許遠雙廟辯
補 1/9 A

34張漢王廟
82/14 A

張沐溪

北固
　7/7 B
北固山
　7/10 A
北固樓
　7/9 B
北園
　26/8 A
　42/4 B
　66/7 A
　69/5 B
　133/4 B
　159/5 B
　190/6 B
北果園
　17/24 B
67北野縣
　20/11 B
北野山
　20/9 A
71北阿鎮
　43/6 B
72北隱山
　42/9 A
77北閣
　180/4 A
北閣門
　39/8 A
79北勝水
　36/4 B
80北龕
　187/6 A

90北堂
　161/4 A

1111₁ 玩

15玩珠亭
　43/5 A
41玩鞭亭
　18/7 B
77玩鷗亭
　56/7 A

1111₄ 班

10班石
　108/5 A
42班荊館
　1/36 A
88班竹岡
　78/7 A

斑

00斑衣堂
　84/5 B
10斑石
　94/3 A
88斑竹巖
　58/7 B

1111₇ 甄

47甄邯墓
　17/30 A

1112₇ 翡

17翡翠巖
　20/9 A

瑪

12瑪瑙石
　177/6 A
瑪瑙山
　46/9 A
瑪瑙坡
　2/17 B
瑪瑙院
　2/17 B

1113₂ 璩

22璩嶺
　21/5 B

1113₆ 璧

10璧玉亭
　42/7 A

1118₆ 頭

73頭陀寺
　66/12 B
78頭陁巖
　7/10 A

項

10項王亭
　48/9 B
項王廟
　4/19 A

北郊壇
　17/10 A
10北靈山
　104/8 B
12北水
　187/6 A
21北衡山
　19/10 B
22北巖
　85/4 A
　145/4 B
　153/6 B
　157/6 A
　159/5 A
　167/3 A
　174/4 A
北巖院
　145/6 A
　154/8 A
北巖精舍
　135/7 A
北嶺
　27/3 B
　31/5 B
北山
　96/4 A
　111/4 B
　161/4 A
　188/4 B
北山寺
　105/6 B
　131/6 B

北山院
　188/8 A
24北峽關
　45/9 A
　46/8 A
27北阜
　10/11 B
30北流溪
　155/7 B
北流縣
　104/4 B
北定堂
　153/8 A
31北江
　187/6 A
北河
　86/5 A
北潛洞
　103/10 B
北顧亭
　82/9 B
　183/12 A
北渠
　17/7 A
33北浦水
　55/6 A
34北斗山
　121/5 B
北斗灘
　75/5 B
北池
　58/4 A

37北湖
　2/11 B
　98/4 A
38北海
　64/10 A
40北壇山
　158/5 A
北真觀
　152/6 A
41北極觀
　162/6 A
　181/4 B
43北城
　183/16 A
44北苑
　17/7 A
北苑焙
　129/10 A
北榭
　66/7 A
45北樓
　42/4 B
　118/4 A
　130/6 B
53北戌灘
　121/5 B
55北井縣
　181/5 B
60北口鋪
　113/4 B
北界山
　35/9 B

177/3 B

雲錦水

23/10 A

雲錦渡

161/5 A

雲錦閣

25/6 B

雲錦堂

26/10 B

64/12 A

88雲竹莊

23/12 A

90雲堂院

26/12 A

1080₆ 貢

04貢計館

17/26 A

12貢水

32/7 A

15貢珠門

131/6 A

22貢山

32/8 B

44貢茶院

4/15 A

賈

27賈島祠

155/10 A

賈島墓

18/14 B

155/16 B

158/8 A

33賈浪仙祠

158/7 B

1090₀ 不

01不語碚

74/6 B

20不住亭

90/8 A

36不遷饒山

104/6 B

47不欺軒

33/4 B

不欺堂

28/5 B

43/5 A

118/4 B

147/7 A

51不擾堂

43/5 A

1090₄ 粟

21粟砦山

96/6 A

22粟山

2/10 B

60粟里

30/7 B

1096₃ 霜

44霜林

154/6 B

88霜筠亭

190/6 B

1110₁ 韭

32韭溪

3/7 A

1111₀ 北

00北亭

30/6 B

68/7 A

76/3 B

北高峰

2/16 A

北帝觀

117/7 A

北府城

175/7 A

北譙州

44/9 B

北譙城

42/10 B

01北龍山

120/4 B

02北新亭

7/9 B

04北謝塘

7/10 B

07北望亭

44/6 A

44/8 A

雲露山
124/8 B
雲雩山
11/10 B
雲霄巖
135/5 B
雲霧山
45/7 B
雲粟山
97/4 B
11雲頂巖
135/5 B
雲頂山
164/5 A
雲頂山神
164/8 A
12雲水源
90/10 A
20雲秀山
97/4 B
雲秀臺
96/4 B
21雲卓洞
101/4 A
22雲低亭
42/6 B
雲巖
12/8 A
63/2 B
129/7 A
181/4 A
雲巖泉

63/3 A
雲巖寺
59/5 A
130/9 A
雲巖院
26/12 A
雲嶺
107/4 A
雲山
28/4 A
35/4 B
39/6 A
44/5 B
62/4 A
雲山不夜
62/5 A
雲山閣
33/4 B
37/9 A
雲山堂
180/4 B
25雲岫山
117/6 A
26雲白鳥
97/4 B
雲泉寺
101/4 A
27雲壑
154/6 B
雲卓山
55/7 A
雲峰

12/8 A
31/5 B
雲峰洞
28/9 A
雲峰寺
93/5 B
187/6 B
雲峰院
26/12 A
29雲秋水
57/6 A
雲秋山
57/6 A
63/2 B
30雲安軍
182/1 A
雲安縣
182/2 A
雲穴山
17/19 A
31雲潭
83/5 A
32雲洲
31/5 B
雲溪
154/6 B
雲溪山
66/11 B
雲溪泉
99/6 A
雲溪院
26/12 A

21可盧山
　163/8 B

34可波水
　154/10 A

37可通水
　176/6 A

44可蒙山
　154/11 A

60可因
　158/11 A

88可答水
　160/6 B

1062₇ 靄

27靄峰
　20/6 B

1063₁ 醮

40醮壇山
　157/8 B

1063₂ 硴

10硴石水
　55/7 A

釀

31釀酒風
　128/13 A

1064₁ 霹

10霹靂琴
　115/6 A

56/9 A

·霹靂泉
　93/5 A

霹靂溝
　17/19 A

1064₈ 醉

10醉石
　30/8 B
　119/3 B
　159/4 B

77醉月石
　130/9 B

80醉翁亭
　42/6 A

1071₆ 電

26電白縣
　117/3 B

1071₇ 黿

10黿石
　8/7 A

11黿頭山
　5/16 A

26黿泉
　89/10 A

31黿潭
　35/5 B
　45/6 B
　83/4 B

32黿溪

128/7 B

61黿曬石
　35/8 B

瓦

30瓦宮閣
　17/18 A

33瓦梁堰
　38/7 A

瓦梁城
　38/7 A

43瓦城山
　179/4 A

77瓦屋山
　147/9 B

1073₁ 雲

00雲主嶺
　36/5 A

雲疰
　184/6 B

雲亭山
　190/8 B

雲章閣
　76/4 B
　79/6 B
　118/4 B

01雲龍門
　17/9 B

10雲靈山
　98/6 B
　155/8 B

31晉江
　　130/6 B

　晉江縣
　　130/3 B

40晉十一帝陵
　　17/30 B

　晉右軍將散騎常侍
　　曹横墓
　　6/13 B

　晉壽故城
　　184/10 A

42晉杉
　　30/7 B

46晉柏
　　82/8 A
　　84/5 B

50晉東海王越墓
　　7/14 B

55晉井
　　12/20 B

　晉輦
　　30/7 B

71晉長吉宮
　　99/8 B

74晉陵縣
　　6/3 B

76晉陽縣
　　30/14 B

77晉興縣
　　106/7 A

1060₈ 雷

10雷石鎮
　　56/9 B

12雷水
　　108/5 A

22雷山
　　105/5 A

26雷泉山
　　147/8 A

27雷嶢
　　118/4 B

　雷峰庵
　　2/15 B

　雷峰塔
　　2/15 B

　雷移石
　　128/12 A

31雷江
　　105/5 A

　雷江古城
　　105/8 A

32雷州
　　118/1 A

　雷溪山
　　57/6 A

34雷池
　　55/5 B

36雷澤
　　4/9 B

37雷洞
　　146/7 B

40雷塘
　　28/4 B

37/7 A
　　112/4 B

　雷塘廟
　　112/6 A

44雷鼓
　　10/12 B

55雷耕
　　118/4 B

67雷鳴洞
　　74/6 A
　　177/4 B

　雷鳴岡
　　31/8 B

74雷陂
　　37/7 A

77雷門
　　10/12 B

80雷公石
　　35/8 A

　雷公山
　　29/9 B

　雷公洞
　　70/7 A

　雷公橋
　　63/3 A

1061₈ 硫

44硫黄池
　　83/5 B

1062₀ 可

10可零水

百丈溪
135/5 A

百丈池
157/7 A

百丈戍
32/9 B

百丈縣
147/3 A

百丈鎮
147/7 B

55 百井山
73/6 B

60 百口橋
5/16 B

百里洲
64/13 B

71 百臕關
83/8 A

77 百問堂
22/6 A

百尺浦
2/17 A

百尺壇
99/7 B

百尺樓
17/11 A

80 百人山
79/7 A

百合池
8/8 B

面

10 面雪樓
151/5 B

面面亭
25/6 B
36/4 B

面面樓
104/6 B

22 面山堂
21/6 A

酉

12 酉水
68/6 B
75/4 B

60 酉口
75/4 B

76 酉陽
174/7 A

酉陽逸典
75/7 A

酉陽故城
75/6 B

酉陽縣
75/6 B

1060₁ 雩

32 雩溪
4/9 B

晉

00 晉廬陵故城
31/14 B

晉康水
101/3 B

晉康縣
101/4 B

晉襃城
71/4 A

01 晉龔元墓
68/11 A

02 晉新宮
17/9 A

10 晉王城
48/9 B

晉元帝廟
17/29 B

晉平山
61/5 A

晉天福鎮
71/6 B

21 晉何后宅
3/12 B

22 晉嶺
61/3 B

晉樂鄉
78/8 A

27 晉紹因寺
128/14 A

30 晉甯縣城
61/5 A

晉安
130/6 B

晉安縣
185/9 B

94/4 B

西安故城

26/18 B

西宕渠郡

154/11 B

31西江

96/3 B

99/4 B

101/3 A

131/4 A

西江水

76/5 B

94/4 B

96/6 A

西河

150/6 A

西顧山

4/13 A

32西溪

129/7 A

133/4 B

166/4 B

西溪水

156/5 B

西溪館

46/7 B

33西浦

7/7 B

17/16 B

34西池

17/7 A

28/4 A

35/4 B

177/3 B

西漢水

156/6 A

159/6 B

184/7 B

西遠城

39/9 A

35西津

29/6 B

西津渡

7/10 A

西津橋

45/9 A

西津驛

100/5 A

36西禪院

147/8 B

37西湖

2/11 B

4/11 A

11/7 A

21/5 A

100/3 B

128/8 A

131/4 A

167/3 A

西湖龍君廟

167/6 A

西湖石觀音

167/6 A

西湖洞

167/5 B

西湖村

77/7 B

西澗

42/4 B

38西洋

128/8 B

西遊水

187/8 B

西遊洞

187/8 B

40西爽亭

66/9 A

西臺

159/5 A

42西荆

64/10 A

43西城

64/10 A

89/9 B

西城山

189/8 B

西城橋

24/4 B

西城故城

189/9 A

西城縣

98/7 B

189/3 B

44西苑

81/4 B

西楚

石羊鎮
158/5 B

石首山
64/15 B

石首縣
64/5 B

石舍山
57/6 A

石舍洞
155/7 A

石倉
31/6 A

石谷溪
154/10 B

81石甋山
2/18 A

82石鍾巖
132/6 A

石鍾山
181/5 A

石劍水
183/13 A

87石鍋
28/5 A

石銀山
103/11 B

88石鑑山
83/5 B

石鑑溪
2/17 B

石簰
64/10 B

石筏山
9/7 A

石簾
128/8 B

石笋
32/8 B

石笋山
35/9 B
155/7 A
187/9 A

石笋峰
47/7 B

石笋灘
163/7 A

石筍
28/5 A
154/7 A

石筍崖
180/6 A

石筍山
177/5 A

石筍峰
31/10 A
36/5 A

石籌山
183/13 A

90石堂
21/4 B

91石炬
157/5 B

98石籠城
39/7 A

石籠屯田
44/9 B

石籠縣
39/7 A

99石勞山
110/5 A

西

00西亭
4/7 B
10/11 B
11/7 A
56/4 B
76/3 B
131/4 A

西充山
156/5 B

西充縣
156/3 A

西齋
134/3 B

01西龍山
31/11 B
42/9 A

02西新橋
99/8 A

07西郊亭
154/8 A

西郊廟
158/7 A

08西施石
10/23 A

89／13 A

石門巖
132／6 A

石門嶺
56／8 B

石門山
22／7 A
23／10 B
25／9 A
26／13 B
48／7 B
61／4 B
64／14 B
74／6 A
86／6 B
114／5 A
118／5 A

石門灘
20／8 B

石門寨
74／6 A

石門江
163／7 A

石門洞
42／8 B
187／9 A

石門澗
30／12 B

石門戍
147／9 B
補9／6 B

石門縣

70／2 B

石門院
187／9 A

石門關
184／9 B

石門鎮
110／5 A
152／4 A

78石虒山
42／8 B

79石睦溪
131／6 A

80石人
31／6 A
146／8 A

石人山
84／6 B
98／6 B
110／5 A
114／5 A
157／8 B

石人灘
26／13 B

石人院
47／8 B

石人谷
80／5 B

石盆
30／8 A
64／10 B

石金山
20／8 A

石鐘
111／4 B

石鐘山
30／12 B

石鏡
25／4 B
30／8 A
56／5 B
183／10 B

石鏡山
2／17 B
149／6 B

石鏡峰
25／9 A

石傘
10／11 A

石羊
62／4 A

石羊崖
191／5 A

石羊崗
88／4 A

石羊嶺
31／12 A

石羊山
55／7 B
105／6 A
150／9 B

石羊津
146／13 A

石羊巷
7／11 B

石昭峰　25／9 A

77／5 B

石昭峰

85／5 A

石照縣

159／2 B

石瞻石

119／4 B

70石壁

79／4 B

石壁山

8／9 A

19／9 A

25／9 A

石壁潭

80／5 B

71石牙山

105／7 A

石階山

85／5 A

石驢峰

159／7 B

石馬潭

56／8 A

石馬溪

71／4 B

石馬鎮

150／9 B

石匣峰

31／10 A

石匣山

10／18 B

76石陽城

34／8 A

石陽故城

49／9 A

77石屋

31／6 B

石屋山

23／10 B

28／6 B

34／5 B

石屋洞

2／18 A

33／6 A

石朋山

149／7 B

石岡溪

145／5 A

石脚跡

174／6 B

石屏

10／11 A

56／6 B

石屏臺

89／11 B

石犀潭

146／13 A

石闕

17／6 B

石印

104／6 A

石印山

23／10 B

石臼

81／4 B

石臼嶺

183／13 A

石臼山

42／8 B

石臼泉

85／5 A

150／7 B

石臼神祠

39／10 A

石臼洞

99／6 B

石臼湖

17／21 A

43／6 A

石門

20／6 A

25／4 B

30／8 A

31／6 A

69／6 A

70／4 B

81／4 B

85／4 A

89／11 A

128／8 B

153／7 A

174／4 A

183／10 B

石門水

22／7 A

石林
　4/8 B
　98/4 A
石林亭
　56/6 B
　61/4 A
45石埭
　22/5 A
石埭山
　99/6 A
石埭縣
　22/3 A
石樓
　11/7 B
　99/5 B
石樓山
　10/18 B
　12/13 A
石樓峰
　46/9 A
　91/6 A
石樓城
　76/5 A
石槽山
　59/5 A
46石堤
　25/4 B
石觀音
　183/16 A
47石塢
　4/8 B
石帆

10/11 A
38/5 A
石帆山
10/18 B
68/8 A
133/7 A
補1/10 B
石帆堆
38/7 A
石狗巖
121/5 A
石欄橋
184/9 B
石榴峰
30/12 B
石榴岡
116/5 A
48石檻峰
151/11 A
石梯山
71/4 B
151/7 A
156/5 B
石梯鎮
110/5 A
50石夫子像
150/11 A
51石虹山
23/10 B
石頓山
116/5 A
55石井

21/4 B
25/4 B
31/6 B
111/4 B
121/4 A
石井山
83/5 A
石井泉
91/6 A
60石日月
151/7 A
石墨
93/3 B
98/4 B
石墨池
7/21 A
石墨井
20/8 A
石田驛
33/6 A
石固山
42/8 B
石羅崗
23/10 B
63石獸
3/7 A
67石照
159/5 B
石照亭
66/9 A
石照山
20/8 B

石溪龍居院銅鐘
　　34/9 A

3 石潯鎮
　　46/11 B

石梁山
　　42/8 B
　　77/5 A
　　82/11 B

石梁溪
　　38/7 A
　　44/7 B

石梁城
　　38/7 B
　　44/7 B

4 石斗山
　　4./15 B

7 石洞
　　70/4 B
　　96/3 B

石洞峽
　　175/6 B

石洞溪
　　175/6 B

石洞津
　　154/10 B

石洞院
　　146/11 A

石湖
　　5/12 A
　　104/6 A

石湖山
　　104/7 A

石湖關
　　48/7 B

石澗山
　　96/5 A

石瀨
　　8/6 B

石袍山
　　104/7 A

40 石臺
　　23/8 A

石臺山
　　27/6 B

石臺觀
　　152/4 B

石坑鉛場
　　102/4 A

石塘
　　2/10 B

石南堡
　　178/5 A

石南縣
　　121/7 A

石女山
　　19/9 B
　　83/6 B

石索山寨
　　45/11 A

石柱
　　26/10 A

石柱山
　　8/9 A
　　19/9 A

77/5 A
181/4 B

石柱峰
　　30/12 B

石柱城
　　70/6 A

41 石獅嶺
　　23/11 B

石櫃
　　4/8 B
　　153/7 A

石櫃閣
　　186/7 B

42 石橋
　　12/8 A
　　21/4 B

石橋山
　　182/3 A

石橋院
　　20/8 B

43 石城
　　22/5 B
　　44/5 A
　　76/3 B
　　84/5 A
　　147/6 A

石城水
　　116/5 A

石城巖
　　21/7 B
　　23/10 B

石城山

石函
　64 /10 B

18 石硾山
　190/7 B

20 石雞院
　158/5 B

21 石步山
　23 /10 B

石虎
　9 /4 B
　177/4 A

石虎山
　88 /4 A

石虎院
　185/7 A

石盧塘
　55 /8 A

石師巖
　131/6 B

22 石崗亭
　145/5 A

石巖
　21 /4 B

石巖山
　77 /5 B

石乳山
　108/6 A

石乳泉
　145/5 A

石乳洞
　28 /6 B

石崇墓

5 /20 A

24 石斛山
　101/3 B

25 石牛
　111/4 B
　121/4 B

石牛嶺
　31 /12 A
　83 /7 B

石牛山
　44 /7 B
　105/6 A

石牛泉
　31 /12 A

石牛潭
　20 /9 B
　31 /12 A
　33 /5 B
　77 /5 B

石牛溪
　157/8 B

石牛洞
　46 /8 B

石牛道
　183/15 A
　184/9 B
　186/7 B

石牛鎮
　160/5 A

石佛
　26 /10 A
　31 /6 A

147/6 B

石佛巖
　85 /5 A

石佛山
　177/5 A

石佛峽
　174/6 B

石佛池
　107/6 A

石佛寺
　117/6 A
　161/5 B

石練石
　119/4 B

26 石牌
　22 /5 B

石牌山
　9 /7 A
　19 /9 B

石牌灘
　56 /8 A

石牌口
　22 /7 A

石泉
　31 /6 B

石泉洞
　21 /7 B

石泉軍
　152/1 A

石泉壩
　152/4 B

石泉橋

補 4/6 A

32 霸州城

　175/7 A

覉

00 覉縻三十六州

　163/9 B

1060₀ 石

00 石鹿山

　110/5 A

石庵山

　83/5 B

石膏山

　2/17 B

　108/6 B

石膏灘

　161/6 A

石廊洞

　31/10 A

石康縣

　120/3 A

石磨

　4/8 B

石磨鐵碾

　38/8 B

石廉

　29/6 A

石廉峰

　55/7 B

石甕

　91/4 B

石甕磧

　174/5 B

石六石

　119/4 B

01 石龍

　64/10 B

　132/4 B

　147/6 B

　165/4 B

石龍石

　119/4 B

石龍巖

　31/12 A

石龍山

　35/9 B

　64/14 A

　83/7 B

石龍竇

　12/13 A

石龍洞

　20/9 B

　69/9 B

石龍坡

　47/7 B

石龍縣

　116/3 A

石龍岡

　116/5 A

02 石新婦

　186/9 A

石新婦山

　12/18 B

07 石郭山

　4/15 B

10 石天王像

　145/8 B

石天地

　151/7 A

石瓦山

　179/4 A

11 石頭庵

　96/5 A

石頭山

　90/10 B

石頭城

　17/21 A

石頭驛

　26/13 B

石頂原

　183/13 A

16 石碣灘

　74/6 A

石碑山

　146/10 B

17 石子崗

　17/21 A

石君山

　36/5 B

石碌水

　98/5 B

石碌山

　98/5 B

石𥔖

　128/8 B

71天階山

　　133/7 A

　天馬山

　　132/6 A

　　134/4 B

　天長城

　　44 /7 B

　天長觀

　　10/16 A

　天長縣

　　44 /3 A

72天后梳洗樓

　　184/10 B

　天后故宅

　　184/10 B

　天岳

　　69 /6 B

77天際嶺

　　92 /6 B

　天開巖

　　17 /18 B

　天開圖畫

　　38 /6 A

　　73 /5 A

　天闕

　　17 /6 B

　天闕山

　　17/18 B

　天印山

　　17 /18 B

　天門

　　10/12 B

　　48 /5 A

　　91 /4 B

　天門水

　　11 /10 B

　天門拜相山

　　122/5 B

　天門山

　　11 /10 B

　　12/15 B

　　18 /10 B

　　19 /8 A

　　22/7 B

　　48 /8 B

　　58 /6 B

　　68 /8 A

　　70 /6 A

　　76 /5 A

78天險城

　　73 /7 A

80天尊巖

　　35 /7 A

　天尊嶺

　　33 /7 A

　天倉

　　177/4 A

　天倉山

　　151/6 A

　天倉洞

　　151/6 A

　天公山

　　131/6 A

88天竺山

　　17 /18 B

　天竺峰

　　2 /15 A

　天竺院

　　128/11 B

　天符葉

　　153/9 B

90天光觀

　　145/7 A

1044₁ 弄

12弄水亭

　　22/6 A

15弄珠灘

　　82 /10 A

1044₇ 再

25再生楠

　　164/6 B

1050₆ 更

25更生山

　　31 /12 B

43更始水

　　176/6 A

1052₇ 霸

12霸水

　　補 10/2 B

22霸山

　　80/4 B

　　88 /3 A

107/5 B

平樂縣

107/2 B

26平泉山

145/5 B

平泉井

145/5 B

平泉縣

145/2 B

27平烏石

121/5 A

30平淮堰

43/6 B

平安堂

64/12 A

平定山

101/3 B

31平江府

5/1 A

補1/1 B

平江縣

69/3 A

32平溪水

188/7 B

33平心堂

31/8 B

125/5 A

189/7 A

34平遠亭

84/5 B

平遠臺

35/7 A

99/5 B

130/8 A

平遠樓

40/5 A

110/4 B

平遠堂

100/4 B

35平津堰

43/6 A

37平湖閣

26/12 A

99/5 B

40平南縣

110/2 B

43平城山

98/6 A

44平蓋山

163/6 B

平楚樓

106/5 B

平林

83/4 B

平林故縣

83/8 B

47平都縣

31/14 A

53平戎城

149/7 A

55平井

150/5 A

60平旦驛

107/5 B

平蜀縣

184/10 A

平易堂

3/8 A

11/8 B

28/5 B

38/5 B

58/6 A

103/9 B

118/4 B

平昌門

17/9 B

平固鎮

32/13 B

71平反堂

55/6 A

154/7 B

平阿湖

43/6 A

平阿故城

75/6 B

平原縣

110/6 B

74平陸山

99/7 A

平陵城

6/12 A

76平陽水

55/7 A

平陽郡城

61/5 A

平陽縣

155 / 8 B

74 零陵王廟
56 / 10 B

零陵香
56 / 9 B

零陵城
60 / 4 B

零陵縣
56 / 2 B

80 零羊峽
96 / 5 B

10331 惡

22 惡山
20 / 6 B

32 惡溪
100 / 4 A
102 / 4 A

惡溪水
100 / 5 A

10400 干

10 干霄山
32 / 11 B

27 干將墓
5 / 19 B
18 / 13 B

干將劍
5 / 17 B

43 干越
23 / 8 A

干越亭

23 / 9 B

99 干瑩墓
3 / 13 B

于

22 于仙巖
105 / 7 B

于山
3 / 6 B

37 于湖縣
18 / 13 A

10404 要

00 要離冢
5 / 19 B

01 要龍山
117 / 6 A

80 要羊觀
187 / 9 B

10409 平

00 平亭
36 / 3 B

05 平靖縣城
83 / 8 A

平靖關
80 / 5 A
83 / 7 A

平靖關城
80 / 7 A

07 平望湖
43 / 6 A

10 平雲山
163 / 6 B

平雲閣
19 / 7 B

11 平頭山
176 / 6 B
182 / 3 A

平琴川
121 / 6 B

16 平理堂
62 / 4 A
102 / 3 B
112 / 4 B
124 / 8 A
133 / 5 B
163 / 6 A

18 平政堂
110 / 4 B
156 / 5 A
164 / 5 A

22 平崗山
157 / 8 A

平山
32 / 8 B

平山堂
37 / 8 B
161 / 5 A

平利縣
189 / 4 B

平樂水
107 / 5 B

平樂溪

下軍井
　145／5 B

38 下漧戍
　88／4 B

66 下瞿灘
　182／3 A

80 下雉故城
　33／7 B

88 下箸酒
　4／17 B

1023₂ 震

01 震龍山
　113／4 A

22 震山
　28／4 B

36 震澤
　5／11 A
　6／8 A

1024₇ 夏

12 夏水
　64／11 B
　76／3 B

22 夏山
　34／4 A

27 夏魯奇廟
　155／10 A

34 夏港
　9／5 A

　夏汭
　66／7 B

37 夏澳
　49／5 B

46 夏駕山
　4／18 A

60 夏口
　66／7 B

　夏口水
　64／15 A

　夏口城
　66／10 B

73 夏院
　97／6 A

80 夏首
　66／8 A

霞

43 霞城
　12／8 A

47 霞起堂
　12／11 A

76 霞陽鄉
　63／3 A

　霞陽鎮
　63／2 A

覆

20 覆手山
　83／7 B

27 覆舟山
　17／23 A
　154／10 B

　覆船山

　7／11 B
　86／6 B

31 覆酒山
　9／7 A

43 覆載山
　105／7 B

47 覆磬山
　74／6 A

80 覆盆池
　17／23 A

　覆金山
　12／13 B

　覆釜山
　9／6 B
　44／8 A

　覆釜洲
　76／4 B

88 覆笥山
　32／11 B

1030₇ 零

12 零水
　103／9 B

　零烈水
　116／5 B

27 零綠縣
　116／6 B

32 零溪水
　90／9 B

37 零洞水
　116／5 B

60 零星池

51 霽虹亭
　　31/8 A

77 霽月
　　59/4 A

　霽月亭
　　34/4 B

1022₇ 丙

12 丙水
　　183/10 A

30 丙穴魚
　　147/10 B

雨

10 雨石山
　　21/6 B

27 雨盤
　　150/6 A

37 雨瀨灘
　　55/7 A

44 雨花臺
　　17/19 A

77 雨母山
　　55/7 A

兩

22 兩仙堂
　　158/5 A

　兩乳山
　　86/7 B

27 兩角山
　　183/12 B

　　187/7 A

31 兩江
　　174/4 B

32 兩浙轉運司
　　2/7 B

40 兩女墳
　　150/11 B

77 兩賢堂
　　21/6 A
　　158/5 A

需

00 需亭
　　7/7 A

22 需巖
　　32/8 B

30 需宴亭
　　28/6 A

霄

22 霄山
　　32/8 B

43 霄城
　　76/3 B

　霄城縣
　　76/6 B

爾

70 爾雅臺
　　73/6 B

　爾雅堂
　　73/5 A

霧

22 霧嶺崗
　　117/6 A

72 霧隱堂
　　167/4 A

1023₀ 下

00 下辯縣城
　　186/9 B

10 下天竺
　　2/16 A

　下天竺御園
　　1/20 A

　下百瀆
　　6/10 B

22 下巖
　　182/2 B

　下巖寺
　　182/3 A

30 下流山
　　58/8 A

　下牢溪
　　74/6 A

　下牢鎮
　　73/7 B

34 下濤
　　190/6 B

　下潢水
　　55/6 B

37 下湖
　　2/11 B

45雪樓
　64/9 A
　155/5 B
46雪觀
　76/3 A
　110/4 A
67雪照堂
　149/6 A
79雪騰湫
　71/4 A
80雪公潭
　183/16 A
90雪堂
　49/5 B

10200 丁

12丁水
　129/7 A
30丁字水
　133/6 B
44丁蘭山
　109/4 A
　丁蘭墓
　82/14 A
　丁姑廟
　42/11 A
53丁戊山
　128/13 B
60丁固宅
　66/13 A
　丁固冢
　10/24 B

丁固墓
　4/19 B
77丁卯港
　7/13 A
80丁公山
　153/10 A

10207 零

12零水
　32/8 B
22零山
　32/8 B
47零都縣
　32/4 A

10211 元

10元元皇帝鑄像
　187/11 A
　元石
　146/7 B
　元石山
　69/9 B
13元武嶺
　104/7 B
　元武湖
　17/21 B
21元儒婁先生墓
　87/5 A
24元結讀書堂
　33/8 A
27元彝廟
　19/12 B

30元宗像
　159/9 A
34元祐閣
　155/9 B
37元次山宅
　81/8 A
　元次山祠堂
　30/15 B
　56/10 A
　元次山居
　56/10 A
40元真山
　151/9 B
46元相國墓
　12/21 B
76元陽洞
　31/8 B
77元風洞
　103/12 A

10214 霍

00霍童山
　補5/6 B
12霍水
　86/5 B
22霍山
　91/4 B
　99/4 B

10223 霽

10霽雪
　166/5 A

43 /4 A

1010₈ 豆

21豆盧墓
　150/11 B

巫

22巫山寨
　104/8 B
32巫溪
　181/3 B
42巫橋嶺
　36/6 A
53巫咸山
　5/17 B
巫咸墳
　5/19 B
76巫陽故城
　71/5 B
巫陽城
　75/6 B

靈

00靈應廟
　176/7 B
　186/10 A
靈應山
　32/12 A
靈應觀
　28/8 B
靈文園
　10/24 B

03靈鷲山
　21/7 B
　78/6 A
　90/8 B
　129/9 A
　154/9 A
靈鷲寺
　2/21 A
　33/5 A
靈鷲院
　35/8 B
　145/6 B
　162/5 B
04靈護廟
　154/12 B
10靈石山
　12/16 A
　128/13 A
靈石寺
　165/5 A
12靈飛寺
　188/5 B
17靈君山
　90/10 A
20靈秀亭
　107/5 A
靈秀山
　29/7 B
21靈順廟
　23/14 A
靈順誠敬夫人洗氏
廟

117/7 A
22靈川縣
　103/4 A
靈巖
　20/6 A
　128/8 B
靈巖山
　2/21 A
　5/15 A
　8/9 A
　38/6 B
　103/12 A
靈巖泉
　55/6 B
靈巖洞
　8/9 A
　68/7 B
　128/13 A
靈巖寺
　37/11 A
　151/9 A
靈巖院
　79/6 B
靈仙觀
　33/5 A
　63/3 A
靈山
　7/8 A
　11/8 A
　12/8 B
　18/5 A
　20/6 B

五桂坊
3/8 B

五桂樓
161/6 B

五桂堂
77/6 A

46五如亭
58/6 A

五如石
58/6 B

五相橋
55/8 A

47五婦山
186/8 B

五柳橋
3/8 B

五柳館
25/5 B
30/9 A

五柳堂
5/13 A

48五松山
19/10 B
22/8 A

五松橋
30/10 A

50五丈湖
81/5 B

51五指山
124/9 A

52五折瀑
10/14 B

五剌史祠
58/9 B

55五井
18/6 A

60五星寺
45/8 B

65五味山
149/7 B

67五明殿
17/8 A

五眼泉
73/6 B

71五顆樹
17/25 A

五馬山
11/9 B
133/7 A

五馬渡
17/25 A
38/6 B

五馬橋
70/5 B

77五鳳山
189/7 B

五鳳堆
78/5 B

五鳳樓
45/7 B

五岡峰
31/10 B

五關
49/5 B

五賢祠堂
30/15 B

五賢堂
5/13 A
6/9 A
26/11 B
34/5 A
40/5 B
69/8 B

80五金
77/4 B

五金寶塔
2/24 A

五弟壩
180/5 A

五美亭
47/5 B

五羊城
89/12 A

88五箴堂
114/4 B

五管
89/10 B

90五省
17/7 B

亞

80亞父城
48/9 A

孟

43孟城

五客堂
84/6 A

五寶
39/6 A

31 五福泉
149/7 B

五福太一祠
1/17 B

32 五州山
7/10 A

五溪
75/4 A
95/4 A
176/5 B

五溪渡
181/5 A

五溪水
22/8 A
92/6 A

五溪蠻
75/6 A

33 五瀉堰
6/10 A

34 五斗港
9/6 B

五泄山
10/14 B

五渚
69/7 A

37 五湖
4/10 B
6/7 B

43/4 B
119/3 B

五湖亭
119/4 A

五湖山
42/9 A

五湖長
6/10 A

五祖山
47/6 B

五通廟
20/18 A

40 五臺
28/5 A

五臺山
11/9 B
44/6 B
128/12 B
159/8 A

五女山
86/7 B

五友亭
156/6 A

五友堂
94/3 B

43 五城
17/17 A

五城水
20/10 A

五城山
75/6 A
154/8 B

五城縣
154/12 A

44 五蓋山
57/7 A

五花亭
4/12 A

五花水
152/5 B

五花洲
106/5 B

五花館
64/13 A

五藏巖
35/9 A

五華山
76/4 B
84/7 A

五老亭
23/9 A
25/5 B
30/9 A

五老廟
58/6 A

五老峰
25/10 A
30/10 A

五老閣
25/5 B

五黃山
120/4 B

五葉湖
64/13 A

44 王姥山
　12/14 B
　王藹墓
　31/15 A
47 王猛橋
　78/8 B
50 王表巖
　21/9 A
55 王井
　183/10 B
72 王昏墓
　12/21 A
76 王陽宅
　147/11 B
77 王母山
　42/9 B
　王母池
　134/5 B
　王歐二賢祠堂
　42/10 B
80 王羲之墓
　10/24 B
　王令公祠堂
　90/12 A
　王禽山
　57/7 A
　王公池
　10/22 B
84 王鎮惡宅
　65/2 B
95 王忳墓
　164/8 B

　　　　至

22 至樂山
　146/10 B
24 至德觀
　32/12 A
38 至道宮
　132/5 A
　至道觀
　41/4 B
　96/6 B
　150/9 B
40 至喜亭
　73/5 A
　至喜館
　86/6 A

10106 亘

00 亘彥範墓
　7/15 A
27 亘伊墓
　26/20 A
　亘伊書堂
　55/8 B

10107 五

00 五章山
　35/9 A
01 五龍廟
　166/5 B
　185/8 A
　五龍崗

　27/7 B
　五龍巖
　32/9 B
　五龍山
　12/17 B
　33/6 B
　73/6 B
　129/7 B
　155/8 A
　五龍潭
　74/5 B
　190/8 A
　五龍灣
　121/5 B
　五龍池
　182/3 A
　五龍堰
　84/7 A
　五龍井
　58/6 B
　五龍堂
　176/7 A
03 五詠
　37/8 A
　五詠堂
　103/9 B
10 五百灘
　132/5 B
　五百洲
　87/5 A
　五百鐵羅漢像
　30/16 B

10 / 18 A
29 / 7 B
31 / 9 B
34 / 6 A
69 / 9 A
90 玉堂山
155 / 6 B
玉光亭
21 / 6 B
玉掌山
188 / 7 A
96 玉燭殿
17 / 8 A

1010₄ 王

00 王文公祠
29 / 10 B
王褒宅
157 / 9 B
玉褒滌硯池
157 / 9 B
王褒墓
157 / 9 B
07 王望山
187 / 11 A
10 王雲紫崖忠介廟
156 / 8 A
17 王子石
38 / 7 B
王子山
183 / 16 A
20 王喬山

30 / 15 B
王喬壇
26 / 27 A
22 王巖
157 / 9 B
王仙嶺
134 / 6 A
王仙人墳
132 / 7 A
王仙翁井
40 / 7 B
王山
31 / 7 B
89 / 9 B
90 / 6 B
26 王總管廟
3 / 13 A
27 王詹事祠
130 / 11 A
王粲宅
82 / 13 B
王粲樓
82 / 13 B
王粲井
82 / 13 A
28 王僧辯墓
48 / 10 A
王僧達墓
6 / 13 B
31 王江
31 / 7 A
王江水

114 / 5 B
37 王逸少洗筆泉
47 / 8 B
38 王祥宅
6 / 12 B
王祥池
46 / 12 A
王導宅
17 / 28 B
90 / 11 B
王導墓
17 / 30 B
40 王才
158 / 10 B
王右軍故宅
29 / 10 B
王右軍墨池
25 / 12 B
王真巖
21 / 9 A
42 王彭父墓
44 / 10 A
王荊公讀書庵
17 / 29 A
王荊公宅
17 / 28 B
王荊公故宅
29 / 10 B
43 王城
90 / 6 B
王城山
12 / 14 B

三省樞密院激賞庫
　　1/32 A
三省堂
　　56/6 B

1010₁ 正

17 正己堂
　　114/4 A
　　115/4 B
　　166/5 B
28 正儀洞
　　101/3 B
40 正女廟
　　37/13 B
　　正女石
　　21/7 A
　　正女山
　　174/6 B
　　正女臺
　　118/6 A
　　正女墓
　　92/8 B
47 正婦石
　　163/7 A
60 正里
　　96/4 A
77 正覺院
　　47/6 A
80 正義堂
　　26/11 A

1010₃ 玉

00 玉庭觀
　　31/10 A
　　玉京山
　　157/8 A
　　183/15 B
　　玉京洞
　　10/18 A
　　12/13 A
　　玉京觀
　　70/6 A
　　154/10 B
　　164/5 A
　　玉京軒
　　25/6 B
01 玉龍山
　　19/9 B
　　玉龍淵
　　158/5 B
　　玉龍洞
　　46/8 B
09 玉麟堂
　　17/17 B
10 玉靈觀
　　2/17 B
　　玉雪坡
　　23/9 B
　　玉霄亭
　　12/11 A
　　玉霄峰
　　12/12 B
　　玉石
　　174/3 B

　　玉石山
　　32/11 A
　　玉石臺
　　23/10 A
　　玉石橋
　　182/3 A
13 玉琯巖
　　58/7 B
15 玉融山
　　128/11 A
　　玉融道院
　　114/4 B
16 玉環
　　181/3 B
　　玉環山
　　44/6 B
　　156/5 B
　　玉環池
　　151/7 A
20 玉雞埡
　　187/9 A
　　玉香亭
　　91/5 A
21 玉虛洞
　　74/7 B
　　104/7 A
　　玉虛觀
　　34/6 A
　　107/5 B
　　122/5 A
　　123/6 A
　　152/4 A

60三里亭
　　126/3 B
　三星山
　　78/5 B
　三田渡
　　72/3 B
　三品石
　　17/25 A
　三足山
　　96/6 B
　三足鼈
　　6/10 A
61三晤山
　　75/6 A
67三明
　　64/9 B
70三雅洞
　　68/8 A
71三阿村
　　39/8 A
72三瓜山
　　83/6 A
　三隱
　　30/7 A
76三陽湖
　　76/4 B
77三覺堂
　　48/6 B
　三層峰
　　129/7 B
　三學山
　　164/6 B

三閣
　17/7 A
三閭廟
　84/7 A
三閭鄉
　74/5 B
三閭大夫廟
　69/11 A
三巴
　175/5 A
　187/5 A
三巴津
　156/6 A
三關
　80/4 B
　83/5 A
三門六刺灘
　19/6 B
三門石
　56/7 B
三門山
　12/17 B
　176/7 A
　187/7 B
三賢祠
　55/8 A
三賢堂
　2/16 A
　23/9 A
　30/9 A
　43/5 B
　49/6 B

　64/13 A
　74/5 A
　82/10 B
　131/5 B
　146/8 B
80三益堂
　　46/6 A
　三翁塞井
　　57/7 B
　三合島
　　130/9 A
　三合樹
　　99/7 B
　三會亭
　　41/4 B
　三會鎮
　　158/5 A
　三公亭
　　106/5 B
　三公廟
　　64/13 A
　　124/8 B
　三公山
　　45/8 B
82三鍾山
　　83/6 A
88三箸山
　　152/5 B
　三節鎮
　　164/6 B
90三尖山
　　46/7 A

三郎石
134/4 B

38三溢水
76/4 B

三游洞
73/6 A
74/5 B

三海
64/9 A

三海巖
119/5 A

40三十六水
47/6 B

三十六峰
20/10 A
151/11 A

三十六溪
10/15 A

三十六洞
2/17 A

三十六圩
45/11 A

三十五溪
86/7 B

三十四山
86/7 B

三九山
2/16 A

三臺
17/7 B

三臺山
44/6 B

三臺河
49/8 A

三堆山
147/7 B

三坑水
124/8 B

三女山
83/6 A

三女冢
175/8 A

三友堂
28/5 B

三雄山
8/8 B

43三城
42/5 A
64/9 A

三越
128/8 A

44三夆山
11/9 A

三花洞
86/7 B

三姑石
129/7 B

三姑山
20/10 A

三華山
153/7 B

三華樓
161/6 B

三苗國

30/10 A

三老堂
12/10 B
21/6 A
48/6 B

三茆峰
17/24 B

三楚
30/8 B

三权津
181/5 A

45三妹山
98/5 B

46三如
10/12 A

47三鶴山
17/25 A

三楓亭
90/8 B
93/4 B

三柳堂
33/4 A

48三松山
174/6 B

52三搥石
175/6 B

55三井
12/7 A

三井崗
17/25 A

三曲灘
31/10 B

三峰院
47/6 B
131/5 B
三峰閣
46/6 B
29 三秋池
82/10 B
30 三渡市
189/7 B
三家市
78/5 B
三宮
30/7 A
31 三江
11/8 A
69/7 A
72/3 A
108/5 A
164/4 A
三江亭
11/9 A
三江廟
110/5 B
三江渡
72/3 B
三江口
3/8 B
49/8 A
60/4 A
69/8 A
三江口渡
63/3A

三江鎮
160/5 B
三瀧水
90/8 B
三河口
108/6 B
三顧山
31/10 B
三顧門
82/10 B
32 三州山
155/8 A
三州鎮
164/6 B
三洲巖
101/4 A
三溪
133/5 B
134/4 A
145/4 B
180/4 A
三溪水
149/7 B
151/7 B
三溪縣
180/7 A
三溪閣
105/7 A
三脊茅
68/8 A
33 三梁山
25/9 B

34 三池
164/4 A
三池郡
145/6 A
35 三清巖
110/5 B
三清樓
補2/7 B
三清鐵像
91/7 A
三神廟
147/12 B
36 三湘
60/3 B
69/7 A
三湘尾
69/8 B
37 三洞
146/7 A
三潮泉
180/5 A
三湖
43/4 B
69/6 B
三渦溪
6/10 A
三汲泉
10/14 A
三祖山
46/7 A
三過山
11/9 A

42/7 A

80 二美堂

155/7 B

二公亭

130/10 A

10101 三

00 三童山

12/17 A

三亭

56/4 B

三亭水

75/6 A

三高堂

5/18 B

三章溪

97/4 B

01 三龍水

23/11 A

三龍河

77/5 B

三龍池

145/6 A

02 三新婦山

20/10 A

10 三王廟

91/7 A

三王灘

164/6 B

三王冢

86/8 A

147/12 B

三王墓

164/8 B

三至堂

40/5 B

46/6 A

三靈山

20/10 A

三元亭

58/6 A

三元坊

122/5 A

三平山

131/5 B

三天子都山

20/9 B

三天洞

19/10 B

三石山

107/6 B

三石洞

44/6 B

三石人

151/7 B

三百九十橋

5/17 A

三面山

152/5 B

12 三瑞樓

107/4 B

三瑞堂

12/10 B

31/8 B

48/6 B

61/4 A

132/5 A

三水池

118/5 A

三癸亭

4/13 B

16 三聖廟

10/24 A

39/8 A

152/6 B

185/10 A

191/6 B

三聖嶺

27/7 B

三聖院

155/8 A

162/5 B

185/8 A

186/8 A

三聖公廟

66/14 A

17 三鴉水

118/5 A

三鴉岡

4/13 A

18 三政堂

184/8 A

20 三秀堂

80/6 A

21 三虎化船

41/5 B

78 / 5 B

77 一邱
　10 / 12 A

78 一覽
　28 / 3 B

　一覽亭
　47 / 5 B
　66 / 8 B

　一覽樓
　34 / 5 A

　一覽堂
　21 / 6 A

80 一人泉
　17 / 24 B

87 一鋒亭
　12 / 10 B

1010 o 二

01 二龍河
　77 / 5 B

　二龍里
　185 / 8 A

03 二詠亭
　177 / 6 A

10 二王廟
　84 / 7 A

　二元
　10 / 12 A

　二石牛
　45 / 8 A

　二石關
　146 / 13 B

12 二水
　116 / 4 B
　175 / 5 A

　二水亭
　17 / 18 A

　二孫讀書堂
　78 / 8 B

16 二聖寺
　64 / 13 A

　二聖院
　47 / 6 B

21 二偓亭
　27 / 5 B

22 二仙洞
　181 / 5 A

　二仙壇
　93 / 4 B

　二樂榭
　190 / 6 B
　190 / 8 A

25 二朱先生祠
　130 / 11 A

26 二程祠
　49 / 8 A

27 二角山
　121 / 5 B

30 二守祠
　55 / 8 A

32 二溪山
　86 / 7 B

37 二冥山
　80 / 6 A

40 二十四峰
　111 / 6 A

　二十四洞
　20 / 10 A

　二友堂
　31 / 8 A

　二奇
　12 / 7 A

42 二桃水
　92 / 5 B

44 二蘇堂
　27 / 5 A

　二老峰
　132 / 5 A

　二老閣
　163 / 7 B

　二橫山
　6 / 10 A

47 二妃廟
　60 / 4 B

60 二星堂
　94 / 3 B

74 二陸讀書堂
　17 / 29 A

　二陸宅
　3 / 12 B

77 二岡相對
　62 / 5 B

　二賢亭
　161 / 6 B

　二賢堂
　27 / 5 B

99放螢苑
　　37/10 B

　　敵

44敵萬樓
　　185/8 B

0824₇ 旃

40旃檀佛像
　　91/6 B
　旃檀林
　　128/10 A

0828₁ 旋

00旋文柏
　　183/15 A

　　旗

00旗亭穴
　　60/4 A
22旗山
　　35/5 A
　　134/3 B

0863₇ 謙

30謙容谷
　　92/7 A

0864₀ 許

00許市
　　5/11 B
07許詢宅

　　10/22 A
08許旌陽舊宅
　　177/6 B
17許承瓢
　　10/23 A
22許仙巖
　　66/13 B
27許將龍圖墓
　　145/8 B
　許將隸業之所
　　128/14 B
34許遠廟
　　2/25 A
37許渾宅
　　7/14 A
40許真君柏
　　27/9 A
44許孝山
　　12/19 A
46許相公墓
　　84/9 A
50許由水
　　58/8 A
　許由山
　　78/8 B
　許由宅
　　48/9 B
　許由洗耳灘
　　2/23 A

0865₃ 議

38議道堂

　　59/4 B

0925₉ 麟

22麟山
　　150/5 B
27麟角峰
　　46/8 A
32麟溪
　　154/6 B

0968₉ 談

30談家溪
　　24/5 B

1000₀ 一

10一靈峰
　　128/12 A
　一百八景
　　151/11 A
17一疋絹
　　166/5 B
24一德格天之閣
　　2/24 A
30一滴泉
　　25/9 B
40一柱觀
　　64/13 A
44一枝堂
　　49/6 B
55一曲
　　10/12 A
70一障河

73 /9 A

63 郭猷城

 30 /14 A

郼

17 郼郡故城

 4 /18 A

0748₆ 贛

10 贛石

 32 /8 A

 贛石山

 31 /13 B

12 贛水

 34 / 3 B

 32 /7 B

32 贛州

 32 /1 A

62 贛縣

 32 /3 A

0762₀ 綢

22 調絲水

 64 /14 B

0766₂ 韶

00 韶音之澗

 103 /12 B

10 韶石

 90 /7 A

 韶石山

 90 /9 A

22 韶山

31 /6 B

 116 /4 A

32 韶州

 90 /1 A

 補 5 /2 A

76 韶陽樓

 90 /7 B

0821₂ 施

32 施州

 補 7 /5 A

68 施黔水

 75 /5 A

0821₄ 旌

24 旌德縣

 19 /3 B

50 旌忠廟

 10 /24 A

 37 /13 B

 48 /10 A

 191 /7 A

 旌忠寺

 63 /3 A

 旌忠觀

 1 /18 B

 旌貴樓

 158 /4 A

76 旌陽試劍石

 69 /11 A

 旌陽觀

 26 /17 B

旌陽縣

 65 /1 B

�

25 旄牛山

 147 /10 A

0823₈ 於

31 於潛縣

 2 /6 A

44 於菟村

 77 /5 B

0823₄ 族

00 族亭湖

 23 /12 B

0824₀ 放

00 放鷹臺

 78 /6 A

 84 /7 A

47 放鶴亭

 5 /13 A

 128 /10 A

 放鶴峰

 10 /21 A

 放鶴陂

 62 /5 A

 68 /8 B

85 放鉢石

 36 /5 B

 93 /6 A

135/4 A

望喜驛
184/8 B

43望城岡橋
63/3 A

44望姑山
21/7 B

望楚
59/4 A

望楚亭
39/6 B
59/4 B
78 /5 A

望楚山
82/9 B
86/7 B

45望姨橋
9/7 B

望樓崗
88/4 A

50望夫石
28/8 A
81/6 B

望夫崗
96/6 A
113/4 B

望夫山
18/8 B
30/14 A
86/7 B
98/6 B

望春橋

3/7 B

望秦山
10/21 B

60望日臺
42/9 A

望蜀山
164/7 B

77望鳳山
28/6 A

望月亭
3/7 B

望闕臺
32/9 A
151/11 B

07120 翊

40翊真觀
26/16 B

07227 鷓

47鷓鴣山
34/7 A
46/8 B
115/6 A

鷓鴣峰
89/14 A

鷓鴣鮓
59/5 A

鷓鴣洞
31/11 A

07427 郊

10郊天壇
81/8 A

40郊壇
37/6 B

67郊郢
84/5 A

郭

00郭文宅
2/23 B

郭文墓
2/25 A

10郭元振故宅
154/12 A

12郭璞宅
9/8 B

郭璞書巖
146/15 A

郭璞母墓
9/9 B

24郭先生祠
2/24 A
4/19 A

郭先生墓
82/14 B

38郭道山
73/8 B

40郭太保潭
40/7 B

44郭林山
4/18 A

60郭景純廟

0668₆ 韻

38 韻海樓
4/12 B

0691₀ 親

71 親蠶宮
17/10 B

0710₄ 望

00 望帝祠
151/12 B
164/8 A
望京樓
40/5 A
190/6 B
07 望韶亭
90/8 A
08 望旗山
161/6 A
10 望雲亭
25/6 A
121/4 B
望雲臺
17/17 B
94/3 B
望雲寺
59/5 A
望雲樓
102/3 B
113/3 B
123/5 B

190/6 B
17 望子山
165/6 A
21 望虞山
3/10 B
22 望仙
59/4 A
望仙亭
35/6 B
望仙山
29/9 B
86/7 B
望仙橋
41/4 B
望仙坡
106/6 A
151/11 B
望仙樓
76/5 B
122/5 A
望仙閣
112/5 A
望嶽亭
55/6 A
27 望歸亭
42/6 B
望響洞
74/6 B
望鄉山
161/6 A
望鄉臺
184/8 B

望岷崍
151/11 B
31 望江石
22/7 B
望江巖
135/5 A
望江縣
46/3 B
32 望州嶺
35/11 B
望州山
44/8 A
73/7 B
34 望遠亭
93/4 A
37 望湖樓
2/14 B
145/5 A
望潮樓
2/14 B
38 望海亭
10/13 A
135/4 A
望海崗
98/6 B
望海嶺
119/4 B
望海臺
98/4 B
望海閣
2/14 B
40 望壺樓

諸司糧料院
　　1/20 B
30 諸灘
　　73/5 A
37 諸軍審計司
　　1/25 B
　諸軍糧料院
　　1/20 B
44 諸葛孔明宅
　　82/13 B
　諸葛武侯廟
　　153/11 A
　諸葛武侯祠
　　55/8 B
　諸葛行祠
　　163/9 B
　諸葛巖
　　183/16 B
　諸葛宅
　　55/8 B
　諸葛城
　　183/16 B
　諸葛威烈武靈仁濟
　　王廟
　　82/14 A
71 諸暨縣
　　10/4 B

0466₄ 諾

32 諾溪
　　175/5 B

0468₆ 讀

50 讀書巖
　　153/10 B
　讀書山
　　157/9 A
　讀書洞
　　146/11 B
　讀書臺
　　17/17 B
　　64/12 B
　　83/5 B
　　104/6 B
　　108/5 B
　　157/9 A
　　157/9 B
　　161/7 A
　　187/9 B
　　補3/8 A
　讀書樓
　　8/8 A
　讀書堂
　　10/17 A
　　66/13 B
　　134/4 A
60 讀易洞
　　167/4 A

0512₇ 靖

00 靖廉堂
　　163/6 A
02 靖端堂

124/7 B
30 靖安縣
　　26/5 A
　靖安堂
　　32/9 A
32 靖州
　　72/1 A
　補4/3 B
44 靖共堂
　　86/6 A
74 靖尉山
　　107/7 B

0549₆ 辣

44 辣茶
　　181/4 A

0564₇ 講

13 講武殿
　　1/4 B
60 講易堂
　　2/14 A
88 講筵所
　　1/16 A
90 講堂
　　1/15 A

0569₆ 諫

44 諫坡山
　　165/6 B
73 諫院
　　1/20 B

謝

00 謝康樂宅
　　10/22 A
　謝康樂祠
　　29/10 B
　謝康樂墓
　　10/24 B
10 謝靈運讀書堂
　　28/9 B
22 謝山
　　27/4 B
　　28/4 A
　　70/5 A
23 謝傅宅
　　10/22 A
30 謝安謝賢二冢
　　85/7 B
　謝安宅
　　17/28 B
　謝安墓
　　4/19 B
　　10/24 B
　　17/30 B
　謝安墩
　　17/29 A
40 謝太傅廟
　　4/19 A
　謝塘
　　4/7 B
43 謝城
　　80/5 A

44 謝蘆山
　　104/8 B
　謝獲山
　　116/5 B
50 謝車騎宅
　　4/18 B
60 謝羅山
　　85/7 A
68 謝晦墓
　　49/10 A
　　70/8 A
72 謝朓北樓
　　19/12 B
　謝氏山居
　　30/15 B
77 謝鷗池
　　111/6 B
78 謝臨川寫真堂
　　4/18 B
80 謝公亭
　　19/7 B
　謝公宅
　　18/13 A
　謝公池
　　18/13 A
　謝公樓
　　132/7 A
　謝公井
　　26/19 B
83 謝鋪觀
　　145/7 B
84 謝鎮西宅

　　37/13 A
90 謝尚宅
　　26/18 B

0463₁ 誌

40 誌志院
　　186/9 B

0464₁ 詩

22 詩崖
　　46/5 B
80 詩人堂
　　31/8 A

0464₇ 護

16 護聖寺
　　154/11 B
34 護法院
　　22/8 A
47 護都山
　　149/7 B
60 護國寺
　　64/15 B
　　155/9 B

0466₀ 諸

00 諸亮寨
　　77/7 B
10 諸王宮大小學
　　1/15 A
17 諸司審計司
　　1/25 B

77新學
　124/6 B
新開河
　25/11 B
新民學
　72/4 A
新民堂
　23/8 B
新興觀
　34/7 B
新興縣
　97/2 A
80新會縣
　89/6 B
90新堂
　46/5 A
　56/4 A

0332₇ 鷲

22鷲嶺
　2/11 A
27鷲峰
　132/5 A
鷲峰山
　27/7 A
鷲峰院
　131/6 B
　133/6 A
40鷲臺泉
　159/7 B
鷲臺院
　27/7 A

0363₂ 詠

27詠歸亭
　34/5 A
　56/7 A
40詠真洞
　25/11 A
詠真洞天
　30/14 A

0364o 試

44試茗泉
　29/9 A
82試劍石
　81/6 A
　157/7 B
　191/5 B

0365o 誠

00誠意堂
　57/5 B
　154/7 B
　184/7 B
10誠正齋
　156/5 A

識

22識山堂
　23/8 B
27識舟亭
　35/7 A

0391₄ 就

60就日亭
　100/4 B
　125/5 B
就日峰
　146/12 B
就日臺
　91/5 A
就日堂
　164/5 A

0428₁ 麒

09麒麟山
　46/8 B
　80/5 B
　94/4 A
麒麟渡
　147/10 A
麒麟巷
　4/16 B

0433₁ 熱

10熱平鋪
　71/4 A

0460o 計

22計山
　6/7 B
23計然山
　4/18 A

新崖州

127/5 B

24新化縣

59/3 A

26新息王廟

71/6 A

75/7 A

新息侯廟

68/10 B

30新灘

73/4 B

新甯山

97/5 A

新甯縣

62/3 A

108/7 A

新安江

8/9 B

新宮

17/6 A

新宅水

96/6 B

31新江

97/3 B

新江水

96/6 B

新河

39/6 A

44/5 A

32新州

97/1 A

37新洞

112/4 B

38新淦縣

34/2 A

新淦縣城

34/8 A

新裕港

48/9 A

43新城

37/8 B

45/6 B

新城縣

2/6 B

35/2 B

59/5 B

新城縣故城

55/8 A

44新舊城

37/11 B

新村

121/4 A

45新樓

30/6 B

47新婦石

2/22 B

新婦崗水

98/6 B

新婦巖

11/10 B

111/5 B

新婦灘

177/5 A

新婦洞

2/22 B

新都

164/7 B

55新井

175/5 B

新井縣

185/3 B

60新田書院

23/13 A

新昌水

97/5 A

新昌縣

10/6 A

26/2 B

新羅山

12/18 B

新羅泉

84/6 A

新羅嶼

12/18 B

新羅坊

12/20 B

新羅寺

189/8 A

新羅故城

132/6 B

67新明縣

165/2 B

新路嶺

132/6 B

68新喻縣

34/2 B

29/5 B

0173₂ 襲

20襲香樓
　26/11 A
22襲山
　79/5 A
44襲芳亭
　62/4 B
　襲芳齋
　21/6 A
80襲美堂
　190/6 B

0180₁ 襲

21襲穎宅
　155/10 A
31襲江
　110/4 A
80襲公山
　32/12 B

0212₇ 端

22端山
　101/3 A
32端溪
　96/4 A
　101/3 A
　端溪水
　101/3 B
　端溪山
　96/6 B

端溪縣
　101/2 A
80端命殿
　42/10 A
88端敏堂
　179/3 A

0220₀ 刻

10刻玉樓
　114/4 A
　刻石山
　10/17 B
40刻木山
　34/5 B
　刻木谷
　82/9 B

0242₂ 彰

44彰孝坊
　43/5 A
46彰觀山
　70/5 A
48彰教院鐘
　19/12 B

0261₈ 證

16證聖寺
　17/27 A
　38/7 A

0264₁ 蜒

22蜒山

107/4 A

0266₄ 話

10話石山
　57/6 A

0292₁ 新

00新亭
　17/16 B
　46/5 A
　84/4 B
　新市
　77/4 B
　83/5 A
　84/5 B
　新市故城
　84/7 B
07新郭
　5/11 B
10新平壚
　113/4 B
　新平縣
　23/13 B
15新建縣
　26/4 A
　29/10 A
18新政縣
　185/4 A
22新豐江
　99/7 B
　新豐湖
　7/13 A

龍驤山
162/5 B
72 龍爪
128/7 A
龍爪灘
185/7 A
龍隱巖
60/4 A
103/10 B
76 龍陽洲
64/14 A
龍陽縣
68/3 B
77 龍闕
134/4 A
龍闕崖
83/7 A
龍闕巖
33/5 A
龍闕山
48/7 A
龍闕港
38/6 A
龍邱山
2/19 A
龍鳳山
36/5 A
龍鳳港
84/7 A
龍尾山
17/19 B
20/9 B

78/6 A
龍岡
34/4 A
61/3 B
龍居山
83/7 A
龍居溪
151/10 A
龍居院
34/7 A
龍駒塢
2/19 A
龍母廟
93/5 A
105/8 B
122/6 A
123/7 B
龍母溫媼墓
101/5 A
龍母墓
35/13 A
龍門
46/5 B
64/10 B
145/4 A
146/8 A
150/5 B
151/5 A
191/3 B
龍門山
19/9 B
26/14 B

30/11 B
35/8 A
46/8 A
75/5 B
103/10 B
146/13 A
159/7 A
184/9 A
191/5 A
龍門灘
110/5 A
123/5 B
174/6 B
龍門江
31/12 A
龍門溪
71/4 B
134/5 A
龍門洞
133/6 B
龍門澗
75/5 B
龍門寺
8/8 B
龍門縣
71/5 B
龍門關
186/8 A
龍門關
189/8 A
龍門鎮
162/5 B

153/6 B
156/4 B
38 龍遊縣
　146/3 B
39 龍沙
　26/9 A
龍沙洲
　23/11 B
龍湫
　26/9 B
　148/4 A
　149/6 A
龍湫山
　117/6 A
龍湫洞
　74/7 A
　158/6 A
龍湫井
　117/6 A
40 龍臺
　131/4 A
龍臺鎮
　160/5 B
龍堆灘
　74/7 A
龍境山
　97/5 A
龍坑
　42/4 B
龍塘
　99/5 A
　117/5 B

122/4 A
龍塘山
　23/11 B
龍南縣
　32/5 A
龍女廟
　73/9 A
　122/6 A
龍女洞
　153/10 A
　177/5 A
龍女井
　166/6 A
41 龍標縣
　71/5 B
龍標驛
　71/4 B
43 龍城
　64/10 B
龍城砧
　109/4 A
龍城山
　156/6 B
　179/4 A
　187/9 B
龍城縣
　30/14 B
　104/9 A
　109/4 B
44 龍蕩湖
　9/7 A
龍坡

72/3 B
83/4 B
龍蘭山
　162/5 B
龍姥廟
　28/6 B
龍華山
　31/12 A
龍華寺
　47/7 B
　110/5 A
　135/4 B
　166/6 A
龍華院
　2/19 A
　181/4 B
　190/7 B
龍老泉
　159/7 B
48 龍鷲山
　187/9 B
龍檜山
　42/8 A
52 龍蟠山
　42/8 B
　103/10 B
龍蟠灘
　153/9 B
53 龍蛇水
　100/5 A
龍成巖
　28/6 B

龍溪
　23/7 B
　35/5 A
　71/3 B
　131/4 A
　157/5 B
　174/4 B
　182/2 B
龍溪水
　149/7 A
龍溪山
　100/5 A
　123/5 B
龍溪觀
　75/5 B
龍溪書堂
　122/5 B
龍溪縣
　131/2 B
龍溪院
　109/4 A
龍脊灘
　182/3 A
龍脊坡
　72/4 B
龍祇山
　86/6 A
龍透水
　161/6 B
龍透山
　159/7 B
　163/7 B

龍遥水
　58/7 B
34 龍池
　7/8 A
　11/7 B
　38/5 A
　59/4 A
　68/7 A
　85/4 B
　146/8 A
　155/6 A
　177/4 A
　182/2 B
龍池廟
　18/11 A
龍池山
　129/8 B
龍池山泉
　45/11 A
龍池鄉
　146/13 B
龍池洞
　75/5 B
龍池寺
　24/5 A
　151/10 A
龍濤廟
　98/5 A
35 龍津
　129/6 A
龍清洞
　179/4 A

36 龍涓水
　190/7 B
龍迴山
　103/10 B
37 龍泡水
　95/6 A
龍洞
　2/11 A
　33/3 B
　38/5 A
　85/4 B
　105/5 A
　149/6 A
　165/4 A
　187/5 B
　191/3 B
　補 8/9 A
龍洞記
　191/8 A
龍洞山
　48/7 A
　66/12 A
龍洞閣
　184/9 A
龍湖
　130/7 A
龍湖山
　129/8 B
　134/5 A
龍澗潭
　147/10 A
龍祠

61/5 A	龍宮灘	91/4 B
龍戶	57/6 B	99/5 A
89/10 A	92/6 B	160/4 A
龍宿	龍穴	龍潭寺
30/7 A	95/4 A	26/14 B
89/10 A	151/5 A	47/7 B
134/4 A	154/6 B	70/7 B
龍宿山	162/4 B	龍潭堰
23/11 B	龍穴水	179/4 A
128/11 B	64/14 A	龍潭場
龍宿院	龍穴山	62/6 A
47/7 B	45/10 A	龍源
龍迹山	76/5 A	163/5 B
58/7 A	99/7 A	龍源洞
龍安山	159/7 B	59/5 A
26/14 A	165/5 B	32龍州
83/7 A	186/8 A	補9/6 B
152/5 B	龍穴洲	龍洲
181/4 B	66/12 A	31/7 B
龍安城	89/15 B	64/10 B
25/6 B	31龍江	龍淵溪
龍安縣	28/5 A	159/7 B
152/2 B	112/4 A	龍湍
龍安縣城	122/4 A	22/5 B
25/12 A	龍江水	龍灣
龍安鎮	96/5 B	4/11 A
25/7 A	115/6 B	龍灣井
龍窖山	龍江驛	117/6 A
69/9 A	122/5 A	龍泓
龍宮	龍潭	146/8 A
151/5 A	11/7 B	龍泓洞
188/4 B	45/6 B	2/19 A

180/6 A

15 龍珠
　26/9 A
龍珠亭
　35/6 A
龍珠嶺
　27/7 A
龍珠山
　19/10 A
17 龍子嶺
　96/5 B
龍子山
　152/5 A
龍子淵
　163/7 B
龍君廟
　36/6 A
20 龍舌州
　105/6 A
21 龍街里
　110/5 A
龍虎山
　21/8 A
　23/11 B
龍虎軒
　11/8 B
龍須山
　31/12 A
22 龍川
　78/4 B
龍川水
　60/4 A

91/5 B

龍川江
　99/7 A
龍川故城
　91/6 B
　99/8 A
龍川縣
　91/3 A
龍崖
　47/5 A
龍崗
　27/3 B
龍崗山
　112/5 A
　161/6 B
　183/15 B
龍嶽峰
　107/6 A
龍巖
　58/5 A
　105/5 A
　108/5 A
　174/4 B
　186/5 B
龍巖山
　68/8 B
　150/8 B
龍巖黠
　150/9 A
龍巖縣
　131/3 A
龍仙山

158/6 A

龍山
　2/11 A
　17/14 B
　18/6 A
　33/3 B
　46/5 B
　56/6 A
　59/4 A
　64/10 B
　73/4 B
　97/3 A
　99/5 A
　111/4 B
　129/6 A
　131/4 A
　167/3 B
　183/11 A
　187/5 B
　189/7 A
龍山府
　111/5 B
龍山萬壽寺
　89/15 B
　補5/2 A
龍山觀
　26/14 B
24 龍化水
　104/7 A
　116/5 A
龍化山
　27/7 A

0090₆ 京

22 京山
　　77／4 A
　京山縣
　　84／3 B
26 京峴山
　　7／12 A
27 京督
　　7／8 B
31 京江水
　　7／12 A
　京源山
　　84／6 A
32 京兆府
　　補 10／2 B
60 京口堰
　　7／12 A

0091₄ 雜

60 雜買務雜買場
　　1／30 A

0110₄ 墾

22 墾山
　　4／10 B

0121₁ 龍

00 龍庶
　　37／7 B
　龍亢寺
　　48／7 A

龍亢縣
　　48／9 A
龍豪縣
　　104／9 B
龍磨角石
　　89／15 B
龍磨角山
　　163／7 B
龍章山
　　113／4 A
　　115／6 A
　　188／7 A
10 龍王廟
　　7／11 A
　　26／14 B
龍王坑
　　99／6 B
龍霧洲
　　26／14 B
龍耳山
　　57／6 B
龍平
　　147／6 A
龍平山
　　47／7 B
龍平潭
　　134／5 A
龍平縣
　　107／3 A
龍石
　　26／9 B
　　35／5 A

　　129／6 A
龍石山
　　94／4 A
　　111／5 B
龍雲庵
　　25／7 A
龍雲山
　　153／9 B
11 龍頭巖
　　66／12 A
　　133／6 B
龍頭嶺
　　130／8 B
龍頭山
　　5／16 A
　　7／11 B
　　31／12 A
　　103／10 B
　　147／10 A
　　155／7 B
龍頭檜
　　5／16 A
龍背潭
　　129／8 B
12 龍瑞宮
　　10／20 B
龍水
　　115／4 B
　　122／4 A
龍水縣
　　157／3 B
龍磴山

5／18A
言假里
17／28A

00631₁ 譙

10譙巨城
185／9B
譙元墓
185／10A
17譙郡城
38／7B
22譙山戍
7／12A
77譙周墓
156／8A

00714₄ 雍

60雍昌
158／10A

00732₂ 衣

87衣錦亭
45／7B
48／6B
衣錦山
2／17A
衣錦軍
2／17B
衣錦城
2／17A
衣錦閣
128／9A

袞

22袞山
83／4B
188／4B
袞綉堂
153／7B
25袞繡堂
89／12A
31袞河
88／3A
80袞鐘潭
84／6A

襄

12襄水
42／5B
82／9A
27襄鄉故城
88／4A
41襄垣縣
18／13A
43襄城郡
18／13A
76襄陽府
82／1A
補4／4B
襄陽山
61／5A
149／7B
77襄邸
82／9A

襃

12襃水
183／10A
襃水源
183／14A
襃烈廟
19／13A
36襃禪山
48／8A
43襃城
183／9B
襃城縣
183／5A
襃城驛
183／14A
50襃忠廟
7／12B
17／30A
39／9B
58／9B
80襃谷
183／9B
84襃斜
190／6B

褭

20褭香亭
114／4A

00800₀ 六

00六嬴山

麻 95/7 A

37麻祿縣
78/8 A

麻逢水
98/6 A

44麻姑廟
35/13 A

麻姑巖
12/18 B

麻姑山
19/11 A
35/12 B
134/5 B

麻姑臺
99/6 B

麻姑觀
26/27 B

50麻襄山
118/5 A

76麻陽縣
71/2 A

廩

22廩山
35/5 A

麋

17麋子西城
69/10 B

麋子東城
69/10 B

43麋城

78/4 B

61廩峴
40/5 A

00331 忘

27忘歸亭
189/7 A

00400 文

00文章嶺
111/5 B

10文正祠
5/19 B

12文水
183/10 A

15文殊巖
128/13 B

文殊山
19/11 A

文殊臺
25/11 B
30/11 B
35/8 A

17文君里
156/7 B

22文川
187/5 A

文仙山
59/5 B

24文德殿
1/4 A

32文州

補 9/5 B

文溪
31/5 B

文脊山
19/8 B

37文選樓
37/9 A
82/13 B

38文游臺
43/5 A

50文惠堂
99/5 B

60文圖山
130/9 B

文思院上界
1/21 A

文昌堰
29/8 B

文昌縣
124/4 A

67文明堂
147/6 B

77文風堂
158/4 A

文學泉
76/5 B

80文翁宅
23/13 B

文翁祠
46/12 B

文翁莊
45/11 B

66/7 B

廣安宅

89/16 B

廣安軍

165/1 A

廣宴亭

81/5 B

31廣福寺

59/4 B

152/6 A

187/8 A

廣福寺契書

187/11 B

廣福觀

26/17 B

廣福觀鐘

187/11 B

廣福院

147/8 B

151/9 A

32廣州

89/1 A

89/1 B

補 5/1 A

廣業郡

43/7 A

34廣法寺

109/4 A

廣漢侯印

155/10 A

廣漢故城

154/12 A

廣祐廟

110/6 B

37廣潤寺

61/4 B

40廣南西路轉運司

103/5 B

廣南西路提點刑獄
司

105/3 B

廣南東路轉運司

89/7 A

廣南東路提點刑獄
司

90/5 A

44廣莫亭

151/5 B

廣莫門

17/9 B

48廣教寺

59/4 B

廣教院

76/6 A

133/6 A

50廣惠寺

補1/1 A

廣惠院

76/5 B

53廣威將軍廟

79/8 A

60廣昌縣

34/2 B

66廣嚴院

44/8 A

74廣陵

37/8 A

廣陵王胥塚

37/13 B

廣陵散

37/12 A

廣陵故城

37/12 A

廣陵縣

37/12 A

77廣興縣故城

31/14 A

78廣鹽

119/6 A

80廣慈院

10/19 A

00291 廩

17廩君乘土舟

73/8 B

22廩山

32/8 B

00294 麻

10麻霜水

98/6 A

22麻嶺

120/4 A

26麻線堆

73/7 B

31麻江水

唐李衛公靖廟
117/8 A

43 唐城山
83/6 B

唐城縣
83/8 B

44 唐藍山縣城
61/5 A

50 唐肅宗御容
157/9 B

53 唐成公驌驦馬
88/5 A

唐咸亨鐘
78/9 A

58 唐撫夷縣使南詔路
163/9 B

60 唐羅州刺史馮士歲
并妻吳川郡夫人
墓
116/7 A

67 唐明皇御像
71/6 A

唐明皇像
75/7 A
185/10 A

72 唐質肅公讀書堂
65/3 A

唐質肅公墓
65/4 A

77 唐開元觀
111/6 B

唐開元鐘

147/12 A

唐興寺
17/27 B

80 唐公巖
22/8 B

唐公祠
61/5 B

87 唐銅鐘
72/5 A

唐銅鐘鐵佛
66/13 A

90 唐光化二年鐘
40/7 B

0028₆ 廣

00 廣府
89/9 B

10 廣正山
96/4 B

廣平橋
66/9 B

廣平堂
89/11 B

廣晉縣
23/13 B
30/15 A

16 廣聖寺
48/8 A

17 廣柔故縣
149/8 A

22 廣豐縣
34/8 B

廣仙
86/5 A

廣山
155/5 B

廣利寺
155/9 A

24 廣化寺
135/6 B
154/11 B

廣德廟
109/4 A

廣德王國
20/11 B

廣德湖
11/10 A

廣德軍
24/1 A

廣德故城
24/5 B

廣德縣
24/3 A

廣納縣
187/10 B

30 廣濟寺
164/6 B

廣濟縣
47/3 A

廣濟院
18/9 B

廣甯故縣
108/7 A

廣永

107/5 B

87 慶朔堂

23/8 B

88 慶符縣

163/3 B

0025₂ 摩

39 摩崦嶺

46/6 B

60 摩圍山

176/6 B

0026₁ 磨

08 磨旗山

44/8 A

10 磨玉山

150/6 B

磨雲山

110/4 B

17 磨刀溪

150/6 B

191/5 B

28 磨嵯山

75/5 A

31 磨河山

40/6 B

43 磨城

78/5 A

80 磨鏡石

10/17 B

82 磨劍山

78/7 A

88/4 A

磨劍潭

83/7 B

磨劍池

26/15 A

27/8 A

66/10 B

0026₇ 唐

00 唐帝祠

103/13 B

唐章懷太子墓

187/11 B

唐廣明二年鐘

21/10 A

10 唐三溪

7/14 A

唐正觀鐘

38/8 B

唐玉州

78/7 B

唐元宗聖容

117/7 B

唐天復二年銅鐘

27/9 A

唐天復鐘

70/8 A

唐天祐年鐵佛

45/12 A

17 唐子西故居

99/8 B

20 唐垂拱二年鐘

179/5 A

21 唐衛波將軍墓

158/8 A

唐衛國公廟

109/5 A

唐處士洪古墓

70/8 A

22 唐山

84/5 B

24 唐糾山

62/5 A

27 唐鄉

83/5 A

28 唐僧貫休畫十六羅漢

21/10 A

30 唐永昌二年鐘

145/8 B

唐安樂縣城

99/8 B

唐安寺

183/14 B

32 唐濮王泰廟

85/7 B

唐濮恭王墳冢

85/7 B

35 唐神龍鐘

76/6 B

38 唐道襲故宅

185/9 B

40 唐大和四年鐘

18/13 B

廉水縣
　183/4 B

26 廉泉
　32/8 A
　70/4 B

廉泉亭
　183/11 B

31 廉江
　120/4 A

32 廉州
　120/1 A

廉逸處士王庠所居
　160/7 B

35 廉津
　187/5 B

57 廉靜堂
　114/4 A

90 廉堂
　28/4 A
　35/4 A

0024o 府

17 府君山
　151/10 B

0024₁ 庭

32 庭州
　122/6 A

88 庭筴
　130/7 A

麋

20 麝香
　補 6/14 B

麝香山
　64/14 A
　74/7 A

0024ㄒ 夜

05 夜講亭
　2/14 A

22 夜樂池
　99/6 A

37 夜郎溪
　180/6 B

67 夜明珠
　133/6 B

90 夜光山
　32/11 B

度

10 度雲峰
　46/9 B

12 度水
　183/10 A

24 度牒庫
　1/32 A

40 度支步
　26/18 A

77 度門院
　27/6 A

慶

00 慶亭壘

　7/13 A

慶亭鋪
　6/11 A

慶

10 慶王府
　1/34 A

慶元府
　11/1 A

慶雲寺
　108/6 A

慶雲閣
　37/9 A

慶雲堂
　185/7 A

12 慶瑞驛
　154/7 B

慶瑞堂
　89/11 B

17 慶忌墳
　5/19 B

22 慶豐堂
　28/5 B

慶樂園
　1/20 A

34 慶遠堂
　122/5 A

44 慶封宅
　7/14 A

慶封井
　7/13 B

慶林寺

149/7 A

0023₀ 卞

22 卞山
　4/8 A

26 卞和宅
　82/13 B

40 卞壺墓
　17/30 B

72 卞氏抱玉巖
　78/8 A

80 卞公祠堂
　17/29 B

應

10 應靈水
　160/6 B

應靈縣
　160/3 A

應雪木
　23/12 A

應天寺
　10/19 B

應天院
　113/3 B

16 應聖宮
　26/17 A
　26/27 B

22 應山
　83/4 A

應山縣
　83/3 A

32 應州城
　83/8 A

37 應潮泉
　128/13 A

應潮井
　17/22 B

43 應城縣
　77/2 B

51 應軒
　66/7 B

0023₂ 康

00 康廬二山
　25/12 A

康廬山
　30/15 A

康廬七詠
　25/12 A

10 康王廟
　30/15 B

康王洞
　30/15 A

康王觀
　25/12 B

康元良讀書臺
　159/9 A

17 康君廟
　25/13 A

22 康樂水
　28/8 A

康樂翻經臺
　29/10 B

康樂鄉
　63/3 A

康樂城
　28/9 A

康樂故城
　27/9 A

32 康沂亭
　118/4 B

80 康令祠
　37/13 B

0023₇ 庶

17 庶子泉
　42/9 B

庚

20 庚信臺
　65/2 A

31 庚江樓
　32/9 B

32 庚冰宅
　9/8 A

40 庚臺
　64/9 A

45 庚樓
　30/6 B

廉

12 廉水
　89/10 B
　183/10 B
　補5/1 A

92／7 B

席帽山

32／11 B

35／12 A

69／9 A

128／13 B

席帽峰

9／6 B

31／10 A

34／5 B

育

10育王山

11／10 B

24育德泉

92／7 B

147／8 B

27育黎水

127／5 B

育黎山

127／5 B

高

00高亭山

57／6 B

高座寺

17／24 A

高齋

19／5 A

30／6 B

高帝廟

189／9 A

高唐觀

65／3 A

高辛墓

42／11 A

07高望山

96／6 B

159／8 A

10高霞山

59／5 A

高要峽

96／6 B

高要縣

96／2 A

高平城

59／5 B

高平苑

133／7 B

134／6 B

11高麗亭

5／18 B

高麗鼓

40／7 A

17高磵山

148／4 A

24高僚水

98／6 A

27高郵軍

43／2 A

高郵縣

43／2 B

高伺山

152／6 A

高峰

133／5 A

高峰山

122／5 A

30高灘溪

159／9 A

高涼郡

98／7 A

高涼山

116／6 A

117／6 B

高安縣

27／2 A

高安堂

27／5 A

高良水

92／7 A

高良山

101／3 B

31高源水

117／6 B

高渠郡城

154／11 B

32高州

117／1 A

補5／4 B

高溪

56／5 B

33高梁水

179／3 B

高梁山

177／5 A

廑

17 廑子洞
　86/6 B
32 廑溪
　134/4 A

0021₃ 充

43 充城
　70/7 B
60 充國故城
　185/9 B

0021₄ 塵

23 塵外
　177/3 B
塵外亭
　27/5 A
　32/9 B
　33/4 B
　43/4 B

廬

44 廬藷潭
　35/11 B

庵

30 庵嚧渡
　17/23 A

0021₆ 竟

74 竟陵

76/4 A
竟陵故城
　84/7 B

0021₇ 廬

22 廬山
　25/5 A
　30/6 B
　31/7 A
　130/7 A
廬山福地
　30/14 A
31 廬江皖湖出金
　46/13 A
32 廬州
　45/1 A
74 廬陵縣
　31/2 B

0022₂ 序

30 序賓亭
　131/5 A
77 序賢亭
　43/5 A

廖

22 廖巖
　115/4 B
30 廖家井
　103/13 B
40 廖真人祠
　92/8 B

90 廖尚書墳
　133/8 B

0022₃ 齊

00 齊帝石
　131/7 A
齊高帝泰安陵
　7/14 A
齊庾臺
　25/12 B
10 齊王混墓
　6/13 B
齊天山
　71/5 A
齊雲亭
　18/7 A
齊雲峰
　36/5 B
齊雲樹
　151/11 A
齊雲樓
　30/9 A
　40/5 B
　64/12 A
　94/3 B
齊雲觀
　17/11 A
齊雲院
　131/5 A
齊雲閣
　5/13 A
　131/5 A

112/5 A

00114 癃

47癃鶴臺
122/5 A

00146 瘴

31瘴江
109/3 A
120/4 A

00147 瘦

25瘦牛山
100/5 A

00201 亭

17亭子坡
88/4 A
22亭山
12/9 A
26亭皐
64/12 A
亭皐山
2/22 A

00207 彎

14彎碕
17/16 A

00211 鹿

11鹿頭山
33/5 B

61/4 B
12鹿水
150/5 B
22鹿山
68/7 A
24鹿化
98/4 A
27鹿角巖
57/6 B
31鹿源山
26/15 A
32鹿洲
118/4 A
鹿溪
73/5 A
鹿溪山
73/5 B
34鹿池
105/4 B
147/6 A
鹿池龍潭
147/10 B
35鹿津
145/4 A
37鹿湖池
84/7 A
44鹿苑潭
10/20 A
鹿苑寺
3/10 A
73/5 B
鹿草嶺

122/5 A
47鹿起山
45/10 A
55鹿井寨
120/4 B
67鹿跑泉
7/11 B
66/12 B
76鹿觡山
20/9 B
77鹿關
151/11 B
鹿門廟
82/14 A
鹿門山
82/10 B
87鹿飲泉
19/10 A
151/10 B
88鹿箇堡
180/6 A
90鹿堂谷
183/15 B

龐

24龐德公宅
82/13 B
40龐士元宅
82/13 B
龐士元祠
167/5 B

輿地紀勝地名索引

凡　例

一、本索引收錄《輿地紀勝》(包括《輿地紀勝補闕》)沿革、景物、古迹、仙釋諸門中的地名。

二、地名下著錄的數字,前者爲卷數,後者爲原線裝書頁碼,前、後半頁分別以 A、B 表示之。

> 例如：愛蓮堂
>
> 　　25 / 5 B
>
> 表示愛蓮堂見本書第25卷第 5 頁後半頁。

三、《輿地紀勝補闕》中的地名,綴以"補"字。

> 例如：浮圖山
>
> 　　補 9 / 1 A

四、原書景物、古迹列有物産名,例如犀牛、巢竹等,今一併收入本索引。

五、同名輿地不作區分,讀者使用時自可鑒別之。

六、本索引按四角號碼排列,後附筆畫檢字與四角號碼對照表,以便用不同方法查索。

0010₄ 主	童	0010₈ 立
88 主簿山	22 童山	10 立石山
20 / 10 A	6 / 7 A	183 / 15 A
25 / 11 B	**0010₆ 亶**	22 立山縣
30 / 11 A	32 亶洲山	107 / 3 A
46 / 10 B	11 / 16 A	107 / 7 A
		27 立魚山